Verwaltungsvollstreckung

Europäische Hochschulschriften
Publications Universitaires Européennes
European University Studies

Reihe II
Rechtswissenschaft

Série II Series II
Droit
Law

Bd./Vol. 3289

PETER LANG
Frankfurt am Main · Berlin · Bern · Bruxelles · New York · Oxford · Wien

Christoph Sieberg

Verwaltungsvollstreckung

Ein Vergleich zwischen den USA und Deutschland

PETER LANG
Europäischer Verlag der Wissenschaften

Die Deutsche Bibliothek - CIP-Einheitsaufnahme

Sieberg, Christoph

Verwaltungsvollstreckung : ein Vergleich zwischen den USA und Deutschland / Christoph Sieberg. - Frankfurt am Main ; Berlin ; Bern ; Bruxelles ; New York ; Oxford ; Wien : Lang, 2001
(Europäische Hochschulschriften : Reihe 2, Rechtswissenschaft ; Bd. 3289)
Zugl.: Münster (Westfalen), Univ., Diss., 2000
ISBN 3-631- 38555-2

D 6
ISSN 0531-7312
ISBN 3-631-38555-2

www.peterlang.de

Vorwort

Diese Arbeit hat der Rechtswissenschaftlichen Fakultät der Westfälischen Wilhelms-Universität Münster im Sommersemester 2000 als Dissertation vorgelegen.

Mein besonderer Dank gilt Herrn Prof. Dr. Thomas Lundmark, der die Arbeit betreut hat. Bei ihrer Erstellung waren seine wertvollen Anregungen und die bereitwillige Unterstützung eine große Hilfe. Danken möchte ich auch Herrn Prof. Dr. Hans D. Jarass für die Bereitschaft zur Übernahme und für die zügige Erstellung des Zweitgutachtens.

Wichtige Vorarbeiten – insbesondere am fünften Kapitel – konnte ich während eines siebenmonatigen Aufenthalts in Amerika ausführen, während dessen ich in einer New Yorker Anwaltskanzlei und bei der Environmental Protection Agency, Region 2, New York gearbeitet habe. Einen wesentlichen Anteil zum Gelingen dieses Aufenthaltes trug Timothy C. Murphy bei, der mir in seiner Funktion als EPA Assistant Regional Counsel auf völlig unkonventionelle Art entscheidende Einblicke in die Tätigkeit einer amerikanischen Verwaltungsbehörde verschaffte.

Danken möchte ich auch meinen Freunden, die mich bei der Erstellung dieser Arbeit mit Rat und Tat begleitet haben. Eine namentliche Nennung liefe Gefahr, die eine oder den anderen zu vergessen.

Gewidmet ist diese Arbeit meinen lieben Eltern. Seit 28 Jahren unterstützen und fördern sie mich auf vielfältige Art und Weise, unermüdlich und ohne zu verzweifeln. Herzlichen Dank!!

Berlin, im Juli 2001 Christoph Sieberg

Inhaltsverzeichnis

Abkürzungsverzeichnis

(ausschließlich englische/amerikanische Abkürzungen - ohne Eigennamen)

ADR Act	Administrative Dispute Resolution Act (5 U.S.C. Sec. 571 et seq.)
aff'd.	affirmed (vom Revisionsgericht bestätigte Entscheidung)
ALJ	Administrative Law Judge
Am.	Amendment (Zusatzartikel zur Unionsverfassung) *oder* American
APA	Administrative Procedure Act (5 U.S.C. Sec. 551 et seq.)
Art. (*kursiv*)	Article (Constitution of United States)
CA	Bundesstaat California
Cap.	Chapter
Cath. U.	Catholic University
C.D.Cal.	Central District of California, Federal District Court
CERCLA	Comprehensive Environmental Response, Compensation, and Liability Act, kurz „Superfund“ (42 U.S.C. Sec. 9601 et seq.)
cert. den.	certiorari denied (vom Supreme Court abgelehnter Revisionsantrag)
C.F.R.	Code of Federal Regulations (Sammlung der Verordnungen)
CFTC	Commodity Futures Trading Commission
Ch.	Chapter
Ch. (D.)	Chancery Divison, English Law Reporters
Cir.	Circuit (Gerichtsbezirk eines Bundesberufungsgerichts)
Cl.	Clause
Co. Rep.	Coke's Reports
Comm.	Commercial
Comm'n	Commission
Contemp. Probs.	Contemporary Problems (Law Review)
CT	Bundesstaat Connecticut
CWA	Clean Water Act (33 U.S.C. Sec. 1251 et seq.)
D.C.	District of Columbia
Div.	Division
DMRs	Discharge Monitoring Reports
DOJ	United States Department of Justice
EIS	Environmental Impact Statement
Eng. Rep.	English Law Reporters
Envtl.	Environmental
EOP	Executive Office of the President
EPA	United States Environmental Protection Agency
et seq.	folgende (beim Zitieren amerikanischer Rechtsquellen)
F.2d	Fallrechtssammlung der Bundesberufungsgerichte, 2. Serie
F.3d	Fallrechtssammlung der Bundesberufungsgerichte, 3. Serie
FBI	Federal Bureau of Investigation
FCC	Federal Communications Commission

FDIC	Federal Deposit Insurance Corporation
Fed. App.	Federal Appeal
Fed.Reg.	Federal Register
FMC	Federal Maritime Commission
FOIA	Freedom of Information Act (5 U.S.C. Sec. 552)
F.Supp.	Federal Supplement (Fallrechtssammlung der erstinstanzlichen Bundesgerichte)
FTC	Federal Trade Commission
FWPCA	Federal Water Pollution Control Act (33 U.S.C. Sec. 1251 et seq.)
ICC	Interstate Commerce Commission
Ill.	höchstrichterliche Fallrechtssammlung des Staates Illinois, 1. Serie
INS	Immigration and Naturalization Service
J.	Journal
K. B.	King's Bench
L.	Law
L. J.	Law Journal
Lit.	Litigation
L. Q.	Law Quaterly
L. R.	Law Review
L. Rep.	Law Reporter
MD	Bundesstaat Maryland
Miss.	höchstrichterl. Fallrechtssammlung des Staates Mississippi, 1. Serie
MN	Bundesstaat Minnesota
NAACP	National Association for the Advancement of Colored People
N.E.	Regionalfallrechtssammlung North Eastern
NEPA	National Environmental Policy Act (42 U.S.C. Sec. 4331 et seq.)
NIRA	National Industrial Recovery Act (48 Stat. 195, 70 Stat. 384)
NJ	Bundesstaat New Jersey
NLRB	National Labor Relations Board
No.	Number
NOV	Notice of Violation
NPDES	National Pollution Discharge Elimination System
NRC	Nuclear Regulatory Commission
NRDC	National Resources Defense Council, Inc.
NY	Bundesstaat New York
N.Y.	höchstrichterl. Fallrechtssammlung des Staates New York, 1. Serie
NYU	New York University
PA	Privacy Act (5 U.S.C. Sec. 552a) *oder* Bundesstaat Pennsylvania
PLI	Practising Law Institute
Pr.	Practice
RCRA	Resource Conservation and Recovery Act (42 U.S.C. Sec. 6901 et seq.)

Sec.	Section
Stat.	Statutes (Sammlung der Bundesgesetze)
S.W.2d	Regionalfallrechtssammlung South Western, 2. Serie
TAS	Treatment as State
Tenn. Ct. App.	Tennessee Court of Appeal
UCC	Uniform Commercial Code (als vereinheitlichtes Gesetz der Einzelstaaten zum Handelsrecht nicht im U.S.C. aufgenommen)
U.Penn.	University of Pennsylvania
U.S.	Fallrechtssammlung des Supreme Court
USA	United States of America
U.S.C.	United States Code (Sammlung der Bundesgesetze)
v. (*kursiv*)	versus (gegen - bei Prozeßparteien)
V.C.	Vice Chancellor
Vol.	Volume

1. Kapitel

Einleitung

In einem Artikel des renommierten *Harvard Law Journal* ist unter der Überschrift „*The Death of Constitutional Government*" folgende Feststellung über die amerikanischen Verwaltungsbehörden zu lesen: „*The United States Congress today effectively exercises general legislative powers, in contravention of the constitutional principle of limited powers. Moreover, Congress frequently delegates that general legislative authority to administrative agencies, in contravention of Article I. Furthermore, those agencies are not always subject to the direct control of the President, in contravention of Article II. In addition, those agencies sometimes exercise the judicial power, in contravention of Article III. Finally, those agencies typically concentrate legislative, executive, and judicial functions in the same institution, in simultaneous contravention of Articles I, II, and III. In short, the modern administrative state openly flouts almost every important structural precept of the American constitutional order.*"[1] Diese Zeilen wecken unweigerlich das Interesse an den amerikanischen Verwaltungsbehörden. Wie haben sich diese *administrative agencies*[2] gebildet? Wie konnte es zu der Ausstattung mit diesen Kompetenzen kommen? Insbesondere stellt sich jedoch die Frage nach der Verfassungsmäßigkeit der amerikanischen Verwaltungsbehörden. Die Problematik dieser Frage spiegelt sich in der lebhaften, immer noch und immer wieder aktuellen Diskussion über *administrative agencies* wider. Auch eine Vielzahl von deutschsprachigen Beiträgen erwähnt oder behandelt diese Thematik. Dabei geht es sowohl um die generelle Zulässigkeit als auch um einzelne Streitfragen und Problemfelder.[3]

---

[1] LAWSON, 107 Harvard L. R. 1231, 1233.

[2] Der Verfasser stand vor der schwierigen Frage, ob er die englischen Fachtermini ins Deutsche übersetzen solle (z.B. *President* = Präsident). Jedoch wäre dies eine Verkürzung der inhaltlichen Bedeutung. Um Mißverständissen und falschen Rückschlüssen vorzubeugen, hat sich der Verfasser gegen eine Übersetzung entschieden und die englischen Fachtermini übernommen.

[3] Als eine Auswahl können dienen ADAM, DVBl. 1959, 641ff.; ALBERT, Problematik der IRCs; BRUGGER, Öffentliches Recht USA, S. 169f.; BUGGLE, ICC; ERATH, Verwaltungsverfahren; DERS., DAJV-NL 1/98; FRAENKEL, Das amerikanische Regierungssystem,

A. Gegenstand der Untersuchung

Die vorliegende Arbeit befaßt sich mit diesen *administrative agencies*. Dabei stehen nur die amerikanischen Bundesbehörden im Blickfeld der Untersuchung und nicht die Behörden der Einzelstaaten. Ist also im folgenden von *administrative agencies* die Rede, so beziehen sich alle Aussagen und Nachweise auf die *federal administrative agencies*. Eine Untersuchung der *state administrative agencies* würde wegen der uneinheitlichen und nur selten aufeinander abgestimmten Regelungen der fünfzig Einzelstaaten den Rahmen nahezu jeder Arbeit sprengen. Genauso verhielte es sich, wenn man das Phänomen „*(federal) administrative agency*" in seiner Gesamtheit erfassen wollte. Somit kann es nicht das Ziel dieser Arbeit sein, jede denkbare Erscheinungsform verwaltungsbehördlichen Handelns in Amerika darzustellen und mit den deutschen Verhältnissen zu vergleichen. Vielmehr soll sich die Untersuchung auf einen Aspekt des verwaltungsbehördlichen Handelns beschränken, und zwar auf die Verwaltungsvollstreckung. Dies läßt Raum, die dort bestehenden Unterschiede nicht nur aufzudecken, sondern sie auch vor dem Hintergrund der zwei großen Rechtssysteme – dem *common law* in Amerika und dem *civil law* in Deutschland – zu beleuchten, um so eine systemimmanente Erklärung für die Unterschiede zu finden.

Der Titel „Verwaltungsvollstreckung: ein Vergleich zwischen den USA und Deutschland" birgt jedoch die Gefahr in sich, mißverstanden zu werden. Der Titel könnte die Erwartung wecken, daß diese Arbeit die Verwaltungsvollstreckung in Amerika systematisch darstellt und dann das entsprechende deutsche Rechtsgebiet in all seinen Feinheiten gegenüberstellt. Eine Verwaltungsvollstreckung deutscher Prägung gibt es in Amerika jedoch nicht. Insbesondere existiert kein Regelungswerk, das die Befugnis aller *administrative agencies* einheitlich regelt, die eigenen Anordnungen auch selbst zu vollstrecken. Insofern scheidet von vornherein ein Vergleich aus, der die innere Struktur der Verwaltungsvollstreckung im Blick hat, also die einzelnen Mechanismen und Techniken des verwaltungsbehördlichen Vorgehens. Aber auch wenn es in Amerika keine Verwaltungsvollstreckung deutscher Prägung gibt, muß es dennoch möglich sein, verwaltungsbehördliche Anordnungen durchzusetzen. Wie das jeweilige Rechts-

---

S. 205ff.; HERING, DVBl. 1961, 645ff.; JARASS, DöV 1985, 377, 379f.; LEPSIUS, Verwaltungsrecht, S. 68ff.; LINNEWEBER, US-amerikanisches Verwaltungsrecht; PARKER, Öffentliches Recht, S. 86ff.; PÜNDER, Exekutive Normsetzung, S. 72ff,; RIEGERT, *Administrative Law*; SCHLEPHORST, Amerikanisches Verwaltungsrecht; STIRNBERG, Verwaltungsbehörden.

system diese Aufgabe bewältigt, läßt sich sehr wohl untersuchen und vergleichen. Dazu stellt diese Arbeit zunächst das verfassungs- und verwaltungsrechtliche Umfeld dar, in das die *administrative agencies* einzubetten sind, und führt dann die dabei erkannten Unterschiede hinsichtlich der Vollstreckung verwaltungsbehördlicher Anordnungen auf ihre Ursprünge zurück, um so eine Erklärung für diese Unterschiede vor dem Hintergrund der verschiedenen Rechtssysteme bieten zu können. Insofern ist die vorliegende Arbeit eher zu verstehen als eine Untersuchung der unterschiedlichen Rechtssysteme, die am Beispiel der Vollstreckung verwaltungsbehördlicher Anordnungen vorgenommen wird, und nicht als eine Darstellung und ein Vergleich der „Verwaltungsvollstreckung" als verwaltungsbehördliche Handlungsweise.

Wie bereits angedeutet, befaßt sich die Untersuchung mit einem engeren Ausschnitt, um sich nicht in Details und Sonderproblemen zu verlieren. Im Hinblick auf die hier zu behandelnden Vollzugskompetenzen ist zunächst die Ausgestaltung des amerikanischen Verwaltungsverfahrens von Interesse, nicht hingegen die Verordnungsgebung. Dann wird die Untersuchung exemplarisch an einem von mehreren Handlungsbereichen der *administrative agencies* fortgesetzt. Die Rede ist von Maßnahmen zur Informationsgewinnung, die die grundlegende Voraussetzung allen verwaltungsbehördlichen Handelns sind. Schließlich soll ein praktischer Vergleich zwischen der Situation in Amerika und Deutschland die bisherigen Untersuchungen der verwaltungsbehördlichen Vollzugskompetenzen dokumentieren. Gegenübergestellt werden dazu zwei in ihrer Bedeutung sich entsprechende Vorschriften aus dem amerikanischen und deutschen Wasserrecht, die der jeweiligen zuständigen Behörde die Informationsgewinnung ermöglichen. Damit sind auch die beiden zu vergleichenden Behörden festgelegt, und zwar auf der einen Seite die *Environmental Protection Agency (EPA)* und auf der anderen Seite eine deutsche Umweltbehörde.

B. Gang der Darstellung

Als Grundlage für die weiteren Untersuchungen dient das 2. Kapitel, das sich mit der Stellung der *administrative agencies* im amerikanischen Regierungssystem befaßt. Denn die Vollstreckung verwaltungsbehördlicher Anordnungen ohne die organisationsrechtliche Einordnung der Verwaltungsbehörden zu behandeln, bliebe unverständlich und unvollständig. Schwierigkeiten ergeben sich insoweit, als der Wortlaut des Verfassungstextes die *administrative agencies* nicht erwähnt, da sie den Verfassungsvätern unbekannt waren. Es besteht also ein Spannungsverhältnis von Vorgabe und Umsetzung des Verfassungstextes. Dieses Spannungsverhältnis läßt sich teilweise dadurch auflösen, daß der Verfassungstext Aussagen enthält (Vorgabe), die für die Stellung der *administrative agencies* im amerikanischen Regierungssystem verwertbar sind (Umsetzung). Im Anschluß daran wird die Frage behandelt, wie die *administrative agencies* tatsächlich den Weg in das amerikanische Regierungssystem gefunden haben. Dabei ist das Verhältnis zwischen den *administrative agencies* und den drei „klassischen" Funktionen – Legislative, Exekutive und Judikative – von besonderem Interesse. Dies betrifft die Frage der *delegation of authority* und der *unitary executive*. Erstere befaßt sich mit der Delegation rechtsetzender und judizieller Befugnisse, letztere mit der Abhängigkeit der *administrative agencies* vom *President*.

Da diese Arbeit die Vollstreckung verwaltungsbehördlicher Anordnungen in Amerika und Deutschland behandelt, ist die Ausgestaltung des amerikanischen Verwaltungsverfahrens (3. Kapitel) von besonderem Interesse, Fragen der Verordnungsgebung (*rulemaking*) hingegen nicht. Beim amerikanischen Verwaltungsverfahren lassen sich zwei Handlungsebenen unterscheiden, und zwar die *administrative adjudication* und das *enforcement*. Dies ist eine vergleichbare Aufteilung wie im deutschen Recht, das ein (einfaches) Verwaltungsverfahren und ein Verwaltungsvollstreckungsverfahren kennt. Während auf der ersten Ebene Parallelen zu erkennen sind, bestehen auf der zweiten Ebene wesentliche Unterschiede. Insbesondere wirkt sich hierbei aus, daß es in Amerika ein geschlossenes System der Verwaltungsvollstreckung nicht gibt. Unter einem „geschlossenen System der Verwaltungsvollstreckung" ist für die Zwecke dieser Untersuchung ein System zu verstehen, in dem abstrakt und abschließend geregelt ist, daß Verwaltungsbehörden ihre eigenen Anordnungen grundsätzlich selbst durchsetzen können, ohne dabei weitere Organe einschalten zu müssen oder von dem zugrundeliegenden Lebenssachverhalt und dem betroffenen verwaltungsrechtlichen Regelungsgebiet abhängig zu sein.

Das 4. Kapitel, das sich mit Maßnahmen zur Informationsgewinnung beschäftigt, faßt die abstrakten Ergebnisse aus dem dritten Kapitel konkreter. Informationen sind von fundamentaler Bedeutung für *administrative agencies*, da sie die Voraussetzung für jegliches verwaltungsbehördliches Handeln sind. Dies begründet auch das gesteigerte Interesse an der Informationsgewinnung, das diese Auswahl rechtfertigt. Maßnahmen zur Informationsgewinnung sind regelmäßig gegen die Privatsphäre (*privacy*) der Betroffenen ausgerichtet. Insofern ist zunächst die Ausgestaltung der *privacy* und deren Schutz im amerikanischen Recht zu untersuchen. Danach sind die Berührungspunkte zwischen dem Handeln der *administrative agencies* und dem Schutz der *privacy* aufzuzeigen.

An diesen theoretischen Teil schließt sich der Vergleich einer amerikanischen *administrative agency* und einer deutschen Verwaltungsbehörde (5. Kapitel) an. Dieses Kapitel soll dazu dienen, die bisher gewonnenen theoretischen Erkenntnisse zur Informationsgewinnung an einem praktischen Beispiel zu veranschaulichen. Um dies möglichst konkret und faßbar zu machen, stehen sich zum einen in diesem Vergleich die *Environmental Protection Agency (EPA)* und eine entsprechende deutsche Umweltbehörde als Vergleichsobjekte gegenüber. Zum anderen werden Maßnahmen zur Informationsgewinnung behandelt, die aufgrund entsprechender Normen des *Clean Water Act (CWA)* und vergleichbarer Vorschriften des deutschen Wasserrechts ergangen sind. Insbesondere stellt sich die Frage, welche Vollzugskompetenzen die handelnden Behörden haben, wenn sich der Adressat einer solchen Maßnahme weigert, die gewünschten Informationen zu unterbreiten. Am Ende des fünften Kapitels steht dann eine These, die die abstrakt und konkret gewonnenen Erkenntnisse in sich aufnimmt und das Verhältnis der amerikanischen und deutschen Situation in eine Formel faßt, die insbesondere auf die unterschiedlichen Rechtssysteme in Amerika und Deutschland abstellt.

Das 6. Kapitel befaßt sich mit der zuvor aufgestellten These. Dies führt zu einer eingehenden Untersuchung des amerikanischen Vollzugsmodells. Der erste Abschnitt beinhaltet eine rechtsvergleichende Betrachtung der unterschiedlichen Vollzugsmodelle. Dies soll eine Antwort auf die Frage geben, warum in Amerika ein geschlossenes System der Verwaltungsvollstreckung nicht existiert. Der Transparenz einer solchen Untersuchung ist es dienlich, die deutschen Verhältnisse voranzustellen, um auf diese Weise die Punkte zu markieren, an denen die für Amerika grundlegend andere Entwicklung eingesetzt hat. Eine Folge dieser anderen Entwicklung ist ein unterschiedlich ausgeprägtes Staatsverständnis in Amerika, das eine andere Form der Vollstreckung verwaltungsbehördlicher Anordnungen mit sich bringt. Der zweite Abschnitt des 6. Kapitels befaßt sich mit den Argumenten, die einer allgemeinen Vollzugskompetenz der *administrative agencies* entgegengehalten werden. Die dafür maßgebliche Entscheidung des *Supreme Court* erging in einem Fall, in dem es um den wichtigen Sektor der Informationsgewinnung ging. Man kann diese Argumentation jedoch auch verallgemeinern und als generelle Absage daran verstehen, *administrative agencies* die Aufgabe zu übertragen, ihre eigenen Anordnungen selbst zu vollziehen.

Der Darstellung der Argumentation, die der *Supreme Court* gegen eine solche Übertragung vorbringt, folgt eine Bewertung dieser Argumentation.

Schon die einleitenden Ausführungen deuten die Schwierigkeiten an, die ein Vergleich zwischen zwei unterschiedlichen Rechtssystemen mit sich bringt. Insbesondere lassen sich bestehende Unterschiede nicht losgelöst vom „Rechtsganzen" betrachten und vergleichen. Vielmehr ist es erforderlich, sie einzurücken in das Gesamtbild, das das jeweilige Rechtssystem ergibt. Dadurch läßt sich auch eine allgemeine Aussage über *administrative agencies* erzielen, die sich nicht nur auf den Vergleich eines Ausschnitts beschränkt. Sie soll zugleich dem anfangs geweckten Interesse an den amerikanischen Verwaltungsbehörden Rechnung tragen.

2. Kapitel

Die Stellung der *Administrative Agencies* im amerikanischen Regierungssystem

Die vorliegende Arbeit beschäftigt sich mit den Vollzugskompetenzen von *administrative agencies*, dargestellt an der Informationsgewinnung. Um die dafür einschlägigen Kompetenzen rechtlich einordnen und bewerten zu können, ist es unerläßlich, die Stellung der *administrative agencies* im Gefüge der klassischen Staatsfunktionen zu ermitteln. Von der Seite der verwaltungsbehördlichen Tätigkeiten betrachtet, nehmen die *administrative agencies* mit dem *rulemaking* legislative und mit der *adjudication* judizielle Aufgaben bzw. Funktionen wahr.[1] Darüberhinaus handeln sie exekutiv, wenn sie die Gesetze ausführen und deren Beachtung überwachen.[2] Insofern bietet es sich an, bei der Untersuchung der *administrative agencies* von denjenigen Vorschriften der Unionsverfassung auszugehen, die die Ausübung von Staatsgewalt behandeln. Hier müssen sich demnach auch Aussagen finden lassen, die für die Stellung der *administrative agencies* im amerikanischen Regierungssystem verwertbar sind. Im Anschluß daran ist zu ermitteln, wie die *administrative agencies* sich in dieses System eingliedern lassen.

A. Die Ausübung von Staatsgewalt nach Maßgabe der amerikanischen Verfassung

Für die Frage, wie Staatsgewalt in den Vereinigten Staaten von Amerika ausgeübt wird, sind die amerikanische Verfassungsgeschichte und die Grundprinzipien der amerikanischen Verfassung von grundlegender Bedeutung.

---

[1] BLACK'S LAW DICTIONARY, *„administrative authority"* (S. 45), *„administrative adjudication"* (S. 45); vgl. auch DAVIS, Administrative Law Treatise, I § 1:2 (S. 9).

[2] Eine gute, übersichtliche Graphik zur „Eingliederung" [vgl. unten, 2. Kap., B.II.2.b)] der *administrative agencies* in den exekutiven Funktionsbereich bietet BRUGGER, Öffentliches Recht USA, S. 170.

I. *Constitution of 1787, Bill of Rights, Amendments*

Großbritannien besaß Mitte des 18. Jahrhunderts dreizehn Kronkolonien auf dem nordamerikanischen Kontinent. Deren Bevölkerung entstammte vorwiegend dem englischen Kulturkreis. Die Gründe dafür, in die Neue Welt auszuwandern und sich dort niederzulassen, waren unterschiedlichster Natur. Dennoch ebnete die gemeinsame Herkunft der Auswanderer den Weg zu einem Zusammenschluß der dreizehn Kronkolonien.[3] Zwar waren diese Kronkolonien weitestgehend autonom, doch lastete auf ihnen die Steuerpflicht, deren Ausgestaltung dem englischen Parlament vorbehalten war („*no taxation without representation*"). Genau dieses Vorrecht machten sich die Kolonisten zu Nutze, um sich von der Steuerpflicht zu befreien. Da sie nicht im Parlament durch eigene Abgeordnete repräsentiert waren, sahen sie keine Legitimation für ihre Besteuerung. England versuchte, dieses Streben nach Unabhängigkeit zu bändigen, indem es immer wieder neue Steuern auferlegte.[4] Der Unmut in der Neuen Welt wuchs und gipfelte in blutigen Auseinandersetzungen.[5] Um diesen Divergenzen zwischen Kolonialstaaten und Mutterland entgegenzuwirken, berief der Staat Virginia 1774 den *Continental Congress* ein. Auf diesem sollte ein Plan erarbeitet werden, um die Beziehungen zu England zu normalisieren. Diesen Bemühungen begegnete England jedoch nur mit bewußt gestreuten Provokationen.[6] Dieses Verhalten beschleunigte den Ausbruch des Revolutionskrieges, der in der Unabhängigkeitserklärung vom 19. April 1775 seinen Höhepunkt fand.[7] Im Pariser Frieden von 1783 erkannte England schließlich die Unabhängigkeit der Kolonialstaaten an.

Schon sechs Jahre zuvor suchten die Kolonialstaaten nach einer Form des Zusammenschlusses und schufen durch die *Articles of Confederation* einen Gesandtenkongreß.[8] Dessen Kompetenzen beschränkten sich auf die Rege-

---

[3] Ausführlich zu den gemeinsamen Ursprüngen und zum sozialen Hintergrund, die die Situation in Amerika prägten, LERNER, Amerika, S. 9ff.; NORTHROP, *The Meeting of East and West*, S. 66ff.

[4] *Stamp Act* (1765), *Quartering Act* (1765), *Tea Act* (1773); zur Bedeutung des *Stamp Act* s. MILLER, *Origins of the American Revolution*, S. 107ff.

[5] *The Boston Massacre* (1770), *Boston Tea Party* (1773).

[6] *The Intolerable Acts* (1774).

[7] S. zur *Declaration of Independence* bei NORTHROP, *The Meeting of East and West*, S. 70ff.

[8] *Art. V (Articles of Confederation): „For the most convenient management of the general interests of the United States, delegates shall be anually appointed [...] to meet*

lung der Währung, das Postwesen, die Handhabung der indianischen Angelegenheiten und die Schlichtung von Streitigkeiten zwischen den Staaten. Die Stellung einer Zentralregierung einzunehmen, war dem Gesandtenkongreß jedoch nicht zugedacht. Es existierte somit ein Staatenbund souveräner Staaten, der eine Übergangsstufe zum späteren Bundesstaat darstellte.[9] Wegen dieses zunächst nur losen Zusammenschlusses fehlte es an der Bereitschaft der Mitgliedstaaten, finanzielle Lasten zu übernehmen. Da der Gesandtenkongreß keine Steuerbefugnis besaß, war er auf ihre freiwilligen Zahlungen angewiesen. Unterschiedliche Zollgebiete und Handelskriege zwischen den einzelnen Staaten führten zu einer dramatischen Verschlechterung des Wertes der Währung. Dies war Anstoß für das wachsende Bedürfnis nach einer staatlichen Neuregelung. Auf dem Konvent von Annapolis im Jahr 1786 beschloß man die Einberufung eines allgemeinen verfassungsgebenden Konvents, der seine Tätigkeit im Mai 1787 in Philadelphia unter Teilnahme aller Staaten aufnahm, mit Ausnahme von Rhode Island.[10] Bereits nach vier Monaten legte der Konvent einen ausgearbeiteten Verfassungsentwurf vor, den die erforderliche Mehrheit[11] annahm. Da jedoch die Zustimmung von zwei großen und einflußreichen Staaten fehlte, und zwar New York und Virginia, war zunächst an eine Umsetzung nicht zu denken. Beide Staaten und zusätzlich auch Massachusetts machten ihre Annahme des Entwurfes davon abhängig, daß ergänzend ein Katalog mit Grundrechten angefügt werde. Dieser Wunsch läßt sich mit der Existenz von formellen Grundrechtserklärungen in den Verfassungen dieser, aber auch anderer Kolonialstaaten erklären. Aus staatstheoretischer Sicht kommt auch heute noch der Debatte in New York besondere Bedeutung zu. Einige Befürworter des Verfassungsentwurfs, namentlich ALEXANDER HAMILTON, JAMES MADISON und JOHN JAY, verfaßten mehrere Abhandlungen, die als die *Federalist Papers* gesammelt worden sind. Sie sind nicht nur als bloßes Argumentationspapier einzustufen, sondern „stellen auch einen der tiefsinnigsten Beiträge zur Analyse des modernen Staats überhaupt dar, der sich neben den großen staats-

---

in Congress [...]", fortan bezeichnet als „*The United States in Congress assembled*" (vgl. *Art. VI, VIII*).

9 Im einzelnen zum Gesandtenkongreß vgl. GLUM, Die amerikanische Demokratie, S. 58ff., S. 71f.

10 Ausführlich zu den einzelnen Entwicklungsschritten, KELLY/HARBISON, *The American Constitution*, S. 114ff.; vgl. auch LOEWENSTEIN, Verfassungsrecht USA, S. 8f.

11 *Art. VII* der Unionsverfassung verlangt die Ratifizierung durch neun Mitgliedsstaaten. Diese Mehrheit kam zwischen dem 7. Dezember 1787 und dem 21. Juni 1788 zustande.

theoretischen Abhandlungen von Aristoteles, Cicero, Locke und Montesquieu wohl sehen lassen kann"[12]. Erst als sich auch in diesen beiden Staaten – wenn auch knappe – Mehrheiten fanden, trat die Verfassung wirklich in Kraft.[13]

Wesentliche Aufgabe des ersten *Congress* war es somit, die geforderte Ergänzung von Grundrechten zu den sieben Verfassungsartikeln zu schaffen.[14] Insgesamt brachten die Staatenlegislaturen 124 Einzelvorschläge ein, die man in 17 Grundrechten zusammenfaßte. Davon nahm der *Congress* 15 Grundrechte an und formulierte sie als zwölf Zusatzartikel (*amendments*) aus. Wegen untergeordneter Bedeutung fielen zwei *amendments* aus diesem Katalog heraus. Die übrigen zehn traten am 15. Dezember 1791 als *Bill of Rights* in Kraft.[15]

Im Laufe der Jahre sind diese ersten zehn *amendments* auf eine Gesamtzahl von 27 Zusatzartikeln angewachsen, die den Kreis der Freiheitsrechte weiterziehen, um neuen Anforderungen an die Verfassung gerecht zu werden. Hier lassen sich wichtige Bestimmungen finden, beispielsweise die Abschaffung der Sklaverei[16] oder das Frauenwahlrecht[17].

II. Grundprinzipien der amerikanischen Verfassung

Das Streben nach Autonomie hat zum Entstehen der amerikanischen Unionsverfassung geführt. Nach außen hin symbolisiert sie die rechtliche Abtrennung von der Alten Welt, insbesondere von dem Mutterland England. Inhaltlich jedoch knüpft sie an das staatstheoretische Denken in Europa an. In der Tradition europäischen[18], ja sogar antiken[19] Staatsdenkens steht ins-

---

[12] So LOEWENSTEIN, Verfassungsrecht USA, S. 10.

[13] In Virginia fand sich die Mehrheit am 25. Juni 1788, in New York am 26. Juli 1788. North Carolina und Rhode Island stimmten als letzte Staaten am 21. November 1789 bzw. 29. Mai 1790 zu, vgl. KELLY/HARBISON, *The American Constitution*, S. 114ff.

[14] Vgl. dazu COHEN/VARAT, *Constitutional Law*, S. 19ff.

[15] Bemerkenswert ist, daß Georgia und Massachusetts die Ratifizierung der *Bill of Rights* erst 1939 nachholten, um so nationale Geschlossenheit angesichts der Ereignisse in Europa zu demonstrieren.

[16] *13th Amendment* von 1865.

[17] *19th Amendment* von 1920.

[18] LOCKE, *Two Treatises of Government*, II § 12; MONTESQUIEU, *L'Espirit de Lois*, Buch XI, 6. Kap.; BLACKSTONE, *Commentaries on the Laws of England*, Buch I, Kapitel II (S. 146f.).

besondere, unterschiedliche Staatsfunktionen zu erkennen und zu unterscheiden. Davon ausgehend bestimmt die Unionsverfassung das Verhältnis dieser Staatsfunktionen zueinander durch deren Trennung und Verschränkung („*independence and interdependence*"). So tragen allein fünf der sieben Verfassungsartikel dazu bei, eine Anhäufung von Macht in einer Person oder einem Organ zu verhindern: *Articles I-III* weisen die Ausübung von Staatsgewalt auf einer staatlichen Ebene unterschiedlichen Staatsorganen zu. *Article IV* und *Article VI* beschäftigen sich mit Föderalismusfragen. Somit ist hier die horizontale (*Articles I-III*) und die vertikale (*Articles IV, VI*) Gewaltentrennung angelegt. Es bleiben noch *Article V* zur Regelung von Verfassungsänderungen und *Article VII* als Schlußbestimmung für das Inkrafttreten der Verfassung.

Im folgenden soll das Augenmerk zunächst auf die horizontale Gewaltentrennung der amerikanischen Verfassung, die *separation of powers,* gelegt werden. Da die Staatsgewalt sich nicht nur auf unterschiedliche Funktionsträger aufteilt, sondern die einzelnen Funktionen auch miteinander verschränkt sind, sind ebenfalls die *checks and balances* zu nennen, die als eine Art Hilfsprinzip fungieren. Zusätzlich wird die Bedeutung von *judicial review* für den Erhalt dieser beiden Prinzipien erörtert.

1. *Separation of Powers*

Das Prinzip der *separation of powers* ist in der amerikanischen Verfassung nicht ausdrücklich als solches geregelt.[20] Jedoch ist es in der Struktur der Verfassung angelegt. Jeweils die ersten drei Worte der *Art. I-III*[21] geben schon zu erkennen, daß die Staatsgewalt gemäß der klassischen Dreiteilung in legislative, exekutive und judikative Funktion ausgeübt wird. Diese Aufgaben nehmen nach dem Verfassungswortlaut *Congress*, *President* und *Supreme Court* wahr. Die *separation of powers* wird zum einen als Schutz

---

19 ARISTOTELES, *Πολιτικα* (*Politika*), 4. Buch, 1297 b 35 – 1298 a 3.

20 Im Gegensatz dazu die Verfassung von Virginia: „*The legislative, executive, and judicial department shall be separate and distinct so that neither exercise the powers properly belonging to the other.*", oder die Verfassung von Massachusetts: „*In the government of this commonwealth the legislative department shall never exercise the executive and judicial powers or either of them.*".

21 *Art. I:* „*All legislative Power*"; *Art. II:* „*The executive Power*"; *Art. III:* „*The judicial Power*"; s. dazu auch COHEN/VARAT, *Constitutional Law*, S. 407; LUNDMARK, *Power and Rights*. S. 4f.

vor Machtmißbrauch durch Machtanhäufung verstanden, zum anderen aber auch als Gewährleistung für Effizienz und Rechtmäßigkeit der Regierung.[22]

Die Bezeichnung dieses Prinzips als *„separation of powers"* umschreibt den Bedeutungsgehalt zutreffender als der Terminus „Gewaltenteilung", der in der deutschen Staatsrechtslehre gebräuchlich ist.[23] Nicht eine unteilbare Staatsgewalt wird geteilt, sonderen deren Ausübung durch Staatsorgane. Es geht um die Zuweisung von Staatsfunktionen an unterschiedliche Staatsorgane auf einer horizontalen Ebene. Dies macht im deutschen Grundgesetz der Wortlaut von Art. 20 Abs. 2 S. 2 GG deutlich. Die Staatsorgane sind in Amerika durch die Unionsverfassung geschaffen und auf dem dort vorgesehenen Weg durch Individuen besetzt. Die unterschiedlichen Erscheinungsformen staatlicher Gewaltausübung werden den drei Funktionen Legislative, Exekutive und Judikative zugeordnet. Zutreffender ist es somit, von Gewaltentrennung oder Funktionentrennung zu sprechen.[24]

Die Väter der amerikanischen Verfassung standen erkennbar unter dem Einfluß von MONTESQUIEU's Schrift *„De L'Espirit des Lois"* (1648),[25] die ihrerseits auf den *„Two Treatises of Government"* von JOHN LOCKE aufbaut. Insbesondere die Dreiteilung (=Dreitrennung) in Legislative, Exekutive[26] und Judikative ist auf MONTESQUIEU zurückzuführen. Dabei spielte in seiner Vorstellung die Judikative als dritte Gewalt eine absolut untergeordnete Rol-

---

[22] MADISON, *The Federalist*, Nr. 47 (S. 279); vgl. aber auch *Myers v. United States* (BRANDEIS, *dissenting opinion*, S. 240ff.), 272 U.S. 52, 293 (1926): *„The doctrine of separation of powers was adopted by the convention of 1787 not to promote efficiency but to preclude the exercise of arbitrary power."*.

[23] Vgl. nur DEGENHART, Staatsrecht I, Rn. 218; JARASS/PIEROTH, GG, Art. 20 Rn. 15ff; SCHMIDT-AßMANN, Rechtsstaat, Rn. 46ff.; STEIN, Staatsrecht, § 12.

[24] JELLINEK, Allgemeine Staatslehre, S. 387ff, 496ff.; KELSEN, Allgemeine Staatslehre, S. 229; MD-HERZOG, GG, Art. 20, Abschnitt V, Rn. 13ff.; STERN, Staatsrecht, § 36 II 1 (S. 521ff.); WOLFF/BACHOF/ STOBER, Verwaltungsrecht, § 20 Rn. 1. Allerdings besteht Einigkeit, daß es sich hierbei um eine rein terminologische Ungenauigkeit handelt, derer man sich nur bewußt sein sollte. In der Kommentierung MD-HERZOG zu Art. 20 GG fungiert der Begriff „Gewaltenteilung" auch eher als Oberbegriff. Gewaltentrennung wird dort als organisatorische Gewaltenteilung bezeichnet.

[25] MADISON, *The Federalist*, Nr. 47; GUNTHER, *Constitutional Law*, S. 311; BRAVEMAN/BANKS/SMOLLA, *Constitutional Law*, S. 42.

[26] Die exekutive Gewalt war in der Vorstellung MONTESQUIEUs die vollziehende Gewalt in Ansehung der Angelegenheiten, die vom Völkerrecht abhängen (vgl. MONTESQUIEU, *L'Espirit de Lois*, Buch XI, Kap. 6).

le.[27] Die positive Resonanz auf seine Lehre kann man mit dem Menschenbild erklären, das MONTESQUIEU seiner Lehre zugrundegelegt hatte.[28] Die Lehre von der Gewaltentrennung war nämlich die Antwort auf die stete Gefahr des Machtmißbrauchs durch den regierenden Fürsten, der, von der Faszination der gesamten Macht geblendet, diese einsetzt, um die Regierten zu unterdrücken. Die Kolonisten entdeckten hier einen Teil ihres eigenen Schicksals; denn sie waren den Repressalien der englischen Krone entflohen, die in ihren Augen als ein Beispiel für den Mißbrauch exekutiver Gewalt galt. Gewaltentrennung bedeutete deswegen für sie zunächst Verlagerung der Macht von der Exekutiven auf die Legislative.[29]

Zwei amerikanische Entwicklungen begleiten diese Übernahme europäischen Gedankenguts und modifizieren das europäische Verständnis von Gewaltentrennung. Zunächst brachte der amerikanische Verfassungsrechtler JOHN ADAMS[30] den Gedanken ein, die Judikative in ihrer Bedeutung zu stärken und in das System der getrennten Gewalten einzubeziehen, die sich durch unterschiedlichste Mechanismen gegenseitig kontrollieren. Die Rechtslehre griff diesen Gedanken auf, der schon Anfang des 19. Jahrhunderts Gegenstand einer Rechtsfortbildung durch den *Supreme Court* werden sollte.[31] Die zweite Fortentwikklung betraf die Besetzung der Exekutivspitze, über die eine Volkswahl entscheidet.[32]

2. *Checks and Balances*

MONTESQUIEU erachtete die bloße Trennung von Staatsfunktionen nicht für ausreichend und ergänzte sie durch das Prinzip der *checks and balances*. So löste er die klare Trennung der Funktionen wieder auf. Ein Netz gegenseitiger Kontrolle und Beeinflussung verknüpft die Funktionen, die zunächst voneinander unabhängig und gleichberechtigt nebeneinander stehen. Dies

---

[27] MONTESQUIEU, *L'Espirit de Lois*, Buch XI, Kap. 6: „Von den drei Gewalten, die wir erörtert haben, ist die richterliche in gewisser Weise gar nicht vorhanden" („... *celle (la puissance) de juger est en quelque facon nulle.* ").

[28] BRAVEMAN/BANKS/SMOLLA, *Constitutional Law*, S. 42.

[29] LEVI, 76 Columbia L. R. 371, 374; vgl. auch unten, 6. Kap., A.II.

[30] JOHN ADAMS (1735-1826) war der erste *Vice President* (1789-1797) und der zweite *President* (1797-1801) der USA.

[31] Siehe dazu unten, 2. Kapitel, A.II.3.

[32] Dazu HAMILTON, *The Federalist*, Nr. 68; vgl. auch BRUGGER, Öffentliches Recht USA, S. 63ff; LUNDMARK, *Power and Rights*, S. 55f.

soll den Effekt der Gewaltentrennung sichern und stärken.[33] Es bleibt nicht bei dem Postulat, das Eingreifen in den Bereich einer anderen Funktion zu verhindern. Vielmehr wird auch das ungestüme Ausüben nur einer einzelnen Funktion gehemmt. Hier findet sich ebenso wie bei der *separation of powers* der Gedanke der menschlichen Unvollkommenheit wieder. MADISON hat diesen Gesichtspunkt folgendermaßen umschrieben: „Wenn die Menschen Engel wären, so bedürften sie keiner Regierung. Wenn Engel über die Menschen herrschten, dann wäre weder eine innere noch eine äußere Kontrolle der Regierung notwendig. [...] Die Methode, das Fehlen edlerer Motive durch die Förderung rivalisierender Interessen auszugleichen, kann durch alle menschlichen Angelegenheiten, seien sie privater oder öffentlicher Natur, verfolgt werden. Sie tritt besonders deutlich bei der Verteilung der Machtbefugnisse an untergeordnete Stellen in Erscheinung, wobei stets das Ziel angestrebt wird, die verschiedenen Posten so zu verteilen und einzurichten, daß deren Inhaber einander gegenseitig in Schach halten. Das private Interesse des Einzelnen wird so zum Wächter über die Rechte der Öffentlichkeit gemacht. Dieses von der Vernunft eingegebene Vorgehen empfiehlt sich nicht minder bei der Verteilung der höchsten Gewalt im Staat."[34] Da aber nicht alle Staatsfunktionen gleich stark nebeneinander stehen, muß zusätzlich noch ein Kräfteausgleich bei der Wahl der Abwehrmittel berücksichtigt werden.[35]

Auch das Prinzip der *checks and balances* ist in der amerikanischen Verfassung nicht ausdrücklich geregelt, läßt sich aber dem Zusammenspiel einiger Vorschriften entnehmen. Es beschränkt sich nicht nur auf das schlichte Kontrollieren, sondern fordert vielmehr ein aufeinander abgestimmtes Handeln der einzelnen Funktionen. Die Prinzipien *separation of powers* und *checks and balances* werden so zum Prinzip der *„coordinated powers"*.[36] Beispiele für das System der *checks and balances* sind das mit Suspensivwirkung ausgestattete Vetorecht des *President* (*Art. I, Sec. 7, Cl. 2*) oder das Anklagerecht des *Congress* (*Art. I, Sec. 3, Cl. 6, 7*). Auch in dem Zwei-Kammer-System des *Congress*, der aus *Senate* und *House of Representatives* besteht,

---

[33] MADISON, *The Federalist*, Nr. 48, 51 (S. 277ff., 295ff.); s. dazu auch LUNDMARK, *Power and Rights*, S. 5f.

[34] MADISON, *The Federalist*, Nr. 51 (S. 296f.).

[35] MADISON, *The Federalist*, Nr. 51 (S. 297).

[36] LOEWENSTEIN, Verfassungsrecht USA, S. 365.

kann man eine Beschränkung der legislativen Gewalt erblicken, da ein ungeteiltes Gesetzgebungsorgan zu mächtig wäre.[37]

3. *Judicial Review*

Eine besondere Kontrollfunktion kommt dem *judicial review* zu, dem richterlichen Prüfungsrecht, das darauf abzielt, das Handeln der anderen Staatsorgane an der Verfassung zu messen.[38] Eine textliche Verankerung dieses Prinzips – etwa in Form einer Kompetenzzuweisung – läßt sich in der amerikanischen Verfassung, insbesondere in *Art. III*, nicht finden. Demgegenüber eröffnen für das deutsche Recht die Art. 93 Abs. 1 Nr. 5, 100 GG die konkrete Normenkontrolle. In diesem Verfahren übt das Bundesverfassungsgericht sein Verwerfungsmonopol aus. Die nachrangigen Gerichte dürfen ein Gesetz nur auf seine Verfassungsmäßigkeit prüfen, es aber nicht verwerfen oder mißachten. Hält ein Gericht ein nachkonstitutionelles Gesetz, auf dessen Gültigkeit es bei seiner Entscheidung ankommt, für verfassungswidrig, ist es vorlageberechtigt und sogar vorlageverpflichtet, weil es andernfalls die Entscheidung nicht fällen könnte. In Amerika fehlt es in der Verfassung an einer solchen Zuständigkeitsregelung zugunsten des *Supreme Court.* Diese ist aber – zunächst für die Überprüfung von Gesetzen – vom *Supreme Court* außerhalb des Verfassungstextes in der berühmten Entscheidung *Marbury v. Madison*[39] entwickelt worden, die HAY als „das markanteste Beispiel der Rechtsfortbildung durch Richterrecht" bezeichnet.[40] Der Kläger WILLIAM MARBURY begehrte die Aushändigung der Ernennungsurkunde als Richter. Diese war zwar am letzten Tag der Amtszeit von Präsident ADAMS ausgefertigt, aber nicht mehr ausgehändigt worden. Letzteres verweigerte der neue Präsident JEFFERSON. Der *Supreme Court* hatte zu entscheiden, ob auch in diesem Fall ein Anspruch auf einen Vollzugsbefehl an Behörden (*writ of mandamus*) bestand. Diesen Anspruch konnte MARBURY auf *Sec. 13 Judiciary Act (1789)*[41] stützen, der dem *Supreme Court* die originäre Zuständigkeit

---

[37] MADISON, *The Federalist*, Nr. 51 (S. 297).

[38] BLACK'S LAW DICTIONARY, *„judicial review"*; vgl. auch BARRON/DIENES, *Constitutional Law*, S. 63ff.; CARSTENS, Grundgedanken, S. 90ff.; COHEN/VARAT, *Constitutional Law*, S. 25ff.

[39] *Marbury v. Madison*, 5 U.S. 137 (1803).

[40] HAY, Einführung in das amerikanische Recht, S. 30.

[41] Die einschlägige Passage lautet: *„The Supreme Court [...] shall have power to issue [...] writs of mandamus, in cases warranted by the principles and usages of law, to any*

zur Entscheidung in dieser Sache zuwies. Jedoch kann nur die Verfassung selbst eine originäre Zuständigkeit des *Supreme Courts* begründen (vgl. *Art. III, Sec. 2, Cl. 2*) und nicht ein einfaches Gesetz. Im Einklang mit dem Gebot der richterlichen Selbstbeschränkung (*judicial self-restraint*) hätte der *Supreme Court* seine Zuständigkeit schlichtweg verneinen und die Klage als unzulässig abweisen müssen.[42] Das Gericht nahm diesen Streitfall jedoch zum Anlaß, ein Prüfungsrecht daraus herzuleiten, daß es sich bei der Verfassung um das fundamentale und oberste Recht der Nation handele. Jedes ihr zuwiderlaufende, also verfassungswidrige Gesetz müsse nichtig sein.[43] Darüber zu befinden, sei Sache des Richters, da er bei seiner Entscheidung danach zu forschen habe, was Recht ist. Andernfalls könne sich der Gesetzgeber auch über die festumrissenden Kompetenzen hinwegsetzen.[44] So entwickelte das Gericht seine bestehende Kontrollbefugnis über Gesetze der Staatenlegislaturen fort und weitete sie auch auf Gesetze der Bundeslegislatur, des *Congress*, aus. Die Folge war, daß der *Supreme Court* nun die Verfassung als ein höherrangiges Gesetz anwandte und diese Ausdehnung nicht auf seine eigenen Tätigkeit beschränkte. Schon aus seiner Argumentation ergibt sich, daß nicht nur seine Tätigkeit sondern die eines jeden Gerichts betroffen ist; denn es ist Aufgabe und Pflicht eines jeden Richters, nichtige Gesetze nicht anzuwenden.[45] Dies führte zu der Theorie der Oberhoheit der Gerichte (*judicial supremacy*), die in ihrer Bedeutung die vorgenannten Prinzipien überstrahlt.[46]

4. Zusammenfassung

Die Väter der amerikanischen Verfassung orientierten sich stark an bestehenden Vorgaben in der Verfassungslehre und Verfassungswirklichkeit. Das

---

courts appointed, or persons holding office, under the authority of the United States." Volltext der Vorschrift abgedruckt bei GUNTER, *Constitutional Law*, S. 6 (Fn.*).

42 Zum Gebot der richterlichen Selbstbeschränkung vgl. *United States v. Butler*, 297 U.S. 1, 78 (1936); BRUGGER, Öffentliches Recht USA, S. 8, 22 (mit Kritik am Vorgehen des *Supreme Court* in *Marbury v. Madison*)

43 Zu der Frage, ob der Tenor einer solchen Entscheidung Allgemeingültigkeit beanspruchen kann oder nur zwischen den Streitparteien wirkt, siehe BRUGGER, Öffentl. Recht USA, S. 23f.

44 *Marbury v. Madison*, 5 U.S. 137, 177ff. (1803).

45 Vgl. dazu die Vorlagepflicht des deutschen Richters, Art. 100 Abs. 1 GG.

46 PARKER, Öffentliches Recht, S. 85.

Besondere sind nicht die Inhalte oder die Grundprinzipien[47] der Unionsverfassung, vielmehr ist es die Situation in Amerika am Ende des 18 Jahrhunderts. Die Verfassung aus dem Jahr 1789 füllte ein verfassungsrechtliches Vakuum aus. Sie schuf ein neues staatliches Gebilde, dessen Gundnormen in dieser einen Urkunde systematisch erfaßt und geschlossen niedergelegt waren.[48] Es gab auf dem nordamerikanischen Kontinent keinen Vorgängerstaat zur amerikanischen Union, die erst durch den Zusammenschluß der Kronkolonien gegründet wurde, nachdem diese sich von England losgesagt hatten. Jedoch macht die Bedeutung der amerikanischen Verfassung nicht dabei halt, das Ende dieses Trennungsprozesses zu dokumentieren. Sie ist eben nicht nur schmückendes Beiwerk, sondern das Fundament des neuen Staates. Sie ist die geschriebene Voraussetzung für einen der ersten Verfassungsstaaten[49], der seine Legitimation aus dieser Urkunde ableitet. Damit unterscheidet sich die Situation in Amerika wesentlich vom Deutschland des 19. Jahrhunderts, das die rechtliche Bindung der sich reformierenden Staaten beschäftigte und nicht die theoretische und praktische Begründung einer neuen Ordnung. Ein bereits vorhandener Staat sollte in eine bestimmte Rechtsform gebracht werden, die die bestehende Herrschaftsmacht des Fürsten beschränkt.[50] Unterschiede lassen sich auch zu der Situation im Jahr 1949 erkennen. Trotz der Kapitulation am 8. Mai 1945, trotz der Absetzung der Regierung Dönitz durch die Alliierten am 23. Mai 1945, trotz der Regentschaft der vier alliierten Mächte in den Besatzungszonen existierte nach der sog. Identitätstheorie[51] das Deutsche Reich in Form des Rechtsnachfolgers Bundesrepublik Deutschland fort.

---

[47] Für weitere Grundprinzipien der Unionsverfassung s. PARKER, Öffentliches Recht, S. 4ff.

[48] WAHL, HStR I, § 1 Rn. 2.

[49] Andere Beispiele sind die Verfassungen der Einzelstaaten (ab 1776) oder die französische Verfassung aus dem Jahr 1791.

[50] WAHL, HStR I, § 1 Rn. 7; vgl. dazu auch unten, 6. Kap., A.I.

[51] BVerfGE 36,1, 15f. (Urteil vom 31.7.1973); mit Verweis auf BVerfGE 2, 266, 277; 3, 288, 319; 5, 85, 126; 6, 309, 336/363; a.A. sog. Debellationstheorie, die auf das Fehlen der dritten Komponente der Drei-Elementenlehre (Staatsvolk, Staatsgebiet, Staatsgewalt) hinweist.

III. Die Normierung der Staatsfunktionen in der amerikanischen Verfassung

Vor dem Hintergrund der amerikanischen Verfassungsgeschichte und der Grundprinzipien der amerikanischen Verfassung ist nun zu untersuchen, wie die einzelnen Staatsfunktionen ausgestaltet sind. In Betracht dafür kommen die *Art. I-III*, die die Ausübung der einzelnen Funktionen – getrennt nach Legislative, Exekutive und Judikative – behandeln. Dabei sind neben dem allgemeinen Regelungsgehalt der Vorschriften und neben charakteristischen Wesensmerkmalen der Funktionen vor allem solche Aussagen zu berücksichtigen, die sich auch für die Stellung der *administrative agencies* im amerikanischen Regierungssystem verwerten lassen.

1. *Article I: Legislative Power*

Die legislative Funktion ist allein dem *Congress* übertragen, der sich aus zwei Kammern, *Senate* und *House of Representatives*, zusammensetzt (*Art. I, Sec. 1*). Der Text der Unionsverfassung definiert den Begriff *„legislative power"* nicht. Die abstrakte Definition ist ein möglicher Ansatzpunkt, ihn inhaltlich zu bestimmen.[52] Die *legislative power"* verleiht die Befugnis, Gesetze (*laws* bzw. *acts*[53]) zu schaffen, zu ändern, zu ergänzen oder aufzuheben.[54]

a) Regelungsgehalt

aa) Allgemeines

Art. I füllt die Worthülse *„legislative power"* zwar nicht aus, jedoch beinhaltet er die wesentlichen Rahmenbedingungen, innerhalb derer der *Congress* die legislative Funktion ausüben kann. *Art. I, Sec. 2, 3* enthalten Vorschriften bezüglich der Wahl und Zusammensetzung der beiden Kammern. *Art. I, Sec. 4-7* behandeln weitere Organisationsfragen und insbesondere das komplizierte Gesetzgebungsverfahren. *Art. I, Sec. 8* beschränkt die Zuständigkeit des *Congress* auf die dort genannten Sachmaterien. Diese Vorschrift korrespondiert mit *Am. 10*, das die Zuständigkeit in den nicht erfaßten Fällen den

---

52 Für weitere Ansatzpunkte siehe LUNDMARK, *Power and Rights*, S. 7ff.

53 BLACK'S LAW DICTIONARY, *„act"* (S. 25f.): Nach Erlassen des Gesetzes sind die Begriffe *„law"* und *„act"* austauschbar.

54 BLACK'S LAW DICTIONARY, *„legislative power"* (S. 899).

Staatenlegislaturen vorbehält.[55] Hier tritt am deutlichsten zu Tage, daß die amerikanische Regierungsorganisation des Bundes ein Ordnungssystem ist, unter dem alle öffentliche Gewalt beschränkt ist (*limited government, enumerated powers*). *Am. 10* enthält demnach eine mit Art. 30, 70 GG vergleichbare Regelung. Die Vorschriften bestimmen die Aufgabenverteilung im Bundesstaat. Sie beschränken die Zuständigkeit des Bundes auf ausdrücklich genannte Fallgruppen. Ein Unterschied besteht in der Regelungstechnik; während im Grundgesetz Art. 30, 70 GG ein Regel-Ausnahme-Prinzip zugrundeliegt,[56] begründet *Am. 10* ein Subsidiaritätsverhältnis.[57] Neben den in *Art. I, Sec. 8* genannten Kompetenzen des *Congress* sind weitere Kompetenznormen in anderen Verfassungsvorschriften enthalten, beispielsweise *Art. III, Sec. 1* (Errichten von Bundesgerichten unterhalb des *Supreme Court*) oder *Art. IV, Sec. 3* (Aufnahme neuer Staaten in die Union). *Art. I, Sec. 9* enthält einen Katalog von Negativkompetenzen, Sachmaterien also, die ausdrücklich der Gewalt des *Congress* entzogen sind. Die Zuständigkeit der Einzelstaaten bei der Regelung ihrer innerstaatlichen Angelegenheiten ist nicht betroffen.[58] *Art. I, Sec. 10* beinhaltet einen weiteren Katalog mit Negativkompetenzen, hier mit Wirkung gegen die Staatenlegislaturen. Dies soll verhindern, daß einzelstaatliche Maßnahmen mit internationalen Beziehungen des Bundesstaates zu Drittstaaten kollidieren.[59]

bb) *Necessary and Proper Clause* und *Tribunal Clause*

Im Rahmen des *Art. I, Sec. 8* sind zwei Bestimmungen im Hinblick auf *administrative agencies* von besonderer Bedeutung.

Zunächst ist auf die *necessary and proper clause* (sog. *„sweeping clause"*) in *Art. I, Sec. 8, Cl. 18* hinzuweisen. Danach ist der *Congress* ermächtigt, solche Gesetze zu erlassen, die zur Ausübung der in *Art. I, Sec. 8, Cl. 1-17* genannten Befugnisse notwendig und zweckdienlich sind. Bei der Ausle-

---

[55] Daneben gibt es weitere Sachmaterien, deren gesetzgeberische Ausgestaltung den Staatenlegislaturen versagt ist, vgl. *Am. 10*. Gemeint sind die in *Art. I, Sec. 10* aufgeführten Sachmaterien.

[56] DREIER-PERNICE, GG, Art. 30 Rn. 15; PIETZCKER, HStR IV, § 99 Rn. 8.

[57] Wortlautargument; Art. 30: „[...] ist Sache der Länder, soweit [...]"; *Am. 10*: *„The powers not delegated to the United States [...], nor prohibited are reserved to the States [...]"*.

[58] CONGRESSIONAL RESEARCH SERVICE, *Art. I*, S. 345.

[59] Weiterführend CONGRESSIONAL RESEARCH SERVICE, *Art. I*, S. 360ff.

gung der Begriffe *„necessary"* und *„proper"* ist vornehmlich das Prinzip des *limited government*, also ein föderaler Gesichtspunkt, betroffen. Zwar sind die Kompetenzen begrenzt auf die ausdrücklich genannten, doch sind mitinbegriffene (*implied powers*)[60] und abgeleitete (*resulting powers*)[61] Gesetzgebungskompetenzen anerkannt. Mit Hilfe dieser Klausel hat der *Congress* inzwischen eine Vielzahl von Regelungen in seinen Kompetenzbereich gezogen und so den der Staatenlegislaturen stark eingeschränkt. Damit wird die Strenge des *limited government*-Prinzips aufgeweicht.[62] Jedoch kommt dieser Klausel auch Bedeutung für das Verhältnis der drei Funktionen auf der horizontalen Ebene zu. So kann der *Congress* in den exekutiven oder judikativen Funktionsbereich eingreifen, wenn die Regelungen als notwendig und zweckdienlich anzusehen sind, das Gesetzesziel zu erreichen. Nach dem Wortlaut bezieht sich diese Klausel nicht nur auf die legislative Funktion, sondern auch auf die anderen in der Verfassung genannten.[63] Somit kann der *Congress* beispielsweise *judicial power* auf andere Stellen verteilen, wenn sich dies durch die *necessary and proper clause* rechtfertigen läßt.[64] Die Einstufung, ob eine Regelung *„necessary"* und *„proper"* ist, läßt sich allerdings nicht anhand objektiver Maßstäbe vornehmen und führt deswegen oft zu einer umstrittenen Beantwortung. Der *Supreme Court* hat die Einstufung als nicht-justitiable politische Frage bezeichnet (*political question*) und sie

---

60 *McCulloch v. Maryland*, 17 U.S. 316, 353f. (1819); der *Supreme Court* stützte diese Erweiterung neben der *necessary and proper clause* auch auf eine redaktionelle Änderung. In den *Articles of Confederation* waren noch solche Sachmaterien den Staatenlegislaturen vorbehalten, die nicht ausdrücklich dem *Congress* zugewiesen sind. Das Adverb ist in *Am. 10* entfallen (ebenda, S. 406f.: *„[The 10th amendment] omits the word „expressly"."*). Diese Änderung ließ mitinbegriffene Kompetenzen zu. Vgl. auch LOEWENSTEIN, Verfassungsrecht USA, S. 75ff.; PARKER, Öffentliches Recht, S. 30; WILLOUGHBY, *Constitutional Law*, I § 46.

61 Darunter sind Gesetzgebungsgewalten zu verstehen, die aus der „Gesamtmasse" einer jeden souveränen Regierung stammen, nicht also nur aus dem Regelungsumfeld einer einzelnen Klausel wie bei den *„implied powers"*. Vgl. dazu LOEWENSTEIN, Verfassungsrecht USA, S. 77f.; PARKER, Öffentliches Recht, S. 18f.; WILLOUGHBY, *Constitutional Law*, I § 46.

62 Dazu LOEWENSTEIN, Verfassungsrecht USA, S. 78: „Die Lehre der *implied* wie *resulting powers* sind allerdings nicht als Mädchen für alles der bundesstaatlichen Zuständigkeitsausdehnung anzusehen.".

63 Vgl. *Art. I, Sec. 8, Cl. 18: „[...] all other powers vested by this Constitution in the Government of the United States, or in any Department or Officer thereof."*.

64 Vgl. *Thomas v. Union Carbide Agr. Products Co.*, 473 U.S. 568, 583 (1985).

somit dem *Congress* zur Letztentscheidung überlassen.[65] Im Zusammenhang mit der *necessary and proper clause* drängt sich ein Vergleich zu Deutschland und der Annahme von ungeschriebenen Gesetzgebungskompetenzen des Bundes auf. Die Gesetzgebungskompetenz kraft Sachzusammenhangs und die Annexkompetenz setzen eine bestehende Gesetzgebungszuständigkeit des Bundes gemäß Art. 71ff. GG voraus, lassen dann aber eine Ausdehnung in die Breite (nicht zugewiesene Sachmaterien) bzw. in die Tiefe (Ordnungs- und Polizeigewalt, Verfahrensvorschriften) zu.[66] Diese Parallele ist kein Zufall, sondern Folge eines Problems, das jeden Staat mit bundesstaatlicher Struktur beschäftigt, nämlich die Verteilung der (Gesetzgebungs-) Kompetenzen auf den Bundesstaat und die Mitgliedsstaaten. So waren es die amerikanischen Verfassungsväter, die sich als Begründer des ersten föderalistisch gegliederten Staatenwesens über die Lösung dieses Problems Gedanken machen mußten. Die Ablehnung von ursprünglichen Kompetenzen der Union (*original powers*) und die Annahme ihr lediglich zugewiesener (*delegated powers*) stammen aus dieser Zeit. Ebenso verhält es sich mit dem Spannungsverhältnis von ausdrücklich verliehenen Kompetenzen und solchen Kompetenzen, die von den ausdrücklich verliehenen abgeleitet sind.[67]

Eine weitere bemerkenswerte Regelung stellt *Art. I, Sec. 8, Cl. 9* dar. Der *Congress* ist danach befugt, *„tribunals"* unterhalb des *Supreme Courts* einzurichten. Diese Vorschrift ähnelt einer Bestimmung außerhalb von *Article I*, und zwar *Art. III, Sec. 1.* Jene Regelung ermächtigt den *Congress*, den judikativen Unterbau einzurichten. Die Kompetenz in *Art. III* nahm er beispielsweise 1789 beim Erlaß des bereits erwähnten *Judiciary Act*[68] wahr. Zur Unterscheidung der so eingerichteten Institutionen haben sich die Bezeichnungen *„legislative courts"* und *„constitutional courts"* eingebürgert. Erstere sind solche Gerichte, die der *Congress* aufgrund seiner generellen Ermächtigung zum Erlaß aller erforderlichen Gesetze einrichten kann, letztere solche, die der *Congress* aufgrund der besonderen verfassungsrechtlichen Ermächti-

---

[65] *McCulloch v. Maryland*, 17 U.S. 316, 386f. (1819); vgl. dazu LUNDMARK, *Power and Rights*, S. 31ff.

[66] Vgl. nur BVerfGE 3, 407, 423/433; 8, 143, 149; 26, 246, 256f.; BVerwGE 84, 247, 250; JARASS/PIEROTH, GG, Art. 70 Rn. 5 ff.; RENGELING, HStR IV, § 100 Rn. 55ff.

[67] Zu der Entwicklung aus dem amerikanischen Rechtsraum und zu der Bedeutung in der deutschen Rechtswissenschaft, vgl. ACHTERBERG, AöR 86 (1961), S. 63ff; BOTHE, Kompetenzstruktur, S. 143ff.; KÜCHENHOFF, AöR 82 (1957), S. 413ff.; TRIEPEL, FG Laband II, S. 249ff.

[68] Vgl. oben, 2. Kap., A.II.3.

gung einrichten muß.[69] Ebenso gebräuchlich ist das Begriffspaar *„Art. I courts"* und *„Art. III courts"*. Der rechtliche Ursprung der *legislative courts* in *Art. I* hat zur Folge, daß die Zuständigkeitsregelungen und institutionellen Garantien des *Art. III* nicht gelten.[70]

Beide Klauseln belegen, daß die Legislative Entscheidungskörper einrichten kann, die ausserhalb der klassischen (judikativen) Gerichte liegen. Damit ist eine wesentliche Voraussetzung dafür gegeben, daß der *Congress* die *administrative agencies* ermächtigen kann, quasi-judizielle Funktionen auszuüben.

b) Die Bedeutung der Gesetzgebung im *Common Law*

Gesetzesrecht (*statutory law*) ist im *common law* nicht die klasssische Rechtsquelle. Es hat nur die Bedeutung, das Richterrecht (*case law*) zu ergänzen und zu aktualisieren. Insofern ist das Gesetz als solches nur von sekundärer Bedeutung. Nur Normen, die von der Rechtsprechung geschaffen sind, gelten als Normen im herkömmlichen Sinne. Der Gesetzgeber wiederum versucht, die richterliche Auslegung durch umfangreiche Kasuistik einzuschränken.[71] Man sieht in Gesetzbüchern nur eine Zusammenstellung des bestehenden Rechts und nicht einen Ausgangspunkt dafür, neues Recht auszuarbeiten und zu entwickeln. Gesetzbücher geben danach nur das Recht wieder, das von den Gerichten geschaffen worden ist.[72] Nur selten wird in einer obergerichtlichen Entscheidung ein Gesetz „nackt" zitiert. Erst wenn es mit einer untergerichtlichen Entscheidung bekleidet ist, gewinnt das Gesetz an Bedeutung. Die gefällte (Vor-) Entscheidung entfaltet Bindungswirkung gegenüber nachfolgenden Rechtsstreitigkeiten (*stare decisis*).[73] Gerade auf technisch sehr speziellen Rechtsgebieten (z.B. Anlagenrecht, Umweltrecht) nimmt die Anzahl der Gesetze zu, für die insgesamt 51 Legislaturen zuständig sein können, sodaß eine Zersplitterung des Rechts droht. Dieser Gefahr begegnet man mit Modellgesetzen in den Einzelstaaten (sog. *„uniform*

---

[69] *American INS v. 356 Bales of Cotton*, 26 U.S. 511, 546 (1828); dazu SCHWARTZ, *Constitution I 1*, S. 330ff., 340ff.

[70] Vgl. CONGRESSIONAL RESEARCH SERVICE, *Art. III*, S. 604ff.

[71] BLUMENWITZ, Einführung in das anglo-amerikanische Recht, S. 45; in diesem Zusammenhang kann auch auf die Ausführungen zum *judicial review* und die dortigen Nachweise verwiesen werden, vgl. oben, 2. Kap., A.II.3.

[72] DAVID/GRASSMANN-WILL, Rechssysteme der Gegenwart, Rn. 424.

[73] Zur Doktrin der *stare decisis*, ihren Komponenten und ihrer Existenz im deutschen Recht, vgl. LUNDMARK, Rechtstheorie 1997, 315ff.

laws", z.B. *Uniform Commercial Code*[74]) und einem weiten Verständnis der Kompetenzen in *Art. I*. Festzuhalten bleibt, daß das juristische Denken weiterhin vom *common law* geprägt ist, das juristische Handeln sich jedoch immer mehr auf das *statutory law* stützt.

2. *Article II: Executive Power*

Die Ausübung der exekutiven Funktion ist in die Hände einer einzelnen Person, des *President*, gelegt. Ihm allein obliegt die Regierungsverantwortung, er ist der *Chief Executive*, er ist die Regierung. Ihm kommt also im Gegensatz zum Bundespräsidenten des Grundgesetzes nicht nur eine staatsrepräsentierende und staatsintegrierende Funktion[75] zu. Er ist vielmehr Träger originärer politischer Macht. Diese Stellung leitet er aus dem Akt seiner Legitimierung, der Volkswahl, her. Von der Unterstützung des *Congress* ist er nicht abhängig, da er ihm machtpolitisch gleichgestellt ist. Von dieser Ein-Mann-Spitze versprachen sich die Verfassungsväter die beste Ausführung der exekutiven Funktion. HAMILTON formulierte diese Erwartung folgendermaßen: „Die Faktoren, die der Exekutive Energie verleihen sind erstens Einheitlichkeit [...]. Daß Einheitlichkeit die Energie begünstigt, wird nicht bestritten werden. Die Handlungen eines einzelnen Mannes werden im allgemeinen in viel höherem Maße durch Entschlossenheit, Tatkraft, Verschwiegenheit und rasche Durchführung gekennzeichnet sein als die Handlungen einer großen Anzahl von Personen [...]."[76]

a) Regelungsgehalt

aa) Allgemeines

Der *President* wird durch das Volk indirekt gewählt. Das komplizierte Wahlverfahren ist in *Art. II, Sec. 1.* geregelt. *Art. II, Sec. 2, Cl. 1* betrifft die Funktion des *President* als Oberbefehlshaber der Streitkräfte. Als *Commander-in-Chief* muß er sich Befugnisse mit dem *Congress* teilen, dem gemäß

---

[74] Zum *UCC* siehe WHITE/SUMMERS, *UCC*; STONE, *UCC*.

[75] DEGENHART, Staatsrecht I, Rn. 456ff.; MD-HERZOG, GG, Art. 54 Rn. 7; vgl. auch JARASS/PIEROTH, GG, Art. 54 Rn. 2; v. MÜNCH/KUNIG-HEMMRICH, Art. 54 Rn. 1ff.

[76] HAMILTON, *The Federalist*, Nr. 70 (S. 390); vgl. auch LASKI, *American Democracy*, S. 92ff.

Art. I, Sec. 8, Cl. 11 die Befugnis übertragen ist, Kriege zu erklären.[77] Darüberhinaus kann der *President* mit Zustimmung des *Congress* Staatsverträge (*treaties)* abschließen, *Art. II, Sec. 2, Cl. 2*. Abzugrenzen davon sind Regierungsverträge (*executive agreements*), die einer Zustimmung des *Congress* nicht bedürfen. In *Art. II, Sec. 3* sind die Kompetenzen des *President* als Chef der Verwaltung geregelt. Seine Hauptaufgabe ist es, die Ausführung der Gesetze zu überwachen. *Art. II, Sec. 4* regelt das *impeachment*-Verfahren, das auf die Amtsenthebung des *President* ausgerichtet ist. Es ist als gerichtsähnliche Verhandlung vor dem Senat unter Leitung des *Chief Justice* ausgestaltet, der dem neunköpfigen Richterkollegium im *Supreme Court* vorsteht. Dieses Verfahren unterscheidet sich also von einem Mißtrauensvotum wie dem in Art. 67 GG, dessen Erfolg nur von der vorgesehenen Parlamentsmehrheit abhängig ist. Das Amtsenthebungsverfahren ist erforderlich, um den *President* einer Kontrolle zu unterwerfen, da seine Abwahl durch das Volk in der Unionsverfassung nicht vorgesehen ist.

Außerhalb des Exekutivartikels ist dem *President* auch im Rahmen des Gesetzgebungsverfahrens eine bedeutende Funktion zugewiesen. Ihm müssen nach *Art. I, Sec. 7, Cl. 2* alle Gesetzesentwürfe (*bills*)[78] vorgelegt werden, die das *House of Representatives* und den *Senate* passiert haben, sog. *veto power*.[79] Der *President* hat in Wahrnehmung seines Vetorechts die Möglichkeit, seine Bedenken zu äußern und einen Gesetzesentwurf zu billigen oder aber auch mit Begründung zurückzuweisen. Der *Congress* ist dann gefordert, diese Bedenken in seine Überlegungen mit einzubeziehen[80] und das *veto* – falls erforderlich – mit Zweidrittelmehrheit zu überstimmen (*override*), *Art. I, Sec 7, Cl. 2*.

---

[77] Dieses Spannungsverhältnis ist Gegenstand verfassungsrechtlicher Diskussion; weiterführend BRUGGER, Öffentliches Recht USA, S. 74ff.

[78] Den Gesetzesentwürfen sind weitere Maßnahmen („*order*", „*resolution*" und „*vote*") gleichgestellt, sofern sie Gesetzeskraft haben, vgl CONGRESSIONAL RESEARCH SERVICE, *Art. I*, S. 141. Alle anderen Maßnahmen unterliegen nicht der *veto power*, vgl. LUNDMARK, *Power and Rights*, S. 53f.

[79] Das Vetorecht stellt ein wesentliches Element der *checks and balances* dar. Es soll auch sicherstellen, daß „nationale" Gesetze erlassen werden, d.h. daß der *Congress* im Gesetzgebungsverfahren keine Individualinteressen der Einzelstaaten durchsetzt, sondern daß er dem Wohle aller dienende Gesetze schafft, vgl. HAMILTON, *The Federalist*, Nr. 73 (S. 407); *INS v. Chadha*, 462 U.S. 919, 947f. (1983), bezugnehmend auf *Myers v. United States*, 272 U.S. 52, 123 (1926).

[80] *Edwards v. United States*, 286 U.S. 482, 486 (1932); *Wright v. United States*, 302 U.S. 583, 596 (1938).

bb) *Appointment Clause* und *Take Care Clause*

Im Rahmen der vorgenannten Kompetenzen sind im Hinblick auf *administrative agencies* zwei Regelungen von besonderer Bedeutung.

Die *appointment clause* des *Art. II, Sec. 2, Cl. 2* ist eine weitere Erscheinungsform des Systems der *checks and balances*. Diese Vorschrift befaßt sich mit der Bekleidung wichtiger Organe und Ämter. Ihre Struktur ist von der Unterscheidung *„officers"* und *„inferior officers"* geprägt. Der *President* nominiert und ernennt mit dem Rat und der Zustimmung des *Congress* die *officers*, deren Ämter von der Verfassung vorgesehen oder vom *Congress* geschaffen sind. Die *inferior officers* können hingegen von einer Stelle ernannt werden, an die der *Congress* dieses Recht delegiert hat.[81] Die *appointment power* ist ein wichtiges Instrument, durch die Auswahl der zu benennenden Amtsträger die Ämter nach der Vorstellung des *President* politisch zu besetzen. Nicht im Verfassungstext erwähnt ist die *removal power*, das Gegenstück zur *appointment power*.[82] Das Recht, Beamte jederzeit entlassen zu können, sieht man jedoch als eine inhärente Befugnis des *President* an: Die Ausführung der Gesetze zu beaufsichtigen, bringt die Kontrolle der Beamten mit sich, die auch deren Entlassung umfaßt.[83]

Die zweite wichtige Kompetenz, die *take care clause*, beinhaltet den Kern der exekutiven Funktion, und zwar die Ausführung der Gesetze. Nach dem Wortlaut verleiht sie dem *President* kein spezielles Recht, sondern schafft eine Verpflichtung, die im Stile einer Generalklausel formuliert ist. Die Verpflichtung zur Gesetzesausführung ist davon abhängig, inwieweit ein Beurteilungsspielraum oder ein Ermessen eingeräumt ist. Erst wenn die Untätigkeit als Nichterkennen oder Nichtbeachten der jeweiligen Vorschrift zu bewerten ist, kommt der *take care clause* verpflichtende Wirkung zu.[84] Höchst umstritten war die Frage, inwieweit neben dieser ausdrücklichen Kompetenz eine der Verfassung innewohnende Notstandskompetenz des *President* existiert. Nach dem Wortlaut des Verfassungstextes ist im Gegen-

---

[81] Dazu *United States v. Germaine*, 99 U.S. 508, 509f. (1879); *Buckley v. Valeo*, 424 U.S. 1, 125 (1976).

[82] Vgl. unten, 2. Kap., B.II.2.b)aa) und bb).

[83] *Myers v. United States*, 272 U.S. 52, 117 (1926); dazu SCHWARTZ, *Constitution I 2*, S. 47ff.

[84] Im Nichtbeachten eines Gesetzes ist quasi-legislatives Handeln zu erblicken; weiterführend dazu BRUGGER, Öffentl. Recht USA, S. 74.

satz zu den anderen beiden Funktionen[85] kein Bezugspunkt der exekutiven Funktion[86] formuliert.[87] Der *Supreme Court* hat die Kompetenz des *President* auf die Fälle verfassungsrechtlicher oder einfachgesetzlicher Ermächtigung beschränkt.[88] Damit formulierte der *Supreme Court* einen allgemeinen Gesetzesvorbehalt.[89]

Die erste Klausel ist von Bedeutung für das Verhältnis des *President* zu den *administrative agencies*, insbesondere für die Frage, inwieweit eine Kontrolle des verwaltungsbehördlichen Handelns möglich ist. Da man *administrative agencies* erst nachträglich eingerichtet hat, stellt sich hier die Frage, ob diese Klausel überhaupt und – bejahendenfalls – inwieweit sie auf *administrative agencies* anwendbar ist. Das enge Verständnis der zweiten Klausel schließt Notstandskompetenzen des *President* aus. Somit ist der *President* nicht befugt, im Fall eines nationalen Notstandes Verordnungen zu erlassen oder *administrative agencies* einzurichten. Dies bleibt dem *Congress* vorbehalten.

b) Die Bildung eines *Cabinet* und eines *Executive Office*

Für die Existenz von *administrative agencies* ist ferner ein weiteres Wesensmerkmal bedeutsam, und zwar die ursprüngliche Konzeption des exekutive Apparates. Nach Vorstellung der Verfassungsväter sollten alle exekutiven Aufgaben, Rechte und Pflichten einer einzelnen Person, und zwar dem *President*, übertragen werden. Im Verfassungstext ist die Existenz eines Verwaltungsapparates nicht geregelt, da man jegliche Bildung eines Exekutivrates verworfen hatte. Die Ressortchefs waren dem *President* lediglich als seine Gehilfen verantwortlich[90] und hatten zudem schriftlich Auskunft zu erteilen, *Art. II, Sec. 2, Cl. 1*. Wenn man auch heute den Verfassungstext

---

[85] Vgl. den Wortlaut von *Art. I* („*All legislative Powers herein granted, [...]*") und den von *Art. III* („*The judicial Power of the United States [...]*").

[86] Vgl. den Wortlaut von *Art. II* („*The executive Power shall be vested [...]*").

[87] Weiterführend zu dieser Verfassungstextanalyse LUNDMARK, *Power and Rights*, S. 13.

[88] *Youngstown Sheet Tube Co. v. Sawyer [The Steel Seizure Case]*, 343 U.S. 579, 585 (1952); dennoch ist diese Frage noch nicht abschließend geklärt, vgl. BRUGGER, Öffentliches Recht USA, S. 68 (mwN); SCHWARTZ, *Constitution I 2*, S. 65ff.

[89] CURRIE, Verfassung USA, S. 31; rechtsvergleichend zum Gesetzesvorbehalt DERS., Der Vorbehalt des Gesetzes, S. 68ff.

[90] HAMILTON, *The Federalist*, Nr. 72 (S. 401).

wörtlich verstehen wollte, dann müßte der *President* alle exekutiven Aufgaben alleine vollführen. Dies bedeutete für ihn, einerseits die Gesetze effektiv auszuführen, andererseits zu untersuchen, in welchen Bereichen Regelungsbedarf besteht; außerdem müßte er die entsprechenden Verbesserungsmaßnahmen treffen. In einigen wenigen Fällen sah (und sieht) die Verfassung eine Zusammenarbeit von *President* und *Congress* vor.[91] Ansonsten war der *President* nach Vorgabe der Verfassung auf sich alleine gestellt. *President Washington* erkannte als erster, daß er in der Verfassungswirklichkeit auf die Unterstützung Dritter angewiesen ist. Er beriet sich immer häufiger mit seinen drei Staatssekretären (*Secretary of State, Secretary of the Treasury, Secretary of War*) und dem Generalstaatsanwalt (*Attorney General*). Dieses Gremium erhielt von der Öffentlichkeit den Namen *Cabinet*.[92] Von Vorteil war die Flexibilität dieses zahlenmäßig kleinen Gremiums, die Ortsanwesenheit der Beteiligten und die Vertrautheit zwischen ihnen und dem *President*. Das *Cabinet* wurde zum festen, wenn auch verfassungsrechtlich nicht geregelten Bestandteil der Regierungsorganisation und erfuhr in der Folgezeit eine zahlenmäßige Ausdehnung. Neben den Ressortchefs (*heads of the departments*) der *executive departments*[93] kann der *President* beliebig weitere Personen zu dieser Beratungsrunde hinzuziehen.

Der *Reorganization Act* aus dem Jahr 1939 ermöglichte es dem *President* zudem, sich einen eigene „Präsidialkanzlei" einzurichten. Das so geschaffene *Executive Office of the President (EOP)* ist eine Ansammlung von mehreren unterschiedlichen Behörden.[94] Die wichtigste dieser Einrichtungen ist das *White House Office*. In ihm arbeitet der persönliche Mitarbeiterstab des Präsidenten. Zu unterscheiden sind dabei zum einen solche Mitarbeiter, die die Ausübung der präsidialen Aufgaben direkt unterstützen (juristische,

---

[91] Vgl. *Art. II, Sec. 2, Cl.2.*

[92] Ausführlich zu der Entwicklung und Ausdehnung der exekutiven Ein-Mann-Spitze LENZ, Beratungsinstitutionen, S. C4.

[93] Diese „Ministerien" sind zwar nicht von der Verfassung vorgesehen, wurden aber schon bald vom *Congress* eingerichtet, z.B. *Department of Commerce, Department of Defense* oder *Department of Justice*.

[94] *White House Office, Office of Management and Budget, Council of Economical Advisors, National Security Council, Office of Administration, Office of Development, Council on Environmental Quality, National Critical Materials Council, Office of National Drug Control Policy, Office of Science Technology Policy, National Space Council, Office of the States Trade Representative, Office of the Vice President, Official Residence of the Vice President.*

fachliche und persönliche Berater, Verbindungsleute mit dem Kongreß) und zum anderen solche Mitarbeiter, die die Durchführung dieser Tätigkeiten ermöglichen (Praktikantinnen, Schreibkräfte, Chauffeure usw.).[95] Jedem *President* ist es dabei vorbehalten, durch seinen Führungsstil die Bedeutung und Aufgabenwahrnehmung des *EOP* zu prägen.[96]

3. *Article III: Judicial Power*

Art. III, Sec. 1 überträgt die judikative Funktion dem *Supreme Court*. Der Verfassungstext erwähnt nur dieses oberste Gericht. In derselben Bestimmung ist die weitere Ausgestaltung des judikativen Unterbaus dem *Congress* übertragen. Schon 1789 hat der *Congress* diese Aufgabe mit dem *Judiciary Act* wahrgenommen und ein Gerichtssystem mit drei Instanzen[97] geschaffen. Es gibt weder eine speziell ausgeformte Verfassungsgerichtsbarkeit (vgl. demgegenüber Art. 93 GG), noch eine Aufteilung auf nach Materien getrennte Gerichtszweige wie im deutschen Gerichtssystem (vgl. Art. 95 Abs. 1; Ordentliche, Verwaltungs-, Finanz-, Arbeits- und Sozialgerichtsbarkeit).[98] An der Spitze der Gerichtspyramide steht der *Supreme Court* als einziges bundesweit tätiges Gericht, die *court of appeals* hingegen sind jeweils für mehrere Einzelstaaten zuständig. Daneben existieren noch einige Bundesgerichte mit besonderer Zuständigkeit[99] und die schon erwähnten *legislative courts*[100]. Die Aufgabe der Gerichte ist die *„adjudication"*. Damit ist das rechtliche Verfahren gemeint, einen Streitfall zu entscheiden. Dies ge-

---

[95] Zu den unterschiedlichen Kategorien der Mitarbeiter LENZ, Beratungsinstitutionen, S. W1.

[96] JÄGER/WELZ, Regierungssystem der USA, S. 149.

[97] *District courts* (erstinstanzlich, 91) – *Court of Appeals* (13) – *Supreme Court of the United States*.

[98] Vgl. SPIES, JA 1987, 124, 125; zur deutschen Verfassungsgerichtsbarkeit, ROELLECKE, HStR II, §§ 53f.; zum Aufbau der Bundesgerichtsbarkeit in Deutschland DEGENHART, HStR III, § 75.

[99] Beispiele für Bundesgerichte mit besonderer Zuständigkeit: *Commerce Court* (geschaffen durch den *Mann-Elkins Act* (1910); 36 Stat. 539); *Emergency Court of Appeals* (durch *Emergency Price Control Act* (1942); 56 Stat. 23, Sec. 31-33); *Court of Appeals* (durch *Federal Courts Improvement Act* (1982); 96 Stat. 37, 28 U.S.C. Sec. 1295).

[100] Vgl. oben, 2. Kap., A.III.1.a)bb).

schieht durch förmliche Entscheidung im Rahmen dieses Gerichtsverfahrens.[101]

a) Regelungsgehalt

aa) Allgemeines

Art. III, Sec. 1 enthält neben der Zuweisung der judikativen Funktion zum *Supreme Court* die Verankerung der richerlichen Unabhängigkeit, die – vergleichbar mit Art. 97 GG – durch die Ernennung auf Lebenszeit und die verbotene Verringerung der richterlichen Bezüge abgesichert ist. *Art. III, Sec. 2, Cl. 1, 2* treffen eine Aussage über die Zuständigkeit der Bundesgerichte und – als einen Ausschnitt davon – über die erstinstanzliche Zuständigkeit des *Supreme Court*. In den übrigen Fällen kommt dem *Supreme Court* nur die Funktion einer Appellationsinstanz zu. *Art. III, Sec. 2, Cl. 3* legt für Strafverfahren die Verhandlungsform vor einer *jury* fest und regelt die örtliche Zuständigkeit. *Art. III, Sec. 3* behandelt den Staatsverrat in sehr restriktiver Form. Diese Vorschrift muß als Reaktion auf die Zustände in England gesehen werden, weil dort die mißbräuchliche Auslegung dieses Tatbestandes zu dessen Entstellung geführt hat.[102]

bb) *Cases and Controversies*

Art. III, Sec. 2 beschränkt die Zuständigkeit der Bundesgerichte in zwei Stufen. Zunächst muß sich der Rechtsstreit in eine der aufgeführten Fallgruppen einordnen lassen. Dazu müssen die aufgeführten Streitparteien beteiligt sein, bei denen das Interesse des Bundes betroffen ist.[103] Dann muß es sich inhaltlich um „*cases*" bzw. „*controversies*" handeln. Mit diesen synonym verwendbaren Begriffen[104] sind nach der Wortwahl des *Supreme Court* solche Angelegenheiten gemeint, die bestimmt und konkret sind, und die sich auf Rechtsbeziehungen zwischen Parteien mit entgegengesetzten rechtlichen Interessen beziehen. Es muß eine tatsächliche and wesentliche Streitigkeit sein, die einer Lösung in Form einer Entscheidung von endgültigem Charak-

---

101 BLACK'S LAW DICTIONARY, „*adjudication*".

102 Ausführlicher und mit weiteren Nachweisen zu dieser historischen Gegebenheit CONGRESSIONAL RESEARCH SERVICE, *Art. III*, S. 821f.

103 Zusammenfassende Übersicht bei LUNDMARK, *Power and Rights*, S. 68; ausführlich SCHWARTZ, *Constitution I 1*, S. 421ff.

104 LUNDMARK, *Power and Rights*, S. 69; WRIGHT, *Federal Courts*, S. 53.

ter zugänglich ist.[105] Nicht erfaßt sind somit legislative oder rein verwaltungsbehördliche Tätigkeiten.[106] Aber auch gutachtliche Stellungnahmen (*advisory opinions*) oder abstrakte Normkontrollen scheiden als Gegenstand gerichtlicher Verfahren aus.[107] Die Beschränkung auf „*cases*" bzw. „*controversies*" ist durch bestimmte Zulässigkeitsvoraussetzungen ausgestaltet, z.B. Entscheidungsreife (*ripeness*), keine Erledigung (*mootness*) oder Klagebefugnis (*standing*).[108]

b) Charakterisierung und Bedeutung der *Judicial Power*

Das amerikanische Rechtssystem ist vom Fallrecht geprägt. Auch wenn das Gesetzesrecht immer größere Bedeutung erlangt, nehmen die gerichtlichen Entscheidungen den ersten Platz bei den Rechtsquellen ein. Der Stellenwert der *judicial power* im *common law* läßt sich in zweierlei Hinsicht dokumentieren, und zwar anhand der *finality of judgment* und der *power of contempt*. Ähnlich wie bei der *appointment and removal power* ist hier zu fragen, ob und inwieweit diese typischen (Begleit-) Erscheinungen judiziellen Handelns sich auf *administrative agencies* übertragen lassen.[109]

aa) *Finality of Judgment*

„*Finalty of judgment*" kennzeichnet die Wirkung der gerichtlichen Entscheidung gegenüber anderen staatlichen Stellen. Sie bindet alle anderen staatlichen Stellen und unterliegt nicht deren Überprüfung. Gegen sie kann der Betroffene nur auf dem festgelegten Rechtsweg vorgehen. In dem der Leitentscheidung zugrundeliegenden Fall hatte der *Congress* Veteranen des Revolutionskrieges ermächtigt, ihre Pensionsansprüche bei näher bezeichneten Gerichten einzureichen. Diese hatten die Voraussetzungen für eine solche Pension zu prüfen, eine Entscheidung zu treffen und diese dann beim Kriegsminister einzureichen. Dieser konnte auch bei positver Entscheidung des Gerichts die Zahlung verweigern, wenn er das Vorliegen einer

---

105 *Aetna Life Insurance Co. v. Haworth*, 300 U.S. 227, 240f. (1937).

106 WRIGHT, *Federal Courts*, S. 82.

107 LUNDMARK, *Power and Rights*, S. 69; vgl. auch SCHWARTZ, *Constitution I 1*, S. 423f.

108 BRUGGER, Grundrechte und Verfassungsgerichtsbarkeit, S. 12ff.; vgl. für verwaltungsspezifische Fragestellungen SCHWARTZ, 32 Tulsa L. J. 493, 560ff., 564ff., 568ff.

109 Vgl. dazu aber auch unten, 3. Kap., B. und insbesondere 6. Kap., B.

Täuschung oder eines Fehlers vermutete.[110] Dagegen protestierten die Richter, indem sie sich weigerten, unter diesen Bedingungen zu arbeiten. Ein Gericht in Pennsylvania, das einen Pensionsanspruch eines Antragsstellers namens *Hayburn* zu prüfen hatte, sah sich einem Antrag auf eine *motion for mandamus* ausgesetzt, die das Handeln des Gerichtes bewirken sollte. Bevor der *Supreme Court* zu einer Entscheidung kommen konnte,[111] handelte der *Congress* mit einer Novelle des umstrittenen Pensionsgesetzes.[112] Der *Supreme Court* hat in der Folgezeit in seiner Judikatur zu erkennen gegeben, daß er die Überprüfbarkeit judizieller Akte durch legislative oder exekutive Organe ablehnt.[113]

bb) *Power of Contempt*

Ein weiteres Wesensmerkmal der judikativen Funktion ist die *power of contempt*.[114] Es wird als elementare Aufgabe der Judikativen angesehen, die Nichtbeachtung einer gerichtlichen Entscheidung zu ahnden.[115] Bei der *power of contempt* handelt es sich um ein sehr breitgefächertes Rechtsinstitut. Erfaßt ist jedes Fehlverhalten von Verfahrensbeteiligten oder auch sonstigen Personen vor Gericht und im Prozeß (*Contempt in the Face of the Court*), jede Art des Ungehorsams oder eines Widersetzens gegenüber gerichtlichen Anordnungen und Entscheidungen (*Non-Compliance with a Court Order*) und auch sämtliche Handlungsweisen von Individuen oder Gruppen, die sich gegen den Richter persönlich, gegen Gerichte und Gerichtsverfahren als In-

---

110 Diese Regelungen des *pension law* sieht das Gesetz vom 23. März 1792 vor.

111 *Hayburn's Case*, 2 U.S. 409 (1792).

112 Die umstrittene Regelung wurde durch das Gesetz vom 28. Februar 1793 (1 Stat. 324) geändert. Zuvor hatte der *Supreme Court* die weitere Verhandlung des bereits begonnenen Falles in das nächste Gerichtsjahr verlegt. So konnte der *Congress* mit der Novelle zuvorkommen. Es wird vermutet, daß ein Zusammenhang zwischen Verlegung und Novelle besteht. Der *Supreme Court* soll von den gesetzgeberischen Plänen gewußt haben, um so später den Antrag nur wegen Erledigung zurückweisen zu müssen (so CONGRESSIONAL RESEARCH SERVICE, *Art. III*, S. 620).

113 Vgl. *United States v. Ferreira*, 13 U.S. 40 (1852); *Gordon v. United States*, 69 U.S. 561 (1865); *In re Sanborn*, 148 U.S. 222 (1893); *McGrath v. Kritensen*, 340 U.S. 162, 167-168 (1950); *Chicago & S. Air Lines v. Waterman S.S. Corp.*, 333 U.S. 103, 113-114 (1948); *Connor v. Johnson*, 402 U.S. 690 (1971).

114 Vgl. dazu auch unten, 6. Kap., A.II.2.c)bb).

115 *Ex parte Robinson*, 86 U.S. 505, 505ff (1874); BLACK'S LAW DICTIONARY, *„contempt power"* (S. 319).

stitutionen oder gegen das Justizsystem bzw. die dritte Gewalt als Ganzes richten (*Scandalising the Court*).[116] Somit sind die unterschiedlichsten Phänomene von schlichter Unhöflichkeit bis zum Terrorakt erfaßt.[117] Die *power of contempt* ist ein Rechtsinstitut, das den Richtern ermöglicht, sämtliche Anordnungen mit Zwang durchzusetzen. Es leitet sich aus der Stellung des Richters ab, da ihr das Verständnis vom Richteramt im mittelalterlichen England zugrundeliegt. Richter waren königliche Abgeordnete von hohem Rang, die als Repräsentanten des Königs dessen Aufgabe als Hüter des Friedens wahrnahmen. Ein Verstoß gegen ihre Entscheidungen war zugleich auch ein Affront gegen den König selbst.[118] Die Übernahme in das amerikanische Recht erfolgte durch *Sec. 17 Judiciary Act (1789)*, der den amerikanischen Gerichten die *power of contempt* zuweist.[119]

Innerhalb der *power of contempt* unterscheidet man *civil contempt* und *criminal contempt*. Die erste Kategorie ist betroffen, wenn sich der Betroffene weigert, eine gerichtliche Anordnung auszuführen, sich aber durch ihren Vollzug den weiteren Folgen des *contempt* entzieht. Bei der zweiten Kategorie liegt vollendeter Ungehorsam vor, sodaß neben dem Vollzug der Anweisung auch noch eine weitere Strafe tritt.[120] Um beide Erscheinungsformen abgrenzen zu können, ist darauf abzustellen, ob eine Sanktion lediglich ein Beugemittel oder vielmehr eine echte Strafe darstellt.[121] Die Intention des Richters ist somit entscheidend, wenn beide Kategorien betroffen sein können. Macht der Richter beispielsweise die Dauer der Haft davon abhängig,

---

116 CHESTERMAN, 46 International and Comparative L. Q. 521, 522; GILLES, *Contempt of Court*, S. 143, 145.

117 GILLES, *Contempt of Court*, S. 143, 145; SCHWINGE, DRiZ 1976, 300, 301ff.; STÜRNER, JZ 1978, 161, 162ff.

118 BEALE, 21 Harvard L. R. 161ff.; FIGGIS, *The Divine Right of Kings*, S. 120; s. dazu auch unten, 6. Kap., A.II.2.c)bb)(1).

119 Diese Vorschrift überträgt allen Gerichten die Macht, „*... to punish by fine or imprisonment, at the discretion of said courts, all contempts of authority in any cause or hearing before the same.*".

120 *Gompers v. Bucks Stove & Range Co.*, 221 U.S. 418, 441-443 (1911); *Ex parte Grossman*, 267 U.S. 87 (1925); CONGRESSIONAL RESEARCH SERVICE, *Art. III*, S. 623f.; FRIEDENTHAL/KANE/MILLER, *Civil Procedure*, S. 715; LOEWENSTEIN, Verfassungsrecht USA, S. 467; siehe aber BLACK'S LAW DICTIONARY, „*contempt power*" (S. 319), hier wird auf die Schädigungsrichtung abgestellt. Ist die gegnerische Seite Opfer der „Ungebühr", handelt es sich um *civil contempt*. Ist es die Autorität und die Würde des Gerichts, dann spricht man von *criminal contempt*.

121 Vgl. auch SCHACK, US-Zivilprozeßrecht, S. 44 (Fn. 309).

daß der Betroffene eine gewünschte Handlung vornimmt, hält dieser den Schlüssel zur Freiheit in seinen eigenen Händen. Dann ist die Maßnahme als *civil contempt* zu bezeichnen.[122] Der Unterschied schlägt sich auch in der Bedeutung für das Verfahren nieder. *Civil contempt* bleibt Sache des Hauptverfahrens, *criminal contempt* ist ein zweites Verfahren, das parallel zum Hauptverfahren verläuft.[123]

Das Rechtsinstitut der *power of contempt* ist also ein schneidiges Verfahrensinstrument in Händen der Richter, die so die Mißachtung einer jeden gerichtlichen Anordnung sanktionieren können. Je nach Erscheinungsform kann die *power of contempt* auch als reines Beugemittel Verwendung finden, um so die gerichtliche Anordnung vollstrecken zu können.

4. Zusammenfassung

Die maßgeblichen Vorschriften der amerikanischen Unionsverfassung geben unmittelbar keine Auskunft über die Stellung der *administrative agencies* im amerikanischen Regierungssystem, da der Verfassungstext diese Verwaltungsorgane nicht erwähnt. Zwar ist die Rede von *departments*, doch vereinen diese nicht die typischen Eigenschaften auf sich, die den besonderen Charakter der *administrative agencies* ausmachen. Die Aufgabenzuweisung ist nach dem Verfassungswortlaut eindeutig: Die Legislative schafft Gesetze, die Exekutive beobachtet deren Befolgung, die Judikative ahndet Verstöße. Die amerikanische Verfassung aus dem Jahr 1789 sah die Ausübung von Staatsgewalt durch *administrative agencies* nicht vor, da in dem exekutiven Funktionsbereich für die Ansiedelung weiterer Organe kein Platz war. Den Wunsch nach Einheitlichkeit begünstigte die vergleichsweise geringe Bedeutung, die man damals dem Verwaltungsstaat zugedacht hatte und ihm auch tatsächlich zukam. Das Grundgesetz, 160 Jahre jünger als die Unionsverfassung, widmet der Bundesregierung (VI. Abschnitt, Art. 62-69 GG) einen eigenen Abschnitt, ebenso der Bundesverwaltung zusammen mit der Ausführung der Bundesgesetze (VIII. Abschnitt, Art. 83-91 GG). Auch heute hat der Text der amerikanischen Verfassung keine Ergänzung dahingehend erfahren, einen Regierungs- oder Verwaltungsapparat als Regelungsmaterie aufzunehmen.

---

122 So in *In re Lazarus*, 276 F.Supp. 450 (C.D.Cal. 1967).

123 FRIEDENTHAL/KANE/MILLER, *Civil Procedure*, S. 718.

Mittelbar kommt den *Art. I-III* der amerikanischen Unionsverfassung jedoch auch Aussagekraft für die Stellung der *administrative agencies* im amerikanischen Regierungssystem zu. Die Existenz und das Zusammenspiel einiger Regelungen deuten an, daß es nicht unmöglich ist, den Fremdkörper *„administrative agency"* in das amerikanische System einzugliedern. So kann der *Congress* auf die nach der Verfassung klare Zuweisung der Funktionen Einfluß nehmen, indem er die *necessary and proper clause* nutzt, um Kompetenzen auf neu geschaffene Institutionen auszulagern. Gleiches gilt für die Befähigung, *legislative courts* einzurichten. Auch die Erweiterung der exekutiven Ein-Mann-Spitze auf *Cabinet* und *Executive Office* zeigt, daß Verfassungswirklichkeit und verfassungstextliche Vorgabe divergieren können. Eine weitere Ausdehnung auf Verwaltungsbehörden scheint aus diesem Blickwinkel nicht als unmöglich. Bei der *appointment and removal power* stellt sich allerdings die Frage, ob und inwieweit sie auch auf *officers* von *administrative agencies* anwendbar ist. Gleiches gilt für die *power of contempt*, die möglicherweise eine Grenze der Veränderungen darstellt, weil sie mit der judikativen Funktion anscheinend unlösbar verbunden ist.

B. Die Eingliederung der *Administrative Agencies* in das amerikanische System

Der erste Abschnitt dieses Kapitels behandelte, wie nach Maßgabe der amerikanischen Verfassung Staatsgewalt ausgeübt werden s o l l. Ergebnis dabei war, daß die Ausübung von Staatsgewalt durch *administrative agencies* ursprünglich nicht vorgesehen war, daß eine Eingliederung der *administrative agencies* in das amerikanische System aber auch nicht von vornherein ausgeschlossen ist. Es stellt sich nun die Frage, wie es zu der Einrichtung von *administrative agencies* und deren Ausstattung mit Befugnissen tatsächlich gekommen ist. Somit stellt dieser zweite Abschnitt am Beispiel der im Verfassungstext nicht genannten *administrative agencies* dar, wie in der Verfassungswirklichkeit Staatsgewalt ausgeübt w i r d. Dabei ist ein Spannungsverhältnis zu beobachten, das die nicht unproblematische Stellung der *administrative agencies* zu den drei „klassischen" Staatsfunktionen erzeugt. Grundlegend für diese Darstellung ist die Entstehungsgeschichte der *administrative agencies*.

I. Die Entstehungsgeschichte der *Administrative Agencies*

Die Entstehungsgeschichte der *administrative agencies* ist Bestandtteil des *administrative law*, das sich in Amerika im späten 19. und dem 20. Jahrhundert entwickelt hat. Dies hat rechtliche und tatsächliche Wurzeln, namentlich Besonderheiten des *common law* und die Industrialisierung Amerikas.

1. Die Grundlagen der Entwicklung

a) Englisches *Common Law*

In England fand das *common law* als gemeines Recht neben lokalem Recht Anwendung. Dabei hatte es aber keine subsidiäre Bedeutung, sondern genoß vielmehr Vorrang.[124] Dem *common law* lag ein Aktionensystem zugrunde. Um einen Anspruch geltendmachen zu können, mußte eine entsprechende Klageform (*writ*) bestehen, ohne die folglich ein Rechtsbehelf fehlte. Ansprüche konnten vor dem königlichen Gericht geltend gemacht werden, das reisende Richter vertraten.[125] Da das starre System der *writs* der Vielfältigkeit rechtlich relevanter Sachverhalte nicht gerecht werden konnte, wurde das *equity law* entwickelt. Durch Billigkeitsentscheidungen konnten so Ungerechtigkeiten im Einzelfall ausgeglichen werden.[126] Die Entscheidungsbefugnis war ursprünglich dem König vorbehalten, wurde später aber dem *Chancellor* übertragen. Ansprüche dieser Art waren an den *Chancellor's Court of Equity* zu richten. Auch wenn das eine das andere hervorgebracht hat, stehen *common law* und *equity law* nebeneinander als eigene Rechtsordnungen bzw. Normkomplexe mit eigener Gerichtsbarkeit.[127]

Im 17. Jahrhundert ordnete man das System der *writs* neu, insbesondere um bestehende Rechtsbehelfe gegen Amtspflichtverletzungen zu vereinfachen und zu verbessern.[128] Daneben blieb dem Geschädigten noch die Möglichkeit sein Begehren beim *Chancellor's Court of Equity* vorzutragen. Zusätzlich ergänzte das englische Königshaus dieses System durch starke Verwaltungstribunale wie den *Court of Star Chamber* oder den *Court of High*

---

124 BLUMENWITZ, Einführung in das anglo-amerikanische Recht, S. 8f.; DAVID/GRASMANN-WILL, Rechtssysteme, Rn. 288ff.

125 Vgl. dazu auch unten, 6. Kap., A.II.2.c)bb)(1).

126 BLUMENWITZ, Einführung in das anglo-amerikanische Recht, S. 9ff.; DAVID/GRASMANN-WILL, Rechtssysteme, Rn. 301f.

127 Dieser Konflikt konnte jedoch im Laufe der Zeit bereinigt werden. Die institutionelle Trennung durch unterschiedliche Gerichtszweige wurde aufgehoben. Dies führte zu einer Verschmelzung beider Normenkomplexe. Dennoch besteht auch heute noch die theoretische Unterscheidung fort. Vgl. dazu BLUMENWITZ, Einführung in das anglo-amerikanische Recht, S. 13ff.; DAVID/GRASMANN-WILL, Rechtssysteme, Rn. 299ff. (insb. 302).

128 BREYER/STEWARD, *Administrative Law*, S. 20f.

Commission.[129] Damit existierte ein vergleichbares System wie in Italien mit dem *Consiglio di Stato* oder in Frankreich mit dem *Conseil d'Etat.*[130] Die *Glorious Revolution* von 1688 bereitete dieser Entwicklung in England jedoch ein Ende. Die Exekutive, damit auch die zuvor eingerichteten Tribunale, verloren an Bedeutung und Macht, das Parlament hingegen ging gestärkt hervor.[131]

b) Amerikanisches *Common Law*

Die amerikanischen Kolonien übernahmen das englische *common law* ebenso wie das zweigliedrige System der *writs* und des Billigkeitsausgleichs für die Kontrolle der Amtsträger.[132] Auf dem Sektor des *administrative law* war die staatliche Rolle jedoch von einer *laissez-faire*-Haltung geprägt.[133] Unbeeinflußt durch staatliche Regulierung entwickelte sich der für Amerika charakteristische freie Markt. Staat und Wirtschaft waren getrennte Einflußbereiche des menschlichen Lebens. Beschränkungen fanden allenfalls durch die selbst auferlegten Regeln des freien Wettbewerbs oder durch das Fallrecht statt, das ausschließlich zivilrechtliche Streitfragen betraf. Staatliches Eingreifen zum Schutze des Allgemeinwohls gab es nicht. Dies sollte sich jedoch ändern, als die Gesetze der freien Wirtschaft nicht mehr ausreichten, den Konkurrenzkampf der Unternehmen zu zügeln, und dies der Allgemeinheit zum Nachteil gereichte.

2. Phasen der Entstehungsgeschichte

a) Erste Phase: Die Industrialisierung und ihre Folgen

Die Erfindung der Dampfmaschine und deren Nutzung als Eisenbahn ermöglichte die bequeme Fortbewegung auch über weite Strecken. Insbesondere als Transportmittel für Wirtschaftsgüter kam der Eisenbahn große Bedeutung

---

129 Vgl. dazu unten, 6. Kap., A.II.2.c)bb)(1).

130 BREYER/STEWARD, *Administrative Law*, S. 21.

131 Vgl. dazu unten, 6. Kap., A.II.1.b) und 6. Kap., A.II.2.c)bb)(1).

132 Allgemein zum englischen *common law* in Amerika und den erforderlichen Modifikationen s. DAVID/GRASMANN-WILL, Rechtssysteme, Rn. 370ff.; vgl. dazu auch unten, 5. Kap., A.II.vor 1. Zur Übernahme der Regelungen hinsichtlich der Kontrolle der Amtsträger s. BREYER/STEWARD, *Administrative Law*, S. 21f.

133 LEPSIUS, Verwaltungsrecht, S. 49ff.; vgl. auch BREYER/STEWARD, *Administrative Law*, S. 21f.; SCHWARTZ, *Administrative Law*, S. 17f.

zu. Verschiedene private Unternehmen, und zwar die Eisenbahngesellschaften, erbauten und betrieben das erforderliche Streckennetz. Schon bald gab es die erste Ost-West-Verbindung, das „Eisenbahnzeitalter“ hatte begonnen. Jedoch wurde der positive Nutzen von negativen Auswüchsen überschattet. In rein wirtschaftlicher Hinsicht führte beispielsweise die verfehlte Finanzierung einiger Bahnbauten zu zahlreichen Bankrotten.[134] Besondere Aufmerksamkeit in der Öffentlichkeit erregte die Tarifpolitik der einzelnen Anbieter, die sich in umkämpften Regionen durch Niedrigsttarife zu unterbieten versuchten. Dadurch entstanden hohe Selbstkosten und Verluste, die die Eisenbahngesellschaften in den Monopolregionen durch überteuerte Tarife wieder ausglichen. Das Beförderungsangebot war wegen ständig wechselnder Tarife unübersichtlich. Der Machtkampf, geprägt von Einzelabsprachen, führte zu ungerechten Belastungen der einzelnen Nutzer. Von Tarifgleichheit oder Markttransparenz konnte nicht die Rede sein. Der Wettkampf der Anbieter zerstörte längerfristig erforderliche Angebotskapazitäten. Eine Neuordnung und Regulierung durch eine neutrale Stelle war unumgänglich. Illinois wurde als erster Staat regulativ tätig, indem es Frachtraten festsetzte. Dagegen klagte die *Wabash Railway*.[135] Der *Supreme Court* entschied, daß die Regelung des Einzelstaates Illinois einen unzulässigen Eingriff in eine Bundeskompetenz darstelle. Den Handel zwischen den Einzelstaaten zu regeln, sei nach *Art. I, Sec. 8, Cl. 3* in die Hände des *Congress* gelegt. Damit ebnete der *Supreme Court* den Weg zum *„Act to Regulate Commerce“*, der am 4. Februar 1887 verabschiedet wurde. Der *Congress* stattete die *Interstate Commerce Commission*, die erste *administrative agency*, als neutrales Organ mit weitreichenden Befugnissen aus. Als Exekutivorgan hatte sie das Recht, die Geschäftsvorgänge der einzelnen Anbieter zu überwachen und dafür Einsicht in die Geschäftsunterlagen zu verlangen. Darüberhinaus war sie ermächtigt, sich eine eigene Geschäfts- und Prozeßordnung zu geben. Letztere schuf ein Verfahren, das von seiner Struktur an ein gerichtliches Verfahren angelehnt war.[136] Die *ICC* konnte so in Ausübung ihrer judiziellen Tätigkeit Streitfälle tatbestandlich völlig aufklären und darüberhinaus auch einen Entscheidungsentwurf verfassen. Der *Hepburn Act* aus dem Jahr 1906 erweiterte die Zuständigkeit der *ICC* und ermöglichte die Normierung von Höchsttarifen,

---

134 Zur damaligen Entwicklung des Verkehrswesens in den Vereinigten Staaten, BUGGLE, *ICC*, S. 11; s. auch Lepsius, Verwaltungsrecht, S. 70ff.

135 *Wabash Ry. v. Illinois*, 118 U.S. 557 (1886).

136 Weitergehende Ausführungen zu den anfänglichen Kompetenzen der *ICC*, insbesondere mit Verweisen auf das Gesetz, bei BUGGLE, *ICC*, S. 18f.

im Kern legislatives Handeln. In den folgenden Jahrzehnten gestaltete man die Kompetenzen und die Arbeitsweise der *ICC* immer feiner aus. Der *ICC* als erster *administrative agency* folgten im Jahr 1913 das *Federal Reserve Board*, im Jahr 1914 die *Federal Trade Commission* und im Jahr 1920 die *Federal Power Commission*, bevor dann zur Zeit des *New Deal* eine Flut weiterer *administrative agencies* Amerika überschwemmte.

b) Zweite Phase: *New Deal*

Ein weiterer entscheidender Schritt vollzog sich in den Dreißiger Jahren.[137] Zu dieser Zeit wurde Amerika von einer Wirtschaftskrise schwer erschüttert. Die Wirtschaft konnte sich nicht mehr aus eigener Kraft helfen, da die eigene Kraft wegen der wirtschaftlichen Turbulenzen keine verläßliche Größe war. Es bedurfte einerseits einer vollkommenen Reorganisation der Wirtschaft und ihrer Rahmenbedingungen, andererseits der anschließenden Kontrolle der Wirtschaft. Der sogenannte *New Deal* beschäftigte sich also mit dem Verhältnis von Staat und Wirtschaft. Eine eigene Wissenschaft mit unterschiedlichen Lösungsmodellen entstand, die jahrzehntelang herrschende *laissez-faire*-Haltung wurde aufgegeben.[138] Der Staat dehnte seine regulativen Tätigkeiten aus. Alle wichtigen Wirtschaftszweige waren betroffen. Der neue Pflichtaufgabenbereich des Bundes brachte einen immensen Verwaltungsaufwand mit sich. Neue *administrative agencies* entstanden und führten die neu geschaffenen Aufgaben und Tätigkeiten aus. Dabei verschob sich das Verhältnis der einzelnen Funktionen zueinander. Die Übertragung von Ermessensspielräumen an die Verwaltung beendete die Vorherrschaft der Gerichte bei der Rechtsanwendung.[139] Die Exekutive, einst im Vergleich zur Legislativen bewußt geschwächt, trat – versehen mit der Befugnis zum *rulemaking* – gestärkt am Ende dieses Prozesses hervor.

---

137 Eine tiefgehende Studie dieser Epoche ist enthalten in SCHLESINGER, *The Coming of the New Deal*; eine Übersicht bieten auch BREYER/STEWARD, *Administrative Law*, S. 26ff.

138 Dies dokumentiert die Rechtssprechung des *Supreme Court*, dazu unten, 2. Kap., B.II.2.

139 Vgl. zur Gewaltenteilung und den *administrative agencies* auch LEPSIUS, Verwaltungsrecht, S. 189ff.

c) Dritte Phase: *Administrative Procedure Act* und Gegenwart

Anfangs standen die amerikanischen Gerichte, allen voran der *Supreme Court*, den *administrative agencies* kritisch gegenüber. Jedoch wandelte sich ihre Einstellung immer mehr zu einer verwaltungsfreundlichen, ja sogar passiven Haltung. Gerichtliche Überprüfungen verwiesen in ihren Entscheidungsgründen zunehmend auf die Verwaltungsentscheidung.[140] Klare Konturen waren auch wegen der Vielzahl neu eingerichteter *administrative agencies* nicht zu erkennen. Das Bedürfnis nach einer allgemeinen Regelung wuchs. Einen ersten Versuch unternahm der *Congress* mit der *Walter-Logan-Bill*,[141] die jedoch an *President Roosevelt* scheiterte, der in diesem Fall von seinem *veto*-Recht Gebrauch machte. Dies war jedoch keine generelle Absage an Bemühungen, den ausufernden Verwaltungsapparat in den Griff zu bekommen. Vielmehr beschäftigte sich ein eigens eingerichteter Aussschuß (*Attorney General's Committee on Administrative Procedure*) mit den Problemen, die wegen der Vielzahl der *administrative agencies* bestanden. Dabei nahm dieser Ausschuß eine sehr verwaltungsfreundliche Haltung ein. Im Jahr 1946 verabschiedete dann der *Congress* den *Federal Administrative Procedure Act (APA), 5 U.S.C. Sec. 551 et seq.*.[142] Dieses Gesetzgebungswerk enthält detaillierte Vorgaben an das Verfahren vor einem „Verwaltungsrichter" und an die Anwendbarkeit gerichtlicher Überprüfung (*judicial review*).

Trotz gesetzlicher Regelung, langjähriger Verwaltungspraxis und unüberschaubarer Judikatur ist die Diskussion über *administrative agencies* und deren Bedeutung, deren Stellung im Staat, deren Verfassungsmäßigkeit – um nur einige Streitfragen zu nennen – noch nicht beendet.

3. Zusammenfassung

Anfangs kam der staatlichen Verwaltungstätigkeit die Bedeutung eines Nebenprodukts der exekutiven Tätigkeiten zu. Begünstigt durch eine sehr liberale Haltung gegenüber staatlichen Eingriffen in wirtschaftliche Angelegenheiten war dem freien Wettbewerb das Feld der Wirtschaftsregulierung überlassen. Marktpräsenz und Marktstellung waren die wesentlichen Faktoren

---

140 Vgl. *Switchmen's Union v. National Mediation Board*, 320 U.S. 297 (1943); *NLRB v. Hearst Publications, Inc.*, 322 U.S. 111 (1944).

141 BREYER/STEWARD, *Administrative Law*, S. 29.

142 Vgl. dazu GELLHORN/LEVIN, *Administrative Law*, S. 4, 8, 237ff.; LEPSIUS, Verwaltungsrecht, S. 200ff.; SCHWARTZ, *Administrative Law*, S. 129ff.

dafür, das Verhältnis der einzelnen Marktsegmente und der Anbieter zueinander zu bestimmen. Dies führte schnell zu einer Bedrohung des Einzelnen, auf den die Nachteile dieser Situation abgewälzt wurden. Der Staat war aufgerufen, ihn zu schützen und die Wirtschaft in die Schranken zu weisen. Dieser Aufgabe versuchte man in Amerika gerecht zu werden, indem man *administrative agencies* schuf und sie mit weitreichenden Befugnissen ausstattete, die das Gefüge der drei Staatsfunktionen betreffen sollten.

II. Die Stellung der *Administrative Agencies* zu den drei Funktionen

Die *administrative agencies* üben Staatsfunktionen aus, ohne in den *Art. I-III* erwähnt zu sein. Sie entsprangen einem Bedürfnis nach staatlicher Regulierung. Ausgehend von der anfänglich vorgesehenen Konzeption ist zu untersuchen, in welchem Verhältnis die *administrative agencies* einerseits zu den Funktionen stehen, die sie ausüben, andererseits zu den Organen, die nach Maßgabe der Verfassung Träger dieser Funktionen sind.

1. Die Konzeption zu Beginn

Die erste *administrative agency*, die *ICC*, sollte als politisch unabhängige Institution akute Sachprobleme lösen.[143] Nicht die Einordnung in das klassische Gewaltenschema stand im Vordergrund, sondern das Sachproblem, den zwischenstaatlichen Handelsverkehrs zu konsolidieren. Dafür setzte man auf fachlich qualifizierte Mitarbeiter, die selbst mit Einzelproblemen vertraut waren. Der Handlungsbedarf hat die *administrative agencies* hervorgebracht, der von vornherein die Sonderstellung begründete. Es bestand eine Ausnahmesituation, die die Einrichtung eines Ausnahmeorgans verlangte, das außerhalb der bekannten und von der Verfassung vorgegebenen Funktionsträger stand. Ihm sollten all diejenigen Mittel in die Hand gegeben werden, die für die Lösung des Sachproblems erforderlich waren. Durch die immer weitreichendere Delegation der klassischen Funktionen wuchs dieses Ausnahmeorgan immer mehr in die Stellung eines monolithischen Staatsträgers, der der Einbindung und der Kontrolle der klassischen Funktionen bedurfte. Diese Vorgehensweise spiegelt auch die Erfahrungen wider, die die Menschen aus den dreizehn Kolonialstaaten in ihrer europäischen Vergangenheit machen mußten, in der sie den Repressalien der englischen Krone ausgesetzt

143 GELLHORN/LEVIN, *Administrative Law*, S. 1.

waren.[144] Sie waren von dem gemeinsamen Gedanken getragen und vereint, daß diejenige Regierung die beste sei, die am wenigsten regiert.[145] Dieses Mißtrauen gegenüber der Exekutiven zeigte sich darin, daß man in Amerika anfangs neu auftauchende Verwaltungsprobleme eher Gerichten und neugeschaffenen Behörden überantwortete. Erst später wurden Verwaltungsaufgaben auch der Exekutiven untergeordnet.[146] Während in Deutschland ein neues Sachproblem in das bestehende Behördengefüge eingeordnet wird,[147] fügt man in Amerika wegen der Dominanz des Sachproblems einen weiteren Baustein hinzu. Dies bringt die negative Folge mit sich, daß die Regierungstätigkeit für den Einzelnen unübersichtlich und die Distanz zwischen Staat und Bürger gefördert wird. Wenn man eine begriffliche Entsprechung suchen wollte für die „Pyramide", mit der man den deutschen Verwaltungsapparat bezeichnen kann, müßte man schon vom amerikanischen „Verwaltungsbungalow" sprechen.

2. Fortentwicklung

Im Verlaufe des 19./20. Jahrhunderts hat sich der Begriff der *administrative agency* immer mehr mit Inhalt gefüllt. Durch die Übertragung von Machtbefugnissen sowohl legislativer wie auch judikativer Art (*delegation of authority*) haben sie eine sehr starke Stellung im Staatsgefüge eingenommen. Dies bleibt nicht ohne Auswirkung auf das Verhältnis zur exekutiven Funktion, die nach dem Verfassungswortlaut nur durch den *President* ausgeübt wird (*unitary executive*).

a) *Delegation of Authority*

Die *administrative agencies* haben die Befugnis erhalten, legislative und judikative Staatsfunktionen auszuüben. Gründe der Sachnähe und der Effekti-

---

144 Vgl. oben, 2. Kap., A.I. und A.II.1.

145 Morstein Marx, Amerikanische Verwaltung, S: 29f.; Schlephorst, Amerikanisches Verwaltungsrecht, S. 7.

146 Schlephorst, Amerikanisches Verwaltungsrecht, S. 8 (mwN).

147 Als aktuelles Beispiel dafür kann die Regulierungsbehörde für Telekommunikation und Post dienen, die am 1. Januar 1998 ihre Arbeit aufgenommen hat. Die maßgebliche Vorschrift des Telekommunikationsgesetzes, § 66 Abs. 1, lautet: „Zur Wahrnehmung der sich aus diesem Gesetz und anderen Gesetzen ergebenen Aufgaben wird die Regulierungsbehörde für Telekommunikation und Post als Bundesbehörde im Geschäftsbereich des Bundesministeriums für Wirtschaft mit Sitz in Bonn eingerichtet.".

vität dienen als Begründung für die breitgefächerte Ausstattung mit diesen unterschiedlichen Kompetenzen.[148] *Administrative agencies* sind nur für eine begrenzte Materie zuständig und besitzen auf diesem Sektor Sachverstand und Erfahrung. Dies befähigt sie, auf die Sachmaterie optimal zugeschnittene Regelungen zu treffen, die diese zusammenhängend und abschließend erfassen. Die Entscheidungswege sind kürzer, eine *administrative agency* kann somit flexibler auf rasche Änderungen oder neue Technologien und deren Gefahrquellen reagieren. Trotz all dieser praktischen Vorteile muß die Existenz von *administrative agencies* mit den Vorgaben der Verfassung vereinbar sein. Mit diesem Problem hat der *Supreme Court* sich in einer Reihe von Entscheidungen auseinandergesetzt. Im folgenden geht es nur um die Verfassungsmäßigkeit der Delegation, nicht um deren konkrete Ausgestaltung.

aa) *Delegation of Legislative Power – Rulemaking*[149]

Bis zum Jahr 1935 rückte der *Supreme Court* nicht von dem Prinzip ab, daß entsprechend dem Verfassungswortlaut die legislative Funktion allein durch den *Congress* auszuüben sei. In bis dahin zu entscheidenden (Grenz-) Fällen[150] behalf sich das Gericht damit, das Handeln der betroffenen Exekutivorgane so auszulegen, daß man es dem exekutiven Funktionsbereich zuordnen konnte und nicht etwa als legislativ bezeichnen mußte. So argumentierte der *Supreme Court* in einem Fall, daß dem *President* Entscheidungsfreiheit nur bei der Ausübung der Gesetze zukommt. Dies sei kein legislatives Handeln, da der *President* nur dabei helfe, den ausdrücklichen Willen der Legislatur anzuwenden.[151] In einem anderen Fall sah das Gericht die ausgespro-

---

148 GELLHORN/LEVIN, *Administrative Law*, S. 10f.

149 Allgemein zum *rulemaking* in den Vereinigten Staaten und rechtsvergleichend zum deutschen Verordnungserlaß PÜNDER, Exekutive Normsetzung; vgl. auch ALBERT, Problematik der IRCs, S. 87ff.; BREYER/STEWARD, *Administrative Law*, S. 39ff.; GELLHORN/LEVIN, *Administrative Law*, S. 296ff.; LANDIS, *Adm. Process*, S. 47ff.; LEPSIUS, Verwaltungsrecht, S. 128ff.; SCHWARTZ, 32 Tulsa L. J. 493, 542ff.

150 *The Brig Aurora*, 11 U.S. 382 (1812); *Field v. Clark*, 143 U.S. 649 (1892); *Buttfield v. Stranahan*, 192 U.S. 470 (1904); *United States v. Grimaud*, 220 U.S. 506 (1911); *J.W. Hampton, Jr & Co. v. United States*, 276 U.S. 394 (1928).

151 *Field v. Clark*, 143 U.S. 649, 692f. (1892): „*It does not in any real sense invest the President with the power of legislation. [...] What the President was required to do was simply in execution of the act of Congress. It was not the making of law. He was mere agent of the law-making department to ascertain and declare the event upon which*

chene Ermächtigung lediglich als Befugnis an, Einzelfragen zu klären.[152] Darüberhinaus ließ der *Supreme Court* diejenigen Fälle zu, in denen die Legislative einen grundlegenden Maßstab (*primary standard*) formulierte, den das Exekutivorgan bei der Ausführung der Gesetze zu beachten hatte.[153] Genauso eindeutig – allerdings im entgegengesetzten Sinne – sind die Fälle, in denen der *Congress* zu einer Regelung ermächtigt, zu deren Erlaß er selbst nicht befugt wäre (*ultra vires*). Dies ist nicht möglich.

(1) Verfassungswidrige Delegation legislativer Macht

Als die wirtschaftlichen Umstände in der Zeit des *New Deal* neue Anforderungen an staatliche Regulierung stellten, konnte sich der *Supreme Court* nicht mehr damit behelfen, das Handeln der Exekutive durch Auslegung verfassungsrechtlich zu rechtfertigen. In den Jahren 1935 und 1936 hatte der *Supreme Court* erstmals drei Fälle[154] zu entscheiden, in denen die Grenze zur verfassunsgwidrigen Delegation legislativer Gewalt überschritten war. Im sogenannten „*Hot Oil Case*“[155] ging es um eine Regelung im *National Industrial Recovery Act (NIRA)*. Nach *Sec. 9(c)* war der *President* ermächtigt, den Transport von Petroleum und daraus geschaffenen Produkten allgemeingültig zu untersagen, wenn das Petroleum über staatlich festgelegte Produktionsgrenzen hinaus gefördert und veräußert worden war. Diese Regelung sollte die Ölwirtschaft stabilisieren, die mit zurückgehender Nachfrage bei steigendem Angebot zu kämpfen hatte. Im *NIRA* fehlte es jedoch an einer weitergehenden gesetzlichen Regelung, die genau bestimmte, unter

---

its expressed will was to take effect. It was a part of the law itself as it left the hands of Congress [...].“.

152 *United States v. Grimaud*, 220 U.S. 506, 517 (1911): „*[...] power to fill up the details [...]*“.

153 *Buttfield v. Stranahan*, 192 U.S. 470, 496 (1904): „*This in effect, was the fixing of a primary standard, and developed upon the Secretary of the Treasury the mere executive duty to effectuate the legislative policy declared in the statute.*“; *J.W. Hampton, Jr & Co. v. United States*, 276 U.S. 394, 409 (1928): „*If Congress shall lay down by legislative act an intelligible principle to which the person or body authorized to [take action] is directed to conform, such legislative action is not a forbidden delegation of legislative power.*“.

154 *Panama Refining Co. v. Ryan*, 293 U.S. 388 (1935); *A.L.A. Schechter Poultry Corp. v. United States*, 295 U.S. 495 (1935); *Carter v. Carter Coal Co.*, 298 U.S. 238 (1936).

155 *Panama Refining Co. v. Ryan*, 293 U.S. 388 (1935).

welchen Voraussetzungen der *President* von dieser Kompetenz Gebrauch machen konnte.[156] Eine solche Regelung war als entscheidendes Kriterium für eine verfassungsrechtlich zulässige Delegation anerkannt und gefordert.[157] Neben diesen materiellen Mängeln wies der *Supreme Court* auch auf unzureichende Verfahrensregelungen hin.

Nur kurze Zeit später sah sich der *Supreme Court* mit einer ähnlichen Fragestellung im sog. *„Sick Chicken Case"*[158] konfrontiert. Gegenstand der gerichtlichen Überprüfung war wieder eine Regelung des *NIRA*. Gemäß *Sec. 3* war der *President* befugt, für bestimmte Wirtschaftszweige Regelungswerke zur Gewährleistung fairen Wettbewerbs anzuerkennen, die die Normadressaten selbst entworfen und ihm unterbreitet hatten. Eine der Voraussetzungen forderte, daß durch dieses Regelungswerk der Gesetzeszweck des *NIRA* verfolgt werden muß, der in *Sec. 1* allgemein niedergelegt war. Dies genügte dem *Supreme Court* aber nicht als Maßstab für eine Delegationsnorm. Insbesondere bemängelte er das Fehlen einer näheren Definition von *„fair competition"*.[159]

Bei der dritten erwähnenswerten Entscheidung[160] ging es ebenfalls um den Erlaß von Wettbewerbsregelungen. Jedoch war nicht nur das Vorschlagsrecht sondern darüberhinaus auch die Entscheidungsbefugnis in die Hände Privater gelegt. Somit stellte sich diese Regelung quasi als inhaltliche Steigerung zum *„Sick Chicken Case"* dar.

Im Jahr 1944 hat der *Supreme Court* ein Kriterium formuliert, mit dem er die Grenze zwischen zulässiger und unzulässiger Delegation legislativer Gewalt markierte. Danach muß es jederzeit möglich sein festzustellen, ob die *administrative agency* den Willen des Gesetzgebers beachtet hat.[161] Dies ent-

---

[156] *Panama Refining Co. v. Ryan*, 293 U.S. 388, 418f. (1935): *„The Congress left the matter to the President without standard or rule, to be dealt with as he pleased. The effort by ingenious and diligent construction to supply a criterion still permits such a breadth of authorized action as essentially to commit to the President the functions of a legislature rather than those of an executive or administrative officer executing a declared legislative policy."*.

[157] Vgl. oben, 2.Kap., B.II.2.a)aa).

[158] *A.L.A. Schechter Poultry Corp. v. United States*, 295 U.S. 495 (1935).

[159] *A.L.A. Schechter Poultry Corp. v. United States*, 295 U.S. 495, 531ff. (1935).

[160] *Carter v. Carter Coal Co.*, 298 U.S. 238 (1936).

[161] *Yakus v. United States*, 321 U.S. 414, 426 (1944): *„Only if we could say that there is an absence of standards for the guidance of the Administrator's action, so that it would be impossible in a proper proceeding to ascertain whether the will of Congress*

spricht der Forderung nach einem grundlegenden Maßstab (*primary standard*) oder verständlichen Grundsatz (*intelligible standard*). Der *Supreme Court* blieb seiner Linie bis zum heutigen Tage treu, ohne dabei nochmals eine gesetzliche Delegation legislativer Befugnisse aufheben zu müssen.[162] Eine ähnliche Vorkehrung, jedoch verfassungstextlich verankert, existiert im deutschen Recht. Art. 80 GG läßt die Übertragung von Rechtsetzungsbefugnissen auf Exekutivstellen zu. Die Ermächtigungsadressaten sind allerdings nur die Bundesregierung, ein Bundesminister oder die Landesregierungen. Inhalt, Zweck und Ausmaß der erteilten Ermächtigung müssen im Gesetz bestimmt werden, Art. 80 Abs. 1 S. 2 GG. Der Bürger soll aus dem ermächtigenden Gesetz mit hinreichender Deutlichkeit ersehen können, „in welchen Fällen und mit welcher Tendenz von der Ermächtigung Gebrauch gemacht werden wird und welcher mögliche Inhalt die aufgrund der Ermächtigung erlassenen Verordnungen haben können“[163]. Dieses Postulat ähnelt dem amerikanischen Erfordernis, daß der gesetzgeberische Wille erkennbar bleiben muß.[164] Allerdings engt es die Gestaltungsfreiheit im deutschen Recht nur unzureichend ein.[165] Auch darin läßt sich eine Parallele zum amerikanischen Recht erkennen.

(2) Die Kontrolle durch den *Congress* (*Legislative Veto*)

Im Gegensatz zum *Congress* ist eine *administrative agency* nicht durch den Willen des Volkes legitimiert, da sie durch ein Gesetz geschaffen und mit Aufgaben versehen ist. Dieser Umstand entzieht sie dennoch nicht der politischen Verantwortung. Auch nach ihrer Einrichtung kann der *Congress* auf das *rulemaking* Einfluß nehmen, indem er entweder das Verfahren gesetzli-

---

has been obeyed, would we be justified in overriding its choice of means for effecting its declared purpose of preventing inflation. “.

162 *Mistretta v. United States*, 488 U.S. 361 (1989); *Skinner v. Mid-America Pipeline Co.*, 490 U.S. 212 (1989); *Touby v. United States*, 500 U.S. 160 (1991); *Loving v. United States*, No. 94-1966 (1996); vgl. auch SCHWARTZ, 32 Tulsa L. J. 493, 501. Für das Verhältnis *rulemaking – judicial review* sind maßgeblich *NLRB v. Hearst Publications, Inc.*, 322 U.S. 111 (1944) und *Chevron U.S.A. Inc. v. NRDC*, 467 U.S. 837 (1984).

163 BVerfGE 29, 198, 210; 55, 226; 56, 1, 2.

164 Vgl. dazu CURRIE, Der Vorbehalt des Gesetzes, S. 72.

165 v. MÜNCH/KUNIG-BYRDE, GG, Art. 80 Rn. 20, 23; OSSENBÜHL, HStR III, § 64 Rn. 18; SCHMIDT-BLEIBTREU/KLEIN-SANNWALD, GG, Art. 80 Rn. 55.

chen Anforderungen unterwirft[166] oder durch nachträgliche Gesetze die Kompetenzen der *administrative agency* ändert (*subsequent legislation*).[167] Eine besondere Absicherung seiner Befugnisse versuchte sich der *Congress* durch die Installierung eines *legislative veto* zu verschaffen. In dem legislative Kompetenzen delegierenden Gesetz behielt der *Congress* sich, dem *House of Representatives*, dem *Senate* oder einem Ausschuß ein Kontrollrecht vor, mittels dessen *rules* der Exekutive gestürzt werden konnten.[168] Der *Supreme Court* erklärte dieses Kontrollrecht aber für verfassungswidrig (*one-house veto*).[169] Er sah in der Ausübung des Kontrollrechts ein legislatives Handeln, das den Anforderungen der Verfassung entsprechen müsse. Dies verlange insbesondere danach, daß die beiden Häuser des *Congress* sich über den Gesetzesentwurf verständigen und diesen dem *President* vorlegen. Diese sehr formalistische Haltung des *Supreme Court* wurde kritisiert.[170] In der Zwischenzeit hat der *Congress* eine „Neuauflage" des *legislative veto* in Form des *Congressional Review Act, 5 U.S.C. Sec. 801-808* (1996), erlassen. Dabei berücksichtigte er die Gründe, die zur Verfassungswidrigkeit des *legislative veto* geführt haben. Daneben gibt es noch weitere Kontrollmöglichkeiten, z.B. bei der Budgetierung oder durch die Pflicht der *administrative agencies* zur Berichterstattung.

bb) *Delegation of Judicial Power – Adjudication*[171]

Wenn im verfassungsrechtlich vorgesehenen „Normalfall" *constitutional courts* ihre Aufgaben ausführen, so gewährleisten die Garantien des *Art. III*

---

166 Als Beispiel dafür kann der *National Environmental Policy Act* (1969, *42 U.S.C. Sec. 4321-4361*) dienen. Er trug den *Administrative Agencies* auf, ihre wesentlichen und grundlegenden Entscheidungen auf ihre Umweltverträglichkeit hin zu überprüfen. Vgl. im dt. Recht die Umweltverträglichkeitsprüfung des UVPG (BGBl. 1990, Teil I, S. 205).

167 Zu den unterschiedlichen Kontrollmöglichkeiten des *Parliament* s. JARASS, Die Verwaltung 9 (1976), 94, 104ff.

168 Das *legislative veto* steht somit in engem Verhältnis zum Vetorecht des *President*.

169 *INS v. Chadha*, 462 U.S. 919 (1983).

170 GELLHORN/LEVIN, *Administrative Law*, S. 40f.

171 Allgemein zur *adjudication* s. ALBERT, Problematik der IRCs, S. 126ff., LANDIS, *Adm. Process*, S. 6ff.; LINNEWEBER, US-amerikanisches Verwaltungsrecht, S. 71ff.; RIEGERT, *Administrative Law*, S. 66ff.; SCHLEPHORST, Amerikanisches Verwaltungsrecht, S. 61; STIRNBERG, Verwaltungsbehörden, S. 10ff.

die Neutralität und Unabhängigkeit der Spruchkörper.[172] Die *administrative adjudication* wird jedoch durch *legislative courts* ausgeführt, die der *Congress* kraft der *tribunal clause* in *Art. I, Sec. 8, Cl. 9* eingerichtet hat. Die Delegation judikativer Gewalt betrifft somit das Spannungsverhältnis, das durch das Nebeneinander von *constitutional courts* und *legislative courts* entsteht.

Art. III garantiert, daß unparteiische und unabhängige Richter die judikative Funktion ausüben. Die Übertragung judizieller Befugnisse stellt sich dann als unvereinbar mit diesem Verfassungsartikel dar, wenn sie dessen Garantie unterläuft. Ist die *administrative adjudication* jedoch nur eine Vorstufe zu einem Verfahren vor einem *constitutional court*, bestehen keine Bedenken. Die Entscheidung der *administrative agency* muß also in tatsächlicher wie rechtlicher Hinsicht der Überprüfung eines *constitutional courts* zugänglich bleiben (*judicial review*).[173] Dies war auch das tragende Argument in der Leitentscheidung[174] des *Supreme Court* in den Dreißiger Jahren zur *administrative adjudication*. Dabei ging es um die Verfasungsmäßigkeit des *Longshoremen's and Harbor Workers' Compensation Act*. Danach konnte die *United States Employees' Compensation Commission* über Ersatzansprüche entscheiden, die in bestimmten Schadensfällen Hafenarbeitern zustanden. Jedoch war die Zuständigkeit der *Commission* in sachlicher und persönlicher Hinsicht stark eingeschränkt, die Rechtsbegriffe gesetzlich klar definiert. Als erstes Argument diente dem *Supreme Court* die Feststellung, daß eine gerichtliche Überprüfung nicht durch die gesetzlichen Regelungen abgeschnitten ist. Dabei unterschied der *Supreme Court* „*determinations of fact*" und „*determinations of law*". Hinsichtlich beider Kategorien bleibe die Entscheidung der *administrative agency* voll überprüfbar.[175] Ein Unterschied ist bei der Bindungswirkung (*finaltity*) der Entscheidung festzustellen, die nur den *determinations of fact* zukommt. Dies entspricht genau dem Nutzen, den man sich von der Existenz der *administrative agencies* verspro-

---

172 Vgl. oben, 2. Kap., A.III.3.a)aa).

173 Zum gerichtlichen Rechtsschutz gegen Verwaltungshandeln, NOLTE, Landesbericht USA, S. 172ff.; SCHMIDT, Klagebefugnis, S. 5ff.

174 *Crowell v. Benson*, 285 U.S. 22 (1932).

175 *Crowell v. Benson*, 285 U.S. 22, 45ff. (1932): „*So far as the [determination of law] is concerned, full opportunity is afforded for their determination by the federal courts [on review]. [...] Moreover, the statute contains no express limitation attempting to preclude the court [...] from making its own examination and determination of facts [...]*".

chen hat: Kontrolle eines speziellen Sachgebiets, flexibles Reagieren auf technische Neuerungen und gesetzliche Novellierungen, Feststellen von Verstößen gegen gesetzliche Bestimmungen. Diese Bindungswirkung kann sich entfalten, wenn die einschlägigen verfahrensrechtlichen Anforderungen berücksichtigt sind. In einem zweiten Schritt stellte der *Supreme Court* fest, daß dem zu entscheidenden Fall nur solche Regelungen zugrundelagen, die *determinations of fact* betrafen, sodaß sich seine weitere Argumentation nur auf diese bezog. Seine positive Entscheidung begründete der *Supreme Court* mit der Natur der betroffenen Rechtsverhältnisse, bei denen er zwischen *public rights* und *private rights* unterschied.[176] *Public rights* betreffen nach seiner Ansicht das Rechtsverhältnis zwischen Privatem und dem Staat, *private rights* das zwischen zwei Privaten.[177] Soweit erstere betroffen sind, bestünden keinerlei Bedenken gegen das Tätigwerden der *legislative courts* bei der Tatsachenfeststellung. Dagegen unterstünden *private rights* zwar grundsätzlich der Entscheidungshoheit der *constitutional courts*, doch erfordere dies nicht zwangsläufig, daß jede Tatsachenfeststellung durch einen Richter („*judge*" i.S.d. *Art. III*) vorgenommen werden müsse. Mit dieser Aufgabe könnten auch andere Organe betraut werden. Als Beispiel führt der *Supreme Court* die *jury* an, die im *common law* nicht nur gebräuchlich, sondern von der Verfassung selbst geradezu gefordert ist (vgl. *Art. III, Sec. 2, Cl. 3*). Insofern könne – wie in dem der Entscheidung zugrundeliegenden Fall – in dem begrenzten Umfang auch eine *Commission* entscheiden. Zu unterscheiden sind also *legislative courts* von diesen „anderen Stellen", die eine spätere Entscheidung als „*adjunct to the district courts*" bezeichnet.[178] In einem dritten Schritt führte der *Supreme Court* eine Rückausnahme an. Die Wahrnehmung der Tatsachenfeststellung sei differenziert zu betrachten, wenn die Tatsachen „*fundamental*" bzw. „*jurisdictional*" seien.[179]

---

176 *Crowell v. Benson*, 285 U.S. 22, 48ff. (1932).

177 Unterscheidung erstmals in *Murray's Lessee v. Hoboken Land & Improvement Co.*, 59 U.S. 272 (1855).

178 *Northern Pipeline Construction Co. v. Marathon Pipe Line Co.*, 458 U.S. 50 (1982).

179 Darunter versteht der *Supreme Court* unverzichtbare Voraussetzungen für die Anwendbarkeit der Regelung. Dies beschränkt sich nicht auf Tatsachen, die für eine Tatbestandsvoraussetzung erheblich sind. Vielmehr muß sich in ihnen die verfassungsrechtliche Zuständigkeit des *Congress* widerspiegeln, diese Sachmaterie zu regeln. So war im zu entscheidenden Fall das Merkmal „*accident took place in navigable waters*" Ausfluß davon, daß der *Congress* zuständig ist für das Sachgebiet „*admiralty and maritime law*".

Einen Schritt zurück vollzog der *Supreme Court* im Jahr 1982, als er das System der Konkursgerichte (sog. *„bankruptcy courts"*) für verfassungswidrig erklärte.[180] Diese Konkursgerichte hatte der *Congress* im Jahr 1978 als *adjuncts to the district courts*[181] eingerichtet. Die Richter genossen zweifelsohne nicht die Privilegien des *Art. III.* Sie waren auf 14 Jahre gewählt und konnten vorzeitig aus bestimmten Gründen (*incompetency, misconduct, neglect of duty, physical or mental disability*) durch das *Judicial Council of Circuit* entlassen werden.[182] Der *Supreme Court* hatte sich in seiner Begründung mit zwei Argumenten der Kläger auseinanderzusetzen. Zunächst argumentierten diese, daß die *bankruptcy courts* ebenso als *legislative courts* hätten eingerichtet werden können. Dann sahen sie keinen Verstoß gegen den Grundsatz, daß die judikative Funktion von *Art. III-courts* ausgeübt werden muß, da die *bankruptcy courts* ein unselbständiger Bestandteil (*adjunct*) der *constitutional courts* seien. Dem ersten Argument hielt der *Supreme Court* entgegen, daß Fallgruppen[183] vorliegen müssen, die für das Einrichten von *legislative courts* anerkannt sind. Nur dann könnten diese Stellen abweichend von der Maßgabe des *Art. III* judikative Aufgaben wahrnehmen. Im vorliegenden Fall komme als Fallgruppe nur die der *public rights* in Betracht, die jedoch nicht einschlägig sei, da ausschließlich *private rights* betroffen seien.[184] Dem zweiten Argument der Berufungs- bzw. Revisionskläger lag die zutreffende Ansicht zugrunde, daß der *Congress* die Tatsachenermittlung in die Hände „anderer Stellen" legen kann, auch wenn von Verfassungs wegen eine Delegation der gesamten Angelegenheit an einen *legis-*

---

[180] *Northern Pipeline Construction Co. v. Marathon Pipe Line Co.*, 458 U.S. 50 (1982).

[181] Vgl. 28 U.S.C. 151(a) in der Verfassung von 1976, *Supp. IV.*

[182] *Northern Pipeline Construction Co. v. Marathon Pipe Line Co.*, 458 U.S. 50, 60f. (1982).

[183] 1. *„territorial courts"*: die Existenz dieser Gerichte ist historisch bedingt; in den Anfängen der amerikanischen Union stand dem *Congress* die Kompetenz zu, die Regierungstätigkeit in den Territorien auszuüben, die keinem staatlichen Souverän unterstanden. So konnte er ohne Beachtung des *Art. III* Tribunale in den Territorien einrichten (vgl. *American Ins. Co. v. Canter*, 1 Pet. 511 (1828));

2. *„military tribunals"*;

3. bei Entscheidungen, die *„public rights"* betreffen.

[184] Der *Supreme Court* argumentierte, daß es beim Beitreiben von Vertragsschäden um die Haftung eines Privaten gegenüber einem anderen Privaten gehe. Dies lasse sich nicht mit dem Gläubiger-Schuldner-Verhältnis vergleichen, das den Kern der *bankruptcy power* ausmache. Vgl. *Northern Pipeline Construction Co. v. Marathon Pipe Line Co.*, 458 U.S. 50, 71 (1982).

lative court ausscheidet.[185] Die Zulässigkeit einer solchen Delegation bestimmt sich anhand zweier Voraussetzungen: Zum einen kann der *Congress* bestimmen, wie judizielle Befugnisse im einzelnen auszuüben sind, solange es dabei um materielle Rechte geht, die er selbst geschaffen hat, zum anderen darf es sich bei der Tätigkeit des *adjunct* nur um eine judikative Nebenfunktion handeln.[186] Im vorliegenden Fall handelte es sich aber um Rechte, die durch Staatenrecht begründet waren; zusätzlich übten die *bankruptcy courts* über das Konkursrecht hinaus weitere wesentliche Funktionen eines *constitutional courts* aus und waren so mit zu weitreichenden Kompetenzen ausgestattet.[187] Dies war auch ein wesentlicher Unterschied zu vorherigen Entscheidungen, die zumeist nur einen begrenzten Rechtsbereich betrafen und dessen Grenzen nicht überschritten.[188] Der *Supreme Court* erklärte somit das System der *bankruptcy courts* für verfassungswidrig.

Eine abermalige Kehrtwende vollzog der *Supreme Court* in der Folgezeit, die am deutlichsten in einer Entscheidung aus dem Jahr 1986[189] zu Tage tritt. In dem Konflikt von *administrative adjudication* und *Art. III* sah das Gericht ein personales und ein institutionelles Element. Zunächst handele es sich bei der Garantie des *Art. III* um ein disponibles Recht des Einzelnen. Wie andere verfassungsrechtlich geschützte Garantien, die sich auf die Ausgestaltung des Verfahrens auswirken, gewährleiste *Art. III*, daß der Streitfall von einem unparteiischen und unabhängigen Richter entschieden wird. Jedoch könne auch auf dieses Recht verzichtet werden.[190] Insofern stellt *Art.*

---

185 *Crowell v. Benson*, 285 U.S. 22, 51 (1932); *Northern Pipeline Construction Co. v. Marathon Pipe Line Co.*, 458 U.S. 50, 77 (1982); *Atlas Roofing Co. v. Occupational Safety and Health Review Comm'n*, 430 U.S. 442, 450 (1977): „*[...] even where the Constitution denies Congress the power to establish legislative courts, Congress possesses the authority to assign certain factfinding functions to adjunct tribunals.*".

186 *Crowell v. Benson*, 285 U.S. 22, 51 (1932); *Mathews v. Weber*, 423 U.S. 261, 271 (1976); *United States v. Raddatz*, 447 U.S. 667, 682f. (1982); *Northern Pipeline Construction Co. v. Marathon Pipe Line Co.*, 458 U.S. 50, 81 (1982).

187 *Northern Pipeline Construction Co. v. Marathon Pipe Line Co.*, 458 U.S. 50, 84ff. (1982).

188 Vgl. *Crowell v. Benson*, 285 U.S. 22 (1932); *United States v. Raddatz*, 447 U.S. 667 (1982).

189 *CFTC v. Schor*, 478 U.S. 833 (1986).

190 *CFTC v. Schor*, 478 U.S. 833, 849f. (1986): „*Moreover, as a personal right, Article III's guarantee of an impartial and independent federal adjudication is subject to waiver, just as are other personal constitutional rights that dictate the procedures by which civil and criminal matters must be tried.*".

III hinsichtlich seiner personalen Schutzwirkung kein unüberwindbares Hindernis dar. Das institutionelle Element greift eine zweite Funktion des *Art. III* auf, und zwar die Gewährleistung der *separation of powers* und der *checks and balances*. Dabei hat der *Supreme Court* in seinen Entscheidungen den Schwerpunkt verlagert vom formalistischen, kategorisierenden Denken zur Annahme einer pragmatischen Sichtweise. Im Vordergrund stand dabei die Handlungsfähigkeit des *Congress*, erforderliche und neue Gesetzesvorhaben umzusetzen.[191] Die Zulässigkeit der Verlagerung sei im Einzelfall durch Abwägung unterschiedlicher Belange zu ermitteln. Ein wesentlicher Belang sei, ob der Kernbereich der judikativen Funktion bei den *constitutional courts* verbleibe.[192] Im zu entscheidenden Fall war dies gewährleistet, obwohl der *Congress* einen klassischen Bereich der judikativen Funktion – Entscheidung von Widerklagen, die *private rights* zum Gegenstand haben – delegiert hatte. Jedoch handelte es sich um ein stark begrenztes Gebiet, auf dem die *administrative agency* tätig werden konnte. Zudem seien die charakteristischen Funktionen der Judikative bei den *constitutional courts* verblieben.[193] Die Unterscheidung von *public rights* und *private rights* sah der *Supreme Court* also nicht mehr als Dogma dafür an, inwieweit eine Entscheidung durch *legislative courts* zulässig ist. Die Bedeutung dieser Unterscheidung lag nach Ansicht des Gerichts nur darin, daß die Gefahr der unzu-

---

[191] *CFTC v. Schor*, 478 U.S. 833, 851 (1986): „*In determining the extent to which a given congressional decision to authorize the adjudication of Article III business in a non-Article III tribunal impermissibly threatens the institutional integrity of the Judicial Branch, the Court has declined to adopt formalistic and unbending rules. Although such rules might lend a greater degree of coherence to this area of the law, they might also unduly constrict Congress' ability to take needed and innovative action pursuant to its Article I powers. [...]*; ebenda, S. 855: „*When Congress authorized the CFTC to adjudicate counterclaims, its primary focus was on making effective a specific and limited federal regulatory scheme, not on allocating jurisdiction among federal tribunals.*"; unter Hinweis auf *Thomas v. Union Carbide Agric. Products Co.*, 473 U.S. 568, 587 (1985): „*The enduring lesson of Crowell is that practical attention to substance rather than doctrinaire reliance on formal categories should inform application of Article III.*".

[192] *CFTC v. Schor*, 478 U.S. 833, 851 (1986): „*Among the factors upon which we have focused are the extent to which the „essential attributes of judicial power" are reserved to Article III courts [...]*".

[193] *CFTC v. Schor*, 478 U.S. 833, 853 (1986): „*CFTC orders [...] are enforceable only by order of the district court. [...] CFTC orders are also reviewed under the same „weight of the evidence" standard sustained in Crowell [...] The legal rulings of the CFTC [...] are subject to de novo review. Finally, the CFTC [...] does not exercise „all ordinary powers of district courts," and thus may not, for instance, preside over jury trials or issue writs of habeas corpus.*".

lässigen Gewaltenverschränkung bei der Beurteilung von *private rights* durch *legislative courts* lediglich größer ist, da sie im *common law* seit jeher den *constitutional courts* zugewiesen ist.[194] Somit sei die Delegation von *private rights* nicht generell ausgeschlossen. Wesentlich ist nur, daß der *Congress* den *constitutional courts* Streitfälle nicht voll und ganz entzieht. Diese Gefahr bestand in dem zu entscheidenden Fall deswegen nicht, da die Betroffenen wählen konnten, ob sie ihren Rechtsstreit vor einem *legislative court* austragen wollten oder nicht. Eine Grenze ist dann erreicht, wenn unter Hinweis auf die Einwilligung der Wesensgehalt der judikativen Funktion verlagert wird.[195]

Die Unterscheidung von *public rights* und *private rights* hat also immer mehr an Bedeutung verloren, da es nicht mehr erforderlich ist, daß der Bund oder ein Einzelstaat in den Streit verwickelt ist.[196] Selbst wenn zwei Private betroffen sind, reicht es aus, daß der Streitgegenstand verflochten ist in die staatliche Regulierung.[197] Damit sind fast alle Streitfälle des *administrative*

---

194 *CFTC v. Schor*, 478 U.S. 833, 853f. (1986); unter Hinweis auf *Thomas v. Union Carbide Agric. Products Co.*, 473 U.S. 568, 589 (1985).

195 *CFTC v. Schor*, 478 U.S. 833, 855 (1986): „*This is not to say, of course, that if Congress created a phalanx of non-Article III tribunals equipped to handle the entire business of the Article III courts without any Article III supervision or control and without evidence of valid and specific legislative necessities, the fact that the parties had the election to proceed in their forum of choice would necessarily save the scheme from constitutional attack.*“.

196 *Northern Pipeline Construction Co. v. Marathon Pipe Line Co.*, 458 U.S. 50, 69 (1982): „*Nor is it necessary to do so in the present cases, for it suffices to observe that a matter of public rights must at a minimum arise between the government and others.*“; *Thomas v. Union Carbide Agric. Products Co.*, 473 U.S. 568, 589 (1985): „*Insofar as appellees interpret that case and Crowell as establishing that the right to an Article III forum is absolute unless the Federal Government is a party of record, we cannot agree.*“. Diese Auflösung der Unterscheidung von *private rights* und *public rights* setzt sich bis in die jüngste Gegenwart fort. Daneben wählte ein kalifornisches Gericht einen neuen Abgrenzungsansatz. Vgl. SCHWARTZ, 32 Tulsa L. J. 493, 511.

197 *Thomas v. Union Carbide Agric. Products Co.*, 473 U.S. 568, 593f. (1985): „*Congress, acting for a valid legislative purpose pursuant to its constitutional powers under Article I, [has] create[d] a seemingly private right that is so closely integrated into a public regulatory scheme as to be a matter appropriate for agency resolution with limited involvement by the Article III judiciary.*“; *Granfinanciera, S.A. v. Nordberg*, 492 U.S. 33 (1989): „*If a statutory right is not closely intertwined with a federal regulatory program Congress has power to enact, and if that right neither belongs to nor exists against the Federal Government, then it must be adjudicated by an Article III court.*“.

law betroffen. Somit ist die Delegation der *judicial power* durch den *Congress* an die *administrative agencies* nahezu gesichert.[198]

b) *Unitary Executive*[199]

Nach Vorgabe der Verfassung in *Art. II* ist der *President* der *„Chief Executive"*, dem allein die Regierungstätigkeit obliegt. Nach Ansicht der Verfassungsväter war es der Optimalzustand, die exekutiven Aufgaben in einer Person zu bündeln und somit der Exekutive eine ihre Kraft fördernde Einheit(lichkeit) zu verleihen (sog. *„unitary executive"*).[200] Zunächst dehnte die Einrichtung eines *Cabinet* die Ausübung exekutiver Aufgaben auf weitere Personen aus, dann die eines *Executive Office*. Jedoch diente dies nur dazu, den Anforderungen an die Exekutive gerecht zu werden, den *President* zu entlasten und die zu verrichtenden Tätigkeiten arbeits-ökonomisch zu teilen. Ohne selbst einen verfassungsrechtlich gesicherten Rang erhalten zu haben, leiten die eingesetzten Beamten ihre Rechte und Befugnisse vom *President* ab. Sie sind ihm jederzeit verantwortlich und von seiner *appointment and removal power* abhängig.[201] Die Einheit der exekutiven Gewalt bleibt gewahrt. Eine weitere Ausdehnung hat die exekutive Funktion durch die *administrative agencies* erfahren. Das Verhältnis von *President* und *administrative agencies* ist kompliziert und Gegenstand verfassungsrechtlicher Diskussion. Kernfrage ist, inwieweit die *administrative agencies* dem *President* gegenüber verantwortlich sind, inwieweit er also von seiner *appointment and removal power* Gebrauch machen kann. Denn nur die Abhängigkeit vom *President* wahrt die Einheit der Exekutiven, weil man dann die *administrative agencies* als unselbständige Hilfsorgane, als verlängerten Arm des *President* ansehen kann.

---

198 GELLHORN/LEVIN, *Administrative Law*, S. 31. Die genaue Ausgestaltung und Reichweite behandelt das 3. Kapitel dieser Arbeit.

199 Allgemein dazu CALABRESI/RHODES, 105 Harv. L. Rev. 1155; SUNSTEIN, 7 Admin. L. J. Am. U. 299; ferner die Aufsatzreihe im Cardozo Law Review, 15. Band (1993).

200 Vgl. dazu oben, 2. Kap., A.III.2.

201 Zum Verhältnis *President – Cabinet* und *President – Executive Office of the President* vgl. oben, 2. Kap., A.III.2.b).

aa) ***Appointment Power***

Die durch *Art. II, Sec. 2, Cl. 2* verliehene *appointment-power* war Gegenstand zweier wichtiger Entscheidungen. Im Jahr 1976 hatte der *Supreme Court* einen Fall[202] zu entscheiden, in dem es um die Einrichtung der *Federal Election Commission* ging. Der *Congress* hatte in dem zu prüfenden Gesetzeswerk festgelegt, daß vier der sechs Mitglieder vom *Speaker of the House* und vom *President pro tempore of the Senate*[203] ernannt werden sollten. Der *Supreme Court* verwarf diese Regelung. Nach seiner Auffassung ist jeder öffentlich Ernannte dann ein *„Officer of the United States"*, wenn er bedeutende Aufgaben nach Maßgabe der amerikanischen Gesetze wahrnimmt, seien es legislative, exekutive oder judikative Funktionen. Folge ist, daß er gemäß *Art. II, Sec. 2, Cl. 2* zu ernennen ist. Eine weitere Entscheidung[204] beschäftigte sich mit der Ausgestaltung der *appointment clause*, die zwischen *„officer"* und *„inferior officer"* unterscheidet und die Ernennung der zweiten Personengruppe auch durch andere Stellen zuläßt.[205] Der *Ethics in Government Act* (*5 U.S.C. Sec. 101-111*) ermächtigte die *federal courts of appeals*, einen Ankläger (*prosecutor*) zu ernennen, der als *independent counsel* gegen hohe Exekutivbeamte ermitteln sollte. Der *Supreme Court* bestätigte das Gesetz, indem er den *independent counsel* als *inferior officer* einstufte und so die Ernennung durch andere Stellen ermöglichte. Er begründete dies damit, daß der *Attorney General* diesen Beamte abberufen kann und daß die Zuständigkeit auf einen einzelnen Fall beschränkt ist. Dabei ging der *Supreme Court* nicht auf Abgrenzungskriterien für die Unterscheidung ein.

Abzugrenzen von den beiden Personengruppen ist der einfache *employee*, der nur nachrangige Tätigkeiten wahrnimmt.[206] Dies läßt das Bemühen des *Supreme Court* erkennen, eine zu starke Ausdehnung der *appointment power* zu verhindern. Der schwierigen Abgrenzung von (*principal*) *officer* und *in-*

---

202 *Buckley v. Valeo*, 424 U.S. 1 (1976); dazu GUNTER, *Constitutional Law*, S. 340f., vgl. auch S. 1357ff.

203 Dabei handelt es sich nicht um den *President of the United States, Art. II,* sondern um den Stellvertreter des *President of the Senate*, ein Amt, das der *Vice President of the United States* kraft seines Amtes bekleidet, *Art. I, Sec. 3, Cl. 4, 5*. Beide, *Speaker of the House* und *President pro tempore of the Senate*, sind also Mitglieder des *Congress*.

204 *Morrison v. Olson*, 487 U.S. 654 (1988); in Auszügen abgedruckt bei LUNDMARK, *Power and Rights*, S. 58ff.

205 Vgl. oben, 2. Kap., A.III.2.a)bb).

206 *Freytag v. Commissioner*, 501 U.S. 868 (1991).

ferior officer liegt also eine wertende Betrachtung der Tätigkeit zugrunde. Je bedeutender diese ist, d.h. je enger sie mit zentralen Aufgaben beim *rulemaking* oder bei der *adjudication* verbunden ist, desto eher handelt es sich um einen (*principal*) *officer*.[207]

bb) *Removal Power*

Von noch größerer Bedeutung für die Unabhängigkeit der *administrative agencies* ist aber die *removal power*.[208] Solange die Beamten, insbesondere die in führenden Positionen, jederzeit – auch aus politischen Gründen – vom *President* abberufen werden können, besteht eine Bindung des entsprechenden Verwaltungsorgans an den *President*. Grundlegend für die Betrachtung der *removal power* ist die Unterscheidung von *independent executive agencies* und *independent regulatory agencies*.

(1) *Independent Executive Agencies* und *Independent Regulatory Agencies*

Administrative agencies kann man zwei unterschiedlichen Kategorien zuordnen, den *independent executive agencies* und den *independent regulatory agencies*. Beiden Kategorien ist gemein, daß sie typische Aufgaben der Exekutive wahrnehmen, darüberhinaus aber auch die beide anderen Staatsfunktionen ausüben. Der Unterscheid besteht in dem Grad der Abhängigkeit vom Präsidenten, die sich bei der Entlassung der Beamten zeigt. Insofern wird dieser Unterschied auch erst hier relevant. *Independent executive agencies* sind zwar außerhalb der klassischen *departments*, aber immerhin innerhalb der exekutiven Funktion anzusiedeln. *Independent regulatory agencies* hingegen besitzen eine graduell größere Unabhängigkeit, sodaß STRAUSS sie als *„headless fourth branch"* bezeichnet.[209] Ansonsten ist der Unterschied nicht von großer Bedeutung.[210]

---

207 BRUGGER, Öffentliches Recht USA, S. 72.

208 Vgl. nur CURRIE, 16 Creighton L. R. 441ff.

209 STRAUSS, 84 Columbia L. R. 573, 578.

210 Die meisten Regelungen des amerikanischen Verwaltungsrechts finden auf beide Erscheinungsformen der *administrative agencies* Anwendung, vgl. GELLHORN/LEVIN, *Administrative Law*, S. 58f.

(2) *Removal Power* in Entscheidungen des *Supreme Court*

Eine Regelung der *removal power* ist in der Verfassung nicht zu finden, wenn man absieht von den Regelungen des *impeachment*-Verfahrens. Im Jahr 1926 hatte der *Supreme Court* zu entscheiden, ob die Entlassung eines *postmaster* allein durch den *President* rechtmäßig war.[211] In dem zugrundeliegenden Fall ging es um ein Gesetz, daß für diese Maßnahme die Beteiligung des *Congress* forderte, indem es die Entlassung an den Wortlaut der *appointment clause* anlehnte.[212] Der *Supreme Court* wandte dagegen ein, daß der *President* allein dazu berechtigt sein müsse, Beamte zu entlassen, da ihm auch allein die Ausübung exekutiver Aufgaben übertragen sei. Somit versteht der *Supreme Court* die *take-care-clause* auch in diesem Zusammenhang als Ermächtigung des *President*, da er lediglich aus Gründen der praktischen Durchführbarkeit auf die arbeitsteilige Hilfe der Beamten angewiesen ist.[213] Bereits im Jahr 1935 ließ der *Supreme Court* eine inhaltliche Beschränkung der *removal power* zu, indem er den dort zu entscheidenden Fall von der bisherigen Judikatur abgrenzte (*distinguishing*).[214] Betroffen war die *Federal Trade Commission*, eine *independent regulatory agency*, die für das Amt des *Commissioner* eine begrenzte Amtszeit festlegen und besondere Entlassungsgründe normieren konnte. Der *Supreme Court* führte zur Begründung an, daß der *Commissioner* exekutive Tätigkeiten nicht im verfassungsrechtlichen Sinne wahrnehme. Vielmehr führe er exekutive Tätigkeiten als lediglich untergeordnete Aufgaben aus, wenn er quasi-legislativ und qua-

---

211 *Myers v. United States*, 272 U.S. 52 (1926).

212 *Act of Congress of July 12, 1876 (19 Stat. 80), Sec. 6*: „*Postmasters of the first, second, and third classes shall be appointed and may be removed by the President by and with the advice and consent of the Senate, and shall hold their offices for four years unless sooner removed or suspended according to law.*".

213 *Myers v. United States*, 272 U.S. 52, 117 (1926): „*The vesting of the executive power in the President was essentially a grant of the power to execute the laws. But the President alone and unaided could not execute the laws. He must execute them by the assistance of subordinates. As he is charged specifically to take care that they be faithfully executed, the reasonable implication, even in the absence of express words, was that as part of his executive power he should select those who were to act for him under his direction in the execution of the laws. The further implication must be, in the absence of any express limitation respecting removals, that as his selection of administrative officers is essential to the execution of the laws by him, so must be his power of removing those for whom he cannot continue to be responsible.*".

214 *Humphrey's Executor v. United States*, 295 U.S. 602 (1935).

si-judiziell tätig werde. Somit müsse er frei sein von exekutiver Kontrolle.[215] Dies war auch das Unterscheidungskriterium zum Fall aus dem Jahr 1926, in dem eine rein exekutive Aufgabenerfüllung betroffen war.[216] In einer dritten Entscheidung aus dem Jahr 1958[217] gewährte der *Supreme Court* denjenigen Beamten der *War Claims Commission* besonderen Entlassungsschutz, die im Rahmen der Streitfallentscheidung tätig waren, also im Kern judizielle Aufgaben wahrnahmen. Diese müßten frei sein von jeder Behinderung seitens der Exekutive, insbesondere vom Wohlgefallen des *President*.[218]

cc) Die Bedeutung des *Congress* für die Ernennung und Entlassung von Beamten

Der *Congress* selbst kann weder Beamte alleine ernennen[219] noch entlassen[220]. Im ersten Fall kann er jedoch Einfluß nehmen, indem er bestimmte Anforderungen normiert, die bei der Auswahl eines Amtsinhabers zu berücksichtigen sind. Im zweiten Fall gibt es die Ausnahme des *impeachment*-Verfahrens.

3. Zusammenfassung

Die *administrative agencies* dienen zur Bewältigung bestimmter Sachprobleme und sind bei ihrer Tätigkeit nicht nur darauf beschränkt, die Gesetzestreue der Bürger zu überwachen. Sie können auch allgemeinverbindliche

---

215 *Humphrey's Executor v. United States*, 295 U.S. 602, 628 (1935): *„Such a body [FTC] cannot in any proper sense be characterized as an arm or an eye of the executive. Its duties are performed without executive leave and, in the contemplation of the statute, must be free from executive control. [...] To the extent that it exercises any executive function, as distinguished from executive power in the constitutional sense, it does so in the discharge and effectuation of its quasi legislative or quasi judicial powers, or as an agency of the legislative and judicial department of the government“*; ebenda, S. 629: *„We think it plain in the Constitutiton that illimitable power of removal is not possessed by the President in respect of officers of the character of those just named“*.

216 *Humphrey's Executor v. United States*, 295 U.S. 602, 627 (1935).

217 *Wiener v. United States*, 357 U.S. 349 (1958).

218 *Wiener v. United States*, 357 U.S. 349, 354 (1958): *„Both Presidents* [sc. Eisenhower und Roosevelt] *desired to have Commissioners [...] „of my own selection“. They wanted these Commissioners to be their men.“*.

219 Vgl. *Buckley v. Valeo*, 424 U.S. 1 (1976).

220 Vgl. *Bowsher v. Synar*, 478 U.S. 714 (1986).

Vorschriften erlassen, um den ihnen übertragenen Bereich eigenverantwortlich zu regeln. Auf diese Weise definieren sie schon die „Gesetzestreue", bevor sie dieselbe überwachen. Bei der Delegation dieser Befugnisse hat der *Congress* zu beachten, daß die Übertragung der Rechtsetzungsbefugnis nicht in Form einer Blankoübertragung ergeht, sondern verfassungsrechtlichen Anforderungen genügt. Vielmehr muß die Anweisung so konkret sein, daß auch bei der späteren verwaltungsbehördlichen Ausführung in Form des *rulemaking* der gesetzgeberische Wille transparent bleibt. Neben dieser quasi-legislativen Aufgabe können die *administrative agencies* auch quasijudiziell tätig werden, indem sie einen Streitfall entscheiden und damit verbindlich die „Gesetzesuntreue" feststellen und bewerten. Dabei hat sich der anfangs strenge Maßstab mehr und mehr gelockert. Im Zuge dieser Entwicklung hat der zunächst stark beschnittene Tätigkeitsbereich sich soweit geöffnet, daß heute praktisch alle verwaltungsrechtlich relevanten Sachverhalte von den *administrative agencies* entschieden werden dürfen. Die gerichtliche Überprüfung durch *constitutional courts* muß dabei als wichtige Absicherung möglich bleiben.

C. Ergebnis

Den *administrative agencies* ist durch die Verfassung keine bestimmte Stellung im amerikanischen Regierungssystem zugewiesen. Vielmehr haben sich diese Organe in der Verfassungswirklichkeit entwickelt, ausgelöst durch das Bedürfnis, ein bestimmtes Sachproblem effizient zu lösen. Zur Zeit der Verfassungsgebung sah man eine detaillierte Regelung der staatlichen Verwaltung nicht als erforderlich an und beschränkte die Exekutive auf die Person des *President*. Neue Aufgaben und neue Betätigungsfelder des Staates veranlaßten die Bildung der *administrative agencies*. In Ausübung ihrer Aufgaben vollführen diese Organe legislative, exekutive und judikative Funktionen. Die weitreichende Übertragung von legislativen und judikativen Funktionen hat die *administrative agencies* aus dem Funktionsbereich der Exekutive „herausgehebelt". Die Bindung an die Exekutivspitze hat sich durch die abgeschwächte *appointment and removal power* immer mehr aufgelöst. Sie nehmen eine exponierte Stellung neben den drei klassischen Funktionen ein. Dabei geniessen die *independent regulatory agencies* im Vergleich zu den *independent executive agencies* eine graduell größere Unabhängigkeit vom *President*. Dies hat ihnen auch die Bezeichnung als vierte Staatsfunktion

(„*headless fourth branch*") eingebracht.[221] Es dauerte lange, bis das schwierige Verhältnis der *administrative agencies* zu den drei klassischen Gewalten annähernd definiert war, wobei dieser Prozess noch nicht abgeschlossen ist und Einzelfragen immer wieder Gegenstand erneuter Diskussionen sind. Von besonderer Brisanz ist das Verhältnis zur Exekutiven, in dem der Schlüssel zu der Unabhängigkeit der *administrative agencies* zu sehen ist. Je geringer der Einfluß der Exekutiven in Person des *President* ist, desto freier können sie sich am Rande der drei Gewalten bewegen. Ein Grundprinzip der amerikanischen Verfassung – das Prinzip der *separation of powers* – scheint somit durch die Existenz der *administrative agencies* in Frage gestellt zu sein. Ihre Erscheinungsform im amerikanischen Verfassungssystem kann nur als systemwidrig beschrieben werden, gleichwohl der *Supreme Court* ihre Verfassungsmäßigkeit konstruiert hat. Die Befürchtung der Verfassungsväter, eine Konzentration der Gewalten könne zu Machtmißbrauch und Tyrannei führen, droht Realität zu werden, wenn auch nur beschränkt auf das Einsatzgebiet der jeweiligen *administrative agency*.

221 STRAUSS, 84 Columbia L. R. 573, 578.

3. Kapitel

Die Ausgestaltung des amerikanischen Verwaltungsverfahrens

Die bisherige Untersuchung hat ein sehr differenziertes Bild der *administrative agencies* ergeben, das die verfassungsrechtliche Stellung sowie unterschiedliche Handlungs- und Erscheinungsformen der *administrative agencies* aufzeigt. Im Hinblick auf den weiteren Gang der Untersuchung[1] ist die gesamte Bandbreite verwaltungsbehördlicher Handlungsformen jedoch nicht von Bedeutung. Vielmehr bietet es sich an, aus dem vielschichtigen Wirken der *administrative agencies* genau das Handeln herauszufiltern, das mit dem einer deutschen Verwaltungsbehörde vergleichbar ist. Beim Verwaltungshandeln einer deutschen Verwaltungsbehörde lassen sich zwei Handlungsebenen unterscheiden, und zwar das Verwaltungsverfahren auf erster und das auf zweiter Stufe bzw. das (einfache) Verwaltungsverfahren und das Verwaltungsvollstreckungsverfahren. Eine vergleichbare Aufteilung kann man auch beim Handeln einer amerikanischen *administrative agency* vornehmen, indem man die *administrative adjudication* und das *enforcement* unterscheidet.

A. *Administrative Adjudication*

Der *Administrative Procedure Act (APA)*[2] definiert die *administrative adjudication* als ein behördliches Verfahren, das zu einer *order* führt, *5 U.S.C. Sec. 551(7)*. Eine *order* ist die Gesamtheit oder ein Teil einer endgültigen – also bejahenden, verneinenden, untersagenden oder feststellenden – behördlichen Verfügung, einschließlich einer Lizenz, aber ohne jede Rechtssetzung, *5 U.S.C. Sec. 551(6)*. Damit sind alle quasi-judiziellen Tätigkeiten erfaßt, die nicht als Rechtsetzung zu bezeichnen sind.[3] Die rechtsstaatliche Absicherung erfährt das Verwaltungsverfahren in mehrfacher Hinsicht.

---

[1] Vgl. dazu oben, 1. Kap.B.

[2] Vgl. dazu oben 2. Kap., B.I.2.c).

[3] Mit Hinweis auf die einschlägigen Gesetzesmaterialien, ALBERT, Problematik der IRCs, S. 145 (Fn. 3).

Eine besondere Schutzfunktion auch für das Verwaltungsverfahren übt die *due process*-Klausel in *Am. 5* aus.[4] Sie besagt, daß Eingriffe in das Leben, die Freiheit und das Eigentum des Einzelnen nur im Rahmen eines Verfahrens erfolgen dürfen, das ein Minimum an Fairness[5] gewährleistet. Eine weitere Quelle für Verfahrensvorschriften sind diejenigen Gesetze, die eine *administrative agency* einrichten bzw. ihr bestimmte Aufgaben übertragen (sog. *„enabling statutes"*). Allgemeingültige Anforderungen sind im *Federal Administrative Procedure Act (APA), 5 U.S.C. Sec. 551 et seq.*, enthalten.[6] Schließlich können behördeninterne Richtlinien oder die Verwaltungspraxis den Verfahrensablauf beeinflussen.

I. *Due Process* als Verfahrensmaxime der *Administrative Adjudication*

Der *Supreme Court* mißt dem Prinzip des *due process* fundamentale Bedeutung bei: *„It is now the settled doctrine of this Court that the Due Process Clause embodies a system of rights based on moral principles so deeply imbedded in the traditions and feelings of our people as to be deemed fundamental to a civilized society as conceived by our whole history. Due Process is that which comports with the deepest notions of what is fair and right and just."* [7] Der Inhalt der *due process*-Klauseln geht zurück auf das 39. Kapitel der *Magna Charta Libertatum* von 1215, in der König JOHN („ohne Land", 1199-1216[8]) zusicherte: *„[N]o free man shall be taken or imprisoned or disseized or exiled or in any way destroyed, nor will we go upon him nor send upon him, except by the lawful judgment of his peers or by the law of the land"*. Der Begriff *„due process of law"* tauchte erstmals im Jahr 1354 in einer gesetzlichen Wiedergabe dieses Kapitels auf. *„No man of what state or condition he be, shall be put out of his lands or tenements nor taken, nor*

---

4 Während der *due process*-Klausel in *Am. 5* Wirkung gegen den Bund zukommt, bezieht sich die inhaltsgleiche *due process*-Klausel in *Am. 14* auf die Tätigkeit der Einzelstaaten.

5 GELLHORN/LEVIN, *Administrative Law*, S. 191.

6 Die Bedeutung des *APA* gibt am besten die sog. *Vermont Yankee Rule* wieder: Der APA *„establishes the maximum procedural requirements a reviewing court may impose upon agencies"*; vgl. *Pension Benefit Guaranty Corp. v. LTV Corp.*, 496 U.S. 633, 653 (1990) unter Bezugnahme auf *Vermont Yankee Nuclear Power Corp. v. NRDC*, 435 U.S. 519 (1978).

7 *Solesbee v. Balkcom*, 339 U.S. 9, 16 (1950).

8 Die Angabe von Jahreszahlen bezieht sich bei Königen bzw. Königinnen auf die Herrschaftszeit.

disinherited, nor put to death, without he be brought to answer by due process of law."[9] Die Klausel entäußerte sich mit der Zeit jeglicher inhaltlicher Beschränkung und ihre Bedeutung ging weit über das hinaus, was ihre Verfasser ursprünglich mit ihr beabsichtigten.[10] Die Bedeutung, die *due process* in der amerikanischen Verfassung erhielt, war maßgeblich von SIR EDWARD COKE (1549-1634)[11] beeinflußt. Auf ihn geht die Gleichsetzung von „*due process of law*" mit „*by due process of the common law*" zurück. Letzteres war nach seiner Auslegung dann gegeben, wenn der Eingriff erfolgte „*by the indictment or presentment of good and lawful men . . . or by writ original of the Common Law.*"[12] Ausgehend von der Formulierung, insbesondere vom Wort „*process*", könnte man annehmen, die Klausel beziehe sich nur auf ein Verfahren vor Gericht und schränke eben nur die judikative Funktion ein. Dies würde bedeuten, daß die anderen beiden Funktionen durch ihren Bedeutungsgehalt nicht verpflichtet werden. Jedoch ist es gefestigte Rechtssprechung, daß es nicht der Legislativen anheim gestellt sein kann, sich über die Klausel hinwegzusetzen. Vielmehr werden alle drei staatlichen Funktionen[13] und auch die *administrative agencies*[14] durch sie gebunden. Schon früh begannen amerikanische Juristen der *due process*-Klausel substantielle Bedeutung[15] beizumessen. Grundlage dafür war die Annahme natürlicher Rechte, die nicht zur Disposition des Staates stehen und somit seine Macht einschränken (sog. „*vested rights*"). Vehikel für diese Rechte waren die *due process*-Klauseln der amerikanischen Verfassung, die der *Supreme Court* sogar als Prüfungsmaßstab für Gesetze heranzog.[16] Von Interesse hier ist jedoch die Auslegung der Klausel im Sinne des *procedural due process*. Im Jahr 1855 legte der *Supreme Court* zum ersten Mal einen Maßstab für solche Entscheidungen fest, die sich mit dem Inhalt des *due process* befassen. Aus der Bedeutung des *due process* leitete das Gericht ab, daß der *Congress* bei

---

[9] Vgl. 28 Edw. III (1354).

[10] CONGRESSIONAL RESEARCH SERVICE, *Am. 5*, S. 1344.

[11] Vgl. auch unten, 6. Kap., A.II.1.b).

[12] COKE, *Institutes II*, S. 50f.

[13] *Murray's Lessee v. Hoboken Land and Improvement Co.*, 59 U.S. 272, 276 (1856).

[14] Vgl. beispielsweise *Tennessee Cable Television Ass'n v. Tennessee Pub. Serv. Comm'n*, 844 S.W.2d 151, 164 (Tenn. Ct. App. 1992); *Stivers v. Pierce*, 71 F.3d 732, 741 (9th Cir. 1995); *Ventura v. Shalala*, 55 F.3d 900, 902 (3d Cir. 1995).

[15] Vgl. dazu auch unten, 4. Kap., A.II.3.b).

[16] *Scott v. Sandford*, 60 U.S. 393, 450 (1857); dazu EHMKE, Wirtschaft und Verfassung, S. 274.

seinen Gesetzesbeschlüssen nicht vollkommen frei sein kann, sondern vielmehr eine zweistufige Betrachtungsweise anstellen muß: Zunächst sei zu überprüfen, ob das erlassene Verfahren gegen Grundsätze verstoße, die in der Verfassung niedergelegt sind. Dann müßten aus England stammende Verfahrensregelungen des *common law* und des Gesetzesrecht herangezogen werden, die von den amerikanischen Einwanderern als den neuen Verhältnissen angemessen angesehen und übernommen worden sind.[17] An anderer Stelle merkte der *Supreme Court* an, daß sich *due process* nicht zwingend auf herkömmliche Verfahren beschränken muß und generell nicht auf bestimmte Verfahrenstypen zu achten ist, sondern auf den Kerngehalt der Rechte eines Jeden: Leben, Freiheit und Eigentum.[18] Daraus folgt auch, daß nicht jeder *„due process of law"* zwangsläufig ein Verfahren vor Gericht unter Berücksichtigung aller Verfahrensgarantien erfordert.[19] Es ist immer auf die Anforderungen im Einzelfall abzustellen, um den Umfang eines fairen Verfahrens zu bestimmen.[20] Was in dem einen Fall als unfair anzusehen ist, kann unter anderen Umständen den Anforderungen genügen.[21] Im Rahmen der hier zu behandelnden *administrative adjudication* ist nur das Verständnis vom *due process* als Verfahrensrecht zu behandeln, also im Sinne des *procedural due process*.[22]

1. Anwendbarkeit und Voraussetzungen

Aus dem Wortlaut der *due process*-Klausel läßt sich nicht ableiten, daß ihre Anwendbarkeit auf eine bestimmte Handlungsform beschränkt ist. Nach

---

[17] *Murray's Lessee v. Hoboken Land and Improvement Co.*, 59 U.S. 272, 276f. (1856); so später auch in *Davidson v. City of New Orleans*, 96 U.S. 97 (1878) und *Munn v. Illinois*, 94 U.S. 113 (1877).

[18] *Hurtado v. California*, 110 U.S. 516, 529 (1884).

[19] *Davidson v. City of New Orleans*, 96 U.S. 97, 102 (1878); *Public Clearing House v. Coyne*, 194 U.S. 497, 508 (1904).

[20] *Ex parte Wall*, 107 U.S. 265, 289 (1883).

[21] Vgl. *Murray's Lessee v. Hoboken Land & Improvement Co.*, 59 U.S. 272 (1856); *Ng Fung Ho v. White*, 259 U.S. 276 (1922); s. auch *Joint Anti-Fascist Refugee Comm. v. McGrath*, 341 U.S. 123, 163 (1951).

[22] Neben der prozeduralen Auslegung existiert noch eine materielles Verständnis der Vorschrift als Quellen neuer grundrechtsgleicher Rechte (vgl. unten 4. Kap., A.II.3.b)). Des weiteren spielen die Klauseln bei der Inkorporationsdebatte eine Rolle. Dabei ging es darum, ob und bejahendenfalls inwieweit die *bill of rights* in den Gliedstaaten gelten, s. BRUGGER, Öffentliches Recht USA, S. 93ff.

Auffassung des *Supreme Court* entfaltet das *due process*-Erfordernis seine Wirkung jedoch nur bei individuellen Maßnahmen wie der *administrative adjudication*, nicht hingegen bei generellen Maßnahmen wie dem *rulemaking*.[23] Das Gericht führt Gründe der Verfahrensökonomie an. Bei allgemeinen Maßnahmen sei es schlichtweg nicht möglich, jedermann das Recht einzuräumen, individuellen Schutz geltend zu machen. Schließlich könnten diejenigen, die die *rule* erlassen haben, durch Abwahl zur Verantwortung gezogen werden.[24] Zudem werden *rules* wie Gesetze aufgrund allgemeiner Sachfragen erlassen, für die die Ansicht des Einzelnen nicht erheblich ist. Anders verhält es sich, wenn es bei der Einzelfallentscheidung um Belange des Einzelnen geht, der durch seine Mitwirkung zum Gelingen des Verfahrens beitragen kann.

Voraussetzung der *due process*-Klausel ist ein Eingriff in das Leben, die Freiheit oder das Eigentum. Die inhaltliche Ausgestaltung insbesondere der letzten beiden Schutzgüter ist durch den *Supreme Court* entwickelt worden.[25] In aller Kürze kann man festhalten: Leben ist Leben, Freiheit das Recht des Einzelnen, alles tun und lassen zu können, was er will. Eigentum umfaßt neben dem beweglichen und unbeweglichen Vermögen das Interesse an bestimmten Vorteilen, die durch Rechtssatz oder Absprache zwischen Staat und Bürger begründet worden sind. Ein Eingriff scheidet aus, wenn die Maßnahme nicht zielgerichtet, sondern durch Nachlässigkeit verursacht war.[26] Zudem ist nur der Adressat der Maßnahme berechtigt, nicht eine dritte

---

[23] *Londoner v. Denver*, 210 U.S. 373 (1908); *Bi-Metallic Investment Co. v. State Board of Equalization*, 239 U.S. 441, 446 (1916): "*A relatively small number of persons was concerned, who were exceptionally affected, in each case on individual grounds, and it was held that they had a right to a hearing*".

[24] *Bi-Metallic Investment Co. v. State Board of Equalization*, 239 U.S. 441, 445 (1916): „*Where a rule of conduct applies to more than a few people, it is impracticable that everyone should have a direct voice in its adoption. [...] Their rights are protected in the only way that they can be in a complex society, by their power, immediate or remote, over those who make the rule.*".

[25] Siehe dazu GELLHORN/LEVIN, *Administrative Law*, S. 192ff.

[26] *Daniels v. Williams*, 474 U.S. 327 (1986).

Partei.[27] Dies gilt auch, wenn die dritte Partei Opfer der indirekten oder zufälligen Auswirkungen der Maßnahme ist.[28]

2. Rechtsfolge: Gewähren eines *Due Process*

In der Verfassung sind keine Vorgaben enthalten, wie dieser *due process* im einzelnen ausgestaltet sein muß. In der Literatur ist ein Katalog von Verfahrensgarantien erstellt worden.[29] Der *Supreme Court* hat diesen im wesentlichen anerkannt, auch wenn er es nicht für erforderlich hält, jede Garantie für unabdingbar zu erklären. Lediglich ein Mindestbestand sei einzuhalten: unparteiische Entscheider, Ankündigung der Entscheidung, Möglichkeit der Stellungnahme.[30] Die anderen Verfahrensgarantien sind im Stile eines Baukastenprinzips flexibel je nach Schwere des Einzelfalls zusammenzusetzen, sodaß im konkreten Fall zu prüfen ist, ob ihre Verwendung erforderlich ist. Die Schwere des Einzelfalls bestimmt sich nach dem *Mathews*-Test[31], der das betroffene Individualinteresse und das öffentliche Interesse gegenüberstellt und die Vor- und Nachteile eines Eingriffes abwägt. Dabei sind im Rahmen dieser Prüfung auf Seiten des Individualinteresses die unterschiedlichen Auswirkungen eines Verwaltungsverfahrens auf erster Stufe und eines „normalen" Gerichtsverfahrens zu gewichten. Vielfältige Kritik ist an diesem Prüfungsmaßstab laut geworden. Er sei einerseits zu abstrakt, um als allgemeingültiger Maßstab verwendet werden zu können, andererseits zu sehr darauf beschränkt, die richtige Entscheidung in der Sache herbeizuführen, anstatt einen fairen Prozeß zu gewährleisten.[32] Dennoch hält der *Supreme Court* am *Mathews*-Test fest. Im folgenden sollen einzelne Verfahrensgarantien dargestellt werden.

---

[27] *O'Bannon v. Town Court Nursing Center*, 447 U.S. 773 (1980).

[28] *O'Bannon v. Town Court Nursing Center*, 447 U.S. 773, 774 (1980): *„But that impact, which is an indirect and incidental result of the Government's enforcement action does not amount to a deprivation of any interest in life, liberty, or property"*.

[29] FRIENDLY, 123 U. Penn. L. R. 1267, 1278ff.

[30] *Goldberg v. Kelly*, 397 U.S. 254 (1970).

[31] *Mathews v. Eldridge*, 424 U.S. 319 (1976); anfangs wurde der *Mathews*-Test nur in einer sachlich begrenzten Anzahl von Fällen angewandt, inzwischen ist er bei den meisten regulativen Eingriffen der *administrative agencies* anerkannt.

[32] GELLHORN/LEVIN, *Administrative Law*, S. 213.

a) *Prior Notice*

Ein wichtiges Verfahrensrecht ist die Ankündigung der Entscheidung und die Möglichkeit zur Stellungnahme,[33] weil erst dadurch der Betroffene Kenntnis erlangt und so von den weiteren Verfahrensrechten Gebrauch machen kann. Die genaue Ausgestaltung der Ankündigung kann von Fall zu Fall variieren. Zu den wesentlichen Inhalten der Ankündigung gehören die Bekanntgabe von Termin und Ort des Verfahrens, Angabe der Gründe für das Einschreiten und Bezeichnung der Rechtsgrundlage.[34] Von diesem Grundsatz sind in den Fällen Ausnahmen möglich, in denen eine Bekanntgabe das Eingriffsziel vereiteln würde, beispielsweise bei der Warnung vor möglicherweise gefährlichen Waren, da durch vorherige Bekanntgabe und Anhörung wertvolle Zeit verstreichen würde.[35] Allerdings besteht ein Anspruch darauf, daß eine fehlende Anhörung nachgeholt wird.[36] Eine weitere Ausnahme ist in den Fällen möglich, in denen der Betroffene anderweitig Ausgleich für den Schaden erlangen kann, den er durch die Maßnahme erlitten hat. In der Ausgleichsmöglichkeit als solcher, beispielweise in Form einer gesetzlichen Regelung, ist das *due process*-Erfordernis angelegt.[37] Allerdings muß es sich hierbei tatsächlich um eine Ausnahmemöglichkeit handeln. Es bedarf besonderer Rechtfertigung, den Betroffenen auf die Schadensersatzmöglichkeit zu verweisen.[38]

b) *Trial-Type Hearings*

Unter *trial-type hearings* sind solche Verfahren gemeint, die die Instrumentarien des Verfahrens vor *constitutional courts* bereitstellen.[39] Auch vor einer *administrative agency* ist es somit möglich, sich zu verteidigen, Beweise einzubringen, Zeugen zu präsentieren, die Gegenseite mit diesen zu konfrontieren und sie einem Kreuzverhör zu unterziehen. Allerdings ist es nach Auf-

---

[33] *Mullane v. Central Hanover Bank Trust Co.*, 339 U.S. 306 (1950).

[34] *Goldberg v. Kelly*, 397 U.S. 254 (1970); *Memphis Light, Gas & Water Div. v. Craft*, 436 U.S. 1 (1978); *Atkins v. Parker*, 472 U.S. 115 (1985).

[35] *Ewing v. Mytinger & Casselberry, Inc.*, 339 U.S. 594 (1950); *North American Cold Storage Co. v. Chicago*, 211 U.S. 306 (1908)

[36] *Barry v. Barchi*, 443 U.S. 55 (1979); *FDIC v. Mallen*, 486 U.S. 230 (1988).

[37] *Ingraham v. Wright*, 430 U.S. 651 (1977); *Parrat v. Taylor*, 451 U.S. 527 (1981).

[38] GELLHORN/LEVIN, *Administrative Law*, S. 218.

[39] Zur Rechtslage der sog. *telephone hearings* SCHWARTZ, 32 Tulsa L. J. 493, 525f.

fassung des *Supreme Court* nicht erforderlich, die gesamte Bandbreite der Instrumentarien zu gewähren.[40] Die Bedeutung dieser Verfahrensgarantie liegt darin, daß die zu klärenden Sach- und Rechtsfragen optimal ermittelt werden können.[41] Solange dies gewährleistet ist, ist es möglich, je nach Lage des Einzelfalles Einschränkungen vorzunehmen. So können persönliches Erscheinen und mündliche Aussage in den Fällen erforderlich sein, in denen es auf die Persönlichkeit des Betroffenen ankommt. Geht es hingegen um das bloße Mitteilen objektiver Umstände, kann auch eine rein schriftliche Einlassung genügen. Ein gerichtsähnliches Verfahren ist auch dann nicht zu fordern, wenn der Entscheidung eine medizinische Untersuchung zugrundeliegt, die in einem Gerichtssaal nicht vorgenommen werden kann.[42]

c) *Right to Counsel*

Auch der Anspruch auf rechtlichen Beistand ist vom *Supreme Court* zwar anerkannt, aber nicht für alle Fälle als erforderlich angesehen.[43] Auch diese Verfahrensgarantie muß dazu führen, daß die Verfahrensrechte des Betroffenen besser gewährleistet sind. Ob dies der Fall ist, dürfte in einem Großteil der Entscheidungen fraglich sein. Schließlich beschäftigen sich *administrative agencies* in der Regel mit speziellen Problemen eines bestimmten Sachgebietes. Insofern sind häufig technische, nicht-juristische Fragen Hauptgegenstand der Verhandlung. Eine weitere inhaltliche Beschränkung kann darin bestehen, rechtlichen Beistand nur dann zu gewähren, wenn der Betroffenen persönlich zu erscheinen hat und somit eine Zwangssituation besteht.[44] Auf der anderen Seite muß diese Verfahrensgarantie auch denjenigen zustehen, die sich einen Anwalt nicht leisten können. Der *Supreme Court* weigert sich zwar, ein generellen Anspruch auf rechtlichen Beistand anzuerkennen, und macht die Entscheidung vom Einzelfall abhängig.[45] Jedoch hat das Gericht die Brisanz dieser Problematik dadurch abgeschwächt, daß es einen

---

[40] *Goss v. Lopez*, 419 U.S. 565 (1975); *Cleveland Board of Education v. Loudermill*, 470 U.S. 532 (1985); *Brock v. Roadway Express, Inc.*, 481 U.S. 252 (1987).

[41] GELLHORN/LEVIN, *Administrative Law*, S. 220f.

[42] *Board of Curators v. Horowitz*, 435 U.S. 78 (1978); *Parham v. J.R.*, 442 U.S. 584 (1979).

[43] *Walters v. National Association of Radiation Survivors*, 473 U.S. 305 (1985); zu den jüngeren Entwicklungen vgl. SCHWARTZ, 32 Tulsa L. J. 493, 535ff.

[44] Dies ist in *5 U.S.C. Sec. 555, Cl. (b)* für die *formal adjudication* vorgesehen.

[45] *Gagnon v. Scarpelli*, 411 U.S. 778 (1973).

„qualifizierten Beistand" zuließ, der die Interessen des Betroffenen vertritt, ohne selbst Anwalt zu sein.[46]

d) *Impartial Decisionmaker*

Bei der Verfahrensgarantie eines unabhängigen Entscheiders ist an herkömmliche Aspekte wie finanzielles Eigeninteresse, Voreingenommenheit oder persönliche Verflechtung zu denken.[47] Ein interessanter Konflikt entsteht, wenn die *administrative agency* einen finanziellen Vorteil dadurch erhält, daß sie einen Anteil der auferlegten Geldbußen behalten darf. Dies stellt sich dann nicht als verfahrensrechtliches Problem dar, wenn der Entscheider selbst keinen direkten Vorteil dadurch erzielt. Sobald er aber ein finanzielles Eigeninteresse verfolgen kann, verhindern die Anforderungen des *due process* die Beteiligung dieses Entscheiders.[48] Der Aspekt der persönlichen Verflechtung betrifft diejenigen Fälle, in denen die Regulierenden mit den Regulierten in geschäftlichen Beziehungen stehen.[49] Auch hier ist eine Interessenkollision zu vermuten, die es dem Entscheider unmöglich macht, als *impartial decisionmaker* aufzutreten.

e) *Findings and Conclusions*

Die Begründung der Entscheidung ist ein weiteres Erfordernis des *due process*. Damit soll die Entscheidung der *administrative agency* nachvollziehbar bleiben. Dies ist insbesondere von großer Bedeutung für *judicial review*. Effektiver Rechtsschutz kann nur dann einsetzen, wenn sich der *constitutional court* ein Bild über die Entscheidungsgründe des *legislative court* machen kann.

II. Allgemeine Verfahrensregelungen

Allgemeine Anforderungen an die *administrative adjudication* sind in Vorschriften des *APA*, in *5 U.S.C. Sec. 554 et seq.*, enthalten. Diese Regelungen sind zum großen Teil die Normierung der Anforderungen, die man auch

---

[46] *Vitek v. Jones*, 445 U.S. 489 (1980); *Wolff v. McDonnell*, 418 U.S. 539 (1974).

[47] Vgl. zu den jüngeren Entwicklungen SCHWARTZ, 32 Tulsa L. J. 493, 530ff.

[48] *Tumey v. Ohio*, 273 U.S. 510 (1927); *Ward v. Village of Monroeville*, 409 U.S. 57 (1972); *Marshall v. Jerrico, Inc.*, 446 U.S. 238 (1980).

[49] *Gibson v. Berryhill*, 411 U.S. 564 (1973); *Friedmann v. Rogers*, 440 U.S. 1 (1979).

schon den *due process*-Klauseln entnehmen kann. Es handelt sich also nicht um zwei getrennte Komplexe von Verfahrensgarantien, vielmehr sind Überschneidungen auszumachen. Die Anwendbarkeit dieser Regelungen ist nach *5 U.S.C. Sec. 554, Cl. (a)* auf solche Fälle beschränkt, in denen aufgrund gesetzlicher Bestimmung die Entscheidung als Resultat einer behördlichen Anhörung ergehen muß. Dieses Verfahren wird als *„formal adjudication"* oder auch als *„evidentiary hearing"*, *„full hearing"*, *„on-the-record hearing"* oder *„trial-type hearing"* bezeichnet.[50] Gerade letzter Begriff macht die Nähe zu einem gerichtlichen Verfahren deutlich. In den übrigen Fällen spricht man von *„informal adjudication"* als einem Bestandteil des *informal administrative process*. Hier finden die Anforderungen des *APA* keine Anwendung. Dies bedeutet jedoch nicht, daß das Verfahren keinen rechtsstaatlichen Beschränkungen unterliegt.

1. *Formal Adjudication*

Die *formal adjudication* weist Wesenszüge eines „normalen" Gerichtsverfahrens vor einem *constitutional court* auf und muß durch Gesetz eröffnet sein, *5 U.S.C Sec. 554(a)*. Diese besondere Form des Verfahrens steht nur Bundesorganen offen, da nur sie Adressaten des *APA* und somit *„agency"* sind, *5 U.S.C. Sec. 551, Cl. (1)*. Allerdings können durch Gesetz Regelungen des *APA* für nicht anwendbar erklärt werden.[51]

a) Vorschriften zur Sicherung des *Due Process*

Einige der Vorschriften greifen nur das auf, was auch schon durch die Anforderungen der *due process*-Klauseln abgedeckt ist. So entspricht dem Erfordernis der *prior notice* die Regelung in *5 U.S.C. Sec. 554, Cl. (b)*, die Bekanntgabe von Zeit, Ort, Rechtsgrund, zuständiger Behörde und Gegenstand der Anhörung fordert. Ein Versäumnis hierbei kann zu einem Anfechtungsgrund führen.[52] In *5 U.S.C. Sec. 556, Cl. (a)-(d)* findet sich das wieder, was unter der Rubrik *trial-type hearings* in die *due process*-Klauseln hineingelesen wird. Zudem finden sich hier Regelungen, die den Entscheider in der *administrative adjudication* betreffen. Das *right to counsel* ist in *5 U.S.C.*

---

50 Vgl. GELLHORN/LEVIN, *Administrative Law*, S. 237.

51 Vgl. *CWA Sec. 309(g)(2)(A)* gegenüber *CWA Sec. 309(g)(2)(B)*.

52 *Morgan v. United States*, 304 U.S. 1, 18f. (1938) [*Morgan II*]; *Yellow Freight System, Inc. v. Martin*, 954 F.2d 353 (6th Cir. 1992).

Sec. 555, Cl. (b) niedergelegt. *5 U.S.C. Sec. 556, Cl. (e)* und *Sec. 557* behandeln das Erfordernis, alle entscheidungserheblichen Umstände schriftlich niederzulegen und die Entscheidung zu begründen. Des weiteren sind hier Regelungen enthalten, die das Ende des Verfahrens und die Überprüfung der Entscheidung betreffen.

b) Besonderheiten der *formal adjudication*

(aa) Allgemeines

Auch wenn das Verfahren weitestgehend dem vor einem *constitutional court* angeglichen ist, gibt es einige Unterschiede, die aus dem Wesen der *administrative adjudication* herrühren. Diese betreffen beispielsweise das Verhältnis von *administrative agency* und betroffener Partei, das sich nicht nur auf das Verfahren beschränkt. Vielmehr ist es keine Seltenheit, wenn beide Parteien in dauerhaftem Kontakt stehen. Dies entspricht dem klassischen Verhältnis von regulierender Behörde und reguliertem Individuum. Dabei ist das Verbot der richterlichen Kontaktaufnahme zu einer der beiden Streitparteien zu beachten, *5 U.S.C. Sec. 557, Cl. (d)(1)*. Diese sog. *„ex parte contacts"* dürfen keine benachteiligende Wirkung auf das Verfahren und insbesondere auf die Entscheidung haben. Eine weitere Besonderheit stellt die Verpflichtung der *administrative agency* dar, ihre Unterlagen und Akten der Öffentlichkeit zugänglich zu machen.[53] Auch der Ersatz des mündlichen Beweises durch eine Niederschrift, die im Verfahren in Kurzform vorzutragen ist, ist gemäß *5 U.S.C. Sec. 556, Cl. (d)* möglich. Selbst vor der offiziellen Anhörung durchgeführte Vernehmungen (*canned dialogues*) können vorgetragen werden.

(bb) *Administrative Law Judge*

Besonderes Augenmerk ist aber auf die Person des Entscheiders, den *administrative law judge (ALJ)*[54], zu legen. Die Aufgabe des *ALJ* ist es, die Verhandlung zu leiten und eine Entscheidung zu unterbreiten, *5 U.S.C. Sec. 556,*

---

[53] Dazu sind sie durch den *Freedom of Information Act*, *5 U.S.C. Sec. 552*, verpflichtet (von dessem Abdruck im Anhang wegen der Länge abgesehen wurde).

[54] DAVIS, *Administrative Law Treatise*, III § 17 (S. 277ff.). Bezüglich dieser Figur des Verwaltungsverfahrens und der *administrative judiciary* überhaupt haben sich die wohl bedeutsamsten Änderungen in den letzten Jahren ergeben, vgl. SCHWARTZ, 32 Tulsa L. J. 493, 511, 526ff.; DERS., 32 Tulsa L.J. 203, 209ff.

C. (b). Er nimmt zwar die Rolle eines Richters ein, jedoch gibt es bemerkenswerte Unterschiede zum *constitutional court judge*, der allein verantwortlich ist für das gesamte Verfahren und die Entscheidung. Bei der *administrative adjudication* ist der Entscheider nur ein Teil des Ganzen. Eingegliedert in die Behördenstruktur wird er durch deren Politik geleitet. Deswegen spricht man hier auch von der *„institutional decision"*.[55] Im Grunde genommen vertritt der *ALJ* nur die *administrative agency* dabei, den Betroffenen zu vernehmen und eine Entscheidung zu fällen.[56] Die Abhängigkeit wird beispielsweise an der in *5 U.S.C. Sec. 557* gewählten Bezeichnung *„presiding employee"* deutlich. Dieses Abhängigkeitsverhältnis bzw. die Rolle als Stellvertreter schlägt sich auch in der Bindungswirkung nieder, die der Entscheidung des *ALJ* zukommt. *5 U.S.C. Sec. 557, Cl. (b)* unterscheidet die *initial decision* und die *recommended decision*. Eine *initial decision* wird bindend, wenn sie von der Behördenspitze innerhalb einer bestimmten Frist nicht beanstandet wird. Dagegen muß die Behördenspitze eine *recommended decision* einsehen, bevor diese Bindungswirkung entfalten kann. Insofern kann in beiden Fällen die Entscheidung des *ALJ* revidiert werden.

Die Eingliederung des *ALJ* in den Behördenapparat birgt zwei weitere Probleme in sich. Zum einen muß eine gewisse Unabhängigkeit des Entscheiders gewährleistet sein, auch wenn die Garantien des *Art. III* nicht gelten. Die Stellung des *ALJ* in der *administrative agency* haben *5 U.S.C. Sec. 3105, 5372, 7521* zum Inhalt. Sie regeln die Ernennung des *ALJ* durch ein Ranglistensystem (*merit system*), seine Bezahlung nach Maßgabe einer unabhängigen Stelle (*Office of Personnel Management*) und die Entlassung nur aus qualifizierten Gründen, die eine weitere unabhängige Stelle (*Merit Systems Protection Board*) bestimmt. So kann die Position des *ALJ* schon als gefestigt, wenn auch nicht als institutionell ausgegliedert, bezeichnet werden.[57] Jedoch genießt er nicht die Unabhängigkeit eines *constitutional court judge*. Insbesondere die mangelnde Bindungswirkung seiner Entscheidung stellt die gesetzlichen Bemühungen in Frage, eine „richterliche Unabhängigkeit" zu schaffen.

---

[55] GELLHORN/LEVIN, *Administrative Law*, S. 258.

[56] Zu der Verfassungsmäßigkeit dieser zweiten Delegierung, der sog. *„subdelegation"*, s. *Morgan v. United States*, 298 U.S. 468 (1936) [*Morgan I*]; *Morgan v. United States*, 304 U.S. 1 (1938) [*Morgan II*]; *Cudahy Packing Co. v. Holland*, 315 U.S. 357 (1942); DAVIS, *Administrative Law Treatise*, I § 3:16 (S. 238).

[57] ERATH, DAJV-NL 1/98, 7, 8f.

Eine Anhäufung unterschiedlicher Staatsfunktionen mit den Anforderungen der *separation of powers* in Einklang zu bringen, ist das zweite Problem, das durch die Eingliederung des *ALJ* in den Behörenapparat verursacht wird. Es fragt sich nämlich, inwieweit dieselbe Institution den Streitfall ermitteln und später entscheiden können soll. Bei der *formal adjudication* wird der *ALJ* wie der Richter eines *constitutional court* judiziell tätig, wenn auch in abgeschwächter Form.[58] Obwohl weiterhin die Überprüfung durch einen *constitutional court* möglich ist (*judicial review*[59]), bedarf es hier besonderer Kontrollmechanismen, um eine verfassungwidrige Verschränkung zu verhindern, die in zwei Konstellationen denkbar ist. Zum einen kann der Entscheider zugleich auch der Ermittler sein, zum anderen kann es informelle Absprachen zwischen dem Entscheider und dem Ermittler geben. Den ersten Interessenkonflikt hat der *APA* in *5 U.S.C. Sec 554, Cl. (d)* zu lösen versucht, indem er in die innere Aufgabenverteilung der *administrative agency* eingreift und die Ausübung exekutiver und judizieller Aufgaben trennt. So dürfen diejenigen, die exekutive Aufgaben ausführen, in der Sache nur als Zeuge oder Rechtsbeistand Beiträge leisten. Auch für den zweiten Interessenkonflikt enthält *5 U.S.C. Sec 554, Cl. (d)* einen Lösungsansatz. Nicht nur das Mitwirken als Entscheider (*„participate [in the decision]"*) ist untersagt, sonden auch die bloße Beratung des Entscheiders (*„advise in the decision"*). Dies bezieht sich auch auf die behördeninterne Überprüfung der Entscheidung des *ALJ*. Darüberhinaus kann noch *5. U.S.C. Sec. 557, Cl. (e)* hinzugezogen werden. Danach dürfen nur solche Umstände entscheidungserheblich sein, die in die Verhandlung eingebracht wurden und somit Bestandteil der Verfahrensaufzeichnungen sind. *5. U.S.C. Sec. 557, Cl. (d)(1)* hingegen kann man nicht heranziehen, da diese Vorschrift nur die negativen Auswirkungen von *ex parte contacts* zwischen Behördenmitarbeitern und Personen außerhalb der *administrative agency* verhindern soll. Der Kontakt zwischen Entscheider und Ermittler ist eine hier nicht geregelte Sonderform der *ex parte contacts*.

Eine abgeschwächte Form der Kontaktaufnahme ist die zwischen Entscheider und weiterem Behördenpersonal. Wegen der hochspeziellen Sach- und Rechtsfragen ist es unumgänglich, daß sich der *ALJ* Rat suchend an die Anwälte, Techniker und Experten wendet, die am aktuellen Verfahren nicht beteiligt sind. Auch hier bleibt weiterhin die Maßgabe des *5 U.S.C. Sec. 556,*

---

[58] Vgl. oben, 2. Kap. B.II.2.a)bb); s. auch unten, 2. Kap. C.II.

[59] Zum gerichtlichen Rechtsschutz gegen Verwaltungshandeln NOLTE, Landesbericht USA, S. 172ff.

Cl. (e) relevant, sodaß die zusätzliche Information nicht mit in die Entscheidung einfließen darf.

2. *Informal Adjudication* und *Informal Administrative Process*

Da die *administrative agencies* nicht jede Maßnahme in die förmliche Streitfallentscheidung einkleiden müssen, finden die Vorgaben des *APA* nur begrenzt Anwendung. Nicht-förmliche Streitfallentscheidungen stellen sogar einen Großteil des verwaltungsbehördlichen Handelns dar.[60] Dabei stellt die *informal adjudication* nur einen Bestandteil dieser Handlungsformen dar, die zusammengefaßt als *informal administrative process* bezeichnet werden. Auch in qualitativer Hinsicht werden die folgenden Beispiele zeigen, daß sehr eingriffsintensive Maßnahmen ebenso dem *informal administrative process* unterfallen. Die Charakterisierung als *informal* ist schlichtweg irreführend, da auch in diesen Fällen durch das *due process*-Erfordernis, durch spezialgesetzliche Vorgaben oder behördeninterne Richtlinien gewichtige Einschränkungen der Verfahrensfreiheit gegeben sind. Somit ist der Unterschied zwischen *formal* und *informal* nicht so bedeutend, wie man zunächst annehmen könnte.

Informal adjudication kommt in vielen unterschiedlichen Erscheinungsformen vor. So können Streitfälle auch durch einen Vergleich zwischen beiden Parteien (*settlement*) beigelegt werden. Dies empfiehlt sich insbesondere aus Gründen der Verwaltungsökonomie, sodaß die Vielzahl der Verfahren sich auf einen verhandlungswürdigen Kernbestand reduzieren kann. Allerdings ist zu bedenken, daß im Gegensatz zum zivilrechtlichen Vergleich hier auch öffentliche Interessen betroffen sind. Die Ausstrahlungswirkung eines fehlerhaften Vergleichs beschränkt sich somit nicht nur auf die Verfahrensbeteiligten. Dieser Gefahr begegnen die *administrative agencies* durch allgemein gültige Vergleichsregelungen.[61] Es existieren weitere Formen der (im Vergleich zur *formal adjudication*) alternativen Streitbeilegung (*alternative dispute resolution*). Bemerkenswert darunter ist insbesondere die Schiedsgerichtsbarkeit (*arbitration*), die ausdrücklich durch den im Jahr 1990 vom

---

60 GELLHORN/LEVIN, *Administrative Law*, S. 156.

61 Eine Vorreiterrolle hierbei nimmt der *Comprehensive Environmental Response, Compensation, and Liability Act (42 U.S.C. Sec. 9601 et seq.)*, kurz „*Superfund*", ein. Eine Regelung auf dem Umweltsektor war deswegen vonnöten, weil hohe Kosten anfallen, wenn kontaminierte Substanzen (Boden, Wasser, Luft, Materialien) wiederaufbereitet werden müssen. Umso wichtiger ist eine klare Vorgabe für alle Beteiligten.

Congress verabschiedeten *Administrative Dispute Resolution Act (ADR Act), 5 U.S.C. Sec. 571 et seq.*, zugelassen ist. Ein weiteres Betätigungsfeld der *administrative agencies*, das Gewähren staatlicher Leistungen, verlangt ebenfalls nach nicht-förmlicher, praxisorientierter Bearbeitung. Es ist nahezu ausgeschlossen, bei jeder Antragsstellung ein vollständiges gerichtsähnliches Verfahren mit allen erforderlichen Garantien durchzuführen. Der Antragssteller kann jedoch in diesen Fällen selbstständig alle erforderlichen Informationen unterbreiten, indem er vorbereitete Formblätter, unterstützt durch Ausfüllanweisungen, alleine bearbeitet.[62] Schließlich setzen manche Leistungen das Bestehen einer Prüfung voraus (z.B. Erteilen einer Fahrerlaubnis), andere das Beachten vorgeschriebener Sicherheitsvorkehrungen (z.B Erteilen einer Betriebserlaubnis). Auch regelmäßige Kontrollen von Betriebsstätten, Geschäfts- oder Ladenräumen lassen sich nicht durch mündliche Verfahren in den Räumlichkeiten der *administrative agency* ersetzen. Da insbesondere die zuletzt genannte Maßnahmen sehr eingriffsintensiv ist, ist es unverzichtbar, daß die *administrative agency* die rechtsstaatlichen Schranken beachtet. Insbesondere kommt hier der Schutz aus *Am. 4* zum Tragen.[63]

Schließlich gibt es noch eine Vielzahl von Handlungsformen (z.B. Warnungen, Pressemitteilungen, Pressekonferenzen, Beantwortung von Anfragen), die typischerweise nicht förmlich abgehalten werden. Sie fallen unter den weiteren Begriff *informal administrative process*.[64]

III. Zusammenfassung

Administrative agencies können eigene Verwaltungsverfahren, sog. *administrative adjudications*, durchführen. Die Befugnis dazu ist flankiert von weitreichenden Vorgaben an die Ausgestaltung dieses Verfahrens. Durch die Verlagerung der Streitfallentscheidung von den Gerichten auf die *administrative agencies* soll der Betroffene nicht schlechter stehen. Deswegen ist der Schutz der *due process*-Klauseln auf die *administrative adjudication* ausgedehnt worden. Durch die Annäherung an das „normale" Gerichtsver-

---

62 Ein sehr bekanntes Beispiel dürften die Visaformalitäten für die Einreise in die USA sein. Unterschiedliche Visakategorien erfordern das Ausfüllen unterschiedlicher Formblätter, mittels derer der Einreisewillige dem *Immigration and Naturalization Service* die gewünschten Informationen unterbreitet.

63 Vgl. unten 4. Kap., B.I.2.a).

64 GELLHORN/LEVIN, *Administrative Law*, S. 156ff.

fahren weist die *administrative adjudication* die gleichen Verfahrensgarantien auf. So ist das bei der Rechtsbeeinträchtigung durchzuführende Verfahren fair und angemessen ausgestaltet. Bei einer möglichen Überprüfung durch die Gerichte[65] steht die Prüfung des Verwaltungsverfahrens im Mittelpunkt, und nicht – wie in Deutschland – die Prüfung der Ergebnisse der Verwaltungsentscheidung, also die Frage, ob der Staat in der Sache legitimiert war, das Recht zu beeinträchtigen.[66] Erst als weitere Rechtsfrage ist zu prüfen, ob die *administrative agency* die einschlägigen Gesetze richtig angewandt und die Verfassung entsprechend beachtet hat. Die Kontrolldichte bei Tatsachenentscheidungen ist geringer, da hier wieder die ureigenen Funktionen der *administrative agencies* zum Tragen kommen.[67]

B. *Enforcement*

Wenn auf der ersten Ebene des Verwaltungsverfahrens, also im Rahmen der *administrative adjudication*, eine Entscheidung gefällt ist und diese vom Betroffenen nicht beachtet wird, fragt sich, wie die *administrative agency* weiter vorgehen kann. Einer deutschen Verwaltungsbehörde ist in diesem Fall das Verwaltungsvollstreckungsverfahren eröffnet, in dem die Verwaltungsbehörde ihre eigenen Anordnungen mit Zwangsmitteln durchsetzen kann. Dabei dient der im (einfachen) Verwaltungsverfahren erlassene Verwaltungsakt als Vollstreckungsgrundlage. Für das Bundesrecht stellt § 3 Abs. 1, 2. Hs. VwVG Bd klar, daß es für die Vollstreckung eines Titels nicht bedarf. Dabei ist „Titel" hier als einer der in §§ 704, 794 ZPO bezeichneten Schuldtitel zu verstehen.[68] Bei der Erzwingung von Handlungen, Duldungen und Unterlassungen vereinigen sich Anordnungs- und Vollziehungsbefugnis in der Hand der Ausgangsbehörde, die den Verwaltungsakt auch erlassen hat, vgl. dazu § 7 Abs. 1 VwVG Bd oder § 56 Abs. 1 VwVG NW. Bei der Vollstreckung von Geldforderungen werden besondere Vollstreckungsbehörden

---

65 Zur gerichtlichen Überprüfung von Verwaltungsentscheidungen vgl. BREYER/STEWARD, *Administrative Law*, 4. Kapitel (S. 165ff.); BRUGGER, Öffentliches Recht USA, S. 208ff.; DAVIS, *Administrative Law Treatise*, V §§ 28f. (S. 253ff./S. 331ff.); FRATH, Verwaltungsverfahren, 3. Teil (S. 103ff.); GELLHORN/LEVIN, *Administrative Law*, 3. Kapitel (S. 71ff.); JARASS, DöV 1985, 377, 386f.

66 JARASS, DöV 1985, 377, 383.

67 JARASS, DöV 1985, 377, 386.

68 APP/WETTLAUFER, Verwaltungsvollstreckungsrecht, § 7 Rn. 1; ENGELHARDT/APP, VwVG, § 3 Anm. 1a.

tätig, vgl. § 4 VwVG Bd oder § 2 VwVG NW.[69] Diese Vollstreckungsbeörden verfügen über eigene Vollziehungsbeamten, die zwar nicht als Vertreter, jedoch Beauftragte und Gehilfen fungieren.[70] Aber auch hier wird die Vollstreckungsmaßnahmen von Verwaltungsbehörden durchgeführt.[71] Dadurch bleibt weiterhin eine effiziente und schnelle Vorgehensweise[72] der Verwaltung gewährleistet.[73]

Zwar ist auch in Amerika von *enforcement*[74] *of administrative orders*[75] oder *execution of administrative acts*[76] die Rede, jedoch existiert dort ein Rechtsgebiet wie das deutsche Verwaltungsvollstreckungsrecht nicht. Der Befugnis einer deutschen Verwaltungsbehörde, Zwangsmittel ausüben zu können, steht allenfalls die gerichtliche *power of contempt* gegenüber.[77] Mit ihr kön-

---

[69] Hier divergieren die landesrechtlichen Regelungen sehr. Eine Auflistung der Vollstreckungsbehörden der Länder bei APP/WETTLAUFER, Verwaltungsvollstreckungsrecht, § 17 Rn. 7.

[70] APP/WETTLAUFER, Verwaltungsvollstreckungsrecht, § 23 Rn. 2; ERLENKÄMPER, VwVG NW, § 11 Erl. 4.

[71] Eine Ausnahme davon scheint die landesrechtliche Regelung Bayerns zu sein. Art. 26 Abs. 2 VwZVG Bay benennt die ordentlichen Gerichte als Vollstreckungsbehörde bei Geldforderungen der Gemeinden und Gemeindeverbände. Jedoch beinhaltet bereits Abs. 3 der Vorschrift die Ausnahmen: „Die Pfändung und Verwertung beweglicher Sachen können die Gemeinden, Landkreise und Zweckverbände durch Gerichtsvollzieher oder innerhalb ihres Gebietes durch eigene Vollstreckungsbedienstete bewirken lassen; soweit sie Vollstreckungsbedienstete haben, sind sie zur Amtshilfe verpflichtet."

[72] Vgl. hier insbesondere § 6 Abs. 4 VwVG NW und vergleichbare Regelungen anderer Bundesländer, die das Verfahren beschleunigen.

[73] An dieser Stelle sei noch einmal darauf hingewiesen, daß es nicht das Ziel dieser Arbeit ist, die innere Struktur des Verwaltungsvollstreckungsrecht darzustellen, vgl. 1. Kap., A. Insofern müssen diese kurzen Ausführungen genügen. Im einzelnen zum Verwaltungsvollsteckungsverfahren, APP/WETTLAUFER, Verwaltungsvollstreckungsrecht; vgl. auch ENGELHARDT/APP, VwVG.

[74] Der Begriff *„enforcement"* findet sich in diesem Zusammenhang in zweierlei Verwendung. Unter *„enforcement of law"* ist die Aufgabe exekutiver Stellen zu verstehen, die Beachtung des geltenden Rechts zu überwachen. Dies kann man treffend mit Gesetzesvollzug übersetzen. Unter *„enforcement of an order"* hingegen ist die zwangsweise Durchsetzung einer verwaltungsbehördlichen Anordnung durch die Gerichte zu verstehen. Vgl. BREYER/STEWARD, *Administrative Law*, S. 3f.

[75] Vgl. ARMSTRONG, 83 Columbia L. R. 215.

[76] Vgl. PARKER, 24 University of Chicago L. R. 292.

[77] Vgl. zur *power of contempt* oben, 2. Kap., A.III.3.b)bb) und unten, 6. Kap., A.II.2.c)bb).

nen die Gerichte Druck auf den sich Weigernden ausüben und dieses Verhalten sanktionieren oder sogar bestrafen. Die *administrative agencies* selbst verfügen über eine solche Kompetenz nicht, vielmehr sind sie auf die Mithilfe der Gerichte angewiesen, die die verwaltungsbehördlichen Anordnungen vollziehen (*judicial enforcement*). Nur in besonders gelagerten Fällen ist dies nicht erforderlich.

I. Grundsatz: Keine verwaltungseigene Vollstreckung

Die Leitentscheidung zur Vollstreckung verwaltungsbehördlicher Anordnungen ist schon mehr als hundert Jahre alt.[78] Damals schloß der *Supreme Court* eine verwaltungseigene Vollstreckung aus,[79] da diese Tätigkeit einem Gericht überlassen bleiben müsse.[80] Inzwischen haben aber die Entwicklungen auf dem Gebiet des *administrative law* und die veränderte Gesellschaftsstruktur diesen Grundsatz aufgeweicht.[81] Es lassen sich Ausnahmen von dieser starren Regel erkennen.[82] Im Kern kommt dem Grundsatz aber immer noch Gültigkeit zu. Dies läßt sich an solchen Normen erkennen, die für die jeweilige *administrative agency* bestimmen, daß diese ein Gericht um seine Mithilfe ersuchen muß.[83] Die jeweilige *administrative agency* muß dazu ei-

---

[78] *ICC v. Brimson*, 154 U.S. 447 (1894). Nachfolgende Entscheidungen, die diese Entscheidung des *Supreme Court* aus dem Jahr 1894 zitieren, bestätigen auch weiterhin diesen Grundsatz. Vgl. *Cheff v. Schnackenberg*, 384 U.S. 373, 382 in Fn. 2 (1966); *Bloom v. Illinois*, 391 U.S. 194, 196 (1968); *Doe v. Bolton*, 410 U.S. 179, 182 in Fn. 2 (1973); *Ingraham v. Wright*, 430 U.S. 651, 673 in Fn. 42 (1977); *Northern Pipeline Construction Co. v. Marathon Pipe Line Co.*, 458 U.S. 50, 86 in Fn. 38 (1982); *United States v. Gaudin*, No. 94-514 (1995), S. 15; vgl. auch SCHWARTZ, 32 Tulsa L. J. 493, 512f.

[79] *ICC v. Brimson*, 154 U.S. 447, 485 (1894): „*Such a body could not, under our system of government, and consistently with due process of law, be invested with authority to compel obedience to its orders by a judgment of fine or imprisonment.*". Vgl. dazu auch unten, 6. Kap., B.II.

[80] *ICC v. Brimson*, 154 U.S. 447, 485 (1894): „*[...] the power to impose fine or imprisonment in order to compel the performance of a legal duty imposed by the United States can only be exerted, under the law of the land, by a competent judicial tribunal having jurisdiction in the premises.*".

[81] SCHWARTZ, 32 Tulsa L. J. 493, 514.

[82] Vgl. dazu die folgenden Ausführungen unter II.

[83] Für das *National Labor Relations Board (NLRB)* sieht *29 CFR 101.14* (*Judicial review of Board decision and order*) vor: „*If the respondent does not comply with the Board's order, or the Board deems it desirable to implement the order with a court judgment, the Board may petition the appropriate Federal court for enforcement. Or, the re-*

nen Antrag an das *United States Department of Justice (DOJ)* richten, das im Namen der Antragsstellerin beim örtlich zuständigen Bundesgericht dann die entsprechende Klage erhebt. Es ist die Aufgabe des *DOJ*, die Vereinigten Staaten von Amerika im Gerichtssaal zu vertreten. Diese Aufgabe nimmt der örtlich zuständige *United States attorney* wahr.[84] Das *DOJ* und die jeweiligen *administrative agencies* arbeiten eng zusammen, um eine möglichst reibungs- und lückenlose Verfolgung begangener Gesetzesverstöße zu gewährleisten.[85] Das angerufene Gericht wird dann den Klageantrag – im Kern die Anordnung der *administrative agency* – prüfen und stattgeben oder verwerfen. Erst einer positiven Entscheidung des Gerichts kommt die Funktion einer Vollstreckungsgrundlage zu, die im deutschen Verwaltungsrecht bereits mit dem Verwaltungsakt gegeben ist. Die gerichtliche Entscheidung nicht zu beachten, stellt einen sanktionsbewehrten Verstoß dar, der nach den Regeln

---

spondent or any person aggrieved by a final order of the Board may petition the circuit court of appeals to review and set aside the Board's order. If a petition for review is filed, the respondent or aggrieved person must ensure that the Board receives, by service upon its Deputy Associate General Counsel of the Appellate Court Branch, a court-stamped copy of the petition with the date of filing. Upon such review or enforcement proceedings, the court reviews the record and the Board's findings and order and sustains them if they are in accordance with the requirements of law. The court may enforce, modify, or set aside in whole or in part the Board's findings and order, or it may remand the case to the Board for further proceedings as directed by the court. Following the court's judgment, either the Government or the private party may petition the Supreme Court for review upon writ of certiorari. Such applications for review to the Supreme Court are handled by the Board through the Solicitor General of the United States."

Für die *Nuclear Regulatory Commission (NRC)* gilt gemäß *10 CFR 35.990* (*Violations*): *(a) The Commission may obtain an injunction or other court order to prevent a violation of the provisions of (1) The Atomic Energy Act of 1954, as amended; [...] (b) The Commission may obtain a court order for the payment of a civil penalty imposed under section 234 of the Atomic Energy Act.*".

Entsprechendes gilt für die *Federal Trade Commission (FTC), 16 CFR 1.61* (*Injunctions*): „*In those cases where the Commission has reason to believe that it would be to the interest of the public, the Commission will apply to the courts for injunctive relief, pursuant to the authority granted in section 13 of the Federal Trade Commission Act.*".

84 DEPARTMENT OF JUSTICE, *Strategic Plan*, I., II. (*Legal Representation, Enforcement of Federal Laws, and Defense of U.S. Interests*). Insbesondere auf dem Gebiet des Umweltschutzes bemüht sich das *DOJ*, die Gesetzesziele gemeinsam mit der *Environmental Protection Agency (EPA)* zu verwirklichen, Vgl. ebenda, II. (*Legal Representation, ...*), Goal 2. S. auch *S & E Contractors, Inc. v. United States*, 406 U.S. 1 (1972).

85 DEPARTMENT OF JUSTICE, *Strategic Plan*, II. (*Investigation and Prosecution of Criminal Offenses*).

des *contempt of court* behandelt wird.[86] Somit fungiert die gerichtliche *power of contempt* als Zwangsmittel für verwaltungsbehördliche Anordnungen.[87] Insgesamt stellt sich das Verhältnis zwischen *courts* und *administrative agencies* als ein hochkomplexes Geflecht von Zuständigkeiten dar, das eine klare Abgrenzung des noch-verwaltungsbehördlichen und des noch nicht-gerichtlichen Zuständigkeitsbereichs verhindert.[88]

Der Vollzugsmechanismus findet insbesondere bei *subpoenas*, *cease and desist orders* und verwaltungsbehördlichen Geldbußen Anwendung, die für das verwaltungsbehördliche Handeln von grundlegender Bedeutung sind und die wesentlichen „Sanktionsmittel" darstellen. Mit einer *subpoena* kann eine *administrative agency* Personen zu einer Vernehmung laden oder ihnen aufgeben, bestimmte Dokumente zu unterbreiten.[89] Sollte sich der Adressat einer *subpoena* weigern, der in ihr enthaltenen Handlungsaufforderung nachzukommen, ist ein Gericht einzuschalten.[90] Nur die Gerichte können mittels

---

[86] Vgl. dazu oben, 2. Kap., A.III.3.b)bb). Das *DOJ* ist auch damit befaßt, die Befolgung der gerichtlichen Verfügung nachzukommen. Vgl. DEPARTMENT OF JUSTICE, *Strategic Plan*, II. (*Protection of the Federal Judiciary and Improvement of the Justice System*).

[87] Vgl. zur *power of contempt* oben, 2. Kap., A.III.3.b)bb) und unten, 6. Kap., A.II.2.c)bb)(1).

[88] Eine genaue Abgrenzung ginge über den Untersuchungsbereich dieser Arbeit hinaus. Der Grundsatz, daß die Mithilfe der Gerichte erforderlich ist, bleibt unangetastet, er wird vielmehr durch diese Problematik sogar bestätigt. Eine Darstellung der Abgrenzungsproblematik bietet schon JAFFE, 76 Harvard L. R. 865, 880ff.

[89] Vgl. dazu unten, 4. Kap., B. I.1.b).

[90] Für die *Federal Communications Commission (FCC)* ist zum Beispiel in *47 CFR 1.340* (*Attendance of witness; disobedience*) geregelt: *„The attendance of witnesses and the production of documentary evidence may be required from any place in the United States at any designated place of hearing. In case of disobedience to a subpoena, the Commission or any party to a proceeding before the Commission may invoke the aid of any court of the United States in requiring the attendance and testimony of witnesses and the production of documentary evidence."*

Entsprechendes findet sich auch für die *Environmental Protection Agency (EPA)* in *CWA Sec. 309(g)(10)*; vgl. Anhang C.

Ebenso lautet es für die *NRC* in *15 U.S.C. Sec. 49*: *„[...] the Commission shall have power to require by subpoena the attendance and testimony of witnesses and the production of all such documentary evidence relating to any matter under investigation. [...] Any of the district courts of the United States [...] may, in case of contumacy or refusal to obey a subpoena [...] issue an order requiring [...] to appear before the Commission, [...]"*.

ihrer *power of contempt* die Weigerungshaltung ahnden.[91] Gleiches gilt bei verwaltungsbehördlichen Verbotsverfügungen, den *cease and desist orders*[92], mit denen *administrative agencies* Rechtsfolgen auslösen, die mit gerichtlichen *injunctions*[93] vergleichbar sind.[94] Der entscheidende Unterschied besteht allerdings darin, daß nur das Gericht seine *injunction* mit Hilfe der *power of contempt* selbst vollziehen kann,[95] während der *administrative agency* Vergleichbares mit der *cease and desist order* nicht möglich ist.[96] Auch die verwaltungsbehördlichen Geldbußen, die *administrative agencies* anerkanntermaßen auferlegen können,[97] bedürfen der gerichtlichen Mithilfe, um ihre Wirkung entfalten zu können.[98] In allen drei Fällen ist den *administrative agencies* also der Erlaß der jeweiligen Maßnahme möglich, die Durchsetzung derselben jedoch verwehrt. Deswegen bleibt die *subpoena*, die insbesondere zur Informationsgewinnung geeignet ist, eine stumpfe Waffe in den Händen der *administrative agencies*.

---

[91] Vgl. *United States v. Sturm, Ruger & Co., Inc.*, 84 F.3d 1, 3 (1st Cir. 1996): „*[...] administrative subpoena is not self-executing [...]*“. Vgl. auch *CWA Sec. 309(g)(10)*; STANLEY, 7 J. of Corporation L. 121ff.; vgl. auch *APA Sec. 555(d)* und dazu *Attorney General's Manual on the Administrative Procedure Act*, S. 68f.

[92] BLACK'S LAW DICTIONARY, „*cease and desist order*“ (S. 223): „*An order of an administrative agency or court prohibiting a person or business firm from continuing a particular course of conduct.*“.

[93] BLACK'S LAW DICTIONARY, „*injunction*“ (S. 784): „*A court order prohibiting someone from doing some specified act or commanding someone to undo some wrong or injury.*“; zu einzelnen Erscheinungsformen der *injunction*, ebenda, S. 784f.

[94] SCHWARTZ, *Administrative Law*, S. 101; DERS., 32 Tulsa L. J. 493, 512.

[95] Vgl. dazu nur *United States v. United Mine Workers*, 330 U.S. 258, 293ff. (1947); *Cheff v. Schnackenberg*, 384 U.S. 273 (1966); *Walker v. City of Birmingham*, 388 U.S. 307 (1967).

[96] Zwei jüngere Gerichtsentscheidungen, die auf Staatenebene von diesem Grundsatz abweichen, werden behandelt in SCHWARTZ, 32 Tulsa L. J. 493, 513. Vgl. auch PRACTISING LAW INSTITUTE, 595 PLI/Comm. 53ff.

[97] Vgl. dazu nur *CWA Sec. 309(g)*; Nachweise aus der jüngeren Judikatur bei SCHWARTZ, 32 Tulsa L. J. 493, 513f.

[98] Vgl. dazu nur *CWA Sec. 309 (g)(9)*. Vgl. auch CONGRESSIONAL RESEARCH SERVICE, *Art. III*, S. 634f.

II. Ausnahmen

Bevor man sich den Ausnahmen zuwendet, sind einige vorgelagerte Aspekte zu bedenken. Zum einen ist genau zu unterscheiden zwischen „Vollstreckungsmaßnahmen“ im Verfahren auf der zweiten Ebene, also im Rahmen des *enforcement*, und solchen Maßnahmen, die den ordnungsgemäßen Ablauf des Verfahrens auf der ersten Stufe, also der *administrative adjudication*, gewährleisten sollen.[99] Dazu sind auch solche Verfahrenshandlungen zu zählen, die das Verhalten des Betroffenen zu seinem Nachteil behandeln.[100] Im folgenden ist jedoch nur die erste Kategorie von Bedeutung, also reine „Vollstreckungsmaßnahmen“ der *administrative agencies*. Zum anderen ist zu bedenken, daß zwar viele Entscheidungen der *administrative agencies* inzwischen zwar in Bestandskraft erwachsen (*„finality“*), jedoch bedeutet dies nicht zwangsläufig, daß die betroffene *administrative agency* diese bestandskräftige Entscheidung auch selbst vollziehen kann. Vielmehr ist auch bei Bestandkraft grundsätzlich die Mithilfe der Gerichte

---

[99] Zu denken ist hier an sämtliche Verfahrenshandlungen, die den Ablauf der *administrative adjudication* ermöglichen sollen (Verweisen eines Störenfrieds aus dem Verhandlungssaal usw.).

[100] Vgl. eine entsprechende Vorschrift der *FTC*, *16 CFR 3.38* (*Motion for order compelling disclosure or discovery; sanctions*): *(a) A party may apply by motion to the Administrative Law Judge for an order compelling disclosure or discovery, (1) [...] If the Administrative Law Judge determines that an answer or other response by the objecting party does not comply with the requirements of these rules, he may order either that the matter is admitted or that an amended answer or response be served. [...] (b) If a party or an officer or agent of a party fails to comply with a subpoena or with an order [...] the Administrative Law Judge or the Commission, or both, [...] may [...]: (1) Infer that the admission, testimony, documents or other evidence would have been adverse to the party; (2) Rule that for the purposes of the proceeding the matter or matters concerning which the order or subpoena was issued be taken as established adversely to the party; (3) Rule that the party may not introduce into evidence or otherwise rely, in support of any claim or defense, upon testimony by such party, officer, or agent, or the documents or other evidence; (4) Rule that the party may not be heard to object to introduction and use of secondary evidence to show what the withheld admission, testimony, documents, or other evidence would have shown; (5) Rule that a pleading, or part of a pleading, or a motion or other submission by the party, concerning which the order or subpoena was issued, be stricken, or that a decision of the proceeding be rendered against the party, or both.“* Sollte dies nicht ausreichen oder sollten nichtbeteiligte Dritte betroffen sein, gilt wieder der schon oben behandelte Grundsatz: *16 CFR 3.38(c)*: *„[...] If in the Administrative Law Judge's opinion such relief would not be sufficient, or in instances where a nonparty fails to comply with a subpoena or order, he shall certify to the Commission a request that court enforcement of the subpoena or order be sought.“*

erforderlich, um die Entscheidung umzusetzen oder ihr Beachtung zukommen zu lassen.[101] Schließlich ist zu bedenken, daß bei einer Untersuchung der *administrative agencies* das Handeln der Polizei auszuklammern ist. Ähnlich wie in einigen deutschen Bundesländern kann man zwischen „Ordnungsbehörden" und „Polizeibehörden" unterscheiden. Die Bundespolizei, das *Federal Bureau of Investigation (FBI)*[102], unterstützt als Ermittlungsorgan die Arbeit des *DOJ* und ist dabei diesem *department* untergeordnet.[103] Das *FBI* ist somit nicht eine *administrative agency*, sondern dem Bereich der *executive departments* zuzuordnen.[104] Dies verdeutlicht auch die Definition der *„administrative adjudication"*, die wesentlich auf das gerichtsähnliche Verfahren abstellt.[105] Danach scheiden reine Polizeistellen offensichtlich aus.[106]

Unter bestimmten Umständen können *administrative agencies* ihre Anordnungen auch selbst durchsetzen. Schwierigkeiten bereitet hier die Tatsache, daß sich keine feste Regel aufstellen läßt, die dieses Grundsatz-Ausnahme-

---

101 Vgl. nur *CWA Sec. 309(g)(5), (8), (9)*; ferner auch JAFFE, 76 Harvard L. R. 865, 871. S. aber auch die insoweit mißverständliche Formulierung bei HAY, Einführung in das amerikanische Recht, S. 218f.

102 S. dazu 28 U.S.C. Sec. 531 et seq.

103 Vgl. dazu 28 U.S.C. Sec. 533: *„The Attorney General may appoint officials 1) to detect and prosecute crimes against the United States; 2) to assist in the protection of the person of the President; and 3) to conduct such other investigations regarding official matters under the control of the Department of Justice and the Department of State as may be directed by the Attorney General. [...]"*; DEPARTMENT OF JUSTICE, *Organizational Chart*; FEDERAL BUREAU OF INVESTIGATION, *Mission*.

104 Vgl. dazu oben, 2. Kap., A.III.2.b).

105 Vgl. oben, 3. Kap., A. (vor I.): „Der *Administrative Procedure Act (APA)* definiert die *administrative adjudication* als ein behördliches Verfahren, das zu einer *order* führt, *5 U.S.C. Sec. 551(7)*. Eine *order* ist die Gesamtheit oder ein Teil einer endgültigen – also bejahenden, verneinenden, untersagenden oder feststellenden – behördlichen Verfügung, einschließlich einer Lizenz, aber ohne jede Rechtssetzung, *5 U.S.C. Sec. 551(6)*. Damit sind alle quasi-judiziellen Tätigkeiten erfaßt, die nicht als Rechtsetzung zu bezeichnen sind."

106 Zu bedenken ist hier, daß der Großteil der Polizeimaßnahmen dem Kompetenzbereich der Einzelstaaten zuzuordnen ist. Die vorliegende Arbeit beschäftigt sich jedoch ausschließlich mit der Bundesebene, vgl. 1. Kap., A. Zu Maßnahmen der Einzelstaaten mit präventiver und repressiver Ausrichtung s. BAUM, 52 Fordham L. R. 663ff. (präventiv) und KIPF, 25 Suffolk U. L. R. 1252ff. (repressiv).

Verhältnis in eine griffige Formel preßt.[107] Zu bedenken ist, daß es kein allgemeingültiges Gesetz gibt, das die verwaltungseigene Vollstreckung regelt. Jede einzelne *administrative agency* leitet ihre Befugnisse aus den Gesetzen ab, durch die sie eingerichtet worden ist. Es lassen sich jedoch einige Ausnahmefälle typisieren, die beim Handeln einer jeden *administrative agency* wiederkehren. Diesen Ausnahmefällen ist gemein, daß sie nicht vom zugrundeliegenden Lebenssachverhalt oder dem betroffenen Regelungsgebiet geprägt sind. Vielmehr sind sie von der Art und Weise der Entscheidung abhängig und stehen so zu ihr in einem inneren Zusammenhang, der sich auch auf die Befugnis auswirkt, bestimmte Anordnungen selbst vollstrecken zu können. Es läßt sich somit kein Kanon von bestimmten Ausnahmekonstellationen erstellen, der für jede einzelne *administrative agency* Richtigkeit beanspruchen kann. Es lassen sich jedoch grobe Leitlinien ausmachen, die nicht entlang bestimmter Rechtsgebiete oder Behördentypen verlaufen, sondern vielmehr bestimmte Fallgestaltungen kennzeichnen. All dies legt den Schluß nahe, daß es unmöglich ist, die Ausnahmen entweder abstrakt anhand fester Kategorien abschließend aufzuzählen[108] oder sie alle konkret im einzelnen vollständig aufzulisten. Letzteres würde den Rahmen dieser Arbeit sprengen.

Bei den Ausnahmefällen ist zunächst an solche Fallgestaltungen zu denken, in denen durch die Eigenart der verwaltungsbehördlichen Entscheidung die Möglichkeit gegeben ist, daß die *administrative agency* selbst „vollziehen" kann. Dies trifft von der Natur der Sache auf alle negativen Entscheidungen zu.[109] Damit sind diejenigen Fälle gemeint, in denen die *administrative agency* auf den Antrag eines Betroffenen abschlägig reagiert, also die Verweigerung einer beantragten Genehmigung, eines Reisepasses, einer Führerscheinlizenz, einer Subvention oder ähnlicher verwaltungsbehördlicher Handlungen.[110] Hier bedarf es keines weiteren Vollzugsaktes, da dieser

---

107 PARKER, 24 University of Chicago L. R. 292, 307. Diese Aussage bezieht PARKER auch auf seine vorhergehenden Ausführungen.

108 Der Ansatz einer Kategorisierung bietet PARKER, 24 University of Chicago L. R. 292. Jedoch handelt es sich bei dieser Kategorisierung um die hier als „grobe Leitlinien" bezeichnete Systematisierung der Ausnahmefälle und nicht um eine Auflistung der einzelnen Ausnahmefälle.

109 PARKER, 24 University of Chicago L. R. 292, 299.

110 Eines von vielen Beispielen ist *10 CFR 2.202*. Dort wird die *NRC* in (*Sec. 2.202 Orders*) zu folgendem ermächtigt: *(a) The Commission may institute a proceeding to modify, suspend, or revoke a license or to take such other action as may be proper by*

gleichzeitig mit der Entscheidung in der Sache ergeht. Diese Rechtsfolge ist somit unabhängig von der Frage, ob und inwieweit die Entscheidung von einem Gericht überprüfbar ist, da die Befugnis zur Vollstreckung der Befugnis zur Entscheidung inhärent ist.[111] Neben diesen negativen Entscheidungen stehen ferner aber auch solche (positiven) Entscheidungen, zu deren Vollstreckung die Behörde alle Mittel in den Händen hält. Das können die Ausstellung eines Passes, die Zahlung einer Pension oder die Erteilung einer Baugenehmigung sein. In all diesen oder ähnlich gelagerten Fällen ist die Verwaltungsentscheidung so eng mit deren Ausführung verknüpft, daß das eine ohne das andere nicht existieren könnte.[112] Zugleich würde eine andere Behandlungsweise dieser Fälle die Funktion und Arbeit der *administrative agencies* sinnentleeren. Gleiches gilt für Maßnahmen zur Gefahrenabwehr. Auch hier muß gelten, daß die amerikanischen Verwaltungsbehörden nicht nur vor Gefahren warnen können sollen, sondern daß ihnen auch die rechtlichen Mittel an die Hand gegeben werden müssen, in bestimmten Situationen wegen der Gefährdung schützenswerter Rechtsgüter und der Eilbedürftigkeit unmittelbar eingreifen zu können.[113] Es wäre unverantwortbar, die Rettung dadurch aufzuschieben, daß zunächst die Mithilfe der Gerichte in Anspruch genommen werden müßte.

Bei dieser Aufführung der Ausnahmekonstellationen ist zu bedenken, daß trotz der Vollzugscharakters der verwaltungsbehördlichen Maßnahme auch

---

serving on the licensee or other person subject to the jurisdiction of the Commission an order that will: [...]".

111 Vgl. dazu *Procter & Gamble Co. v. United States*, 225 U.S. 282 (1912); *Rochester Tel. Corp. v. United States*, 307 U.S. 125 (1939); *NLRB v. Denver Building and Construction Council*, 341 U.S. 675 (1951).

112 PARKER, Öffentliches Recht, S. 117.

113 Bei „Gefahrenabwehr" ist hier an die ordnungsbehördliche Gefahrenabwehr zu denken, also beispielsweise an das Konfiszieren gesundheitsschädlicher Lebensmittel; vgl. auch *Ewing v. Mytinger & Casselberry, Inc.*, 339 U.S. 594 (1950); SCHWARTZ, *Administrative Law*, S. 117ff. Die Gefahrenabwehr fällt in Amerika unter den Begriff der *police power*. Die *police power* fungierte zunächst als rein legislative Kompetenz, entwicklete sich dann aber weiter zu einer administrativen Kompetenz. Vgl. dazu VON MANGOLDT, Rechtsstaatsgedanke, S. 143; POWELL, 24 Harvard L. R. 333ff. Die *federal police power* ist eine Ausprägung der *commerce clause*; zu Entstehung und Inhalt vgl. GREENSPAN, 41 Vanderbilt L. R. 1019, 1022ff.; VON MANGOLDT, Rechtsstaatsgedanke, S. 137ff; das Verhältnis von *police power* und *administrative agencies* zeigt insbesondere auf POWELL, 24 Harvard L. R. 268ff., 333ff., 441ff.

weiterhin der Rechtsweg zu den Gerichten eröffnet bleibt.[114] Sollte einer *administrative agency* nun die „Befugnis" zukommen, vollziehend tätig zu werden, sieht sich der Betroffene also nicht schutzlos dem verwaltungsbehördlichen Vorgehen ausgesetzt. Vielmehr bleibt ihm auch weiterhin die Möglichkeit eröffnet, die Entscheidung der *administrative agency* – ex post – von einem Gericht prüfen zu lassen.[115] Nur in ganz atypisch gelagerten Ausnahmefällen, die das hier untersuchte verwaltungsbehördliche Handeln nicht betreffen, ist gerichtlicher Rechtsschutz nicht möglich.[116]

Vor dem Hintergrund der hier aufgeführten Ausnahmekonstellationen fällt es schwer, überhaupt von „Ausnahmen" zu sprechen. Vielmehr stellen sich diese „Ausnahmen" als unmittelbare Folge des verwaltungsbehördlichen Handelns dar, nicht hingegen als eine Form des Verwaltungshandelns mit Zwangsmitteln. Das amerikanische „Vollstreckungsrecht" ist somit dadurch gekennzeichnet, daß es kein zusammenhängendes und in sich abgeschlossenes Regelungssystem verwaltungsbehördlicher Zwangsbefugnisse ist. Vielmehr existieren nur einzelne Erscheinungsformen verwaltungseigener Vollstreckung, die mehr dem praktischen Bedürfnis entsprechen und nicht als Vorboten eines eigenständigen Systems zu verstehen sind. Das Gebiet der Informationsgewinnung ist im Katalog der Ausnahmefälle nicht enthalten. Dies verwundert nicht, da sich die Ausnahmekategorien nicht an bestimmten Rechtsgebieten sondern an Entscheidungsformen der verwaltungsbehördlichen Tätigwerdens festmachen lassen. Für Maßnahmen zur Informationsgewinnung bleibt es somit bei dem Grundsatz, daß nur die Gerichte allein befugt sind, Anordnungen zur Informationsgewinnung zu vollziehen, in welcher Form auch immer[117] sie ergehen. Dies gilt insbesondere für die *subpoena*, die nur mit gerichtlicher Mithilfe durchgesetzt werden kann.[118]

---

114 Vgl. auch hier PRACTISING LAW INSTITUTE, 595 PLI/Comm. 53ff. Zu dem schwierigen Verhältnis von *administrative agency* und *(reviewing) court*, BERENDT/KENDALL, 58 Chicago-Kent L. R. 215.

115 Vgl. dazu oben, 2. Kap., B.II.2.a)bb).

116 Das kann z.B. die Entscheidung eines im Ausland tätigen Konsuls sein, der die Ausstellung eines Visums ablehnt. Zu weiteren – auch näherliegenden – denkbaren Fällen s. PARKER, 24 University of Chicago L. R. 292, 295ff.

117 Vgl. dazu auch unten, 4. Kap., B.I.1.

118 Vgl. *APA Sec. 555(d)* und dazu *Attorney General's Manual on the Administrative Procedure Act*, S. 68f.

III. Zusammenfassung

Eine Darstellung über die Vollstreckungskompetenz der *administrative agencies* muß unter den zerfasert und unregelmäßig vorkommenden Erscheinungsformen einer verwaltungseigenen Vollstreckung leiden.[119] Die rechtlich bestehenden Kompetenzen entbehren jeglicher Geschlossenheit und Abstrahierbarkeit. Dennoch kann man daraus nicht schliessen, daß die Ausnahmen tatsächlich unbedeutend sind. Wenn man die praktische Relevanz von Grundsatz und Ausnahme in ein Verhältnis setzt, gelangt man vielmehr zu dem Ergebnis, daß die Ausnahmen den Grundsatz zu einem nicht unbedeutenen Teil aushöhlen.[120] Dennoch bleiben bestimmte Gebiete, wie beispielsweise die Informationsgewinnung, von den Ausnahmen unberührt und die Vorherrschaft der Gerichte hier somit ungebrochen. Dies läßt sich vor allem damit begründen, daß die Durchsetzung einer verwaltungsbehördlichen *subpoena* den Gerichten vorbehalten bleibt. Hier scheint es insbesondere mit Grundprinzipien des anglo-amerikanischen Rechtssystems unvereinbar zu sein, wenn den *administrative agencies* eine Vollzugskompetenz eingeräumt würde.

Festhalten kann man, daß es kein geschlossenes System der Verwaltungsvollstreckung[121] und somit auch kein „Verwaltungsvollstreckungsgesetz" gibt, das allgemein und generell die Befugnisse der *administrative agencies* regelt, eigene Anordnungen auch selbst zu vollstrecken. Es lassen sich vielmehr nur einzelne Erscheinungsformen einer Verwaltungsvollstreckung finden, ohne daß dieser Oberbegriff als Bezeichnung einer Rechtsmaterie existierte. Es ist die besondere Fallgestaltung, die die „Vollziehung" ermöglicht, und nicht die Stellung und Funktion einer Verwaltungsbehörde, die das Recht zur Vollstreckung der eigenen Anordnungen mit sich bringt. Insofern handelt es sich nicht um eine Form echter Verwaltungsvollstreckung.

---

119 Bis auf wenige Ausnahmen (wie z.B. JAFFE, 76 Harvard L. R. 865; PARKER, 24 University of Chicago L. R. 292) lassen sich keine zusammenhängenden Abhandlungen abstrakter Art finden. Vielmehr sind Darstellungen einzelner *administrative agencies* die Regel.

120 Vgl. dazu auch PARKER, 24 University of Chicago L. R. 292, 293.

121 Das „geschlossene System der Verwaltungsvollstreckung" läßt sich definieren als ein System, in dem abstrakt und abschließend geregelt ist, daß Verwaltungsbehörden ihre eigenen Anordnungen grundsätzlich selbst durchsetzen können, ohne dabei weitere Organe einschalten zu müssen oder von dem zugrundeliegenden Lebenssachverhalt und dem betroffenen verwaltungsrechtlichen Regelungsgebiet abhängig zu sein. Vgl. dazu oben, 1. Kap., B.

C. Ergebnis

Dieses dritte Kapitel hat aus dem vielschichtigen Wirken der *administrative agencies* genau das Handeln aufgezeigt, das mit dem einer deutschen Verwaltungsbehörde vergleichbar ist. Beim Verwaltungshandeln einer amerikanischen *administrative agency* lassen sich die *administrative adjudication* und das *enforcement* unterscheiden. Auf der ersten Stufe, der *administrative adjudication* lassen sich Parallelen zum deutschen Verwaltungsverfahren erkennen. Jedoch stellt die starke prozessuale Ausrichtung des amerikanischen Verwaltungsverfahrens einen wesentlichen Unterschied dar. Gravierend sind die Unterschiede auf der zweiten Ebene, dem *enforcement*. Hier kommt in Amerika den Gerichten eine viel bedeutendere Rolle zu als in Deutschland. Während eine deutsche Verwaltungsbehörde alle Mittel in der Hand hält, ihre eigenen Entscheidungen auch selbst zu vollstrecken, ist eine amerikanische *administrative agency* im Grundsatz auf die Mithilfe der Gerichte angewiesen. Trotz einiger, wenn auch nicht unerheblicher Ausnahmen ist dies auf den Umstand zurückzuführen, daß dem amerikanischen Recht eine verwaltungseigene Vollstreckung im Rahmen eines geschlossenen Systems der Verwaltungsvollstreckung fremd ist. Ein solches Rechtsgebiet existiert nicht. In dieser Hinsicht unterscheidet das amerikanische Recht sich wesentlich vom deutschen.

4. Kapitel

Maßnahmen zur Informationsgewinnung

Dieses vierte Kapitel beschäftigt sich mit einem Ausschnitt der verwaltungsbehördlichen Tätigkeit im Rahmen der *administrative adjudication*, und zwar mit der Informationsgewinnung. In Betracht kommen alle Maßnahmen einer *administrative agency*, um einen regelungsbedürftigen Sachverhalt zu ergründen, sei es im Rahmen allgemeiner Ermittlungen (*investigation*), sei es im direkten Vorfeld (*pre-trial discovery*) oder während des verwaltungsbehördlichen Verfahrens.[1]

Die Bedeutung der Information für das Handeln einer Verwaltungsbehörde, ist fundamental, da sie einer Handlungsvoraussetzung des Staates gleichkommt.[2] Ziel eines jeden Verwaltungsverfahrens – sei es ein amerikanisches, sei es ein deutsches – ist eine bestimmte Entscheidung. Entscheidung definiert sich als Auswahl von Alternativen, die ihrerseits eine steuernde Funktion haben.[3] Um eine Auswahl von Alternativen zu haben, benötigt der Entscheider Informationen, die das Fundament der Entscheidung bilden.[4] Informationen sind also zweckorientiertes Wissen zur Vorbereitung einer Entscheidung. Sie sind von der Verwaltung zu sammeln, zu ordnen, zu klassifizieren, zu bewerten – insgesamt also zu verarbeiten. Entscheidung ist demnach Informationsverarbeitung.[5] Somit bürgt die Qualität der Informationen für die Qualität der Entscheidung. Dies bedingt die fundamentale Bedeutung der Information für das Verwaltungsverfahren. So wird Informationsgewinnung zu einem wesentlichen Bestandteil verwaltungsbehördlichen Handelns. Ohne Kenntnis von der Sachlage kann eine Verwaltungsbehörde weder repressiv reagieren noch präventiv agieren.

Eine schwierige Kollisionslage ergibt sich jedoch dadurch, daß Maßnahmen zur Informationsgewinnung regelmäßig gegen die Privatsphäre (*privacy*) der

---

[1] Ein allgemeiner Leitfaden zur *investigation* bei PRACTISING LAW INSTITUTE, 490 PLI/Lit. 511ff.

[2] Für das amerikanische Recht, GELLHORN/LEVIN, *Administrative Law*, S. 121ff.; für das deutsche Recht, KLOEPFER, Informationen, S. 7ff.

[3] THIEME, Entscheidungen, S. 7.

[4] SCHROMEK, Mitwirkungspflichten, S. 1.

[5] THIEME, Entscheidungen, S. 132.

Betroffenen ausgerichtet sind und auf diese Weise Berührungspunkte einerseits durch das Handeln der *administrative agencies* und andererseits durch den Schutz der *privacy* entstehen.

A. Die Privatsphäre als betroffenes Rechtsgut

Neben dem Nutzen für die *administrative agencies* bringen die Maßnahmen zur Informationsgewinnung auch eine Gefährdung für die Betroffenen mit sich. Das verwaltungsbehördliche Informationsgesuch zielt darauf ab, solche privaten Fakten und Daten zu erkunden, die die Betroffenen unter Umständen für sich behalten wollten. Inwieweit das Recht auf Privatsphäre geeignet ist, auch solche Maßnahmen abzuwehren, ist davon abhängig, wie der Schutz der Privatsphäre im amerikanischen Recht ausgestaltet ist.

I. Der unvollkommene Schutz der *Privacy* im 19. Jahrhundert

Bis zum heutigen Tage enthalten weder der Grundrechtskatalog (*Bill of Rights*) noch die weiteren Zusatzartikeln (*Am. 11 – 27*) eine Regelung zum Schutz der *privacy*, die nicht einmal namentlich erwähnt ist. Allerdings sind Aspekte der Privatsphäre in vereinzelten Verfassungsvorschriften enthalten,[6] wie beispielsweise in *Am. 4*, das die häusliche Zurückgezogenheit erfaßt. Jedoch schützt dieser Zusatzartikel nur vor unrechtmäßigem Betreten durch Beamte und nicht auch vor privaten Eindringlingen.[7] Deswegen beschränkt sich der Schutzzweck von *Am. 4* auf wenige Eingriffe in die Privatsphäre und gewährleistet nicht umfassend das Recht, alleine gelassen zu werden.[8] Um die Schutzgewährleistung dieser Vorschrift abzurunden und auch das Verhalten Privater zu erfassen, zogen die Gerichte im 19. Jahrhundert das Rechtsinstitut der Eigentumsstörung (*trespass*) ergänzend hinzu.[9] Aber auch durch diese Kombination beider Rechte war noch kein umfassender Schutz

---

6 Dieser hier dargestellten Struktur der *privacy* ähnelt der Schutz der Privatsphäre im Grundgesetz. Auch hier lassen sich Spezialgewährleistungen der Privatsphäre, namentlich Art. 4 Abs. 1, 2; 10; 13 GG, ausmachen, vgl. SCHMITT GLAESER, HStR VI, § 129 Rn. 3. Darüberhinaus werden in der Literatur auch noch Art. 5; 6; 8 und 9 GG angeführt, vgl. ROHLF, Privatsphäre, S. 135ff.

7 *Boyd v. United States*, 116 U.S. 616, 630 (1886): „*[Am. 4 is a protection against all governmental invasions] of the sanctity of a man's home and the privacies of life.*".

8 KRAMER, 39 Cath. U. L. R. 703, 705.

9 NOTE, 94 Harvard L. R. 1892, 1895; darauf verweisend KRAMER, 39 Cath. U. L. R. 703, 705 (Fn. 18).

gewährleistet, da der Tatbestand des *trespass* beschränkt war auf das physische Eindringen und es bei nicht-körperlichem Eindringen nur einige strafrechtliche Vorschriften gab.[10] Um diese Lücke auszufüllen, dehnte ein Staatengericht den Tatbestand des *trespass* extrem aus und stellte nicht-körperliches Eindringen dem körperlichem gleich.[11] Auch bei anderen Verstößen gegen die *privacy* behalfen sich die Gerichte auf ähnliche Weise. So bedienten sie sich beispielsweise des Beleidigungstatbestandes (*libel*), um wahre aber ehrverletzende Veröffentlichungen privater Tatsachen verfolgen zu können.[12] Zwar ist für den Tatbestand des *libel* die Wahrheit der Aussage entscheidend und nicht deren verletzende Wirkung, jedoch überwand man diese Beschränkung, indem man die absolute Korrektheit verlangte und schon bei kleineren, unerheblichen Abweichungen eine Verletzung des Tatbestandes sah.[13] Aber auch diese Auslegungsbemühungen reichten nicht aus, den immer neuen Angriffen auf die *privacy* entgegenzuwirken.

II. Die Herleitung und Ausgestaltung des Schutzes in Literatur und Rechtsprechung

Der lückenhafte und unvollkommene Schutz der *privacy* führte zu vielen, nahelos beliebig möglichen Eingriffen. Die Situation war unbefriedigend und löste eine intensive Beschäftigung mit dem Ziel aus, einen schützenswerten Privatbereich zu definieren und seinen Schutz konkret auszugestalten. Den Anfang machte ein in Literatur und Rechtsprechung viel beachteter Zeitschriftenartikel, der sich auf deliktsrechtliche Aspekte beschränkte und die Grundlage für die bis heute gültige Kategorisierung dieses Rechts bot. Erst viel später griff der *Supreme Court* den deliktsrechtlichen Aspekt des *right of privacy* auf und entwickelte ihn zu einem verfassungsrechtlichen Aspekt fort. Insofern ist die Existenz eines *tort law privacy right* (deliktsrechtlicher Aspekt)[14] und die Existenz eines *constitu-*

[10] KRAMER, 39 Cath. U. L. R. 703, 706; NOTE, 94 Harvard L. R. 1892, 1896.

[11] *Moore v. New York Elevated R.R. Co.*, 130 N.Y. 523; 29 N.E. 997 (1892).

[12] Mit weiteren Nachweisen und Bespielen KRAMER, 39 Cath. U. L. R. 703, 707ff.

[13] *Sharpe v. Stephenson*, 34 N.C. (12 Ired.) 348, 350 (1851); *Adams v. Smith*, 58 Ill. 417 (1871); *McAllister v. Detroit Free Press Co.*, 76 Mich. 338, 354; 43 N.W. 431, 437 (1889).

[14] Vgl. dazu HARPER/JAMES/GRAY, *The Law of Torts*; KIONKA, S. 399ff.; insbesondere zu den Schutzgegenständen, den Verletzungsformen, den Grenzen und den Rechtfertigungsgründen, s. KAMLAH, *Right of Privacy*, S. 81ff.

tional right of privacy (verfassungsrechtlicher Aspekt) voneinander zu unterscheiden. Eine Parallele im deutschen Recht läßt sich erkennen im Persönlichkeitsrecht, das ein „sonstiges Recht" iSd § 823 Abs. 1 BGB iVm. Art. 1 I GG und Schutzgut des Art. 2 Abs. 1 GG iVm Art. 1 I GG ist.[15] Die Darstellung des *constitutional right of privacy* kann somit wegen seines Ursprungs im Deliktrecht nicht das *tort law privacy right* ausklammern.

1. WARREN/BRANDEIS: „*The Right to Privacy*"

Die beiden Juristen SAMUEL WARREN und LOUIS BRANDEIS veröffentlichten im Jahr 1890 einen Zeitschriftenartikel,[16] den sie mit „*The Right to Privacy. The Implicit Made Explicit*" betitelten. Er wird als einmalig gerühmt, sowohl in seiner Argumentationstechnik wie auch in seiner Bedeutung für die Rechtsfortbildung.[17] Die beiden Autoren waren erkennbar durch die Art und Weise der Berichterstattung der „*yellow press*" inspiriert, die sich der technischen Fortschritte bediente und sie zum Beobachten und Abhören nutzte. Der Gesetzgeber konnte mit den Neuerungen nicht Schritt halten und den zulässigen Gebrauch dieser Techniken ebensowenig rechtlich angemessen ausgestalten,[18] sodaß man der Sensationsgier der Presse praktisch schutzlos auf dem Präsentierteller ausgeliefert war.[19] Durch ihre gelobte Argumentation schufen sie das deliktsrechtliche *right of privacy* („*right to be let alone*" oder „*right to privacy*").

Die beiden Autoren leiteten das *right of privacy* aus dem englischen *common law* zum Urheberrecht her. Danach war es jedermann überlassen, allein über die Veröffentlichung eigener Gedanken, Empfindungen und Gefühle zu ent-

---

[15] Zu beiden Rechtsfortbildungen s. SCHMITT GLAESER, HStR VI, § 129 Rn. 7ff.

[16] WARREN/BRANDEIS, 4 Harvard L. R. 193.

[17] PROSSER, 48 Cal. L. Rev. 383, 383; KALVEN, 31 Law & Contemp. Probs. 326, 327.

[18] WARREN/BRANDEIS, 4 Harvard L. R. 193, 197: „*In short, the wrongs and correlative rights recognized by the law of slander and libel are in their nature material rather than spiritual.*".

[19] WARREN/BRANDEIS, 4 Harvard L. R. 193, 195f.: „*Instantaneous photographs and newspaper enterprise have invaded the sacred precincts of private and domestic life; and numerous mechanical devices threaten to make good the prediction that 'what is whispered in the closet shall be proclaimed from the house-tops.' [...] The press is overstepping in every direction the obvious bounds of propriety and of decency.*".

scheiden.[20] Als Beispiel führten sie eine aufsehenerregende Entscheidung aus England an.[21] In dem zugrundeliegenden Fall sollten Kunstwerke der Kläger[22] in einer Ausstellung und einem kommentierten Katalog veröffentlicht werden, obwohl der Künstler sie ausschließlich zu privaten Zwecken erstellt hatte. Die Richter dehnten den Schutz des Urhebers aus, indem sie nicht nur das unerlaubte Reproduzieren sondern auch das erstmalige Veröffentlichen ohne Zustimmung des Urhebers mißbilligten.[23] Dies interpretierten WARREN/BRANDEIS als eine Schutzgewährleistung, die über das geistige Eigentum hinaus auch die Geheimhaltung der innersten Gedanken der Künstler erfaßt.[24] Daraus leiteten sie ab, daß der Schutz vor der ungewollten Veröffentlichung eines Werkes – unabhängig von literarischem Wert und Inhalt – in Wahrheit auf die Persönlichkeit zurückzuführen ist.[25] Einen weiteren Ansatzpunkt für ihre Konstruktion sahen WARREN/BRANDEIS darin, daß manche Gerichte die unbefriedigende Situation damit bewältigten, bestimmten Vertragsverhältnissen eine vertrauensschützende Wirkung beizumessen und eine Verletzung der *privacy* dann als Vertragsbruch zu werten.[26]

---

[20] WARREN/BRANDEIS, 4 Harvard L. R., 198: „*The common law secures to each individual the right of determining, ordinarily, to what extent his thoughts, sentiments, and emotions shall be communicated to others.*".

[21] *Prince Albert v. Strange*, 64 Eng. Rep. 293 (V.C. 1848).

[22] Diese waren keine geringeren als Prince Albert und Queen Victoria.

[23] *Prince Albert v. Strange*, 64 Eng. Rep. 293, 312 (1848)(V.C.): „*[The common-law rule prohibited not merely the reproduction of the etchings but also] the publishing [...], though not by copy or resemblance, a description of them, whether more or less limited or summary, whether in the form of a catalogue or otherwise.*".

[24] WARREN/BRANDEIS, 4 Harvard L. R., 204f.

[25] WARREN/BRANDEIS, 4 Harvard L. R. 193, 199: „*[...] the existence of the right [does not] depend upon the nature or value of the thought or emotion, nor upon the excellence of the means of expression. [...] In every such case the individual is entitled to decide whether that which is his shall be given to the public.*"; ebenda, 205: „*The principle which protects personal writings and all other personal productions, not against theft and physical appropriation, but against publication in any form, is in reality not the principle of private property, but that of an inviolate personality.*".

[26] WARREN/BRANDEIS, 4 Harvard L. R. 193, 207ff.; so z.B. in der Berufung von *Prince Albert v. Strange*, 41 Eng. Rep. 1171, 1178f. (Ch. 1849); *Abernethy v. Hutchinson*, 47 Eng. Rep. 1313 (1825); *Pollard v. Photographic Co.*, 40 Ch. D. 345 (1888).

WARREN/BRANDEIS folgerten, daß eine gesetzliche Regelung erforderlich und auch gewollt sei,[27] um so den Umweg über die Regeln des Urheber- oder Vertragsrechts vermeiden zu können, da diese nicht mehr ausreichten, vor den neuen Gefahren zu schützen.[28] Dem neuen Recht maßen sie allerdings keine absolute Wirkung bei, sondern nahmen gewisse Beschränkungen an.[29] Ein Regel-Ausnahme-Prinzip sollte dem Spannungsverhältnis von *right of privacy* einerseits und schützenswerter Pressefreiheit und Informationsbedürfnis der Öffentlichkeit andererseits Rechnung tragen.[30]

Der *New York Court of Appeals* traf im Jahr 1902 die erste bedeutende Entscheidung, die auf WARREN/BRANDEIS und deren *right of privacy* Bezug nahm. Das Gericht sah eine an Absurdität grenzende Schwemme von Rechtsstreitigkeiten auf sich zukommen, wenn das *right of privacy* Anerkennung finden sollte.[31] Nach seiner Ansicht erfordere die Anerkennung eines *right of privacy* den ausdrücklichen Willen des Gesetzgebers.[32] Diese Entscheidung erregte starken Protest in der Öffentlichkeit. Als Reaktion darauf erließ der Staat New York Gesetze, die das *right of privacy* schützten[33]

---

[27] WARREN/BRANDEIS, 4 Harvard L. R. 193, 210: „*This process of implying a term in a contract, or of implying a trust [...] is nothing more nor less than a judicial declaration that public morality, private justice, and general convenience demand the recognition of such a rule, and that the publication under similar circumstances would be considered an intolerable abuse.*".

[28] WARREN/BRANDEIS, 4 Harvard L. R. 193, 211: „*[...] the doctrines of contract and of trust are inadequate to support the required protection [...]*".

[29] WARREN/BRANDEIS, 4 Harvard L. R. 193, 214, 216-18: „*1. The right to privacy does not prohibit any publication of matter which is of public or general interest. [...] 2. The right to privacy does not prohibit the communication of any matter, though in its nature private, when the publication is made under circumstances which would render it a privileged communication according to the law of slander and libel. [...] 3. The law would probably not grant any redress for the invasion of privacy by oral publication in the absence of special damage. [...] 4. The right to privacy ceases upon the publication of the facts by the individual, or with his consent.*".

[30] KRAMER, 39 Cath. U.L. Rev. 703, 715.

[31] *Roberson v. Rochester Folding Box Co.*, 171 N.Y. 538, 545; 64 N.E. 442, 443 (1902): „*If such a principle be incorporated into the body of the law through the instrumentality of a court of equity, the attempts to logically apply the principle will necessarily result not only in a vast amount of litigation, but in litigation bordering upon the absurd, [...]*".

[32] *Roberson v. Rochester Folding Box Co.*, 171 N.Y. 538, 545; 64 N.E. 442, 443 (1902).

[33] *1903 N.Y. Laws ch. 132, Sec. 1-2.*

und die in ihrer Verfassungsmäßigkeit vom *New York Court of Appeals* im Jahr 1908 bestätigt wurden.[34] In der Zwischenzeit lag bereits das erste Urteil eines höheren Gerichts vor, das das *right of privacy* anerkannte. Der *Supreme Court of Georgia* folgte im Jahr 1905 einstimmig den Argumenten der beiden Autoren, anstatt sich der Entscheidung des *New York Court of Appeals* anzuschließen.[35] Da die Anzahl derer, die WARREN/BRANDEIS folgten, immer mehr zunahm, nahm das *American Law Institute* im Jahr 1939 das *right of privacy* in seinen *Restatements of Torts* auf.[36]

2. PROSSER: *„Privacy"*

Den zweiten Meilenstein in der Geschichte des *right of privacy* setzte WILLIAM L. PROSSER im Jahr 1960. In seinem Aufsatz *„Privacy: A Legal Analysis"*[37] stellte er unterschiedliche Schutzzwecke des *right of privacy* dar und schuf für das Deliktsrecht eine Kategorisierung in vier Fallgruppen.[38] Die erste Fallgruppe (*intrusion upon the plaintiff's seclusion or solitude, or into his private affairs*) kann man als einen allgemeinen Anspruch auf Schutz vor unangemessener Aufmerksamkeit in der Öffentlichkeit verstehen. Die Zumutbarkeit der Störung ist hier das entscheidende Kriterium, um die zulässigen Eingriffe von den unzulässigen abzugrenzen. Die zweite Fallgruppe (*public disclosure of embarrassing private facts about the plaintiff*) umfaßt den Schutz vor dem Verhalten, das WARREN/BRANDEIS im Blick hatten, und zwar den Schutz davor, daß beliebige Dritte private Fakten ungewollt veröffentlichen. Entscheidende Bedeutung kommt hierbei der Frage zu, ob die veröffentlichte Tatsache privaten oder öffentlichen Charakters ist. In engem Zusammenhang mit dem in der zweiten Fallgruppe geschützten Interesse steht die Schutzrichtung der dritten (*publicity which places the plaintiff in a false light in the public eye*). In diese Kategorie fallen Falschdarstellung, Schmähschrift und Rufmord. Schließlich soll die vierte Fallgruppe

---

[34] *Rhodes v. Sperry & Hutchinson Co.*, 193 N.Y. 223, 85 N.E. 1097 (1908), *affirmed*, 220 U.S. 502 (1911).

[35] *Pavesich v. New England Life Ins. Co.*, 122 Ga. 190; 50 S.E. 68 (1905).

[36] *Restatement of Torts, Sec. 867* (1939): *„A person who unreasonably and seriously interferes with another's interest in not having his affairs known to others or his likeness exhibited to the public is liable to the other."*.

[37] PROSSER, 48 Columbia L. R. 383.

[38] PROSSER, 48 Columbia L. R. 383, 389ff.: *„It is not one tort, but a complex of four."*; DERS., Rabels Zeitschrift S. 401, 403ff.; PROSSER/KEETON, *The Law of Torts*, S. 851ff.

(*appropiation, for the defendant's advantage, of the plaintiff's name or likeness*) vor unerlaubter Namensnutzung oder vergleichbaren immateriellen Aneignungen schützen. Auch wenn die Fortbildung des *right of privacy* durch PROSSER in der Literatur nicht unumstritten ist[39], waren seine Fallgruppen auf dem Gebiet des Deliktsrechts Vorlage für den Gesetzgeber.[40]

3. Die Rechtsprechung des *Supreme Court*

Auch der *Supreme Court* konnte sich auf Dauer dieser Entwicklung nicht verschließen, war jedoch anfangs weit davon entfernt, ein selbständiges *right of privacy* anzuerkennen.[41] Diesen Schritt vollzog das Gericht erst in den Sechziger Jahren. Zu dieser Zeit rückte eine Vielzahl populärwissenschaftlicher Publikationen[42] die Gefährdung der Privatsphäre durch die immer besser werdenden Technologien in das Bewußtsein der Menschen. In der Leitentscheidung des *Supreme Court*[43] zum verfassungsrechtlichen *right of privacy* aus dem Jahr 1965, ging es um ein Gesetz des Staates Connecticut, das die Benutzung von empfängnisverhütenden Mitteln und jegliche Beteiligung dabei verbot.[44] In dieser gesetzlichen Regelung sah der *Supreme Court* einen Verstoß gegen das *right of privacy*. Die beiden Kläger waren bei der *Planned Parenthood League of Connecticut* tätig und hatten Ehepaare beraten und Rezepte ausgestellt. Erst zum Ende der Urteilsbegründung wird die Bedeutung ersichtlich, die der *Supreme Court* seinem *right of privacy*

---

39 Vgl. BLOUSTEIN, 39 NYU L. R. 962, 1000ff.; dazu KAMLAH, *Right of Privacy*, S. 71ff.

40 Restatement (Second) of Torts, Sec. 652a (1977): *(1) „unreasonable intrusion upon the seclusion of another"; (2) „appropriation of the other's name or likeness"; (3) „unreasonable publicity given to the other's private life"; and (4) „publicity that unreasonably places the other in a false light before the public."*.

41 RICHARDS, *Privacy*, S. 136.

42 In der Reihenfolge ihres Erscheinens beispielsweise: ZELERMAYER, *Invasion of Privacy*; BRENTON, *The Privacy Invaders*; PACKARD, *The Naked Society*; ROSENBERG, *The Death of Privacy*; MILLER, *The Assault on Privacy*.

43 *Griswold v. Connecticut*, 381 U.S. 479 (1965).

44 *General Statutes of Connecticut* (1958), *Sec. 53-32: „Any person who uses any drug, medicinal article or instrument for the purpose of preventing conception shall be fined [...] or imprisoned [...]"; Sec. 54-196: „Any person who assists, abets, counsels, causes, hires or commands another to commit any offense may be prosecuted or punished as if he were the principal offender."* Zur *privacy*-Gesetzgebung vgl. auch RUBENFELD, 102 Harvard L. R. 737, 744ff.

verleiht. Danach ist es Garant für das Intimleben eines verheirateten Paares. Nach Auffassung des *Supreme Court* ist die Ehe in jeglicher Hinsicht dem staatlichen Zugriff entzogen, da sie sich als höchster Ausdruck einer zwischenmenschlichen Lebensweise in die bekannten rechtlichen Kategorien nicht einordnen läßt.[45] Diese Entscheidung enthält klärungsbedürftige Aspekte. Zunächst ist die Herleitung dieses Rechts nachzuvollziehen. Dann ist zu bedenken, daß die Anerkennung eines *right of privacy* eine klare Erweiterung des Verfassungswortlauts um ein textlich nicht erwähntes Grundrecht ist. Schließlich fragt sich, wie sich das *right of privacy* in der Folgezeit entwickelt hat. Dabei ist von besonderem Interesse, ob es insbesondere eine Ausdehnung derart erfahren hat, daß es vor Maßnahmen zur Informationsgewinnung schützt.

a) Die verfassungsrechtliche Herleitung des *Right of Privacy*

Die Mehrheitsmeinung wird eingeleitet durch eine Auflistung zuvor entschiedener Fälle, in denen der *Supreme Court* die Existenz von *„peripheral rights"* anerkannt hat.[46] Mit dieser Bezeichnung umschreibt das Gericht das Phänomen, daß die Verfassung in der *Bill of Rights* und den weiteren *amendments* zwar Grundrechte ausdrücklich regelt, diese Garantien aber nicht zwangläufig als abschließend anzusehen sind. Vielmehr entdeckte der *Supreme Court* in diesem Fall und den zuvor entschiedenen Fällen verfassungstextlich nicht-erwähnte Rechte, die im „Dunstkreis" der verfassungstextlich erwähnten liegen und diesen Leben und Substanz verleihen.[47] *Am. 1, 3, 4* und *5* enthalten nach Auffassung des *Supreme Court* Facetten der *privacy*,[48] die lediglich verallgemeinert werden müssen. Da der neunte Zusatzartikel es ermögliche, den Bestand der ausdrücklich genannten Grundrechte zu erweitern, stehe der Schaffung eines eigenständigen *right of*

---

[45] *Griswold v. Connecticut*, 381 U.S. 479, 485f. (1965): *„Would we allow the police to search sacred precincts of marital bedrooms [...] The very idea is repulsive to the notions of privacy surrounding the marriage relationship. [...] Marriage is [...] a bilateral loyalty, not commercial or social projects."*.

[46] *Pierce v. Society of Sisters*, 268 U.S. 510 (1925); *Meyer v. Nebraska*, 262 U.S. 390 (1923); *NAACP v. Alabama*, 357 U.S. 449 1958); *NAACP v. Button*, 371 U.S. 415 (1963); *Poe v. Ullman*, 367 U.S. 497 (1961).

[47] *Griswold v. Connecticut*, 381 U.S. 479, 484 (1965): *„The foregoing cases suggest that specific guarantees in the Bill of Rights have penumbras, formed by emanations from those guarantees that help give them life and substance."*.

[48] *Griswold v. Connecticut*, 381 U.S. 479, 484 (1965): *„Various guarantees create zones of privacy."*.

erweitern, stehe der Schaffung eines eigenständigen *right of privacy* nichts entgegen. Dieses war also nach Auffassung des Gerichts erforderlich, um das Institut der Ehe angemessen zu schützen. Der Entscheidung liegt eine hohe Achtung der Ehe zugrunde, da das *right of privacy* unlösbar mit ihr verbunden ist und somit letztendlich die verfassungsrechtliche Garantie dieses Instituts darstellt. Insofern kann man das *right of privacy* hier nur als einen Bestandteil der Privatsphäre verstehen, die WARREN/BRANDEIS im Blick hatten. Längst nicht alle denkbaren Aspekte der Privatsphäre sind durch diese Leitentscheidung erfaßt.

In einem zustimmenden Sondervotum (*concurring opinion*) leiteten drei Richter das *right of privacy* aus dem unbestimmten Rechtsbegriff *„liberty"* in *Am. 5* und *Am. 14* her, der ebenfalls Garant für weitere, nicht genannte fundamentale Grundfreiheiten sei.[49] Im Mittelpunkt steht nach dieser Sichtweise somit nicht die Analogie zu den ausdrücklich genannten Rechten im Mittelpunkt, sondern die Erweiterung des Grundrechtskatalogs um Rechte, die aus dem Begriff *„liberty"* abgeleitet sind. Nach diesem Sondervotum hat der neunte Zusatzartikel ebenfalls wesentliche Bedeutung für die Erweiterung, da er die Sorge der Verfassungsväter widerspiegele, daß ein abschließender Grundrechtskatalog nicht alle schützenswerten Rechte abdecken könne. Dies deute darauf hin, daß nicht nur eine Erweiterung der Freiheiten der ersten acht Zusatzartikel gemeint sei, sondern eine Erweiterung um fundamentale Rechte.[50] Maßstab bei der Erweiterung sei nicht die eigene Auffassung der Richter, sondern das Verständnis der Bürger.[51]

---

[49] *Griswold v. Connecticut*, 381 U.S. 479, 486 (1965) [GOLDBERG, WARREN, BRENNAN, *concurring opinion*]: *„[...] I do agree that the concept of liberty protects those personal rights that are fundamental, and is not confined to the specific terms of the Bill of Rights."*.

[50] *Griswold v. Connecticut*, 381 U.S. 479, 488f. (1965) [GOLDBERG, BRENNAN, *concurring opinion*]: *„[It] was proffered to quiet expressed fears that a bill of specifically enumerated rights could not be sufficiently broad to cover all essential rights [...]. [...] the Ninth Amendment simply lends strong support to the view that the „liberty" protected by the Fifth and 14th Amendments [is] not restricted to rights specifically mentioned in the first eight amendments."*.

[51] *Griswold v. Connecticut*, 381 U.S. 479, 493 (1965) [GOLDBERG, BRENNAN, *concurring opinion*]: *„In determining which rights are fundamental, judges are not left at large to decide cases in light of their personal and private notions. Rather, they must look to the „traditions and [collective] conscience of our people" to determine whether a principle is „so rooted [there] as to be ranked as fundamental."*.

b) Die Erweiterung des Verfassungswortlauts durch den *Supreme Court*

Der *Supreme Court* hat durch Rechtsfortbildung das deliktsrechtliche *right of privacy* von der einfach-gesetzlichen auf die verfassungsrechtliche Ebene gehoben und dieses Recht in der Verfassung selbst verankert. Wichtig zum Verständnis ist, daß das Gericht dadurch ein allgemeines *right of privacy* geschaffen hat. Zuvor hat es auch schon den verfassungsrechtlichen Schutz besonderer Ausprägungsformen der *privacy* gegeben, die unselbständige Bestandteile bereits gewährter Grundrechte sind und die der *Supreme Court* als Anknüpfungspunkt für die Rechtsfortbildung eines allgemeinen *right of privacy* nutzte. Diese Argumentationstechnik setzt voraus, daß sich der Grundrechtsschutz in der amerikanischen Verfassung nicht auf die textlich erwähnten Rechte beschränkt (*textual rights*), sondern auch auf solche fundamentalen Rechte erstreckt, zu deren Formulierung der *Supreme Court* ermächtigt ist (*non-textual rights*, *fundamental rights*). Es stellt sich also die Frage, ob der *Supreme Court* die Verfassung nur extensiv auslegen darf oder ob er sie auch konkretisieren kann.[52] Im ersten Fall ist das Gericht auf die vorhandenen Verfassungsregelungen und einer wortgetreuen Auslegung der Verfassung beschränkt, im zweiten Fall ist darüberhinaus eine Ausdehnung des Verfassungswortlautes auf nicht genannte Prinzipien zugelassen.[53] Der *Supreme Court* läßt sich nicht auf eine klare Linie festlegen. In seiner Judikatur haben generalklauselartig formulierte Grundrechtsbestimmungen einen wichtigen Anknüpfungspunkt für solche nicht genannten Rechte dargestellt. So hat das Gericht die *due process*-Klauseln in *Am. 5* und *Am. 14* nicht nur prozedural, sondern auch substantiell interpretiert.[54] Damit wurde diesen Klauseln nicht nur Bedeutung für die Ausgestaltung des Verfahrens beigemessen, sondern auch ein Schutzzweck für den Kerngehalt der genannten Rechtsgüter zugewiesen, in den der Staat nicht inhaltlich eingreifen dürfen sollte, ganz gleichgültig, welches Verfahren er dabei berücksichtigt. Zunächst legte der *Supreme Court* Anfang des 20. Jahrhunderts die beiden *due process*-Klauseln im Sinne des *economic substantive due process*[55] aus. Diese Entwicklung kann man als Gegenbewe-

---

[52] Vgl. BRUGGER, Persönlichkeitsentfaltung, S. 6f.; PIAZOLO, Das Recht auf Abtreibung, S. 32f, spricht von einer interpretivistischen und einer nichtinterpretivistischen Auffassung.

[53] Vgl. zum Streitstand BRUGGER, Grundrechte und Verfassungsgerichtsbarkeit, S. 347ff. und S. 371ff.; PIAZOLO, Das Recht auf Abtreibung, S. 32ff.

[54] Vgl. dazu auch oben, 3. Kap., A.I.

[55] *Lochner v. New York*, 198 U.S. 45 (1905).

gung zur immer stärker werdenden staatlichen Regulierung auf dem Wirtschaftssektor ansehen, die dazu führte, daß individuelle Rechtsbeeinträchtigungen, ausgelöst durch staatliche Maßnahmen, entsprechend wuchsen. Ein solcher Zustand erforderte eine gegenläufige Sicherung der elementaren Schutzinteressen. Der *Supreme Court* erklärte mit Hilfe der Interpretationsmethode des *economic substantive due process* viele Wirtschaftsregelungen für verfassungswidrig, die in die drei Schutzgüter (*life, liberty, property*) der substantiell gelesenen *due process*-Klauseln eingriffen.[56] Nach Aufgabe dieser Rechtsprechung in den Dreißiger Jahren[57] folgte die Inkorporationsdebatte, die die Verbindlichkeit der *Bill of Rights* für die Einzelstaaten diskutierte. Bindeglied zwischen Verfassung des Bundes und Verpflichtung der Einzelstaaten war *Am. 14*. Mitbetroffen war auch die Frage, inwieweit die auf Bundesebene entwickelten *non-textual rights* Wirkung auf Staatenebene entfalten konnten. Eine dritte Epoche der inhaltlichen Lesart war der *modern substantive due process*, der sich mit der Ausweitung des Grundrechtsschutz auf das *right of privacy* beschäftigt und damit auch mit der Erweiterung des Verfassungswortlautes. Dieses Verständnis vom *modern substantive due process* war auch Grundlage der Leitentscheidung zum *right of privacy*.

c) Erscheinungsformen der *Privacy* und des *Right of Privacy*

Der *Supreme Court* mußte sich nach seiner Leitentscheidung im Jahr 1965 mit der Aufgabe beschäftigen, dem *right of privacy* Konturen zu verleihen. Für die Zwecke dieser Untersuchung ist insbesondere von Interesse, ob sich im *right of privacy* ein Recht erkennen läßt, daß auch als Abwehrrecht gegenüber verwaltungsbehördlichen Maßnahmen zur Informationsgewinnung fungieren kann. Unbestritten ist der Schutz der Privatsphäre in Form der in der Verfassung genannten Facetten (i.S.v. *textual rights*). Dieser Schutz bestand schon seit jeher, also seitdem die entsprechenden *amendments* in Kraft getreten sind. Daneben hat der *Supreme Court* durch die Rechtsfortbildung im *modern substantive due process* das allgemeine *right of privacy* enwickelt (i.S.e. *non-textual right*).

---

[56] Weiterführend EHMKE, Wirtschaft und Verfassung, S. 345ff.

[57] *Nebbia v. New York*, 291 U.S. 502 (1934); *West Coast Hotel Co. v. Parrish*, 300 U.S. 379 (1937).

aa) Schutz im Sinne der *Textual Rights*

In die Gruppe der *textual rights* fallen alle *amendments*, die Facetten der *privacy* als Ausfluß der primär in diesen Zusatzartikeln geschützten Freiheiten schützen. *Am. 1* schützt nicht nur die Verkörperung der eigenen Meinung in Form eines Presseerzeugnisses sondern auch die innere Gedenkenwelt. *Am. 3* enthält das Verbot der Einquartierung von Soldaten zu Friedenszeiten. Dies gewährleistet einen räumlichen Schutz der *privacy*. Mit der gleichen Schutzrichtung garantiert *Am. 4* Sicherheit vor staatlichen Durchsuchungen in den eigenen vier Wänden. *Am. 5* schließlich befreit von der Gefahr der Selbstbeschuldigung. Diese verfassungstextlich verankerten Facetten der *privacy* hat der *Supreme Court* in einer Vielzahl von Fällen anerkannt und zur Grundlage seiner Leitentscheidung gemacht.[58] Von den genannten Zusatzartikeln bieten zwei einen Schutz vor Maßnahmen zur Informationsgewinnung. *Am. 4* und *Am. 5* garantieren dem Betroffenen räumlich und inhaltlich einen Bereich, in den *administative agencies* nicht eingreifen dürfen. Auf diese Weise kann er sich zu einem gewissen Grade einem verwaltungsbehördlichen Informationsgesuch entziehen.[59]

bb) Schutz im Sinne der *Non-Textual Rights*

Die *non-textual rights* ergeben sich aus der Verallgemeinerung der *privacy*, deren Schutz in der Verfassung angedeutet ist. Im Rahmen dieser Untersuchung ist danach zu fragen, ob die sich eines dieser *non-textual rights* als Schutznorm verwenden läßt, die eine klare und unüberwindbare Grenze für verwaltungsbehördliche Maßnahmen zur Informationsgewinnung darstellt.

(1) Grundrechtlicher Schutz von Ehe und Familie

In der Leitentscheidung[60] war das *right of privacy* als ehebezogenes Recht ausgestaltet. Durch die Folgeentscheidungen erfuhr es eine wesentliche

---

[58] *Boyd v. United States*, 116 U.S. 616 (1886); *Skinner v. Oklahoma*, 316 U.S. 535 (1942); *Breard v. Alexandria*, 341 U.S. 622 (1951); *Public Utilities Comm'n v. Pollak*, 343 U.S. 451 (1952); *Frank v. Maryland*, 359 U.S. 360 (1959); *Monroe v. Pape*, 365 U.S. 167 (1961); *Mapp v. Ohio*, 367 U.S. 643 (1961); *Lanza v. New York*, 370 U.S. 139 (1962).

[59] Vgl. dazu im einzelnen unten, 4. Kap., B.I.2.

[60] *Griswold v. Connecticut*, 381 U.S. 479 (1965).

Ausdehnung.[61] Zunächst wurde die Leitentscheidung auch auf unverheiratete Paare mit der Begründung ausgedehnt,[62] daß das *right of privacy* seinen Ursprung in der Individualität des Einzelnen habe und nicht in dem Verheiratetsein.[63] Noch einen Schritt weiter ging das Gericht in einer Entscheidung[64] aus dem Jahr 1973, in der es die Entscheidung über Abtreibung in das Ermessen der schwangeren Mutter stellte. Die Entscheidungen, die das *right of privacy* betreffen, stehen somit in engem Zusammenhang mit dem Lebensbereich Partnerschaft, Ehe und Familie in jeder Erscheinungsform.[65]

(2) Grundrechtlicher Schutz aller fundamentalen Handlungsfreiheiten?

Die Beschränkung des *right of privacy* auf den Lebensbereich Partnerschaft, Ehe und Familie ließ sich nicht lange rechtfertigen. Zwar wurde in der Intimtität partnerschaftlicher Beziehungen ein fundamentales Interesse an der Ausgestaltung eines eigenen Lebensstils gesehen. Da der *Supreme Court* jedoch die Fundamentalität der freien Entscheidung und freien Entfaltung als

---

[61] Vgl. *Loving v. Virginia*, 388 U.S. 1 (1967): Ungültigkeit eines Gesetzes, das solche Ehen diskriminierte, die von Angehörigen unterschiedlicher Rassen eingegangen wurden; *Zablocki v. Redhail*, 434 U.S. 374 (1978) und *Boddie v. Connecticut*, 401 U.S. 371 (1971): Verbot von Eheschließung und -scheidung bedürftiger Menschen; *Eisenstadt v. Baird*, 405 U.S. 438 (1972): Ausdehnung von der *Griswold*-Entscheidung auf Unverheiratete; *Carey v. Population Servs. Int'l*, 431 U.S. 678 (1977): Verfassungswidrigkeit eines Gesetzes, das das Vertreiben von und Werben für empfängnisverhütende Mittel verbietet; *Roe v. Wade*, 410 U.S. 113 (1973): Abtreibung ist Entscheidung der Frau; *Moore v. City of East Cleveland*, 431 U.S. 494 (1977): Ungültigkeit einer Verordnung, die die Inanspruchnahme von Wohnbesitz auf die „Kernfamilie" (Familienoberhaupt und Ehegatte, deren Kinder und Eltern) beschränkte; *Bowers v. Hardwick*, 478 U.S. 186 (1986): Begehen homosexueller Handlungen ist Straftat.

[62] *Eisenstadt v. Baird*, 405 U.S. 438 (1972). Allerdings ging es hier im Unterschied zur *Griswold*-Entscheidung nur um das Vertreiben von empfängnisverhütenden Mitteln, nicht um deren Benutzung.

[63] *Eisenstadt v. Baird*, 405 U.S. 438, 453 (1972): *„If the right of privacy means anything, it is the right of the individual, married or single, to be free from unwarranted governmental intrusion [...]."*

[64] *Roe v. Wade*, 410 U.S. 113 (1973).

[65] Eine Besprechung der einzelnen Erscheinungsformen – von Heirat über Zeugung/Abtreibung bis Scheidung – ist vorzufinden bei BRUGGER, AöP 1983 (108), 25, 38ff. Anstatt über Art. 6 GG schützt das Bundesverfassungsgericht die eheliche Privatsphäre über Art. 2 Abs. 1 GG i.V.m. Art. 1 GG und mißt dem Art. 6 Abs. 1 GG eine nur „verstärkende" Funktion zu, vgl. BVerfGE 35, 35, 39f.; 42, 234, 236f.; 57, 170, 178; 60, 329, 339.

Rechtfertigung für das *right of privacy* ansah,[66] blieb es nicht aus, das Spektrum der betroffenen Lebensbereiche zu vergrößern. Der *Supreme Court* hatte sich in einer Reihe von Entscheidungen mit der Frage zu beschäftigen, ob nun alle fundamentalen Handlungsfreiheiten geschützt seien.[67] Dabei ist allerdings keine Handlungsfreiheit zu erkennen, die sich verwenden ließe gegen verwaltungsbehördliche Maßnahmen zur Informationsgewinnung. Im Hinblick auf das regulative Handeln von *administrative agencies* ist allein der Schutz der Berufsfreiheit von Interesse. Zwar kommt in der Wahl und Ausübung eines Berufes nicht ein vergleichbarer Intimitätscharakter zum Ausdruck, jedoch ist die Berufsfreiheit von fundamentaler Bedeutung für den Lebensstil, die Identitätsverwirklichung und die persönliche Autonomie.[68] Die Judikatur des *Supreme Court* zum *right of privacy* in dieser Ausprägung ist dadurch gekennzeichnet, sich von der *Lochner*-Rechtsprechung des *economic substantive due process*[69] zu distanzieren. Dies führte dazu, daß der *Supreme Court* bei der Berufsfreiheit einen geringen Prüfungsmaßstab anlegte. Schon wenn die eingreifende Maßnahme im Zusammenhang mit einem öffentlichem Interesse steht, kann sie aufrechterhalten werden (sog. *rational basis*-Test).[70] Auch bei den anderen fundamentalen Handlungsfreiheiten[71] zeigte sich die Zurückhaltung des *Supreme Court.* Der Einfluß des *right of privacy* als ursprüngliches Grundrecht auf Ehe und Familie im weiten Sinne schlägt sich nachhaltig auf die Entscheidungen des Gerichts nieder. Auch wenn es weitere fundamentale Handlungsfreiheiten

---

66 *Whalen v. Roe*, 429 U.S. 589, 599f. (1977): *„[...] some personal rights [...] are so „fundamental", that an undefined penumbra may provide them with an independent source of constitutional protection."*; bezugnehmend auf *Roe v. Wade*, 410 U.S. 113, 152 (1973).

67 Zu denken ist hier an die Wahl der Hausgefährten, den sexuellen Lebensstil, das persönliche Auftreten oder die Berufsfreiheit, vgl. zu den Entscheidungen des *Supreme Court* die Besprechung dieser Handlungsfreiheiten bei BRUGGER, AöP 1983 (108), 25, 46ff.

68 BRUGGER, AöP 1983 (108), 25, 51.

69 Vgl. dazu oben, 4. Kap., A.II.3.b).

70 *Williamson v. Lee Optical of Oklahoma*, 348 U.S. 487 (1955); *Ferguson v. Skrupa*, 372 U.S. 726 (1963). Vgl. zu den Stufen und Standards verfassungsgerichtlicher Kontrolle BRUGGER, Öffentliches Recht USA, S. 90ff.

71 Vgl. BRUGGER, AöP 1983 (108), 25, 46ff.

als Ausprägungen des *right of privacy* erkennt, schwächt es deren Bedeutung durch den „wirkungslosen“[72] Prüfungsmaßstab ab.

(3) Grundrecht auf Informationsschutz?

Schließlich ist zu prüfen, inwieweit das *right of privacy* auch in Richtung eines Grundrechts auf Informationsschutz und Geheimhaltung ausgedehnt werden kann. Im Zuge der neuen Datenverarbeitungssysteme bestand ein Bedürfnis, den Einzelnen vor unnötiger, unvollständiger oder unrichtiger Weitergabe seiner persönlichen Daten zu schützen. Grundsätzlich besteht nach der Auffassung des *Supreme Court* ein schützenswertes Interesse an der Geheimhaltung privater Angelegenheiten und an weitestgehender Selbstbestimmung in wichtigen Fällen.[73] Hierbei ist zu bedenken, daß eine grundrechtliche Kollisionslage mit dem Recht auf Information besteht, das ein Dritter aus *Am. 1* herleiten kann. Der *Supreme Court* löst diese Kollisionslage mit einer Güterabwägung zwischen den beiden Rechten auf und nimmt dabei eine Verletzung der Privatsphäre nur dann an, wenn das Recht des Einzelnen auf Zurückgezogenheit bei einer Abwägung mit dem Informationsinteresse des Dritten oder der Allgemeinheit überwiegt.[74] Abgesehen von höchstrichterlichen Entscheidungen liegen auf diesem Gebiet zwei gesetzliche Regelungswerke (*Freedom of Information Act, Privacy Act*)[75] vor, die diesem Schutzinteresse zu dienen bestimmt sind. Beide fangen das Bedürfnis auf, das *right of privacy* in Richtung des Informationsschutzes auszudehnen. Allerdings stellen sie nur einen unvollkommenen Ausgleich dar, weil sie dem Schutz des Einzelnen im gleichen Maße zu dienen bestimmt sind wie dem öffentlichen Interesse, das die Verwendung von Informationen legitimiert.[76] Schon deswegen ist die Diskussion um eine solche Ausdeh-

---

[72] BRUGGER, AöP 1983 (108), 25, 51.

[73] *Whalen v. Roe*, 429 U.S. 589, 599 (1977), eine Verletzung dieser Rechte wurde in dem zu entscheidenden Fall jedoch abgelehnt.

[74] *Whalen v. Roe*, 429 U.S. 589 (1977); *Nixon v. Administrator of General Services*, 433 U.S. 425 (1977); *Detroit Edison v. NLRB*, 440 U.S. 301 (1979).

[75] Vgl. dazu unten, 4. Kap., B.II.

[76] California Banker's Ass'n v. Schultz, 416 U.S. 21, 78f.

nung noch nicht beendet. Ferner läßt sich eine abschliessende Aussage des *Supreme Court* über den allgemeinen Informationsschutz nicht finden.[77]

cc) Befund für die Maßnahmen zur Informationsgewinnung

Der verfassungsrechtliche Schutz gegen verwaltungsbehördlichen Maßnahmen zur Informationsgewinnung kann nicht aus dem *right of privacy* hergeleitet werden, da dessen Erscheinungsformen ein solches Schutzinteresse nicht abdecken. Vielmehr ist der Adressat eines verwaltungsbehördlichen Informationsgesuches auf solche Verfassungsvorschriften angewiesen, die mit ihrem Regelungsgehalt Facetten der *privacy* abdecken. In Betracht dabei kommen *Am. 4* und *Am. 5*. Das *right of privacy* wird zwar als Grundrecht des Informationsschutzes diskutiert, soll aber nur vor der unnötigen, unvollständigen oder unrichtigen Verwendung und Veröffentlichung persönlicher Daten schützen. Insofern ist diese Diskussion für den Prozeß der verwaltungsbehördlichen Informationsgewinnung nicht von Bedeutung.

4. Zusammenfassung

Beim Schutz der Privatsphäre im amerikanischen Recht ist trennscharf zwischen dem Schutz der *privacy* und dem *right of privacy* zu unterscheiden. Das allgemeine *right of privacy* ist für den deliktsrechtlichen Bereich in der Literatur entwickelt worden. Der *Supreme Court* hat sich dieses „Moderechtsinstituts“[78] angenommen und es verfassungsrechtlich ausgeformt. In einer Vielzahl von Entscheidungen hat das Gericht dem *right of privacy* die Gestalt eines Grundrechts auf Ehe und Familie verliehen. Eine weitere Ausdehnung des *right of privacy* auf anderen Ausprägungen hat der *Supreme Court* tendenziell verhindert. Insofern beschränkt sich der verfassungsrechtliche Schutz der Privatsphäre zunächst nur auf die Facetten dieses Rechts, die die Verfassung als Ausprägung eines allgemeinen *right of privacy* anerkennt (*Am. 1, 3, 4, 5*). Lediglich in qualifizierten Fällen – Betroffenheit von Partnerschaft, Ehe und Familie im weiten Sinne – ist das allgemeine *right of privacy* anwendbar und beeinflußt das Eingriffsverhalten der Behörde. Somit stellen auf der verfassungsrechtlichen Ebene nur *Am. 4* und *Am. 5* eine in-

---

[77] Vgl. zum Verhältnis einer gesetzgeberischen und einer höchstrichterlichen Lösung, BRUGGER, Grundrechte und Verfassungsgerichtsbarkeit, S. 129; PIAZOLO, Das Recht auf Abtreibung, S. 66.

[78] PIAZOLO, Das Recht auf Abtreibung, S. 75.

haltliche Schranke für verwaltungsbehördliche Maßnahmen zur Informationsgewinnung dar, nicht hingegen das *right of privacy*. Daneben können auch noch einfach-gesetzliche Bestimmungen den Schutz weiter ausgestalten.

B. *Administrative Agencies* und *Privacy*

Der vorhergehende Abschnitt hat abstrakt dargestellt, wie die Privatsphäre als betroffenes Rechtsgut geschützt ist. Im folgenden ist auf die konkreten Berührungspunkte von verwaltungsbehördlichen Maßnahmen zur Informationsgewinnung einerseits und der Privatsphäre des Betroffenen andererseits einzugehen. Die Maßnahmen zur Informationsgewinnung sind gedeckt durch die verwaltungsbehördliche *investigatory power*. Diese Befugnis dient den *administrative agencies* dazu, ihre Entscheidungen vorzubereiten,[79] indem sie Sachverhalte auf relevante Inhalte untersuchen und deren Offenlegung, notfalls zwangsweise, betreiben.[80] Die *administrative agencies* haben mit der *investigatory power* mehr Macht und Einfluß, Informationen zu erlangen, als die Parteien im herkömmlichen Gerichtsverfahren. Ein ausgleichendes Korrektiv zu diesem Übergewicht zugunsten der *administrative agencies* ist darin zu sehen, daß die Betroffenen und auch Dritte die für sich erforderlichen Informationen mit Hilfe des *Freedom of Information Act (FOIA)*[81] erlangen können. Somit sind zwei Fallgestaltungen denkbar, in denen die Privatsphäre eines Betroffenen bedroht ist: Zum einen kann die Informationsgewinnung selbst einen Eingriff darstellen, also das Vorgehen der *administrative agency*, um Informationen zu erhalten. Zum anderen kann dies für die Verwendnung und Veröffentlichung der bereits erhobenen Informationen

---

[79] DAVIS, *Administrative Law Treatise*, I § 4:4 (S. 234); PARKER, Öffentliches Recht, S. 101.

[80] Vgl. dazu BLACK'S LAW DICTIONARY, „*investigatory power*" (S. 825). Die *investigatory power* hat den gleichen Zweck wie der Verfahrensabschnitt „*discovery*", der als der wichtigste, zeitraubendste und teurerste Abschnitt des amerikanischen Gerichtsprozesses gilt, vgl. SCHURTMANN/WALTER, US-Zivilprozeß, S. 56; vgl. ferner FRIEDENTHAL/KANE/MILLER, *Civil Procedure*, S. 380ff.; LANGE/BLACK, US-Zivilprozeß, S. 61ff. Im Rahmen der *discovery* geht es darum, sämtliche irgendwie erforderlichen Informationen offenzulegen und diese die Gegenseite wissen zu lassen, um einen fairen Prozeß ohne Überraschungen zu gewährleisten, vgl. GELLHORN/LEVIN, *Administrative Law*, S. 247f. Ein weiterer Zweck der *discovery* ist es, das eigentliche Gerichtsverfahren zu entlasten und auf die wesentlichen Fragen zu beschränken, vgl. DAVIS, *Administrative Law Treatise*, III § 14:8 (S. 35).

[81] Vgl. dazu unten, 4. Kap., B.II.

gelten. Im Hinblick auf den Untersuchungsgegenstand – Maßnahmen zur Informationsgewinnung – ist lediglich die erste Fallgruppe von Relevanz. Die problematische Verwendung und Veröffentlichung von bereits erhobenen Informationen ist als Folgeproblem der Informationsgewinnung deswegen nur in aller Kürze angefügt.[82]

I. Die Informationsgewinnung

Nur wenn eine *administrative agency* im jeweiligen Einzelfall über ein ausreichendes Maß an Informationen verfügt, kann sie die Gesetze effektiv durchsetzen und zielgenaue Maßnahmen ergreifen.[83] Ein Großteil der erforderlichen Informationen steht der *administrative agency* aus frei zugänglichen Quellen zur Verfügung oder wird ihr freiwillig unterbreitet. Dies dürfte insbesondere in den Konstellationen der Fall sein, in denen der Betroffenen selbst in den Genuß einer staatlichen Leistung gelangen möchte (z.B. bei Subventionen, bei der Erteilung einer Fahrerlaubnis). Schwierig wird es, wenn sich die Betroffenen weigern, die erforderlichen Informationen preiszugeben. Dies kann aus Angst vor Entdeckung geschehen, aber auch aus Sorge, die geheimen Daten könnten Dritten, insbesondere Konkurrenten, zugänglich gemacht werden. Durch ein solches Verhalten wird die Arbeit der *administrative agencies* behindert. Dies erfordert, ihnen geeignete Instrumente zu verleihen, um diesen Widerstand brechen und überwinden zu können.

1. Eingriffsmittel zur Informationsgewinnung

Eine *administrative agency* verfügt über unterschiedliche Möglichkeiten, an die erforderlichen Informationen zu gelangen.[84] Manche Gesetze sehen vor, daß Aufzeichnungen und Berichte anzufertigen sind (*records, reports*) und als gesetzliche Pflicht eingefordert werden können. Daneben kommt einigen

---

[82] Dieser Kollisionsbereich ist Gegenstand ausgedehnter Regelungswerke (dazu unten, 4. Kap., B.II.), die viele Einzelprobleme betreffen und ebenso viele Fragen aufwerfen. Deswegen ist eine vollständige Bearbeitung im Rahmen dieser Arbeit nicht möglich.

[83] In diesem Zusammenhang ist der Ruf nach Deregulierung laut geworden, da die regulierende staatliche Stelle nie so viel wie erforderlich über die regulierte Industrie wissen könne, vgl. GELLHORN/LEVIN, *Administrative Law*, S. 121.

[84] Diese unterschiedlichen Möglichkeiten sind nichts anderes als die drei Wege der Informationsgewinnung (Interview, Dokumentenanalyse und Beobachtung). Vgl. THIEME, Entscheidungen, S. 133ff.

administrative agencies die Kompetenz zu, den Betroffenen zu laden, um ihn zum Gegenstand der Untersuchung zu befragen oder um ein bestimmtes Dokument von ihm einzufordern (*subpoena*[85]). Schließlich kann die *administrative agency* selbst aktiv ermitteln, indem sie dort sucht, wo sie die gewünschten Information vermutet (*inspection*).[86]

a) *Records and Reports*

Eine erste Möglichkeit, an Informationen zu gelangen, ist den Betroffenen aufzufordern, Informationen über sich selbst oder über eine von ihm ausgeübte Tätigkeit preiszugeben. Zu dieser Kategorie sind z.B. Datenerhebungsbögen zu zählen, mittels derer Daten eingefordert werden können, die zum Bearbeiten eines Antrags (Erteilung der Fahrerlaubnis) erforderlich sind. Durch diese Form der Informationserlangung kann auch die regulative Tätigkeit einer *administrative agency* erleichtert werden. Durch regelmäßiges Erstellen von Berichten muß der Regulierte selbst dokumentieren, daß er die für ihn einschlägigen Gesetze, Verordnungen und Einzelakte beachtet. Dabei können auch wieder Vordrucke Verwendung finden, in die personen-/betriebsbezogene, technische, umweltrelevante und weitere denkbare Daten einzusetzen sind.

b) *Subpoena*

Eine weitere Möglichkeit besteht darin, den Informationsunwilligen zu laden, um ihn dann zum Gegenstand der Untersuchung zu befragen (*subpoena ad testificandum*). Darüberhinaus kann man ihm auch aufgeben, bestimmte Dokumente zu unterbreiten (*subpoena duces tecum*). Anfangs wurde die *subpoena power* sehr eingeschränkt ausgelegt, sodaß die *administrative agencies* von ihr nicht beliebig Gebrauch machen konnten. Nur wenn ihre Ermittlungen zeigten, daß eine spezifische Rechtsverletzung in Betracht kommt, konnten sie den Betreffenden laden.[87] Diese enge Sicht gab der *Supreme Court* auf, da es Aufgabe der *administrative agency* sei, alle möglichen Rechtsverletzungen aufzudecken und nicht nur bereits erkannte zu ver-

---

[85] *Sub poena* (lat.) – unter Strafe.

[86] AMAN/MAYTON, *Administrative Law*, § 20.1 (S. 704).

[87] *Harriman v. ICC*, 211 U.S. 407, 419f. (1908); *FTC v. American Tobacco Co.*, 264 U.S. 298, 306 (1924).

folgen.[88] Die genaue Reichweite und Ausgestaltung der *subpoena power* ist in dem jeweiligen Gesetz festgelegt, das die *administrative agency* einrichtet bzw. das ihr eine bestimmte Aufgabe überträgt.[89]

c) *Inspection*

Für die ersten beiden Möglichkeiten ist die Mitwirkung des Betroffenen erforderlich. Bleibt diese aus, besteht noch die Möglichkeit, daß die *administrative agency* selbst tätig wird und den Betroffenen aufsucht, um die erforderlichen Informationen zu erhalten. Aber auch in den Fällen, in denen der Informationswert eines schriftlich oder mündlich vorgetragenen Berichtes nicht ausreichend ist, ist die *inspection* von großer Bedeutung. Insbesondere im Umwelt- und Gesundheitsrecht kann so vor Ort (Betriebsgelände, Verkaufsräume) das Einhalten gesetzter Standards überprüft werden. Hierbei ist natürlich der Eingriff in Rechte des Betroffenen besonders evident.

2. Beschränkungen bei der Informationsgewinnung

Die zuvor genannten Eingriffsinstrumentarien stellen eine beträchtliche Bedrohung schützenswerter Interessen dar. Ohne Einschränkungen wäre jedermann jederzeit an jedem Ort der Gefahr des staatlichen Zugriffs ausgesetzt. Insbesondere ist die *privacy* durch diese Maßnahmen gefährdet. Jedoch kann eine *administrative agency* nicht beliebig handeln, sondern muß bestimmte verfassungsrechtliche Vorgaben beachten. Wie festgestellt,[90] läßt sich das *right of privacy* nicht heranziehen, vielmehr kommen nur *Am. 4* und *Am. 5* in Betracht, die Aspekte des *privacy*-Schutzes enthalten und hier ihre Wirkung entfalten. Darüberhinaus gibt es aber auch noch weitere einfach-gesetzlichen Maßgaben.

a) *Fourth Amendment*

Eine räumliche Beschränkung ist in *Am. 4* enthalten. Die *administrative agency* darf nicht an jedem beliebigen Ort nach Informationen suchen. Der vierte Zusatzartikel sieht vor, daß der Staat in einen Kernbereich des menschlichen Lebens grundsätzlich nicht eindringen darf, es sei denn, es

---

[88] *Oklahoma Press Publishing Co. v. Walling*, 327 U.S. 186, 215ff. (1946).

[89] Vgl. WASSERMAN, 74 Minnesota L. R. 37; SCHWARTZ, 32 Tulsa L. J. 493, 517ff.

[90] Vgl. dazu oben, insbesondere 4. Kap., A.II.3.c).

liegen bestimmte materielle und formelle Voraussetzungen vor. Relevant ist diese Beschränkung bei *inspections*, hingegen nicht bei *records/reports* und *subpoenas*.

aa) Persönlicher Schutzbereich

Der Verfassungstext spricht ausdrücklich von *„the right of people"*. Zum einen werden unbestritten natürliche Personen erfaßt, die unmittelbar durch den Akt der Durchsuchung bzw. Beschlagnahme betroffen sind. Der Begriff *„people"* und damit der Schutz von *Am. 4* beziehen sich nach seinem Gebrauch in der Verfassung nur auf Angehörige der staatlichen Gemeinschaft und auf Maßnahmen innerhalb des Staatsgebietes der Vereinigten Staaten.[91] Eine mittelbare Betroffenheit durch die Verwertung der Resultate reicht nicht aus.[92] Auf Personenvereinigungen wandte der *Supreme Court* den vierten Zusatzartikel nicht an, da sie als gesetzliche Gebilde auch einer erhöhten Überprüfung unterlägen.[93]

bb) Sachlicher Schutzbereich

Am. 4 schützt vor Durchsuchungen (*„searches"*) und Beschlagnahmen (*„seizures"*), die bestimmte Schutzobjekte (*„persons, houses, papers, and effects"*) betreffen. Zulässig sind Maßnahmen, die gestützt werden können auf einen Durchsuchungsbefehl (*„warrant"*), der einen angemessenen Grund enthält, bekräftigt durch Eid oder eidesstattliche Versicherung, versehen mit detaillierter Beschreibung des Ortes, der Person oder der Sachen, die Gegenstand der Durchsuchung bzw. Beschlagnahme sind. Die Schutzwirkung geht in zwei Richtungen. Zum einen hat jeder, der vom persönlichen Schutzbereich des vierten Zusatzartikels erfaßt wird, das Recht, den Zutritt zu bzw. den Zugriff auf sein Schutzobjekt zu verweigern, es sei denn, dieser ist von Gesetzes wegen zulässig. Zum anderen darf auch der Zutritt bzw. Zugriff

---

91 *United States v. Verdugo-Urquidez*, 494 U.S. 259, 265 (1990): *„[...] the people [...] refers to a class of persons who are part of a national community or who have otherwise developed sufficient connection with this country to be considered part of that community."*; ebenda, S. 266: *„[The Fourth Amendment's] purpose was to restrict searches and seizures which might be conducted by the United States in domestic matters."*.

92 *California Bankers Association v. Shultz*, 416 U.S. 21, 53 (1974).

93 *United States v. Morton Salt Co.*, 338 U.S. 632 (1950).

aktiv verhindert werden.[94] Lange Zeit bestand Unklarheit, ob es auch angemessene (*reasonable*) Durchsuchungen bzw. Beschlagnahmen geben könne, die ohne Durchsuchungsbefehl ergangen sind, oder ob jede verfassungsmäßige Maßnahme dieser Art eine solche Anordnung voraussetze.[95] Inzwischen sind viele weitreichende Ausnahmefälle zu dem grundsätzlichen Erfordernis eines Durchsuchungsbefehls anerkannt.[96] Gerade auf dem Bereich des Verwaltungsrecht sind die Anforderungen geringer als in strafrechtlichen Angelegenheiten.[97] Der Betroffene kann die Behördenvertreter freiwillig auf das Grundstück lassen und so auf seinen Schutz verzichten. Im Gegensatz zu strafrechtlichen Angelegenheiten ist bei verwaltungsrechtlichen der Maßstab für das Vorliegen einer ausreichenden Verzichtserklärung nicht ganz so streng.[98] Dies kann jedoch nicht so weit gehen, daß der Betroffene auf den Grundrechtsschutz gänzlich verzichten kann.[99] Weitere Ausnahmen gelten in Eilfällen, für Durchsuchungen während der Geschäftszeiten oder bei Objekten, die schon seit längerer Zeit einer intensiven Überwachung unterliegen.[100]

Eine wesentliche Beschränkung erfuhr *Am. 4* anfangs durch die Judikatur des *Supreme Court*. Nach Auffassung des Gerichts setzte eine Verletzung dieses Grundrechts immer auch eine Verletzung fremden Eigentums voraus.[101] Dies entsprach den Ursprüngen des vierten Zusatzartikels im engli-

---

[94] *Frank v. Maryland*, 389 U.S. 360, 365 (1959). In dieser Entscheidung stellte der *Supreme Court* noch weitere Anforderungen auf, die als Ausfluß von *Am. 4* anzuerkennen seien. Als Beispiele können dienen das Gebot zur Durchsuchung während der Tageszeit oder (inzwischen obsolet, vgl. die folgenden Ausführungen) das Verbot gewaltsamen Zutritts; ebenda, S. 366f.

[95] *Harris v. United States*, 331 U.S. 145 (1947); *Trupiano v. United States*, 334 U.S. 699 (1948); *McDonald v. United States*, 335 U.S. 451 (1948).

[96] Den entscheidenden Wandel vollzog der *Supreme Court* in *Camara v. Municipal Court*, 387 U.S. 523 (1967); vgl. aus neuerer Zeit *New Jersey v. T.L.O.*, 469 U.S. 325 (1985); *Maryland v. Buie*, 494 U.S. 325 (1990); *Illinois v. Rodriguez*, 497 U.S. 177 (1990); *California v. Acevedo*, 500 U.S. 565 (1991).

[97] AMAN/MAYTON, *Administrative Law*, S. 749.

[98] *United States v. Thriftimart, Inc.*, 400 U.S. 926 (1970).

[99] Für den Fall von Leistungsgewährung *Wyman v. James*, 400 U.S. 309, 317f. (1971).

[100] *See v. City of Seattle*, 387 U.S. 541 (1967); *Colonnade Catering Corp. v. United States*, 397 U.S. 72 (1970); *United States v. Biswell*, 406 U.S. 311 (1972); *Michigan v. Tyler*, 436 U.S. 499 (1978); s. dazu auch AMAN/MAYTON, *Administrative Law*, S. 752ff.

[101] *Boyd v. United States*, 116 U.S. 616, 627 (1886); *Adams v. New York*, 192 U.S. 585, 598 (1904).

schen Recht.[102] Dort wurde dem Grundsatz *„Every man's house is his castle"* eine solche Bedeutung beigemessen, daß sogar königlichen Beamten das Betreten privater Räumlichkeiten untersagt werden konnte.[103] Dies führte in der Judikatur des *Supreme Court* dazu, daß beispielsweise Tonbandaufzeichnungen nicht unter die Beschränkungen des *Am. 4* fielen, solange dabei das Grundstück des Betroffenen nicht betreten wurde.[104] Erst bei Betreten konnte *Am. 4* seine Schutzwirkung entfalten.[105] Später änderte das Gericht seine Auffassung und stützte *Am. 4* mehr auf *privacy interests* als auf *property interests*.[106] *Am. 4* schütze schließlich Personen und keine Örtlichkeiten.[107] Dabei maß der *Supreme Court* der subjektiven Empfindung des Betroffenen entscheidende Bedeutung für das Gewähren verfassungsrechtlichen Schutzes bei. Danach ist zu prüfen, ob der Betroffene berechtigterweise davon ausgehen durfte, in einem zurückgezogenen Bereich zu sein.[108] Dies ist zumindest dann nicht der Fall, wenn er bewußt Tatsachen der Öffentlichkeit preisgegeben hat.[109]

---

102 *Entick v. Carrington*, 95 Eng. Rep. 807, 817-18 (1765): *„The great end for which men entered in society was to secure their property. That right is preserved sacred and incommunicable in all instances where it has not been taken away or abridged by some public law for the good of the whole. [...] By the laws of England, every invasion of private property, be it ever so minute, is a trespass. No man can set foot upon my ground without my license but he is liable to an action though the damage be nothing [...].*

103 *Semayne's Case*, 77 Eng. Rep. 194 (K. B. 1604); *Entick v. Carrington*, 95 Eng. Rep. 807 (1765).

104 *Olmstead v. United States*, 277 U.S. 438 (1928); vgl. auch *Goldman v. United States*, 316 U.S. 129 (1942).

105 *Silverman v. United States*, 365 U.S. 505 (1961).

106 *Warden v. Hayden*, 387 U.S. 294, 304 (1967).

107 *Katz v. United States*, 389 U.S. 347, 353 (1967): *„[...] protects people, not places [...]"*.

108 *Katz v. United States* (HARLAN, *concurring opinion*, S. 360*)* 389 U.S. 347, 361 (1967): *„ [...] first that a person have exhibited an actual (subjective) expectation of privacy and, second, that the expectation be one that society is prepared to recognize as reasonable."*.

109 *Katz v. United States*, 389 U.S. 347, 351f. (1967): *„What a person knowingly exposes to the public, even in his own home or office, is not a subject of Fourth Amendment protection. But what he seeks to preserve as private, even in an area accessible to the public, may be constitutionally protected."*. Vgl. auch *United States v. Miller*, 425 U.S. 435, 442 (1976).

b) *Fifth Amendment*

Eine inhaltliche Beschränkung ist in *Am. 5* enthalten, das das *privilege against self-incrimination* (*nemo tenetur se ipsum accusare*) enthält. Der Betroffene soll nicht dem Konflikt ausgesetzt sein, der *administrative agency* Informationen zu unterbreiten, die ihn dann später selbst belasten. Bedeutung erlangt *Am. 5* für die ersten beiden Eingriffsmöglichkeiten (*records/ reports* und *subpoenas*), durch die der Betroffene angehalten wird, selber zur Sachverhaltsaufklärung oder Informationsbeschaffung beizutragen.

aa) Persönlicher Schutzbereich

Am. 5 zeichnet sich durch seinen starken personalen Bezug aus. Auf das Privileg soll sich nur derjenige berufen können, der Adressat der staatlichen Maßnahme ist. Die Zwangssituation ist privilegierend, nicht die Existenz belastender Dokumente. Daraus folgt zweierlei: Zunächst muß das Informationsverlangen eine Zwangssituation schaffen. Unterbreitet der Adressat die gewünschten Dokumente aus freien Stücken, ist er nicht durch *Am. 5* geschützt.[110] Des weiteren ist erforderlich, daß der Adressat selbst belastet wird und nicht ein Dritter. Im umgekehrten Fall erfährt der Belastete durch *Am. 5* keinen Schutz, wenn er nicht auch gleichzeitig Adressat ist.[111] Somit gleichen sich *Am. 4* und *Am. 5* von ihrem persönlichen Schutzzweck.[112] Ferner sind Personenvereinigungen auch hier im Gegensatz zu natürlichen Personen nicht vom Schutzbereich des *Am. 5* erfaßt. Der *Supreme Court* begründete dies damit, daß Personenvereinigungen durch Gesetze geschaffen werden, aus denen sie ihre rechtliche Existenz, ihre Rechte und Pflichten ableiten.[113] Insofern müßten sie auch einer weitreichenden Kontrolle ausgesetzt sein; denn sie sollen nicht gegen die Privilegien verstoßen dürfen, die sie erst durch das Gesetz erhalten. Von dieser Ausnahme werden sogar die einzelnen Organwalter der Korporation erfaßt, die im Besitz von Dokumenten sind, selbst wenn sie dadurch persönlich belastet werden. Allerdings setzt dies voraus, daß sie die Dokumente nicht in rein privater Funktion be-

---

110 *United States v. Doe*, 465 U.S. 605, 617 (1984).

111 *Couch v. United States*, 409 U.S. 322, 336 (1973).

112 Vgl. oben 4. Kap., B.I.2.a)aa).

113 *Wilson v. United States*, 221 U.S. 361, 383f. (1911); unter Bezug auf *Hale v. Henkel*, 201 U.S. 43 (1906).

sitzen, sondern aufgrund ihrer Tätigkeit als verlängerter Arm der Personenvereinigung, der nur dann das Dokument auch zuzurechnen ist.[114]

bb) Sachlicher Schutzbereich

Der sachliche Schutzbereich von *Am. 5* ist entgegen dem Wortlaut in einem Sinne weiter, in einem anderen enger auszulegen. Nach dem Wortlaut von *Am. 5* beschränkt sich das *privilege against self-incrimination* auf Strafverfahren („*in any c r i m i n a l case*"). Jedoch ist die Anwendung auch in *civil cases*[115] schon lange anerkannt.[116] Eine Verengung erfährt der Schutzbereich dadurch, daß bestimmte Dokumente ausgeklammert werden. Zunächst betrifft dies sog. „*public records*",[117] also solche Dokumente, die unabhängig vom Besitzer öffentliches Eigentum bleiben. Der *Supreme Court* dehnte den Tenor dieser Entscheidung auch auf private Unterlagen aus, die aufgrund einer gesetzlichen Verpflichtung zu führen sind.[118] Bei strafrechtlich relevanten Sachverhalten kann eine *administrative agency* die Garantie des *Am. 5* dadurch wahren, daß sie dem Aussagenden Straffreiheit zusichert.[119] Die Immunität kann sie jedoch nur dann gewähren, wenn die strafrechtliche Verfolgung allein aufgrund der Aussage möglich ist. Kann die Strafverfolgung auf andere Beweise gestützt werden, entfaltet die Immunität keine Wirkung mehr. Auch der Verwendung der Information in einem anderen Verfahren steht *Am. 5* dann nicht entgegen.

c) Beschränkungen sonstiger Art

Neben *Am. 4* und *Am. 5* hat die *administrative agency* weitere Beschränkungen nicht-verfassungsrechtlicher Art zu beachten, wenn sie die Unterbreitung von Informationen begehrt.

Zunächst muß sich die Behörde gemäß *APA Sec. 555(d)* auf eine gesetzliche Ermächtigungsgrundlage stützen können, die die Behörde ausdrücklich zur

---

114 *United States v. White*, 322 U.S. 694 (1944).

115 Zu bedenken ist, daß es für öffentlich-rechtliche Fälle keinen eigenen Gerichtszweig gibt. Für sie ist lediglich der Rechtsweg zu den ordentlichen Gerichten eröffnet.

116 *Boyd v. United States*, 116 U.S. 616 (1886).

117 *Davis v. United States*, 328 U.S. 582, 589 (1946).

118 *Shapiro v. United States*, 335 U.S. 1, 33 (1948); vgl. dazu auch SCHWARTZ, 32 Tulsa L. J. 493, 514f.

119 *Kastigar v. United States*, 406 U.S. 441 (1972).

Informationsgewinnung ermächtigt. Allein die Befugnis, auf einem bestimmten Gebiet ermittelnd tätig werden zu dürfen, reicht dazu noch nicht aus.[120] Diese Kompetenz hat die *administrative agencies* schon kraft ihrer Funktion eines exekutiven Organ und wird ihr durch das Gesetz verliehen, durch das sie geschaffen worden ist. Zwei weitere Voraussetzungen von *APA Sec. 555(d)* beschäftigen sich mit der Art und Weise des Vorgehens und betreffen das Verhältnis von Untersuchungsgegenstand und Untersuchungsmaßnahme. Zum einen muß die *administrative agency* die Untersuchungen mit dem Bestreben vornehmen, das Untersuchungsziel zu erreichen. Sie darf sich nicht von anderen Motiven leiten lassen. Zum anderen muß die Maßnahme geeignet sein, das Bedürfnis an Information zu befriedigen,[121] und darf dabei nicht zu unbestimmt und nicht unnötig belastend sein.[122]

Bei der *subpoena* ist neben den bereits genannten Voraussetzungen noch darauf zu achten, daß die *administrative agency* überhaupt zuständig ist, den Adressaten zu vernehmen. Eine erste Maßgabe ist in dem jeweilig ermächtigenden Gesetz enthalten. Eine weitere Konkretisierung liegt in den Händen der Behördenspitze.[123] Genaugenommen handelt es sich dabei um eine Art Richtlinie, die verbindlich den Adressatenkreis und den Regelungsgehalt des jeweiligen Gesetzes festlegt. Dann muß die *subpoena* von der dafür zuständigen Stelle, grundsätzlich vom Behördenleiter, ausgestellt sein. Jedoch muß (und kann) er nicht in jedem Einzelfall persönlich handeln. Die Benutzung von standardisierten Anordnungen in Form von Blankoanordnungen ist zulässig, sodaß dieses Erfordernis in der Regel gewahrt ist.[124] Zu beachten sind ferner verfassungsrechtliche oder einfach-gesetzliche Privilegierungen, insbesondere die des *Am. 5*. Auch im Verhältnis von Ehepaaren zueinander oder im Verhältnis von Anwalt zu Mandanten gibt es Ausnahmen, die Gegenstand von zahlreichen Problemen sind und hier nicht dargestellt werden sollen.[125]

---

120 AMAN/MAYTON, *Administrative Law*, S. 723.

121 *Endicott Johnson Corp. v. Perkins*, 317 U.S. 501 (1943); *FTC v. Texaco, Inc.*, 555 F.2d 862 (D.C.Cir. 1977), 431 U.S. 974 (1977).

122 *Oklahoma Press Pub. Co. v. Walling*, 327 U.S. 186 (1946); *CAB v. Hermann*, 353 U.S. 322 (1957).

123 *Endicott Johnson Corp. v. Perkins*, 317 U.S. 501 (1943).

124 *NLRB v. John S. Barnes Corp.*, 178 F.2d 156, 159 (7th Cir. 1949).

125 CONGRESSIONAL RESEARCH SERVICE, *Am. 5*, S. 1275 (Fn. 7) mit Verweis auf *Blau v. United States*, 340 U.S. 332 (1951) und *Alexander v. United States*, 138 U.S. 353 (1891).

3. Durchsetzung dieser Maßnahmen

Viele Adressaten dieser Maßnahmen werden die gewünschten Informationen freiwillig unterbreiten. Schwierigkeiten entstehen, wenn der Adressat seine mangelnde Bereitschaft zum Ausdruck bringt oder eine gesetzte Frist verstreichen läßt. In diesem Fall haben die *administrative agencies* nicht die Befugnis, ihre eigenen Handlungsanordnungen selber zu vollstrecken.[126] Sie benötigen die Hilfe der Gerichte. Dabei sind sie auf die Unterstützung des *Department of Justice* angewiesen, das für Klagen von Regierungsorganen zuständig ist.[127]

Für die Durchsetzung von *subpoenas* enthält der *APA* einen sehr weiten und wenig aussagekräftigen Prüfungsmaßstab. *5 U.S.C. Sec. 555, Cl. (d)* verlangt lediglich, daß die *subpoena* mit dem Recht übereinstimmt.[128] Falls das Gericht die *subpoena* aufrechterhält, wird es dem Betroffenen mittels einer *compliance order* aufgeben, der Handlungsanordnung Folge zu leisten. Grundsätzlich wird erst das Nichtbeachten der *court order* mit vorher angekündigten Strafen geahndet. Man kann also ein zweistufiges Verfahren beobachten. Dem verwaltungsbehördlichen Verfahren, in dem die *subpoena* erlassen wurde, folgt noch ein gerichtliches Verfahren, in dem die zuvor erlassene und vom Betroffenen nicht beachtete *subpoena* einer weiteren Prüfung standhalten muß. Nur ausnahmsweise kann ein Gesetz schon das Nichtbeachten der *agency order* direkt mit einer Sanktion bewehren.[129] Jedoch ist es dann wieder einem Gericht überlassen, den Verstoß festzustellen und die Sanktion zu verhängen. Entsprechendes gilt bei Geldbußen, die im Fall der Säumigkeit kraft Gesetzes verhängt werden. Sobald der Tatbestand, der die Geldbuße nach sich zieht, erfüllt ist und der Betroffene keine Rechtsmittel eingelegt hat, tritt die Rechtsfolge der Regelung ein. Von einer solchen ge-

---

126 Vgl. dazu oben, 3. Kap., B.

127 Vgl. dazu oben, 3. Kap., B.I.

128 Einen verläßlicheren Prüfungsmaßstab bemühte sich dann der *Supreme Court* zu entwickeln, vgl. *Endicott Johnson Corp. v Perkins* [MURPHY, *dissenting opinion*], 317 U.S. 501, 512ff. (1943); *Oklahoma Press Publishing Co. v. Walling*, 327 U.S. 186, 214 (1946).

129 Vgl. 15 U.S.C. Sec. 78u(c): „*Any person who shall, without just cause, fail or refuse to [... obey] the subpoena of the [Securities and Exchange] Commission, shall be guilty of a misdemeanor and, upon conviction, shall be subject to a fine of not more than $ 1000 or to imprisonment for a term of not more than one year, or both.*".

setzlich festgelegten Sanktion können dann auch die Gerichte nicht mehr rückwirkend abweichen.[130]

Ähnlich verhält es sich, wenn der Betroffene den Zutritt auf ein Grundstück verweigert. Ist in einer gesetzlichen Regelung vorgesehen, daß eine Strafe bei Verweigerung des Betretens zu verhängen ist, schließt das ein gewaltsames Betreten aus.[131] In andersgelagerten Fällen kann das Einverständnis je nach Rechts- und Gesetzeslage entbehrlich sein.[132] Hierfür ist maßgeblich, ob in der jeweiligen Situation ein Durchsuchungsbefehl erforderlich ist. In den Fällen, in denen darauf verzichtet werden kann, sind die Beamten befugt, das Durchsuchungsobjekt gewaltsam zu betreten bzw. zu ergreifen.[133] Andernfalls ist ein Durchsuchungsbefehl zu erwirken. Schließlich stellt sich noch die Frage, inwieweit nicht rechtmäßig erlangte Beweise verwertbar sind. Hier ist eine Güterabwägung vorzunehmen, innerhalb derer abzuwägen ist zwischen dem Interesse der Firmen, nicht unrechtmäßig durchsucht zu werden, und dem Interesse der Öffentlichkeit am Schutz vor unrechtmäßig agierenden Firmen.[134]

4. Zusammenfassung

Administrative agencies können unterschiedliche Wege beschreiten, um Informationen zu gewinnen. Je nach Bedarf können sie zwischen den Instrumenten *records/reports*, *subpoena* und *inspection* wählen und so auf vielfältige Weise den Unwilligen zur Preisgabe der erforderlichen Informationen zwingen. Dabei ist ihnen nicht gänzlich freie Hand gelassen, da verfassungsrechtliche Garantien, namentlich die in *Am. 4* und *Am. 5*, zu beachten sind. Daneben existieren einfach-gesetzliche Ausgestaltungen des Verfahrens. Sollte sich der Adressat dennoch weigern, die gewünschten Informationen zu unterbreiten, müssen die *administrative agencies* den Umweg über die Gerichte in Kauf nehmen. Der Zwang geht also letztendlich davon aus, daß die Gerichte eingeschaltet werden. Dies liegt darin begründet, daß *administrative agencies* keine Befugnis haben, ihre Maßnahmen im Rahmen der Informationsgewinnung selbst durchzusetzen.

---

130 AMAN/MAYTON, *Administrative Law*, S. 748f.

131 *Colonnade Catering Corp. v. United States*, 397 U.S. 72, 77 (1970).

132 *United States v. Biswell*, 406 U.S. 311, 317 (1972).

133 Vgl. zu den Ausnahmen oben, 4. Kap., B.I.2.a)bb).

134 *Donovan v. Sarasota Concrete Co.*, 693 F.2d 1061 (11th Cir. 1980).

II. Die Verwendung und Veröffentlichung von Informationen

Neben dem Erhalt von Informationen weist auch deren Verwendung und Veröffentlichung eine die Privatsphäre besonders gefährdende Tendenz auf. Der Grundsatz, daß alle Dokumente, Unterlagen und Aufzeichnungen in Händen der *administrative agencies* auf Antrag offenzulegen sind, geht auf den *Freedom of Information Act (FOIA)*[135] aus dem Jahr 1966 zurück, *5 U.S.C. Sec. 552*. Vor Bestehen dieser Regelungen hatte der Anspruchsteller ein Recht auf Akteneinsicht nachzuweisen. Diese Nachweispflicht ist mit dem *FOIA* zu seinen Gunsten dergestalt auf die *administrative agency* übergegangen, daß nun diese das Erfordernis der Geheimhaltung darlegen muß. Es lassen sich gewichtige Argumente anführen, die für diese Transparenz verwaltungsbehördlichen Handelns sprechen. Zunächst kann die Öffentlichkeit die ordnungsgemäße Ausführung der verwaltungsbehördlichen Funktionen nur dann verfolgen, wenn sämtliche Informationen über die verwaltungsinternen Vorgänge offengelegt werden. Die Kontrolle ist zwar Sache der Gerichte, die Initiative zur Kontrolle ist aber auch durch Dritte möglich.[136] Weiterhin wäre – als Steigerung zum zuvor Gesagten – bei verdecktem Handeln einer Bedrohung der grundrechtlichen Freiheit denkbar. Schließlich ist zu bedenken, daß die Öffentlichkeit bei Kenntnis sämtlicher Informationen das Verhalten der jeweiligen *administrative agency* in zukünftigen Fällen besser einschätzen kann. Auf der einen Seite vereinfacht dies es sogar, die Gesetze zu beachten, da man so über die verwaltungsbehördliche Auslegung im Bilde ist. Auf der anderen Seite wird die Aufgabe der Exekutiven erleichtert, und zwar die Beachtung der Gesetze sicherzustellen. Zwei Regelungswerke – der bereits erwähnte *FOIA* und der *Privacy Act (PA)* aus dem Jahr 1974, *5 U.S.C. Sec 552a* – haben sich des Konflikts von Transparenz verwaltungsbehördlichen Handelns einerseits und Schutz der individuellen *privacy* andererseits angenommen.

1. *Freedom of Information Act (FOIA), Privacy Act (PA)*

FOIA und *PA* beschäftigen sich mit der Behandlung von Informationen in den Händen von Exekutivorganen (*departments, government corporations, administrative agencies* und weitere Organe, die durch die Exekutive kontrolliert werden). Eine klare Trennlinie läßt sich zwischen beiden Rege-

135 Vgl. dazu DAVIS, *Administrative Law Treatise*, I § 5 (S. 307ff.); GURLIT, Verwaltungsöffentlichkeit, S. 50ff., 213ff.

136 Ein Instrument dafür sind die sog. *citizen suits*, vgl. dazu unten, 5. Kap., A.I.2.

lungswerken nicht ausmachen. Manche Regelungen überlappen sich, andere ergänzen einander, weitere widersprechen sich. Als generelle Abgrenzung kann man festhalten, daß sich der *FOIA* mit der Frage beschäftigt, welche Arten von Informationen offenzulegen sind und welche zurückgehalten werden können, während der *PA* ergänzend dazu den vertraulichen Umgang mit Informationen, also auch deren Veröffentlichung, behandelt.

Der *FOIA* berechtigt jedermann („*any person*"), von einer *administrative agency* Einsicht in vorhandene Unterlagen, Dokumente und Akten verlangen zu können. Die Reichweite dieser Verpflichtung erfordert einen erheblichen Arbeitsaufwand, da die Vorschrift sehr detailliert festlegt, welche Arten von Informationen im *Federal Register* oder durch Vorlage zugänglich zu machen sind.[137] Für dieses Unterfangen sind Richtlinien zur Abwicklung zu erstellen.[138] Weigert sich die *administrative agency*, dem Antrag nachzukommen, kann der Betroffene sein Recht vor den Gerichten einklagen.[139] Darüberhinaus sind noch viele weitere Bestimmungen enthalten, die die effektive Umsetzung des *FOIA* garantieren sollen.

Der *PA* stellt eine Absicherung gegen den Mißbrauch von Information zur Verfügung. Schwerpunktmäßig ist hier niedergelegt, wie Informationen zu sammeln, zu halten, zu gebrauchen und wie zu verbreiten sind. Wesentlicher Begriff des *PA* ist das „*system of records*". Darunter ist die Gesamtheit aller verfügbaren Daten zu einer Person zu verstehen, die nach bestimmten Informationskategorien gegliedert sind (Bildungsweg, finanzielle Transaktionen, Krankengeschichte, Straftaten usw.). Daten, die nicht in einem solchen System verwaltet werden, fallen nicht unter den *PA*. Auch hier ist die *administrative agency* verpflichtet, die Ausführung des *PA* zu regeln.[140] Rechtsschutz ist über *5 U.S.C. Sec. 552a, Cl. (g)* möglich. Weitere Vorschriften

---

[137] *5 U.S.C. Sec. 552, Cl. (a)(1): „Each agency shall separately state and currently publish in the Federal Register for the guidance of the public [...]. (2) Each agency, in accordance with published rules, shall make available for public inspection and copying [...] (3) [...] shall make the records promptly available to any person [...].".*

[138] *5 U.S.C. Sec. 552, Cl. (a)(4)(A)(i): „In order to carry out the provisions of this section, each agency shall promulgate regulations [...].".*

[139] *5 U.S.C. Sec. 552, Cl. (a)(4)(B): „On complaint, the [responsible] district court of the United States [...] has jurisdiction to enjoin the agency from withholding agency records and to order the production of any agency records improperly withheld from the complainant. In such a case the court shall determine the matter de novo, [...].".*

[140] *5 U.S.C. Sec. 552a, Cl. (f): „Agency Rules. – In order to carry out the provisions of this section, each agency that maintains a system of records shall promulgate rules, [...].".*

schließen sich an, die Ausnahmen und das Verhältnis zu anderen Vorschriften beinhalten.

2. Die Berücksichtigung der Privatsphäre

In *5 U.S.C. Sec. 552(b)* sind neun Fallgruppen aufgeführt, auf die die Regelungen des *FOIA* nicht anwendbar sind. Besondere Bedeutung haben dabei der vierte und sechste Ausnahmetatbestand. *Exemption 4* schützt Geschäftsgeheimnisse, die vertrauensvoll der *administrative agency* unterbreitet worden sind.[141] Damit soll der Konkurrenzkampf durch die Hintertür verhindert werden. Andernfalls wäre es ein Leichtes, unter dem Vorwand, Einblick in Unterlagen erhalten zu wollten, Betriebsgeheimnisse eines Konkurrenten nur mit dem Interesse auszukundschaften, Wettbewerbsvorteile zu erzielen. *Exemption 6* erwähnt ausdrücklich die *privacy*.[142] Dabei ist abzuwägen, ob die individuelle Privatsphäre oder das öffentliche Interesse am Offenlegen überwiegt.[143] Darüberhinaus sind in den anderen Ausnahmetatbeständen noch solche Informationen geschützt, die die staatliche Funktionsfähigkeit betreffen (*exemptions 1, 2, 5, 7*)[144], die gesetzlich von der Veröffentlichung ausgenommen sind (*exemption 3*)[145] und die besonders schützenswerte Bereiche betreffen (*exemptions 8, 9*)[146].

---

141 *5 U.S.C. Sec. 552, Cl. (b): „This section does not apply to matters that are – [...] (4) trade secrets and commercial or financial information obtained from a person and privileged or confidential;“.*

142 *5 U.S.C. Sec. 552, Cl. (b)(6): „personnel and medical files and similar files the disclosure of which would constitute a clearly unwarranted invasion of personal privacy;“.*

143 GELLHORN/LEVIN, *Administrative Law*, S. 148.

144 *5 U.S.C. Sec. 552, Cl. (b): „(1) [...] secret in the interest of national defense or foreign policy [...]; (2) related solely to the internal personnel rules and practices of an agency; (5) inter-agency or intra-agency memorandums or letters which would not be available by law to a party other than an agency in litigation with the agency; (7) records or information compiled for law enforcement purposes [...]“.*

145 *5 U.S.C. Sec. 552, Cl. (b)(3): „specifically exempted from disclosure by statute [...]“.*

146 *5 U.S.C. Sec. 552, Cl. (b)(8) : „ [...] reports prepared by, on behalf of, or for the use of an agency responsible for the regulation or supervision of financial institutions;“; 5 U.S.C. Sec. 552, Cl. (b)(9) geological and geophysical information and data, including maps, concerning wells.“.*

5 U.S.C. Sec. 552a, Cl. (d) beschreibt die Rechte des Einzelnen auf Einsicht und Korrektur der ihn betreffenden Informationen.[147] Der Umfang und die Verwendung der gespeicherten Informationen ist in *5 U.S.C. Sec. 552a, Cl. (e)* streng reglementiert.

3. Zusammenfassung

Auch wenn die *administrative agencies* Informationen offenlegen, besteht die Gefahr, daß sie dabei in die *privacy* eingreifen. Zwei Regelungswerke – *FOIA* und *PA* – beschäftigen sich mit dieser Problematik und bringen die Transparenz verwaltungsbehördlichen Handelns und den Schutz der individuellen *privacy* in Einklang.

C. Ergebnis

Die Maßnahmen zur Informationsgewinnung, namentlich *records/reports*, *subpoena* und *inspections*, stellen eine Beeinträchtigung der *privacy* dar. Es liegt nahe, eine Absicherung der *privacy* im *right of privacy* zu erblicken, das erst seit dreißig Jahren Gegenstand verfassungsrechtlicher Diskussion ist. Doch hat dieses Rechtsinstitut eine andere Ausprägung erfahren, da es aufgrund seiner Entstehungsgeschichte auf den Schutz von Partnerschaft, Ehe und Familie abzielt und alle nur damit verbundenen Handlungsweisen umfaßt. Auf der verfassungsrechtlichen Ebene verbleiben aber noch die Regelungen, die im Rahmen ihres Regelungsgehaltes lediglich Erscheinungsformen der *privacy* mit umfassen. Für den Bereich der Informationsgewinnung sind dies *Am. 4* und *Am. 5*. Eine Schutzwirkung ganz anderer Art stellt der Umstand dar, daß die *administrative agencies* die eigenen Maßnahmen zur Informationsgewinnung nicht selber mit Zwangsmitteln durchsetzen können. Dafür sind sie auf die Hilfe der Gerichte angewiesen. Das Folgeproblem der Informationsgewinnung – die Verwendung und Veröffentli-

---

147 *5 U.S.C. Sec. 552a, Cl. (d): „Access to Records. – Each agency that maintains a system of records shall – (1) upon request by any individual to gain access to his record or to any information pertaining to him [...]; (2) permit the individual to request amendment of a record [...]; (3) permit the individual who disagrees with the refusal of the agency to amend his record to request a review of such refusal [...]; (4) [...] clearly note any portion of the record which is disputed and provide copies of the statement [...]; and (5) nothing in this section shall allow an individual access to any information compiled in reasonable anticipation of a civil action or proceeding.“.*

chung von Informationen – fangen einfachgesetzliche Regelungswerke (*FOIA*, *PA*) auf.

5. Kapitel

Vergleich einer amerikanischen *Administrative Agency* und einer deutschen Verwaltungsbehörde

Dieses fünfte Kapitel soll dazu dienen, die bisher gewonnenen theoretischen Erkenntnisse an einem praktischen Beispiel zu veranschaulichen. Dafür wird das Handeln einer ausgewählten *administrative agency* und das einer vergleichbaren deutschen Verwaltungsbehörde dargestellt. Dabei beschränkt sich die folgende Untersuchung auf die im vierten Kapitel in Augenschein genommenen Maßnahmen zur Informationsgewinnung.

A. *United States Environmental Protection Agency (EPA)*

I. Vorstellung der *EPA*

Die *United States Environmental Protection Agency* (*EPA*[1]) ist eine der größten Bundesverwaltungsbehörden in Amerika. Mit ihren zehn über das Gebiet der USA verteilten Regionalstellen, den 17.000 Mitarbeitern und einem Budget von 6 Milliarden US-Dollar verwaltet die *EPA* unterschiedliche Programme, um die großen Umweltgesetze auszuführen (z.B. *Clean Air Act; Clean Water Act; Comprehensive Environmental Response, Compensation and Liability Act*).[2]

1. Entstehungsgeschichte

Präsident NIXON richtete im Jahr 1970 die *U.S. Environmental Protection Agency* durch *Executive Order*[3] als *independent executive agency* ein. Zwar war auch schon zuvor der Umweltschutz staatlich institutionalisiert, doch

---

1 Zwar gibt es auch auf einzelstaatlicher und lokaler Ebene *Environmental Protection Agencies*, doch beschäftigt sich die vorliegende Arbeit ausschließlich mit der *U.S. Environmental Protection Agency*, sodaß keine Verwechslungsgefahr besteht. Darüber hinaus ist diese gewählte Abkürzung auch üblich.

2 EPA, *Guide to EPA*, S. 3; MOYA/FONO, *Federal Environmental Law*, S. 4.

3 *Federal Register, Vol. 35, No. 194 – Tuesday, October 6, 1970.*

ermöglichte die *EPA* erstmals eine zentral koordinierte Umweltpolitik.[4] Bis dahin existierten unselbständige Abteilungen anderer *administrative agencies*, deren Aufgabe der Umweltschutz war. So wurde im Jahr 1970 der Umweltschutz nicht als ein neu zu reglementierendes Rechtsgebiet entdeckt, sondern die bisherige Aufgabenverteilung lediglich neu strukturiert. Dies wird deutlich an der Bezeichnung des Gesetzes, durch das die *EPA* eingerichtet worden ist. Der *Reorganization Plan Number 3* bündelte die bis dahin weit verstreuten Zuweisungen umweltschutzrelevanter Aufgaben in der neuen Behörde *EPA*. Waren die Belange des Umweltschutzes bisher unselbständige Aufgaben anderer Behörden, so bestand nun eine einheitliche Zuständigkeit.[5] Dafür maßgebend war die Erkenntnis, daß die bisherige Aufgabenzuweisung an unterschiedliche Behörden den Zusammenhängen und Wechselbeziehungen in der Umwelt nicht gerecht werde.[6] Insbesondere die nach zu schützenden Medien getrennte Aufgabenzuweisung verhindere eine erfolgreiche Bekämpfung, da eine künstliche Trennung nach Luft, Wasser und Boden die unterschiedlichen Auswirkungen einer einzigen Verschmutzungsquelle oder eines einzelnen Stoffes verkenne.[7] Dies erfordere die Bün-

---

4 BUCK, *Environmental Law*, S. 21. Einen Überblick über die weitere Entwicklung der *EPA* gibt MYERS, EPA Journal 5/95, S. 57ff.; insbesondere zu den Anfangsjahren s. EPA, *Formative Years*, S. 1ff.

5 Zuvor war dem *Department of Interior* die Überwachung der Gewässerreinheit übertragen. Von den Aufgaben des *Department of Health, Education and Welfare* wurde der *EPA* die Kontrolle über die Luftverschmutzung, die Überwachung der Bodenverschmutzung, der Strahlenschutz und das Trinkwasser-Programm überwiesen. Dem Aufgabenkatalog des *Department of Agriculture* entstammt die Registrierung von Pestiziden und die Regulierung ihres Gebrauches. Anstelle der *Food and Drug Administration* bestimmte fortan die *EPA* die zulässigen Pestizid-Höchstwerte in der Nahrung. Die Bestimmung von Grenzwerten im Strahlenschutz, Aufgabe der *Atomic Energy Commission*, wurde der *EPA* überwiesen, die darüberhinaus gänzlich die Aufgaben der *Federal Radiation Control* übernahm, vgl. *Sec. 2 Reorganisation Plan No. 3, Fed.Reg., Vol. 35, No. 194*; *Message from the President of the United States, relative to Reorganisation Plan Nos. 3 and 4 of 1970, Document No. 91-366*, S. 2, 3.

6 *Message from the President of the United States, relative to Reorganisation Plan Nos. 3 and 4 of 1970, Document No. 91-366*, S. 1: *„Despite its complexity, for pollution control purposes the environment must be perceived as a single, interrelated system. Present assignments of departmental responsibilities do not reflect this interrelatedness."*.

7 *Message from the President of the United States, relative to Reorganisation Plan Nos. 3 and 4 of 1970, Document No. 91-366*, S. 2: *„Many agency missions, for example, are designed primarily along media lines – air, water, and land. [...] A single source may pollute the air [...], the land [...] and a river [...]. Successful control [...] at present re-*

delung aller erforderlichen Eingriffshandlungen in einer Behörde.[8] Inwieweit die *EPA* diese hohen Erwartungen erfüllt hat bzw. erfüllen kann, wird bezweifelt.[9]

Die Vorgeschichte der *EPA* setzt sich aus mehreren Erscheinungen und Ereignissen zusammen, die in den Sechziger Jahren das Umweltbewußtsein schärften. In der Zeit nach dem Jahr 1945 entdeckten die Menschen in den Vereinigten Staaten die Lebensqualität der Vororte und bevölkerten diese.[10] Zusätzlich war eine demoskopische Veränderung durch den nach dem Zweiten Weltkrieg einsetzenden Babyboom zu verzeichnen. Die begrenzten natürlichen Ressourcen Raum, Luft und Boden mußten einer erhöhten Belastung standhalten.[11] Die Bedeutung der Umwelt, insbesondere auch als politisch erheblicher Belang, war nicht mehr zu leugnen. Das Medium Fernsehen nahm sich der Thematik Umwelt an, da quotenträchtige Beiträge über Umweltverschmutzungen ein wichtiges Mittel im Kampf um Einschaltquoten und Fernsehzuschauer waren.[12] Zudem erhöhte die Entwicklung und Produktion von Kriegsmitteln die Vielfalt von Technologien und Materialien, die in der privaten Wirtschaft ihre Verwendung fanden: Pestizide, Chemikalien für die Landwirtschaft, Plastikstoffe, synthetische Gemische.[13] Die Herstellung dieser Produkte und die Beseitigung der Abfälle nach ihrem Gebrauch wurden zwei neue Quellen der Umweltverschmutzung. Darüberhinaus diente die Atomkraft zur Energieerzeugung und der Gebrauch von ra-

---

quires the coordinated efforts of a variety of separate agencies and departments. The results are not always successful.".

[8] *Message from the President of the United States, relative to Reorganisation Plan Nos. 3 and 4 of 1970, Document No. 91-366*, S. 2: *„In organizational terms, this requires pulling together into one agency a variety of research, monitoring, standard-setting and enforcement activities now scattered through several departments and agencies.".*

[9] ALM, EPA Journal 5/95, S. 12ff.; GLASS GELTMAN/ SKROBACK, 23 Columbia J. of Envtl. L. 1, 10ff.; GURUSWAMY, 1989 Wisconsin L. R. 463, 516; PETERSEN, KJ 1993, 251, 357ff.

[10] LANDY, *EPA*, S. 22.

[11] Vgl. CHAPMAN, *Environmental Law*, S. 92f.; ein Indiz für die Knappheit natürlichen Ressourcen war die Bildung von Smog über dem Großraum Los Angeles, ein Zeichen von überhöhter Umweltbelastung, das in den Fünfziger Jahren zum ersten Mal in Erscheinung trat.

[12] LANDY, *EPA*, S. 24.

[13] Der Gebrauch von Plastik stieg in den USA zwischen 1938 und 1958 von 1.800t auf 1.800.000t, vgl. CHAPMAN, *Environmental Law*, S. 92.

dioaktivem Material zu medizinischem Nutzen.[14] Schriftsteller machten die Umwelt zum „tragischen Helden“ von Umweltkatastrophen.[15] Auch die durch den Vietnamkrieg hervorgerufenen Kontroversen in der amerikanischen Bevölkerung und die damit verbundene Kulturrevolution der Sechziger Jahre waren nicht unbedeutende Faktoren. Um so schockierender empfand die amerikanische Bevölkerung das Ereignis des 28. Januar 1969. Eine Bohrinsel der *Union Oil Company* im Pazifischen Ozean leckte und verunreinigte mit fast 900.000 Litern Öl zunächst das Meer, dann die Strände von Santa Barbara über eine Länge von mehr als 60 Kilometern. Als Folge davon starben unzählige Tiere. Eine Massenhysterie machte sich breit.

Die politische Reaktion auf diese Katastrophe war der *National Environmental Policy Act (NEPA)*, den Präsident NIXON am 1. Januar 1970 unterzeichnete. Gemäß *NEPA Sec. 2* soll eine Harmonisierung von Mensch und Umwelt erreicht, Schadensquellen für die Umwelt eliminert und die Gesundheit des Menschen gefördert werden.[16] Adressat der Regelungen ist jede Bundesbehörde, die im Rahmen ihrer Tätigkeit für den Erhalt der Lebensbedingungen einstehen und ihre Maßnahmen auf deren Umweltverträglichkeit überprüfen soll.[17] Gemäß *NEPA Sec. 102(2)(C)* ist ein *Environmental Impact Statement (EIS)* für alle Projekte zu verfassen und auch anderen Behörden zur Einsicht vorzulegen. Zudem wurde die Umweltauswirkung von staatlichen Maßnahmen entscheidungserheblicher Belang. Dies führte dazu, daß die am wenigsten belastende Maßnahme bei gleich wirksamen Maßnahmen anzuwenden ist, unabhängig von einer zu erstellenden Kosten-Nutzen-Analyse. Eine weitere Maßnahme noch desselben Jahres war die Einrichtung der *EPA*. Am 9.

---

[14] CHAPMAN, *Environmental Law*, S. 92.

[15] Bedeutenste Vertreterin ist *Rachel Carson* mit ihrem 1962 erschienen Buch *Silent Spring*.

[16] *NEPA Sec. 2, 42 U.S.C. Sec. 4321* [*Congressional declaration of purpose*] : *"The purposes of this chapter are: to declare a national policy which will encourage productive and enjoyable harmony between man and his environment; to promote efforts which will prevent or eliminate damage to the environment and bioshere and stimulate the health and welfare of man; to enrich the understanding of the ecological systems and natural resources important to the Nation; and to establish a Council on Evironmental Quality."*

[17] Vgl. *42 U.S.C. Sec. 4331* [*Congressional declaration of national environmental policy*]: *"(a) [...] (b) Continuing resonsibility of federal Government to use all practicable means to improve and coordinate federal plans, functions, programs and resources [...] (c) Responsiblitiy of each person to contribute to preservation and enhancement of environment [...]".*

Juli 1970 unterzeichnete Präsident NIXON den *Reorganisation Plan No. 3*, Tag des Inkrafttretens war der 2. Dezember 1970.

2. Aufgaben

Gemäß dem *EPA Strategic Plan* ist es Auftrag der *EPA*, die Gesundheit des Menschen zu schützen und die natürliche Umwelt – Luft, Wasser und Boden – zu bewahren, von der jegliches Leben abhängig ist. Dieser Mission ist ein Katalog mit Programmsätzen nachgestellt, die die Bedeutung des Umweltschutzes und die daraus erwachsende Verpflichtung des Staates aufzeigen: Betroffenheit eines jeden Bürgers im alltäglichen Leben, bestmögliche wissenschaftliche Erkenntnisse als Grundlage staatlicher Maßnahmen, Umweltschutz als wesentlicher politischer Belang, gerechte und effektive Ausführung der Bundesgesetze, Zugänglichkeit aller Quellen für jedermann, Nutzbarkeit eines funktionierenden Ökosystems, Mitwirken bei der internationalen Aufgabenverteilung und internationaler Führungsanspruch. Ferner sind die angestrebten Ziele genannt und die notwendigen Prinzipien, um diese Ziele zu erreichen.[18] Im Rahmen dieser Zielsetzungen bestehen für die *EPA* die Aufgaben darin, sowohl allgemeingültige Regelungen wie auch spezifische Standards zu entwickeln, die sich nur auf bestimmte Chemikalien oder Industriezweige beziehen.[19] Daneben ist die *EPA* damit befaßt, das Umweltverhalten, insbesondere das Befolgen der Umweltgesetze, zu beobachten und Gesetzesverstöße aufzudecken, ferner entdecktes Fehlverhalten zu verfolgen und zu sanktionieren.[20]

3. Aufgabenverteilung

Die Zentrale der *EPA* befindet sich in Washington, D.C. Gesamtplanung, Koordination und Kontrolle von *EPA*-Programmen finden von hier aus statt. Oberste Organisationseinheit ist das *Office of the Administrator*. Ihm steht der *Administrator* vor, der für die Richtlinien der Behördenpolitik zuständig ist und in seiner Arbeit vom *Deputy Administrator* unterstützt wird. Ihnen

---

[18] EPA, *Strategic Plan*, S. 16ff.

[19] EPA, *Guide to EPA, 21K-1012*, S. 4.

[20] *CWA Sec. 308* und *CWA Sec. 309* können hier als ein Beispiel unter vielen anderen vergleichbaren Vorschriften dienen, vgl. zu diesen Regelungen des *CWA* auch unten, 5. Kap., A.II.2.

stehen drei *Associate Administrators* zur Seite.[21] Daneben existieren noch weitere Abteilungen, beispielsweise die des *Administrative Law Judge*. Hierarchisch unterhalb des *Office of the Administrator* vollführen neun *Assistant Administrators* weitere Aufgaben. Dabei kann man zwei unterschiedliche Aufgabentypen unterscheiden.[22] Die eine Gruppe der *Assistant Administrators* überwacht die Durchführung der einzelnen Programme der *EPA* und ist im Rahmen dessen für die Bewältigung besonderer, programmspezifischer Probleme verantwortlich.[23] Die andere Gruppe übt funktionale Aufgaben aus, die die Verwaltungstätigkeit der *EPA* allgemein betreffen.[24] Abteilungen der ersten und zweiten Gruppe arbeiten immer als Tandem zusammen.[25]

Um regionalen Bedürfnissen, Besonderheiten und Anliegen gerecht werden zu können, sind zehn *EPA Regional Offices* eingerichtet,[26] in denen sich diese zuvor genannte Organisationsstrukur wiederfinden läßt. Die Dezentralisierung dient des weiteren der praktischen Durchführbarkeit der Aufgaben der *EPA*.[27] Sie betrifft aber nicht die Aufgabenverteilung im föderalen Bun-

---

[21] *Associate Administrator for Regional Operations and State/Local Relations; Associate Administrator for Communications and Public Affairs; Associate Administrator for Congressional and Legislative Affairs.*

[22] KUBASEK, *Environmental Law*, S. 84; PETERSEN, KJ 1993, 351, 354f.; vgl. auch das Organigramm in EPA, *Organizazion Guide*, S. 1-7.

[23] *Assistant Administrator for Solid Waste and Emergency Response; Assistant Administrator for Prevention, Pesticides and Toxic Substances; Assistant Administrator for Air and Radiation; Assistant Administrator for Water.*

[24] *Assistant Administrator for Administration and Resource Management; Assistant Administrator for Enforcement; General Counsel; Inspector General; Assistant Administrator for International Activities; Assistant Administrator for Policy, Planning and Evaluation; Assistant Administrator for Research and Development.*

[25] CUNNINGHAM/BALL/COOPER, *Environmental Encyclopedia*, S. 302.

[26] *Region I:* Niederlassung in *Boston*, zuständig für die Staaten *Connecticut, Massachusetts, Maine, New Hampshire, Rhode Island, Vermont; Region II: New York City (New Jersey, New York, Puerto Rico, Virgin Islands); Region III: Philadelphia (Delaware, District of Columbia, Maryland, Pennsylvania, Virginia; West Virginia); Region IV: Atlanta (Alabama, Florida, Georgia, Kentucky, Mississippi, North Carolina, South Carolina, Tenessee); Region V: Chicago (Illinois, Indiana, Michigan, Minnesota, Ohio, Wisconsin); Region VI: Dallas (Arkansas, Louisiana, New Mexico, Oklahoma, Texas); Region VII: Kansas City (Iowa, Kansas, Missouri, Nebraska); Region VIII: Denver (Colorado, Montana, North Dakota, South Dakota, Utah, Wyoming); Region IX: San Francisco (Arizona, California, Hawaii, Nevada, American Samoa, Guam, Trust Territories of the Pacific); Region X: Seattle (Idaho, Oregon, Washington, Alaska).*

[27] EPA, *Access EPA*, S. 10; DIES., *Organization Guide*, S. 1-5f.

desstaat – also zwischen Bundesstaat und Einzelstaat – sondern beschränkt sich auf die Bundesebene. Im Grundsatz gilt, daß jede staatliche Ebene die eigenen Gesetze ausführt und dabei entstehende Streitfälle vor den eigenen Gerichten klärt. Hierbei sind neben der Bundes-, Staats- und lokalen Ebene die Indianerstämme zu berücksichtigen. Als eine Art Selbstverwaltungskörperschaft haben sie die Befugnis, eigene (Umwelt-) Gesetze zu erlassen[28] und auch auszuführen.[29] Dabei werden sie von der *EPA* als Einzelstaaten behandelt (*Treatment as State (TAS) Programs*).[30] Die ihnen so grundsätzlich gewährte Souveränität ist zu beachten.[31] Die *EPA* kann gesetzlich näher umschriebene Aufgaben von den Einzelstaaten bzw. den Indianerstämmen ausführen lassen.[32] Dabei handelt es sich nicht – wie im deutschen Grundgesetz als ein Aufgabentyp vorgesehen – um Ausführung von Bundesrecht durch Landesbehörden. Vielmehr zieht sich das Bundesrecht gänzlich zurück,[33] sofern kein Bedürfnis dafür besteht, daß die *EPA* selbst tätig. Ein solches Bedürfnis ist anzunehmen, wenn die *EPA* von einem Einzelstaat um Unterstützung gebeten wird, der Einzelstaat unzeitig oder unangemessen handelt,[34] ein Präzedenzfall mit Auswirkung auf die Bundesebene droht oder eine Verfügung der *EPA* bzw. eines Bundesgerichts betroffen ist.[35] Somit bleibt der *EPA* jederzeit ein bedingtes Eintrittsrecht vorbehalten, das Ausdruck ihrer Überwachungsfunktion ist sowie der Verpflichtung, die ordnungsgemäße Umsetzung bundesstaatlicher Gesetzesziele zu gewähr-

---

28 Vgl. *Blatchford v. Native Village of Noatak*, 501 U.S. 775 (1991).

29 *National Farmers Union Ins. Cos. v. Crow Tribe of Indians*, 471 U.S. 845, 857 (1985).

30 COURSEN, 23 Envtl. L. Rep. 10579; *33. U.S.C. Sec. 1377 (CWA 1996); 42 U.S.C. Sec. 300j-11(a)(1) (SDWA 1991); 42 U.S.C. Sec. 7601(d) (CAA 1995); 42 U.S.C. Sec. 9626 (CERCLA/Superfund 1995).*

31 *Northern States Power Co. v. Prairie Island Mdewakanton Sioux Indian Community*, 991 F.2d 458, 462 (8th Cir. 1993); *United States v. Yakima Tribal Court*, 806 F.2d 853, 861 (9th Cir. 1986).

32 Vgl. *42 U.S.C. Sec. 7410 (CAA 1996); 33 U.S.C. Sec. 1242 (CWA 1996); 42 U.S.C. Sec. 6926 (RCRA 1996); 15 U.S.C. Sec. 2684 (TSCA 1996).*

33 Ausführlich zur Aufgabenverteilung zwischen Bund und Einzelstaaten JARASS, NuR 1993, 49ff.; zur Subsidiarität des Bundesrechts bei ausreichendem Handeln des Einzelstaates, ebenda, S. 50.

34 Hierbei handelt es sich um den wesentlichsten Fall, vgl. RUSSO, 4 NYU Envtl. L.J. 211ff.

35 Vgl. EPA, *Environmental Enforcement.*

leisten.[36] Den Einzelstaaten bleibt es jedoch ungenommen, eigene Umweltgesetze auszuführen, insbesondere solche mit strengeren Regelungen. Auch lokale Verwaltungsbehörden können an der Um- und Durchsetzung der Bundesgesetze mitwirken, indem sie vor den zuständigen Gerichten klagen. Schließlich besteht im Verhältnis zu anderen Verwaltungsbehörden die Möglichkeit, zwischenbehördliche Absprachen zur besseren Koordination zu treffen (*memorandum of understanding*).

Auch Private können Initiator staatlicher Maßnahmen sein. Neben dem informellen Kontakt zu Interessenverbänden ist hier insbesondere an das Rechtsinsitut des *citizen suit* zu denken.[37] Die Umweltgesetze sehen vor, daß Privatpersonen bzw. Personengruppen die Durchsetzung von Gesetzesvorschriften sowie von Genehmigungsauflagen einklagen können. Klagegegner kann die untätige bzw. unzureichend tätige *EPA* sein, aber auch der vermeintliche Umweltsünder selbst.[38] Eine Klage gegen eine *administative agency* setzt voraus, daß sie in unzureichendem Maße tätig geworden ist[39] und daß die verwaltungsinternen Rechtsbehelfe ausgeschöpft sind.[40] Somit existiert in Amerika eine Art objektives Beanstandungsverfahren, anders als im deutschen Verwaltungs- und Verwaltungsgerichtsverfahren, die die Verletzung eines subjektiv-öffentlichen Rechtes voraussetzen. Sofern rechtlich geschützte Interessen betroffen sind, besteht die Möglichkeit, im Wege einer „gewöhnlichen“ Drittklage gegen die Verwaltung vorzugehen. Unberührt von diesen Klagemöglichkeit bleibt die weitere Alternative, im Wege einer Schadensersatzklage Ausgleich für persönliche Nachteile zu begehren, die der Kläger durch den Umweltverstoß erlitten hat.

---

36 SULLIVAN, *Environmental Law Handbook*, S. 56; für den Sonderfall der *inspection* vgl. nur EPA, *RCRA Inspection Manual;* bei Maßnahmen der Indianerreservate, vgl. *Washington Department of Ecology v. U.S. EPA*, 752 F.2d 1465, 1472 (9th Cir. 1985); *Blue Legs v. United States Bureau of Indian Affairs*, 867 F.2d 1094, 1096f. (8th Cir. 1989).

37 Zu den Vorteilen des *citizen suit* gegenüber der Beschränkung der Klagebefugnis im deutschen Recht auf individuelle Rechtsverletzungen in konkreten Situationen ROSE-ACKERMAN, Umweltrecht, S. 17, insb. S. 167ff.

38 Vgl. nur *CWA Sec. 505(a), 33 U.S.C. Sec. 1365(a)*; s. dazu und zu den Rechten Dritter allgemein SCHMIDT, Klagebefugnis, S. 76ff.; zu *citizen suits* vgl. auch GALLAGHER/MILLER, *Handbook*, S. 187ff.; allgemein JARASS, NuR 1993, 197, 201.

39 Vgl. nur *CWA Sec. 505(a)(2), 33 U.S.C. Sec. 1365(a)(2)*.

40 JARASS, NuR 1993, 197, 201.

4. Zusammenfassung

Die *EPA* ist für die Umweltpolitik und die Ausführung der maßgeblichen Umweltgesetze auf Bundesebene verantwortlich. Dabei kann sie sich bestimmte Aufgaben mit den Einzelstaaten, Indianerreservaten und Kommunen teilen. Sie bleibt aber auch dann weiterhin zuständig und kann erforderlichenfalls eingreifen. Die *EPA* ist als Verwaltungsbehörde intern hierarchisch gegliedert, fügt sich extern aber nicht in das *Cabinet*-System ein. Vielmehr findet sie ihren Platz am Rande des klassischen Drei-Gewalten-Schemas als *independent executive agency*.[41]

II. Eingriffsinstrumentarium des *Clean Water Act (CWA)*

Die Untersuchung, wie die *EPA* konkret Informationen gewinnen kann, soll sich auf die Instrumente eines ausgewählten Gesetzgebungswerkes beschränken, und zwar auf die des *Clean Water Act (CWA)*.

1. *Clean Water Act (CWA)*

Neben dem nahezu unüberschaubaren Eigenrecht der Behörde, veröffentlicht im *Code of Federal Regulations*[42], sind vierzehn Hauptgesetze[43] als zentrale Gesetzesgrundlage zu nennen, die das Handeln und Wirken der *EPA* im wesentlichen bestimmen. Eines dieser Hauptgesetze ist der *Clean Water Act (CWA), 33 U.S.C. Sec. 1251 et seq*. Sein Ziel ist es, „die chemische, physikalische and biologische Integrität nationaler Gewässer wiederherzustellen und aufrechtzuerhalten."[44]

---

[41] Zur Unterscheidung von *independent regulatory agency* und *independent executive agency*, vgl. oben, 2. Kap., B.II.2.b)bb)(1).

[42] Vgl. *40 C.F.R.*

[43] *The Clean Air Act; The Clean Water Act; The Safe Drinking Water Act; The Comprehensive Environmental Response, Compensation, and Liability Act (CERCLA, „Superfund"); The Emergency Planning and Community Right-To Know Act; The Resource Conservation and Recovery Act; The Federal Insecticide, Fungicide, and Rodenticide Act; The Toxic Substances Control Act; The Marine Protection, Research, and Sanctuaries Act; The Uranium Mill Tailings Radiation Control Act; The Indoor Radon Abatement Act; The Ocean Dumping Ban Act; The Coastal Zone Management Act; The Pollution Prevention Act.*

[44] *CWA Sec. 101(a), 33 U.S.C. Sec. 1251(a).*

a) Entstehungsgeschichte

Erster Vorläufer des *CWA* war der *Rivers and Harbors Act* (sog. *„Refuse Act")* aus dem Jahr 1899.[45] Dieses Gesetzgebungswerk befaßte sich jedoch hauptsächlich mit dem Schutz der Schiffahrt und nur nebensächlich mit dem Schutz der Wasserqualität,[46] der dann im Jahr 1948 beim Erlaß des *Federal Water Pollution Control Act (FWPCA)* im Mittelpunkt stand, der im Jahr 1965 ein erstes Mal novelliert wurde. Gesetzesziel war die Verminderung der Wasserverschmutzung. Dabei nahm der Bund eine assistierende Rolle ein, während die Last der Durchsetzung bei den Einzelstaaten lag, die jedoch der Bund durch Geldleistungen unterstützte. Die Vollzugsmaßnahmen beschränkten sich auf informelle und kooperative Bemühungen.[47] Erst die zweite Novellierung (1972) verlieh dem *FWPCA* regulativen Regelungscharakter. Daraus ist der „moderne" *CWA* hervorgegangen,[48] der sich auszeichnet durch die Vereinheitlichung der Wasserqualitäts- und Emissionsstandards, durch die angestrebte Eleminierung von Gewässerverunreinigung bis zum Jahr 1985, durch die Abstimmung der Emissionsbeschränkungen auf die jeweilig betroffene Industrie sowie Technologie und durch die Ausdehnung der Bundeszuständigkeit auf alle Gewässer der Vereinigten Staaten. Um diese hochgesteckten Ziele erreichen zu können, sind unterschiedliche Kontrollprogramme (*National Pollutant Discharge Elimination System, Pretreatment Program, Dredged and Fill Program*) eingeführt worden.[49]

b) Anwendungsbereich

Für die Anwendbarkeit des *Clean Water Act* stellt *CWA Sec. 301(a)* die zentrale Norm dar. Danach ist jede Gewässerverunreinigung (*„discharge of any pollutant"*) unrechtmässig. Jedoch ist diesem Grundsatz die Ausnahme schon vorangestellt. Ausgenommen ist jedes Verhalten, das mit einer der dort zitierten Vorschriften[50] übereinstimmt. Vorrangige Bedeutung kommt

---

[45] *33 U.S.C. Sec. 407 et seq.* (1899).

[46] GALLAGHER/MILLER, *Handbook*, S. 1.

[47] EPA, *Guidance Manual*, S. 1-7.

[48] Mit der Bezeichnung *Clean Water Act* sind somit die Regelungen gemeint, die 1972 zur Ergänzung des *FWPCA* erlassen (*„The 1972 Amendments"*) und in der Folgezeit durch weitere Ergänzungen inhaltlich angereichert worden sind.

[49] EPA, *Guidance Manual*, S. 1-8.

[50] Das sind neben *CWA Sec. 301* (*„this section"*) auch *CWA Sec. 302, 306, 307, 318, 402, 404*.

dabei der Regelung des *CWA Sec. 402* zu, die ein Genehmigungsverfahren für beantragte Gewässerverunreinigungen vorsieht (*CWA Sec. 402(a)* i.V.m. *40 CFR Sec. 122-Sec. 125*). Die anderen Ausnahmetatbestände, die dazugehörigen Ausführungsverordnungen und insbesondere die Legaldefinitionen schränken dieses präventive Verbot der Gewässerverunreinigung weiter ein: Unrechtmäßig ist nur *„the discharge of any pollutant"*. Darunter wird gemäß *CWA Sec. 502(11)* nur das Ableiten eines Schadstoffes von einer ortsfesten Anlage (*„point source"*) in schiffbare Gewässer (*„navigable waters"*) verstanden. Der Begriff der ortsfesten Anlage ist durch das Erfordernis einer bestimmten Vorrichtung (*„conveyance"*) enger gefaßt, *CWA Sec. 502(14)*. Dadurch kommt dem Begriff des Einleitens der Charakter der Dauerhaftigkeit und Regelmäßigkeit zu. Nicht erfaßt sind demgegenüber das gelegentliche, einmalige Beseitigen oder das zufällige Einleiten von Abfallstoffen, ferner scheiden Verunreinigungen des Grundwassers aus. Vom Gesetzgeber intendierter Zweck dieses Einschränkungsmechanismus ist es, den Adressatenkreis auf industrielle und gewerbliche Dauereinleitungen zu begrenzen.[51] Ähnlich wie im deutschen Recht nimmt hier die Abgrenzung von Abwasser und Abfall eine wesentliche Rolle ein. Damit korrespondiert die Frage, ob in einem konkreten Verschmutzungsfall die Regelungen des *CWA* oder des *Resource Conservation and Recovery Act (RCRA)* anzuwenden sind. Dies beantwortet *42 CFR Sec. 261.4(a)(2)*.[52] Danach scheiden für den Anwendungsbereich des *RCRA* industrielle Abwasserableitungen aus, die über *CWA Sec. 402* reguliert werden. Somit nimmt der *CWA* bei Abwasserregelungen eine Vorrangstellung gegenüber dem *RCRA* ein. Dieses Kollisionsverhältnis ist von weiteren Vorschriften aufgenommen.[53]

---

[51] MEINEL, Umweltstrafrecht, S. 61; THAMAN, Umweltstrafrecht USA, S. 395.

[52] *40 CFR Sec. 261.4: „Exclusions. (a) Materials which are not solid wastes. The following materials are not solid wastes for the purpose of this part: [...] (2) Industrial wastewater discharges that are point source discharges subject to regulation under section 402 of the Clean Water Act, as amended. [Comment: This exclusion applies only to the actual point source discharge. It does not exclude industrial wastewaters while they are being collected, stored or treated before discharge, nor does it exclude sludges that are generated by industrial wastewater treatment.]"*.

[53] Vgl. nur Vorschriften des *RCRA* in *42 U.S.C. Sec. 6901: „Congressional findings. [...] (b) Environment and health. The Congress finds with respect to the environment and health, that – [...] (3) as a result of the Clean Air Act (42 U.S.C. 7401 et seq.), the Water Pollution Control Act (33 U.S.C. 1251 et seq.), and other Federal and State laws respecting public health and the environment, greater amounts of solid waste (in the form of sludge and other pollution treatment residues) have been created. Similarly, inadequate and environmentally unsound practices for the disposal or use of solid waste have cre-*

c) Regelungsgehalt

Der *CWA* regelt den umweltverträglichen Umgang mit industriellem Abwasser. Eine Kernfunktion bei den Kontrollprogrammen übt das *National Pollutant Discharge Elimination System (NPDES)* aus, das in *CWA Sec. 402* normiert ist. Ein *NPDES-permit* stellt eine Ausnahme zu dem in *CWA Sec. 301* als Grundsatz normierten Verbot der Gewässerverunreinigung dar. In ihm sind die gesetzlich vorgesehenen Grenzwerte für noch zulässige Abwassereinleitungen enthalten. Darüberhinaus können – falls erforderlich – engere Grenzwerte für den konkreten Fall und weitere Bestimmungen, Auflagen und Vorbehalte aufgenommen sein.[54] Für die Erteilung eines *NPDES-permit* und für die entsprechenden Überwachungs- und Vollzugsmaßnahmen ist die *EPA* zuständig. Jedoch kann auch ein Einzelstaat dafür verantwortlich sein, wenn er gemäß *CWA Sec. 402(b)* in der Lage ist nachzuweisen, daß er die anfallenden Aufgaben in gleicher Weise erledigen kann wie die *EPA*, insbesondere über den erforderlichen Vollzugsapparat verfügt, *CWA Sec. 402(b)(7); 40 C.F.R. Sec. 123.27(a)*. Die *EPA* bleibt aber auch in diesen Einzelstaaten weiterhin befugt, unter bestimmten Voraussetzungen Vollzugsmaßnahmen einzuleiten. *Administrative orders*, *civil penalties* und *criminal penalties* stellen dabei ein starkes Vollzugsinstrumentarium dar.[55] Nur so ist sichergestellt, daß die Normadressaten die Regelungen des *CWA* beachten und die *EPA* auf Verstöße reagieren kann. Für die Durchführung des *CWA* nehmen die Benachrichtigungs- und Informationspflichten eine bedeutsame,

---

ated greater amounts of air and water pollution and other problems for the environment and for health; (4) open dumping is particularly harmful to health, contaminates drinking water from underground and surface supplies, and pollutes the air and the land; [...]", oder in *42 U.S.C. Sec. 6902: „Objectives and national policy. (a) Objectives. The objectives of this chapter are to promote the protection of health and the environment and to conserve valuable material and energy resources by – [...] (10) promoting the demonstration, construction, and application of solid waste management, resource recovery, and resource conservation systems which preserve and enhance the quality of air, water, and land resources; and [...]"*, oder in *42 U.S.C. Sec. 6905: „Application of chapter and integration with other Acts. (a) Application of chapter. Nothing in this chapter shall be construed to apply to [...] any activity or substance which is subject to the [CWA] except to the extent that such application (or regulation) is not inconsistent with the requirements of [the CWA]. (b) Integration with other Acts. (1) The Administrator shall integrate all provisions of this chapter for purposes of administration and enforcement and shall avoid duplication, to the maximum extent practicable, with the appropriate provisions of the [CWA].*

[54] EPA, *Guidance Manual*, S. 1-12.

[55] Vgl. unten, 5. Kap., A.II.2.b).

da fundamentale Funktion ein.[56] Weitere Novellierungen in den Jahren 1977[57], 1981, 1987 und 1990 paßten den *CWA* immer neuen Herausforderungen – Schadensquellen bzw. Technologien – an und erweiterten die Befugnisse der *EPA* insbesondere bei der Durchsetzung der gesetzlichen Ziele.

Wichtige regulative Funktionen des *CWA* üben neben dem *NPDES-Program* das *Pretreatment Program* zum Schutz der öffentlichen Kläranlagen (*„publicly owned treatment works"*) aus und das *Dredged and Fill Material Permit Program, CWA Sec. 404*, das das Abladen von Aushubmaterial in die Gewässer betrifft.

2. Maßnahmen zur Informationsgewinnung

Im Rahmen der abstrakten Darstellung der *administrative agencies* ist der Untersuchungsgegenstand im vierten Kapitel auf Maßnahmen zur Informationsgewinnung beschränkt worden. Dort stellten sich die Eingriffsmittel *records/reports, inspection* und *subpoena* als verwaltungsbehördliche Maßnahmen dar, mit Hilfe derer die Informationen beschafft werden können. Informationen sind für das Handeln der *administrative agencies* zwar unerläßlich, doch kollidiert die Informationsgewinnung gleichzeitig mit der Privatsphäre des Betroffenen. Im folgenden ist zu untersuchen, welche Regelungen des *CWA* die oben genannten Eingriffsmittel bereitstellen, im Anschluß daran, wie die *EPA* von diesen Regelungen Gebrauch machen kann.

a) Regelungen des *CWA* zur Informationsgewinnung

Bei einer Durchsicht des *CWA* fallen im Zusammenhang mit der Informationsgewinnung und den dazu oben gewonnenen Erkenntnissen zwei Vorschriften auf: *CWA Sec. 308* und *CWA Sec. 309(g)(10)*.[58]

---

[56] Vgl. unten, 5. Kap., A.II.2.a).

[57] Durch die *1977 Amendments* erhielt der *CWA* seinen Namen.

[58] Nahezu wortgleich mit diesen Vorschriften sind *CWA Sec. 311(m)(2)(A), (B)* und *CWA Sec. 311(b)(6)(I). CWA Sec. 311* ist als eine Reaktion auf das Exxon Valdez-Unglück im Jahre 1990 durch den *Oil Pollution Act* eingefügt worden. Im folgenden soll die Darstellung auf das erste Vorschriftenpaar beschränkt werden, weil sie die generelleren Normen betreffend den Konflikt von staatlichem Informationsbegehren und individuellem Privatsphärenschutz darstellen.

aa) *CWA Sec. 308*

CWA Sec. 308[59] ist betitelt mit *„Records and reports; inspections"*. Die Vorschrift ermächtigt den *Administrator*, solche Informationen zu verlangen, die für die Durchführung des *CWA* notwendig sind. Dazu kann er gemäß *CWA Sec. 308(a)(A)* dem Besitzer und Betreiber einer ortsfesten Anlage aufgeben, Aufzeichnungen und Berichte anzufertigen, Überwachungsinstrumente zu installieren, Proben zu entnehmen oder darüberhinaus erforderliche Informationen zu unterbreiten. Dabei werden Standardformulare (*Discharge Monitoring Reports – DMRs*) verwandt. Weitere Anforderungen sind in *40 C.F.R. Sec. 122.41, 122.42* enthalten. Ferner ist der *Administrator* oder ein von ihm befugter Vertreter (*authorized representative*) gemäß *CWA Sec. 308(a)(B)* ermächtigt, Zutritt zu dem Grundstück zu verlangen, auf dem sich die ortsfeste Anlage befindet, oder Einsicht in die durch Absatz *(A)* verlangten Unterlagen zu nehmen.[60] Auf diesem Wege kann die *EPA* eine „aktive Ermittlungsstrategie" verfolgen. Sie dient zur Ergänzung einer „reaktiven Ermittlungsstrategie", die mit der Kenntnis von Umweltverstößen einsetzt.[61] Die Vorgehensweise bei der *inspection* ist durch den *CWA* selbst vorgegeben und durch die *EPA* weiter ausgeformt.[62] Nach dem Wortlaut von *CWA Sec. 308(a)(B)* sind die *EPA*-Mitarbeiter verpflichtet sich auszuweisen (*„upon presentation of his credentials"*).

bb) *CWA Sec. 309(g)(10)*

Die zweite Vorschrift – *CWA Sec. 309(g)(10)* – ermächtigt den *Administrator*, eine *subpoena* auszustellen, um die Anwesenheit und die Aussage von Zeugen (*„lay witness"*) und Sachverständigen (*„expert witness"*) sowie die Vorlage von bestimmten Dokumenten zu erzwingen. Die *subpoena* steht der *EPA* im Verfahren nach *CWA Sec. 309(g)* zur Verfügung. Bei ihr handelt es sich also um ein spezielles Verfahrensinstrument im Rahmen eines speziellen Rechtsmittelverfahrens.[63] Inhaltlich zielen die *subpoena* und *records* bzw. *reports* auf das Gleiche ab, und zwar auf die Informationsgewinnung.

---

59 *CWA Sec. 308(b)* enthält eine Regelung, die die Veröffentlichung von Informationen betrifft. Dies ist neben der Informationsgewinnung eine zweite Form verwaltungsbehördlichen Handelns, die von Relevanz für die Privatsphäre ist, vgl. oben, 4. Kap., B.II.

60 Für die unterschiedlichen *types of inspections*, vgl. EPA, *Guidance Manual*, S. 3-8f.

61 MEINEL, Umweltstrafrecht, S. 187f.

62 EPA, *Guidance Manual*, S. 3-10ff.

63 Vgl. unten, 5. Kap., A.II.2.b)aa)(4).

Deswegen ist eine parallele Anwendbarkeit denkbar, sofern ein Verfahren i.S.d. *CWA Sec. 309(g)* im Gange ist. Grundsätzlich ist erst mit dem weniger einschneidenden Instrument – *records and reports* – zu beginnen.[64]

b) Vorgehensweise der *EPA*

Im folgenden stellt sich die Frage, auf welche Weise die *EPA* von den Regelungen zur Informationsgewinnung Gebrauch machen kann. Dazu stellt der *CWA* mehrere Handlungsalternativen zur Verfügung,[65] die je nach ihrer Ausprägung verwaltungsbehördlicher (*administrative*) oder judizieller Natur (*civil* oder *criminal*) sind. *Administrative remedies* sind einfache Benachrichtigungen (*Section 308-letters* und *notices of violation*) und alle *administrative orders*, die entweder die Beachtung der gesetzlichen Vorschriften verlangen (*compliance orders*) oder administrative Sanktionen auferlegen (*administrative orders assessing penalties*). Diese Rechtsmittel werden also von der jeweilig handelnden *administrative agency* selbst ausgesprochen. *Civil remedies* und *criminal remedies* hingegen erfordern gerichtliche Verfahren, im Rahmen derer das Gericht Geldbußen und/oder gerichtliche Verfügungen bzw. Geld- oder Freiheitsstrafen verhängen kann. Eine Sonderform neben diesen Handlungsalternativen stellt schließlich die Durchführung von *inspections* dar.

aa) *Administrative Remedies*

Die *administrative remedies* lassen sich in vier Fallgruppen untergliedern. Der *Section 308-letter* und die *notice of violation* stellen rein informelle Instrumente dar. Davon zu unterscheiden sind die *administrative orders*, die in Gestalt der *compliance order* oder der *administrative order assessing penalties* ergehen können.

(1) *Section 308-Letter*

Gemäß *CWA Sec. 308(a)* kann der *Administrator* von jedem Besitzer oder Betreiber einer ortsfesten Anlage jegliche Information verlangen, die zur Ausführung der *CWA*-Bestimmungen erforderlich ist. Der *section 308-letter*

---

[64] Vgl. EPA, *Information Requests*, IV.B.

[65] Vgl. auch die Handlungsalternativen des *Clean Air Act* bei ERBES, *Air-Guide*, S. 203ff.; s. dazu auch LUNDMARK, 10 Tulane Envtl. L. J. 457ff.

ist das Schriftstück, mit dem dieses Verlangen mitgeteilt wird. Er dient dazu, sowohl die aktive Ermittlungsstrategie (*records/ reports*) wie auch die reaktive Ermittlungsstrategie (*inspections*) zu verfolgen. Der *section 308-letter* kann also eine Aufforderung an den Betroffenen enthalten, die gewünschten Informationen selbst zu unterbreiten, oder aber auch als Ankündigung dafür dienen, daß eine Durchsuchung geplant ist.[66] Es handelt sich also um eine rein informelle Maßnahme, die sich ausschließlich auf diese eine Vorschrift des *CWA* beschränkt. Der *section 308-letter* darf weitere Inhalte nicht enthalten, z.B die Aufforderung, andere Regelungen als *Sec. 308* oder besondere *permit*-Bedingungen zu beachten. Das Versäumnis, auf einen *Sec. 308-Letter* zu reagieren, ist Grund für den Erlaß einer *administrative order* oder einer *civil remedy*.[67] Somit stellt ein *section 308-letter* quasi eine Vorstufe dar. Allerdings ist er keine zwingende Vorbedingung, da der *Administrator* auch sofort das schärfere Mittel der *administrative order* oder der *civil remedy* wählen kann.[68] Ein *section 308-letter* sollte folgende Informationen enthalten: Name und gegebenfalls *permit*-Nummer des Adressaten; Angabe der Ermächtigungsgrundlage (*CWA Sec. 308*); detaillierte Beschreibung des Informationsbegehrens bzw. Ankündigung der Durchsuchung; Androhung von weiteren Maßnahmen (eine der in *CWA Sec. 309* vorgesehenen bzw. Durchsuchung mit richterlichem Durchsuchungsbefehl); Frist, innerhalb derer die gewünschten Informationen zu unterbreiten sind; schließlich die Adresse des zuständigen *EPA-office* samt Ansprechpartner.[69]

(2) *Notice of Violation*

Gemäß *CWA Sec. 309(a)(1)* kann die *EPA* bei Verstoß gegen die Bestimmungen aus *CWA Sec. 308* eine *Notice of Violation (NOV)* ausstellen.[70] Die *NOV* richtet sich in erster Linie an den betroffenen Einzelstaat, falls dieser eigene *permit*-Verfahren durchführen darf.[71] Sinn und Zweck dieser Benachrichtigung ist es, daß der primär zuständige Einzelstaat Gelegenheit hat, den Verstoß in einer Frist von dreißig Tagen selbst zu ahnden.[72] Die *EPA* ist nur

---

[66] EPA, *Guidance Manual*, S. 3-9.

[67] EPA, *Guidance Manual*, S. 6-4.

[68] EPA, *Guidance Manual*, S. 6-4.

[69] EPA, *Guidance Manual*, S. 6-4f. bzw. S. 3-9f.

[70] Gleiches gilt für Verstöße gegen *CWA Sec. 301, 302, 306, 307, 318, 405*.

[71] Vgl. oben, 5. Kap., A.II.1.c).

[72] EPA, *Guidance Manual*, S. 6-5.

subsidiär zuständig. Nach ergebnislosem Verstreichen dieser Frist kann sie jedoch selbst tätig werden und eine der beiden *administrative orders* ausstellen. Neben dem Einzelstaat ist auch der Betroffene selbst Adressat der *NOV*. Dies kann den erhofften Nebeneffekt haben, daß der Betroffene freiwillig die gewünschten Informationen unterbreitet, sei es im Hinblick auf die Ankündigung weiterer Schritte der Behörde, sei es, weil er so selbst zum ersten Mal Kenntnis von der Informationspflicht oder ihrer rechtlichen Einstufung erlangt.[73] Insoweit ist die *NOV* auch eine Sonderform des *section 308-letter*. Die *NOV* ist genausowenig wie der *section 308-letter* zwingende Voraussetzung für weitere Vollzugsmaßnahmen.[74] Die *NOV* sollte enthalten: Bezeichnung der betroffenen Regelungen des *CWA* und der Schadensquelle; Hinweis auf Zeitpunkt und Ort der Verletzungshandlung sowie auf die vorhandenen Beweismittel; Bezeichnung des weiteren Vorgehens, falls der Staat nicht tätig wird; Hinweis darauf, daß der Betroffene die Möglichkeit hat, die Angelegenheit mit einem Behördenvertreter innerhalb von dreißig Tagen zu erörtern und einen eigenen Anwalt hinzuzuziehen; schließlich die Bezeichnung des Ansprechpartners im zuständigen *EPA-office*.[75]

(3) *Compliance Order*

Die *compliance order* ist geregelt in *CWA Sec. 309(a)(3)* und ist vom *Administrator* auszustellen. Auch hier ist ein Verstoß gegen *CWA Sec. 308* Voraussetzung.[76] Die *compliance order* beinhaltet eine Aufforderung an den Betroffenen, die festgestellten Verstöße ab sofort oder innerhalb einer angemessenen Frist zu unterbinden. Diese Aufforderung muß genau darlegen, was die *EPA* vom Adressaten erwartet.[77] Auf welchem Wege er die Übereinstimmung zu erzielen gedenkt, bleibt ihm jedoch selbst vorbehalten.[78] Nach *CWA Sec. 309(a)(4)* ist bei einem Verstoß gegen *CWA Sec. 308* dem Betroffenen die Gelegenheit zu geben, sich mit dem *Administrator* in angemessener Zeit in Verbindung zu setzen. Geschieht dies ebensowenig wie eine Übereinstimmung, kann die *EPA* jedoch nicht direkt gegen den Betroffenen

---

73 EPA, *Guidance Manual*, S. 6-6.

74 EPA, *Guidance Manual*, S. 6-5.

75 EPA, *Guidance Manual*, S. 6-6.

76 Das Nichtbeachten der anderen genannten Vorschriften reicht hier ebenso wie schon bei der *Notice of Violation* aus.

77 EPA, *Compedium*, I.A.5. (S. I-A-7); EPA, *Memorandum 9/29/1986*.

78 EPA, *Guidance Manual*, S. 6-9.

vorgehen. Die Nichtbeachtung der *compliance order* bleibt folgenlos. Sie ist nur eine einfache verwaltungsbehördliche Verfügung (*administrative command*), nicht jedoch eine verbindliche Entscheidung (*adjudication with finality*).[79] Allerdings kann unter Umständen daraus die Kenntnis des Adressaten bezüglich der Nichtbeachtung der Informationspflicht hergeleitet werden und als Grundlage für eine *criminal remedy* Verwendung finden.[80] Weigert sich also der Adressat, die geforderte Handlung vorzunehmen bzw. zu unterlassen, bleibt der Behörde nur die Möglichkeit, im Wege einer *civil remedy* das geforderte Verhalten vor Gericht zu erzwingen. Erst eine zweite Weigerung – also die auf den gerichtlichen Ausspruch hin – löst nach den Regeln der *power of contempt* rechtliche Konsequenzen aus.

Inhaltliche Anforderungen an die *compliance order* enthält *CWA Sec. 309(a)(5)*. So muß der Grund für den Erlaß hinreichend deutlich werden. Dazu ist die verletzte *permit*-Bestimmung bzw. Gesetzesregelung (z.B. *CWA Sec. 308*) zu nennen. Des weiteren ist ein Nachweis für die Annahme des Verstoßes und das Datum des Verstoßes beizufügen. Bei mehreren Verstößen ist eine getrennte Aufführung geboten.[81] Darüberhinaus ist ein Zeitrahmen festzusetzen, in dem eine vorübergehende oder endgültige Übereinstimmung mit den gesetzlichen oder im *permit* enthaltenen Vorgaben zu erzielen ist. Ferner ist die exakte Auswahl und Bezeichnung des Betroffenen von besonderer Bedeutung für das weitere Verfahren. Dies ist insbesondere bei juristischen Personen erforderlich (z.B. *corporation, partnership, association, state, municipality* oder *commission*). Daneben ist der nach dem *CWA* gewährte Status anzugeben (z.B. *permitee, industrial user* oder *control authority*). Schließlich ist gegebenfalls auf die Nummer, das Ausstellungsdatum und die Kategorie des *permit* hinzuweisen.[82]

Eine Sonderform der *compliance order* ist die *administrative order on consent*, die nicht einseitig von Seiten der *EPA* erlassen wird. Sie stellt vielmehr das Resultat einer einvernehmlichen Lösung zwischen *EPA* und Betroffenem dar, die sich schon vor dem Erlaß dieser *order* über deren Rechtsfolgen verständigen können. Für den Betroffenen besteht so die Möglichkeit, seine eigenen Vorstellungen einzubringen, insbesondere auf individuelle Gegeben-

---

[79] GALLAGHER/MILLER, *Handbook*, S. 182.

[80] Dazu unten, 5. Kap., A.II.3.

[81] EPA, *Compendium*, III.A.5. (S. I-A-5); EPA, *Memorandum 9/29/1986*.

[82] EPA, *Compendium*, III.A.5. (S. I-A-5); EPA, *Memorandum 9/29/1986*.

heiten hinzuweisen. Mit Hilfe dieser Sonderform der *compliance order* erhofft man sich einen reibungslosen Verlauf, nachdem diese erlassen ist.[83]

(4) *Administrative Order Assessing Penalties*

Die *administrative orders assessing penalties* in *CWA Sec. 309(g)* bilden die vierte Fallgruppe der *administrative remedies*. Sie sind im Jahr 1987 in den *CWA* eingefügt worden. Der Gesetzgeber verfolgte damit das Ziel, ein komplettes, um eine weitere Handlungsmöglichkeit ergänztes Vollzugsprogramm zu gewährleisten.[84] Der *Administrator* kann Verstöße gegen die bereits genannten Vorschriften des *CWA*, also auch *CWA Sec. 308*, mit einer *penalty* ahnden. Ihm gleichgestellt ist der *Secretary of the Army* für solche Verstöße, die sich im Rahmen des *Dredged and Fill Material Permit Program* nach *CWA Sec. 404* zugetragen haben. Im Gegensatz zu den *compliance orders*, die lediglich als *administrative commands* einzustufen sind,[85] handelt es sich bei dem Verfahren nach *CWA Sec. 309(g)* um eine *administrative adjudication*.[86] Zur Anwendung können zwei unterschiedliche Kategorien von Geldbußen kommen, *CWA Sec. 309(g)(2)*. Die *Class I administrative penalties* bewegen sich zwischen $10.000 und $25.000 pro Verstoß. Bei der *Class II administrative penalty* können pro Tag und Verstoß bis zu $10.000 angesetzt werden, wobei ein Maximum von $125.000 nicht überschritten werden darf. Die Höhe des Betrags bestimmt sich nach dem Maßstab in *CWA Sec. 309(g)(3)*, die Einstufung des Verstoßes in eine der beiden Kategorien nach ihrer Schwere. Bei der Höhe des Betrags spielt der *economic benefit of noncompliance* eine große Rolle. Maßgebliches Berechnungskriterium ist danach der wirtschaftliche Vorteil, den der Störer durch den Gesetzesverstoß erzielt hat und der bei ihm nicht verbleiben soll.

Die bei der Verhängung der Geldbuße zu beachtenden Verfahrensanforderungen sind abhängig von der Kategorie der Geldbuße. Bei *Class I administrative penalties* muß der *administrative order* gemäß *CWA Sec. 309(g)(2)(A)* eine schriftliche Mitteilung von der beabsichtigten Maßnahme vorausgehen. Des weiteren muß der Betroffene Gelegenheit erhalten, inner-

---

[83] EPA, *Compedium*, III.B. (S. I-B-1).

[84] Vgl. *Rep. No. 99-50, 99th Congress, 1st session (1985)* und PRACTISING LAW INSTITUTE, 344 PLI/Lit 95ff.

[85] GALLAGHER/MILLER, *Handbook*, S. 182.

[86] EPA, *Compendium*, III.B.3.; EPA, *Memorandum 8/28/1987*; vgl. dazu allgemein, 3. Kap., A.

halb von dreißig Tagen nach Erhalt dieser Mitteilung angehört zu werden. Eine solche Anhörung ist von den Vorgaben der *5 U.S.C. Sec. 554* und *Sec. 556 (APA)* ausgenommen. Die Verfahrensanforderungen an eine *Class II administrative penalty* hingegen unterfallen dem *APA*.[87] Insbesondere – so ausdrücklich in *CWA Sec. 309(g)(2)(B)* – sind Bekanntgabe (*notice*) und schriftlich festgehaltene Anhörung (*hearing on the record*) durchzuführen. Wichtige Verfahrensvorschriften sind in *40 CFR Part 22* enthalten, der über *40 CFR Sec. 22.01(a)(6)* für die *Class II administrative penalties* des *CWA Sec. 309(g)* Anwendung findet. Neben allgemeinen Vorschriften und Begriffsbestimmungen[88] sowie Bestimmungen für das Vorverfahren[89] sind hier die bereits im *CWA* geforderten Verfahrensschritte[90] detailliert geregelt.

Bei beiden Kategorien – *Class I* wie *Class II administrative penalties* – findet *CWA Sec. 309(g)(10)* Anwendung. Diese Vorschrift enthält ein wesentliches Verfahrensinstrument. Der *Administrator*[91] wird hier ermächtigt, *subpoenas* auszustellen. Auf diese Weise kann er die Anwesenheit und Aussage eines Zeugen bzw. Sachverständigen oder die Aushändigung benötigter Unterlagen erreichen. Jedoch hält der *Administrator* damit keine „Allzweckwaffe" in den Händen. Ebenso wie bei der *compliance order* muß der örtlich zuständige *district court* dann eingeschaltet werden, wenn der Adressat sich weigert, der Handlungsaufforderung Folge zu leisten. Erst die Nichtbeachtung der *court order* kann mit den Sanktionsmöglichkeiten der *power of contempt* geahndet werden.

Gegen die Entscheidung der *EPA* ist der Rechtsweg nach *CWA Sec. 309(g)(8)* eröffnet. Innerhalb von dreißig Tagen nach Ausstellung der *administrative order assessing penalties* muß der Betroffene sich an das zuständige Gericht mit einer *notice of appeal* bei gleichzeitiger Benachrichtigung der *EPA* wenden. Sollte sich der Betroffene zahlungsunwillig zeigen, muß die *EPA* gemäß *CWA Sec. 309(g)(9)* den Weg über den *district court* wählen. Dies erhöht die Geldbuße um die Anwaltskosten, Gerichtskosten und um eine Strafgebühr. Voraussetzung ist, daß die *administrative order* entweder nach Ablauf von 30 Tagen bestandskräftig („*final*") geworden ist,

---

87 Vgl. *55 Fed.Reg. 23838 (June 12, 1990)*.

88 *40 CFR Sec. 22.01 – Sec. 22.12.*

89 *40 CFR Sec. 22.13 – Sec. 22.20.*

90 *Notice* in *40 CFR Sec. 22.21(b)*, *hearing* in *40 CFR Sec. 21 et seq.* (*40 CFR Sec. 25*).

91 Ihm gleichgestellt ist der *Secretary of the Army* im Rahmen der *CWA Sec. 404*-Verfahren.

CWA Sec. 309(g)(9)(A) i.V.m. *CWA Sec. 309(g)(5)*, oder erfolglos vom Betroffenen angefochten worden ist, *CWA Sec. 309(g)(9)(B)* i.V.m. *CWA Sec. 309(g)(8)*. Auch hier kann also die *EPA* wie schon bei der *compliance order* und der *subpoena* nicht selbst Zwangsmaßnahmen ergreifen, sondern ist auf die Hilfe der Gerichte angewiesen.

bb) *Civil Remedies*

Im Gegensatz zu den zuvor aufgeführten *administrative remedies* setzen die *civil remedies* ein gerichtliches Verfahren voraus. Sie sind in Form der *injunction* in *CWA Sec. 309(b)* und in Form der *civil penalty* in *CWA Sec. 309(d)* geregelt. Die Voraussetzungen einer *civil remedy* sind die gleichen wie bei den *administrative remedies*[92], nämlich der Verstoß gegen die schon in *CWA Sec. 309(a)* genannten Vorschriften.

CWA Sec. 309(d) legt die Höchstgrenze der Geldbuße mit $25.000 pro Tag und Verletzung fest. Dabei wird ein einzelner Störfall nur als eine Verletzung angesehen, auch wenn durch ihn mehrere Tatbestände erfüllt sind. Ferner enthält die Vorschrift einen Maßstab für die Berechnung der Geldbuße. Beachtung finden sollen die Schwere der Verletzung, auch hier wieder der wirtschaftliche Vorteil für den Betroffenen durch die Verletzung, die Vorgeschichte, Anstrengungen des Betroffenen, die seinen guten Willen erkennen lassen, die wirtschaftliche Auswirkung der Geldbuße auf den Betroffenen und andere Billigkeitserwägungen. Dies ist ein sehr dehnbarer Maßstab, der den Gerichten weite Berechnungsspielräume ermöglicht. Eine Nichtbeachtung dieses gerichtlichen Ausspruches stellt eine Mißachtung des Gerichts dar (*contempt of court*), die mit der *power of contempt* geahndet wird.

Nach *CWA Sec. 309(b)* kann die *EPA* im Verletzungsfall auch eine gerichtliche Verfügung anstreben, die dem Störer aufgibt, die Verletzungshandlungen zu unterlassen. Eine Nichtbeachtung stellt ebenfalls eine Mißachtung eines gerichtlichen Ausspruchs dar, die den Regeln des *civil and criminal contempt* unterliegt. Wie bereits wiederholt festgestellt, kann die *EPA* als *administrative agency* vergleichbaren Druck nicht auf den Störer ausüben. Deswegen kommt der *injunction* auch eine zentrale Rolle zu.[93]

---

[92] Davon auszunehmen ist der *Section 308-Letter*, der im Gegensatz zu den drei anderen *administrative remedies* in *CWA Sec. 308* geregelt ist und somit anderen Voraussetzungen unterworfen ist.

[93] Weitere Nachweise aus der amerikanischen Literatur bei MEINEL, Umweltstrafrecht, S. 205.

Auch die gerichtliche Auseinandersetzung kann im Wege eines gerichtlich protokollierten Vergleichs (*consent decree*) beigelegt werden. Dafür bietet *EPA's Clean Water Act Penalty Policy* den erforderlichen Leitfaden.[94] Beide Seiten erzielen im Wege des gegenseitigen Nachgebens eine Einigung, die die Wirkung eines gerichtlichen Urteils hat und deren Nichtbeachtung somit nach den Regeln der *power of contempt* behandelt wird. Es handelt sich um ein förmliches Instrument, das für den Betroffenen in jeder Hinsicht bindend ist.[95] Ein *consent decree* ist deswegen für die *EPA* so interessant, weil sie dem Betroffenen auf diesem Wege eine selbst gewählte Handlungsaufforderung erteilen kann und dies wie bei der *injunction* nicht einem Gericht überlassen muß. Im Unterschied zur *compliance order* ist ein *consent decree* wegen der gerichtlichen Absicherung bindend. So kann die *EPA* wirksam die Beachtung der einschlägigen Vorschriften und *permit*-Regelungen erreichen. Darüberhinaus können die Parteien besondere Benachrichtigungs- und Informationspflichten vereinbaren, damit die *EPA* die Beachtung des *consent decree* überprüfen kann.

cc) *Criminal Remedies*

Auch die *criminal remedies* erfordern wie die *civil remedies* ein gerichtliches Verfahren. Sie stehen durch *CWA Sec. 309(c)* für die Verletzung von vier Tatbeständen zur Verfügung. Im Hinblick auf *CWA Sec. 308* ist insbesondere der vierte Tatbestand in *CWA Sec. 309(c)(4)* von Bedeutung. Hier ist das Verfälschen von Unterlagen unter Strafe gestellt, die in Erfüllung der Dokumentationspflichten des *CWA Sec. 308* geführt werden. So wird der Bedeutung ausreichender und inhaltlich korrekter Informationen Rechnung getragen. Das Strafmaß ist mit einer Geldstrafe von nicht mehr als $10.000 oder eine Haftstrafe von nicht mehr als zwei Jahren angesetzt. Im Wiederholungsfall gilt das Doppelte.

Des weiteren findet auch bei den *criminal remedies* der objektive Tatbestand Verwendung, der bereits von den *administrative orders* und *civil remedies* bekannt ist. Hier tritt jedoch noch der subjektive Schuldvorwurf in Form der fahrlässigen (*negligent violation*) oder vorsätzlichen Begehungsweise (*knowing violation*) hinzu. Im ersten Fall sind Geldstrafen von $2.500 bis $5.000 pro Tag der Verletzung, Haftstrafen bis zu einem Jahr oder eine Kombinati-

---

[94] Vgl. dazu EPA, *Penalty Policy*, S. 1ff. Im Mittelpunkt des Vergleichs steht die Berechnung der zu zahlenden Geldbuße, s. auch GALLAGHER/MILLER, *Handbook*, S. 184.

[95] JARASS, NuR 1993, 197, 199.

on aus beidem vorgesehen, *CWA Sec. 309(c)(1)*. Im zweiten Fall ist mit Beträgen von $5.000 bis $50.000, einer Haftdauer bis zu drei Jahren oder auch mit beidem zu rechnen. Im Wiederholungsfall verdoppeln sich die Strafen, *CWA Sec. 309(c)(2)*.

Unter besonders hohe Strafandrohung stellt das Gesetz schließlich die vorsätzliche Verletzung, wenn der Handelnde gleichzeitig weiß, daß er einen Dritten in Lebensgefahr oder in die Gefahr einer erheblichen Körperverletzung („*serious bodily injury*") bringt (*knowing endangerment)*. In diesem Fall drohen eine Geldstrafe in Höhe von $250.000 oder bis zu 15 Jahren Haft, bei einer Wiederholungstat das Doppelte, *CWA Sec. 309(c)(3)*.

In diesen vier Fällen handelt es sich um Straftatbestände. Somit sind aufwendige Verfahrensgarantien zu beachten. Beispiele dafür sind das besondere Erfordernis eines strafrechtlichen Durchsuchungsbefehls[96] oder das Einschalten der *Grand Jury*, die zu ermitteln hat, ob belastendes Beweismaterial in ausreichendem Maße vorliegt. Im abschließenden Gerichtsverfahren sind dann weitere, den Angeklagten schützende Verfahrensvorschriften zu beachten.[97]

dd) Die Durchführung von *Inspections*

Eine Sonderform neben den *administrative*, *civil* und *criminal remedies* stellt die Durchführung von *inspections* dar. Sollte der Betroffene den Zutritt zum oder den Zugriff auf das Durchsuchungsobjekt freigeben, gestaltet sich diese Maßnahme problemlos. Die *EPA* hat ein einheitliches Verfahrensmuster entworfen, das Maßstab ist für alle Durchsuchungen, die aufgrund des *CWA* durchgeführt werden.[98] Aber auch für den umgekehrten Fall – der Betroffene verweigert den Zugang bzw. Zugriff – ist ein Verhaltenskodex vorgegeben.[99] Insbesondere ist in diesem Fall ein *administrative search warrant* zu erwirken. Zwar entfaltet *Am. 4* auch auf dem Gebiet des Verwaltungsrechts seinen Schutz,[100] doch sind bei der Erteilung eines *administrative*

---

[96] Vgl. oben, 5. Kap., A.II.2.a).

[97] BRUGGER, Grundrechte, S. 302ff.; einen Überblick bietet auch HAY, Einführung in das amerikanische Recht, S. 225ff.

[98] Enthalten in EPA, *Guidance Manual*, S. 3-7ff. (insb. 3-12ff.).

[99] EPA, *Guidance Manual*, S. 3-13; mit Verweis auf *Marshall v. Barlow's, Inc.*, 436 U.S. 307 (1978).

[100] Wichtige Entscheidungssätze zu dieser Problematik bei *Frank v. Maryland*, 359 U.S. 360 (1959); *Camara v. Municipal Court*, 387 U.S. 523 (1967); *See v. City of Se-*

search warrants nicht so strenge Regeln zu beachten wie bei strafrechtlichen Ermittlungsverfahren. Auf dem Gebiet des Umweltrechts reicht es schon aus, wenn die Durchsuchung einem gesetzlich vorgesehenen behördlichen Überwachungs- und Kontrollplan folgt und im öffentlichen Interesse liegt.[101] Die einzelnen Verfahrensschritte, die für den *administrative search warrant* erforderlich sind, führen von den zurückgewiesenen *EPA*-Inspektoren über die Rechtsabteilung des Regionalbüros zur *EPA*-Zentrale. Nach dieser Kette der Rückversicherung kann das betreffende Regionalbüro den örtlich zuständigen *United States attorney* einschalten, um mit dessen Hilfe den *administrative search warrant* zu erhalten.[102] Dieser deckt eine Durchsuchung jedoch dann nicht mehr, wenn mit den dabei gewonnenen Erkenntnissen der Ausgang eines nicht-behördlichen Verfahrens beeinflußt wird.[103]

ee) Das Verhältnis der einzelnen Maßnahmen zueinander

Eine Sonderstellung nehmen *inspections* ein, da sie sich als Mittel der aktiven Ermittlungsstrategie von den Handlungsalternativen des *CWA* abheben. Sie stellen einen eigenständigen Maßnahmentyp dar. Während hier die *EPA* selbst zur Aufklärung beiträgt und auf den Gewinn der Informationen zusteuert, ist sie bei den Handlungsalternativen des *CWA* als reaktiven Maßnahmen darauf ausgerichtet, den bereits bestehenden Verstoß gegen die Informationspflicht des *CWA Sec. 308* zu verfolgen. Die Gemeinsamkeiten beschränken sich darauf, daß in beiden Fällen ein *section 308-letter* Verwendung finden kann.

Schwieriger gestaltet sich die innere Struktur der Handlungsalternativen des *CWA*, die einen eigenständigen Regelungskomplex darstellen und weitestgehend vom Vorliegen gleicher Voraussetzungen abhängig sind. Sie verlangen einen Verstoß gegen bestimmte Vorschriften des *CWA*, insbesondere die Nichtbeachtung der Informationspflicht aus *CWA Sec. 308*, die diese Untersuchung behandelt. Eine Ausnahme stellt nur der *section 308-letter* dar, der einen Spezialfall aufgreift, indem er auf die gesetzliche Verpflichtung hinweist, Informationen zu unterbreiten oder eine Durchsuchung zu gestatten.

---

attle, 387 U.S. 541 (1967); *United States v. Biswell*, 406 U.S. 311 (1972); *Marshall v. Barlow's, Inc.*, 436 U.S. 307 (1978); *Donovan v. Dewey*, 452 U.S. 594 (1981).

101 *Public Service Company v. EPA*, 509 F.Supp. 720 (1981).

102 Zum Verfahren im einzelnen EPA, *Guidance Manual*, S. 3-23f. S. allgemein zur Figur des *United States attorney* auch oben, 3. Kap., B.I.

103 EPA, *Guidance Manual*, S. 3-22.

Lediglich bei den *criminal remedies* wird ein zusätzliches subjektives Moment verlangt. Ansonsten stehen die drei Kategorien von *remedies* parallel nebeneinander. Dies zeigt sich beispielsweise in *CWA 309(a)(3)* und *CWA Sec. 309(b)*, die für *compliance orders* bzw. *civil remedies* (*injunctions*) gegenseitig aufeinander verweisen. Somit stehen bei einem Verstoß gegen den *CWA* mehrere Handlungsalternativen zur Verfügung. Dies wirft die Frage nach dem Ermessen des *Administrator* auf, überhaupt eine Sanktionsmaßnahme (i.S.e. Entschließungsermessens) bzw. eine bestimmte Sanktionsmaßnahme einzuleiten (i.S.e. Auswahlermessens). Bezüglich ersterem legt der Wortlaut der relevanten Vorschriften („*shall*", „*may*") die Annahme nahe, daß der *Administrator* ein Entschließungsermessen hat. Diese Auslegung des Gesetzeswortlaut ist von den Gerichten bestätigt worden.[104] Gleiches gilt für die Annahme eines Auswahlermessens.[105] Hierbei ist im Einzelfall abzuwägen, mit Hilfe welcher *remedy* das gesetzgeberische Ziel am besten zu erreichen ist. Grundsätzlich soll die *EPA* dabei die am wenigsten aufwendige Möglichkeit wählen.[106] Bei der Ermessensausübung können *citizen suits* als Korrektiv dienen, da Dritte mit ihrer Hilfe von außen auf die Handlungsweise der *EPA* Einfluß nehmen können.[107]

Aus der Gruppe der *administrative remedies* fallen der *section 308-letter* und die *NOV* heraus. Sie dienen einerseits dazu, auf die gesetzlich bestehenden Verhaltenspflichten, insbesondere die Informationspflichten hinzuweisen. Andererseits können sie schon für den Fall der Nichtbeachtung weitere rechtliche Konsequenzen androhen. Somit sind sie auf einer Vorstufe im verwaltungsbehördlichen Verfahren anzusiedeln, die die *EPA* jedoch überspringen kann.[108] Dennoch stellen sie wichtige Handlungsalternativen dar, da sie einerseits Grundlage für weitere Vollzugsmaßnahmen sein können, andererseits einer einvernehmlichen Lösung dienlich sind. Dagegen kommt einer *compliance order* oder einer *administrative order assessing penalties* eingriffsgleiche Wirkung zu. Der *CWA* spricht das Verhältnis zwischen beiden Handlungsalternativen in *CWA Sec. 309(a)(3)* und *CWA Sec. 309(g)* nicht an. Dies kann daran liegen, daß unterschiedliche Maßnahmen beinhal-

---

104 *Sierra Club v. Train*, 557 F.2d 485, 489 (1977); *Caldwell v. Gurley Refining Co.*, 533 F.Supp. 252, 255 (1982).

105 *South Carolina Wildlife Federation v. Alexander*, 457 F.Supp. 118, 130 (1978).

106 EPA, *Compendium*, III.B.4. (S. 2).

107 Vgl. oben, 5. Kap., A.I.3. Zu Einschränkungen des Rechtsmittels *citizen suit* s. LEORNARD, 35 Natural Resources J. 555ff.

108 Vgl. oben, 5. Kap., A.II.2.b)aa)(1), (2).

tet sind. Im ersten Fall geht es um eine Handlungsaufforderung, im zweiten um eine Zahlungsaufforderung. Somit kann eine parallele Anwendung sogar geboten sein, wenn die *EPA* mit Wirkung für die Zukunft ein bestimmtes Verhalten verlangt und rückwirkend ein Fehlverhalten sanktionieren will. Ein wesentlicher Unterschied liegt jedoch darin, daß die *compliance order* ihrer Rechtsnatur nach ein *administrative command* ist, während die *administrative order assessing penalties* ein Rechtsmittel ist, das nur nach einer gerichtsähnlichen Verhandlung ergehen kann (*adjudicated remedy*). Bei *Class II administrative penalties* muß das Verwaltungsverfahren sogar den Anforderungen des *APA* entsprechen. Somit stellt sich die Frage, ob die *EPA* beide Formen verwaltungsbehördlicher Maßnahmen gemeinsam durchführen kann. Hierbei stellt sich das Problem, daß auf diese Weise eine *compliance order* „aufgewertet" und Gegenstand der *administrative adjudication* und des *judicial review* würde.[109] Beiden Maßnahmen liegen schließlich die gleichen Tatsachen und Voraussetzungen zugrunde. Dies kollidiert jedoch mit dem Grundsatz, daß *compliance orders* für sich betrachtet nicht gerichtlich überprüfbar sind.[110] Ferner würden die weitreichenden Verfahrensrechte der beteiligten Parteien gemäß *CWA Sec. 309(g)(4)* auf *compliance orders* anwendbar sein. Das würde auch dazu führen, daß die *EPA* bereits erlassene *complaince orders* nicht mehr beliebig ergänzen könnte, da sie nun Bestandteil einer abschließenden, verbindlichen Entscheidung wären.[111] Dies legt eine klare Trennung beider Maßnahmen in zwei Einzelvorgängen nahe. Dies wird auch von den zuständigen Gremien innerhalb der *EPA* gefordert.[112]

Das Verhältnis der *administrative remedy* zur *civil remedy* ist durch zwei Faktoren bestimmt. Zunächst hat die *EPA* über *CWA Sec. 309(g)* nicht die Kompetenz, die durch die *administrative penalty* geahndete Nichtbeachtung zu erzwingen oder die Strafe selbst einzutreiben. Auch wenn sie mit der *administrative penalty* das Verhalten des Betroffenen sanktioniert, kann sie es selbst nicht erzwingen. Daneben ist der Fall denkbar, daß ein Betroffener lieber eine *administrative penalty* und eine separate *compliance order* in Kauf nimmt, als Regelungen des *CWA* zu befolgen, da dies kostenintensiver sein kann. In diesen Fällen empfiehlt es sich, eine *civil remedy* zu wählen. Einen zweiten Faktor macht die Begrenzung auf eine maximale Geldbuße von $125.000 aus. Sollte dies im konkreten Fall zu wenig sein, bleibt nur die

---

109 EPA, *Compendium*, III.B.3.; *EPA, Memorandum 8/28/1987*.

110 Vgl. GALLAGHER/MILLER, *Handbook*, S. 182.

111 EPA, *Compendium*, III.B.3.; *EPA, Memorandum 8/28/1987* (S. 2).

112 EPA, *Compendium*, III.B.3.; *EPA, Memorandum 8/28/1987* (S. 2).

civil remedy. Diese Alternative ist auch in den Fällen die vorzugswürdige, in denen nicht abzuschätzen ist, ob eine Geldbuße von mehr als $125.000 angemessen ist. Schließlich ist das Verhältnis beider Rechtsmittel neben diesen beiden Faktoren unter dem Gesichtspunkt des *claim-splitting* zu sehen. Dies betrifft die Frage, ob die *EPA* unterschiedliche Verstöße auch mit unterschiedlichen *remedies* verfolgen kann. Dies ist grundsätzlich möglich, da die Verfolgbarkeit der Verstöße getrennt zu betrachten ist. Aus verfahrensökonomischen Gründen ist es jedoch ratsam, Maßnahmen zu bündeln. Dies hat den weiteren Effekt, daß die Behörde keine größere Angriffsfläche bietet, die der Betroffene sonst in einem Rechtsschutzverfahren ausnutzen könnte.[113]

Eine klare Trennlinie läßt sich auch nicht zwischen einer *administrative remedy* und einer *criminal remedy* ausmachen. Letztere ist nur dann anwendbar, wenn neben die objektive Verletzungshandlung ein subjektiver Schuldvorwurf (*negligently, knowingly*) tritt. Dies rechtfertigt auch die hohe Strafandrohung. Jedoch schließt dies nicht grundsätzlich auch die Wahl einer *administrative* oder *civil remedy* aus, da der dafür erforderliche (objektive) Tatbestand auch stets erfüllt ist.[114] Die Schwere und die Vorhersehbarkeit der Verletzung spielen ferner eine gewichtige Rolle.[115] Die parallele Anwendung kann dann erforderlich sein, wenn der Erfolg der strafrechtlichen Verfolgung nicht absehbar ist oder im Wege einer *civil remedy* wegen der akuten Bedrohung noch eine gerichtliche Verfügung erstritten werden muß.

Im Hinblick auf eine wirkungsvolle Vollzugspolitik ist der Anwendungsbereich der *administrative remedies* hauptsächlich auf Verstöße minderen Grades zu beschränken. Einen Hauptanteil dabei nehmen Verstöße gegen *CWA Sec. 308* ein, die in dem zu späten oder gänzlich unterlassenen Unterbreiten gewünschter Informationen bestehen.[116] In akuten Eilfällen oder bei schwersten Verstößen sind die in ihren Rechtsfolgen schärferen *civil* und *criminal remedies* vorzugswürdig.

---

113 EPA, *Compendium*, III.B.6. (S. 2).

114 Vgl. nur die weiteren Tatbestandsvoraussetzungen von *CWA Sec. 309(c); 33 U.S.C. Sec. 1319(c)* mit denen von *CWA Sec. 309(g); 33 U.S.C. Sec. 1319(g)*.

115 EPA, *Compendium*, III.B.4. (S. 4f.).

116 EPA, *Compendium*, III.B.4. (S. 6).

3. Zusammenfassung

Die Regelungen in *CWA Sec. 308, 309* dienen dazu, den Informationsbedarf der *EPA* auf dem Gebiet des Wasserschutzrechts zu befriedigen. Auf vielfältige Weise und mit unterschiedlicher Schärfe kann die *EPA* vom Betroffenen Informationen anfordern. Bei den *administrative remedies* stehen vier Handlungsalternativen zur Verfügung, von der einfachen Benachrichtigung bis zur administrativen Geldbuße. Eine Ergänzung dazu stellen *civil* und *criminal remedies* dar, die Geldbußen, Geld- und Freiheitsstrafen vorsehen. Da die Handlungsalternativen der *EPA* im wesentlichen den gleichen Tatbestand voraussetzen, bestimmt sich das Verhältnis der Eingriffsalternativen maßgeblich nach den Anforderungen des Einzelfalles. Dieses Gefüge der Handlungsalternativen wird als starkes Vollzugsinstrumentarium gerühmt. Eine ganz wesentliche Einschränkung erfährt es jedoch dadurch, daß der *EPA* die Zuständigkeit fehlt, selbst Anordnungen zwangsweise durchsetzen zu können. Diese Befugnis wird ihr und den *administrative agencies* generell nicht zugestanden.[117] Vielmehr sind sie dabei von der Mithilfe und Entscheidung der zuständigen *district courts* abhängig. Nur diese können alle erforderlichen Maßnahmen unter Buß- oder Strafandrohung anordnen und anschließend durchsetzen. Ein gesonderte Betrachtung der verwaltungsbehördlichen Durchsetzung entfällt daher.

B. Deutsche Umweltbehörde

In diesem Abschnitt soll das Handeln einer deutschen Umweltbehörde dem der *EPA* bei der Informationsgewinnung nach den Vorgaben des *CWA* gegenübergestellt werden. Grundlegend dafür ist es, eine entsprechende deutsche Behörde zu ermitteln, die bei der Informationsgewinnung auf dem Gebiet des Wasserrechts eine mit der *EPA* vergleichbare Rolle einnimmt. Danach kann das Eingriffsverhalten dieser Behörde betrachtet werden.

I. Ermittlung der entsprechenden deutschen Umweltbehörde

1. Das Wasserhaushaltsgesetz als Entsprechung zum *CWA*

Die Zentralnorm des *CWA* erklärt den „*discharge of any pollutant*" für rechtswidrig, *CWA Sec. 301*. Der Anwendungsbereich des *CWA* wird auf diese Weise beschränkt und damit auch die Befugnisse der *EPA*, die der Behörde in den folgenden Vorschriften übertragen werden. Für das deutsche

117 Vgl. dazu oben, 3. Kap., B.

Umweltrecht, insbesondere für das deutsche Wasserrecht übernimmt im Wasserhaushaltsgesetz § 3 Abs. 1 Nr. 4 WHG eine mit *CWA Sec. 301* vergleichbare Einschränkung des Anwendungsbereiches. Danach ist das „Einbringen und Einleiten von Stoffen in oberirdische Gewässer" eine Benutzung i.S.d. WHG. Jedoch ist zu bedenken, daß das deutsche Umweltschutzrecht als „problembezogene Querschnittsaufgabe" durch eine Vielzahl sich ergänzender Gesetze verdichtet, systematisiert und ausgeformt ist.[118] Der Schutz des Mediums Wasser ist nicht abschließend durch das WHG gewährleistet. Je nach Abgrenzungsansatz[119] kommen unterschiedliche Gesetze in Betracht. Dies kann im Einzelfall zu Überschneidungen führen.[120] Beim „medialen Umweltschutz" steht das Umweltmedium (Boden, Luft, Wasser) im Mittelpunkt, das vor Gefahren v o n außen geschützt werden soll. Der „kausale Umweltschutz" setzt bei der Gefahrenquelle (z.B. Immissionen, Abfall, Gentechnik) an, von der n a c h außen Gefahren drohen. Ein Beispiel für den ersten Ansatz ist das WHG,[121] eines für den zweiten das Kreislaufwirtschafts- und Abfallgesetz (KrW-/AbfG).[122] Gerade in Bezug auf die Koexistenz von Wasserrecht und Abfallrecht sind viele inhaltliche Parallelen im amerikanischen und deutschen Recht zu verzeichnen. So kann das Ableiten eines flüssigen Abfallstoffes von beiden rechtlichen Regimen erfaßt werden.[123] Eine Kollisionsnorm ist in § 2 Abs. 2 Nr. 6 KrW-/AbfG enthalten.[124] Danach finden die Regelungen des KrW-/AbfG keine Anwendung auf Stoffe, sobald diese in Gewässer oder Abwasseranlagen eingeleitet oder eingebracht werden. Diese Kollisionsnorm korrespondiert mit § 3 Abs. 1 Nr. 4

---

118 BREUER, Umweltschutzrecht, S. 455; zum Aufbau und zur Abgrenzung des Rechtsgebiets und seiner Nachbargebiete KLOEPFER, Umweltrecht, S. 53ff.

119 Zugrundegelegt ist der Abgrenzungsansatz nach BREUER, Umweltschutzrecht, S. 455ff.

120 BREUER, Abgrenzung, S. 16.

121 Das Gesetzesziel kommt in § 1a Abs. 1 S. 1 WHG zum Ausdruck: „Die Gewässer sind als Bestandteil des Naturhaushaltes und als Lebensraum für Tiere und Pflanzen zu sichern."

122 Nach § 1 KrW-/AbfG sollen die natürlichen Ressourcen geschont werden. Darunter sind die Umweltmedien zu verstehen, so FRENZ, KrW-/AbfG, § 1 Rn. 8; unter Verweis auf JARASS/PIEROTH, Art. 20a Rn. 2; MD-SCHOLZ, Art. 20a Rn. 36.

123 Mit Beispielen zu möglichen Überschneidungen BREUER, Abgrenzung, S. 16.

124 Vgl. KUNIG/PAETOW/VERSTEYL, KrW-/AbfG, § 2 Rn. 41ff.; LANDMANN/ ROHMER-BECKMANN/KERSTING, Umweltrecht III 6.0, § 2 Rn. 44. Zur Abgrenzungsproblematik zwischen Wasser- und Abfallrecht im amerikanischen Recht, vgl. oben, 5. Kap., A.II.1.b).

WHG. Beide Formen des Zuführens sind demnach Begriffe des Wasserrechts. Das Einleiten betrifft flüssige und gasförmige Stoffe, insbesondere Abwasser, das Einbringen feste Stoffe.[125] Geschieht dies zum Zwecke der Entledigung, ist § 26 Abs. 1 WHG zu beachten, der dies bei festen Stoffen versagt. Ausgenommen davon ist das planmäßige Verfüllen von oberirdischen Gewässern.[126] Ansonsten ist das Einleiten nach Maßgabe der §§ 7a, 18a, 18b WHG erlaubnisfähig. Dabei muß die Schadstofffracht den Anforderungen der nach § 7a Abs. 1 S. 3 WHG erlassenen Rechtsverordnungen entsprechen.[127] Weitergehende Regelungen sind in den Landeswassergesetzen enthalten, die das Rahmengesetz WHG ausfüllen. Für Nordrhein-Westfalen sind dies §§ 51ff. LWG NW. Die im WHG enthaltene Regelungsstruktur ähnelt somit dem *CWA*, der über das *NPDES-permit* und den Grenzwerten für das Einleiten von Abwasser vergleichbare Vorkehrungen trifft.

2. Umweltbundesamt und Wasserbehörde als Entsprechung zur *EPA*

Die Umweltverwaltung wird in Deutschland von vielen Stellen wahrgenommen.[128] An der Spitze steht das Bundesministerium für Umwelt, Naturschutz und Reaktorsicherheit (BMU), das Mitte des Jahres 1986 durch Übertragung von Zuständigkeiten aus Geschäftsbereichen anderer Bundesministerien eingerichtet worden ist.[129] Geschwächt ist das BMU jedoch dadurch, daß auch weiterhin umweltrelevante Sachmaterien anderen Bundesministerien verblieben sind.[130] Im Bundestag werden die Belange der Umwelt im Ausschuß für Umwelt, Naturschutz und Reaktorsicherheit (21. Ausschuß, sog.

---

125 CZYCHOWSKI, WHG, § 3 Rn. 32, 25; LANDMANN/ROHMER-PAPE, Umweltrecht III 8, § 3 Rn. 39; SIEDER/ZEITLER/DAHME-KNOPP, WHG, § 3 Rn. 17.

126 OVG Münster, ZfW 1987, 190, 192; BENDER-SPARWASSER, Rn. 753; vgl. hierzu auch: *Dredged and Fill Material Permit Program, CWA Sec. 404.*

127 Das sind die GrundwasserVO v. 18.3.1997 (BGBl. I S. 542), die AbwasserVO v. 21.3.1997 (BGBl. I S. 566) und die VwV über Mindestanforderungen an das Einleiten von Abwasser in Gewässer (Rahmen-Abwasser-VwV) idF der Bek. v. 31.7.1996 (GMBl. S. 729).

128 Allgemein zu Umweltrecht und -politik in Deutschland aus rechtsvergleichender Sicht ROSE-ACKERMAN, Umweltrecht, S. 110ff.; DIES., 107 Harvard L. R. 1279.

129 Organisationserlaß des Bundeskanzlers vom 5.6.1986, BGBl. 1986, I S. 864.

130 Gesundheitspolitische Aspekte fallen in das Ressort Familie, Senioren, Frau und Jugend; die Forschungs- und Technologiepolitik ist Aufgabe des Bundesministerium für Bildung, Wissenschaft, Forschung und Technologie.

„Umweltausschuß“) vertreten.[131] Daneben gibt es den Kabinettsausschuß für Umweltfragen, den ständigen Abteilungsleiterausschuß für Umweltfragen und die Umweltministerkonferenz.[132] Wichtige Funktionen erfüllen des weiteren die Bundesoberbehörden, allen voran das Umweltbundesamt (UBA), das im Geschäftsbereich des BMU eingerichtet worden ist[133] und ausschließlich mit Aufgaben des Umweltschutzes befaßt ist. Dazu zählt, auf nationaler Ebene Gesetzes- und Verordnungsentwürfe auf allen Gebieten des Umwelt- und Naturschutzes zu erarbeiten bzw. fortzuentwickeln, gleichartige Lebensverhältnisse in ganz Deutschland herzustellen, entscheidende Impulse für konkrete Umweltschutzmaßnahmen vor Ort sowie für Forschungs- und Entwicklungsvorhaben zu leisten oder Zusammenarbeit auf globaler Ebene anzustreben.[134] Das UBA besitzt jedoch keine Vollzugskompetenzen.[135] Schließlich ist noch das Bundesamt für Naturschutz[136] und der Rat von Sachverständigen für Umweltfragen (SRU)[137] als unabhängiges Beratungsgremium erwähnenswert. Von dieser Bündelung wichtiger Kompetenzen an der Exekutivspitze des Bundes könnte man auf eine entsprechende Konzentration des Gesetzesvollzuges schliessen. Jedoch ist dies ganz überwiegend Angelegenheit der Länder bzw. der Kommunen. Art. 83ff. GG geben diesbezüglich die Aufgabenverteilung vor. Der von Art. 83 GG vorgesehene Regelfall ist die landeseigene Verwaltung, bei der dem Bund eine reine Rechtsaufsicht zukommt (Art. 84 Abs. 3 GG) und er nur eingreifen kann durch seine Befugnis zur Regelung des Verwaltungsverfahrens (Art. 84 Abs. 1 GG) und der zum Erlaß von Verwaltungsvorschriften (Art. 84 Abs. 2 GG). Ausnahmsweise ist auch die Auftragsverwaltung nach Art. 85 GG zulässig. Dies zieht die Fachaufsicht des Bundes mit sich, Art. 85 Abs. 4 GG. Das Umweltrecht betreffende Beispiele sind das Kernenergie- (Art. 87c GG), das Luftverkehrs- (Art. 87d GG) und das Bundeswasserstraßenrecht (Art. 89 Abs. 2

---

131 BT-Prs. 10/5786.

132 KLOEPFER, Umweltrecht, S. 154f.

133 Vgl. § 1 Abs. 1 UBAG (vom 22.7.1974, BGBl. I S. 1505); STORM, Umweltbundesamt, Sp. 2126ff.

134 Vgl. § 2 UBAG; UBA, *www.umweltbundesamt.de/uba-info/leitbild.htm*, Stand 9.10.1999; BENDER/ SPARWASSER/ENGELS, Umweltrecht, Nr. 1 Rn. 90.

135 KLOEPFER, Umweltrecht, S. 155; s. dazu auch STORM, Umweltbundesamt, Sp. 2128ff.

136 Vgl. Gesetz über die Errichtung eines Bundesamtes für Naturschutz und zu Änderung von Vorschriften auf dem Gebiet des Artenschutzes v. 6.8.1993, BGBl. I S. 1458.

137 BENDER/SPARWASSER/ENGELS, Umweltrecht, Nr. 1 Rn. 93; ROSE-ACKERMAN, Umweltrecht, S. 93.

S. 3 GG). Die eigentliche Ausführung der Gesetze findet demnach auf der Landesebene durch den Umweltminister als oberste Umweltschutzbehörde, die Bezirksregierung als mittlere Umweltschutzbehörde und durch die Kreise bzw. kreisfreien Städte als untere Umweltschutzbehörde statt. Für das Wasserrecht ist dies in den jeweilig einschlägigen Landeswassergesetzen geregelt. § 136 LWG NW überträgt diese Struktur auf die Wasserbehörden.

Festzuhalten bleibt, daß in Deutschland die Verteilung von politischen und gesetzesvollziehenden Aufgaben anderen Regeln folgt. Die Gesetzgebung ist eine wesentliche Form, Politik rechtlich auszugestalten. Diese „attraktive" Aufgabe kommt dem Bund zu, den Ländern die „mühselige" des Gesetzesvollzuges.[138] Schon diese Verteilung auf die zwei staatlichen Ebenen stellt einen Unterschied zu der Situation in Amerika dar. Dort spielt sich beides in der Regel auf ein und derselben Ebene ab.[139] In Deutschland hingegen ist durch diese Verteilung ein grundsätzliches Auseinanderfallen von Politik und Gesetzesvollzug vorprogrammiert. Deutlicher werden die Unterschiede zwischen beiden Ländern im Bereich der exekutiven Rechtsetzung, in dem ebenfalls politische Programme einfließen können. Während dies der *EPA* als Vollzugsbehörde möglich ist, ist nach Art. 80 Abs. 1 S. 1 GG nur die Bundesregierung, ein Bundesminister oder die Landesregierungen ermächtigt, Rechtsverordnungen zu erlassen. Der Kern der Vollzugsaufgaben wird jedoch auf der untersten Stufe erledigt. Zwar kann die „einfache" Verwaltungsbehörde durch die Art und Weise ihrer Aufgabenerledigung eigene Maßstäbe setzen. Doch hält sich dies im starken Rahmen der Gesetze, Rechtsverordnungen und Richtlinien. Insofern kann die Verwaltungsbehörde, die vollziehende Aufgaben ausführt, nie wirksam politisch tätig werden. Das Umweltbundesamt ist ein Beispiel für den umgekehrten Fall. Es hat zwar die Kompetenz, Politik zu betreiben, kann aber nicht gleichzeitig Gesetze vollziehen. Eine direkte Entsprechung einer deutschen Verwaltungsbehörde zur *EPA* existiert also nicht. Jedoch ist Gegenstand dieser Untersuchung die Rolle der Verwaltungsbehörde beim Vollzug von Gesetzen, d.h. von Regelungen der Informationsgewinnung, nicht hingegen die Entwicklung und das Betreiben von Umweltpolitik. Insofern ist das Handeln einer Wasserbehörde für die Zwecke dieser Untersuchung mit dem der *EPA* vergleichbar, da es bei ihrem Handeln um die Ausführung bestimmter Vorschriften des *CWA* geht.

---

138 BENDER/SPARWASSER/ENGELS, Umweltrecht, Nr. 1 Rn. 84ff.; KLOEPFER, Umweltrecht, S. 147f.

139 Vgl. zu den Einzelheiten und Ausnahmen oben, 5. Kap., A.I.3.

3. Zusammenfassung

Bedingt durch die Besonderheiten des jeweiligen Umweltrechts und der jeweiligen Verwaltungsorganisation und den daraus resultierenden Unterschieden ist für die Zwecke dieser Untersuchung dem Handeln der amerikanischen Bundesbehörde *EPA* das einer deutschen Wasserbehörde entgegenzusetzen. Die für die Informationsgewinnung unabdinglichen Eingriffsmechanismen des *CWA* sind demnach entsprechenden Regelungen im deutschen Wasserrecht gegenüberzustellen.

II. Instrumente zur Informationsgewinnung im WHG

Die eingangs des vierten Kapitels skizzierte Bedeutung der Information für die amerikanische Verwaltung gilt nicht minder für Deutschland.[140] Gerade im Umweltrecht besteht ein „Informationshunger des Staates",[141] den es zu stillen gilt. Im Wasserrecht erfüllen § 21 WHG als Rahmenvorschrift und die ausfüllenden Landesregelungen eine mit *CWA Sec. 308* vergleichbare Aufgabe. Was im *CWA* unter die Schlagwörter *„records, reports, inspections"* fällt, findet sich hier unter der Überschrift Überwachung als „Auskünfte" und „Betreten" wieder. Ein der *subpoena* in *CWA Sec. 309(g)(10)* vergleichbares Verfahrensinstrument ist im WHG nicht vorhanden. Dies verwundert nicht, da solche Regelungen, die das allgemeine Verwaltungsverfahren betreffen, nicht in den besonderen Verwaltungsgesetzen zu finden sind. Sie sind nach Anwendung des „juristischen Distributivgesetzes" vielmehr Regelungsgegenstand des allgemeinen Verwaltungsverfahrensgesetzes. Als mit *CWA Sec. 309(g)(10)* vergleichbare Vorschrift kommt § 65 VwVfG[142] in Betracht, der für das förmliche Verwaltungsverfahren (wie *CWA Sec. 309(g)(10)* für die *administrative adjudication*) Zeugen zur Aussage verpflichtet und darüberhinaus auch Sachverständige zur Erstattung von Gutachten. Bezüglich der anderen Beweismittel bleibt es allerdings bei den allgemeinen Regeln der §§ 26, 27 VwVfG.[143] Im förmlichen Verwaltungsverfahren nach §§ 63ff. VwVfG ergehen gemäß § 143 S. 1 LWG NW die Ent-

---

140 Vgl. dazu oben, 4. Kap., vor A.

141 KLOEPFER, Informationen, S. 7.

142 Strenggenommen ist hier das VwVfG desjenigen Landes zu zitierten, dessen Wasserbehörde tätig wird. Nach § 1 Abs. 3 VwVfG Bd sind die VwVfG Ld auch bei der Ausführung von Bundesrecht anzuwenden.

143 STELKENS/BONK/SACHS, VwVfG, § 65 Rn. 1; vgl. auch KOPP, VwVfG, § 65 Rn. 1, 3ff.; OBERMAYER-SEEGMÜLLER, VwVfG, § 65 Rn. 4ff.

scheidungen über die Erteilung einer Bewilligung und einer gehobenen Erlaubnis (Nr. 1), über den Ausgleich von Rechten und Befugnissen mit Ausnahme von Erlaubnissen untereinander (Nr. 2) und über die Erteilung von Zwangsrechten (Nr. 3).

1. § 21 WHG als Entsprechung zu *CWA Sec. 308*

§ 21 WHG regelt die behördliche Überwachung im Wasserrecht, die als bundesrahmenrechtliche Vorschrift durch die Landeswassergesetze ausgefüllt wird (z.B. §§ 116-123 LWG NW). Die Überwachung ist kein speziell wasserrechtliches Institut, sondern findet auch in anderen Gesetzen Verwendung (z.B. in §§ 40ff. KrW-/AbfG, § 52 BImSchG). Allgemein ist darunter ein nach öffentlich-rechtlichen Vorschriften und als hoheitliche Aufgabe wahrgenommenes Vorgehen zu verstehen, das bestimmte Anlagen, Einrichtungen, Vorgänge oder Handlungen einer speziellen Beobachtung unterzieht.[144] Duldungspflichtig ist nach § 21 Abs. 1 S. 1 WHG, „wer ein Gewässer benutzt oder einen Antrag auf Erteilung einer Erlaubnis oder Bewilligung gestellt hat." Der zweite Halbsatz erstreckt die Duldungspflicht auch schon auf den Zeitraum, in dem erst über die Zulassung einer späteren Benutzung entschieden wird.[145] § 3 WHG erläutert den Begriff der Benutzung, indem er unterschiedliche Tatbestände des Benutzens definiert. Während *CWA Sec. 301* für das amerikanische Wasserrecht einen engen Ausschnitt relevanter Gewässerbenutzungen wählt,[146] unterstellt § 3 WHG insgesamt neun Benutzungsarten den Regelungen des WHG. Dabei entspricht § 3 Abs. 1 Nr. 4, 4a WHG („Einbringen und Einleiten von Stoffen") der Benutzungsart nach *CWA Sec. 301* (*„discharge of any pollutant"*). Neben diesem weiten Benutzungsbegriff findet § 21 WHG Anwendung im Stadium der erlaubten bzw. bewilligten Benutzung oder auch schon im Stadium deren Beantragung.

§ 21 Abs. 1 S. 1 WHG begründet eine Mitwirkungspflicht im Verwaltungsverfahren („Wer ein Gewässer benutzt [...], ist v e r p f l i c h t e t [...].") und ist deswegen auch eine „Rechtsvorschrift" i.S.d. § 26 Abs. 2 S. 3 VwVfG.[147] Der Grundsatz des § 26 Abs. 2 S. 1 VwVfG sieht lediglich eine Mitwir-

---

144 VG Gelsenkirchen, ZfW 1987, 55, 56.

145 CZYCHOWSKI, WHG, § 21 Rn. 9.

146 Im *CWA* fällt nur der *„discharge of any pollutant"* in den Regelungsbereich, vgl. oben 5. Kap., A.II.1.b).

147 Vgl. GRUPP, VerwArch 1989, 44, 64; STELKENS/BONK/SACHS, VwVfG, § 26 Rn. 63.

kungslast vor („Die Beteiligten sollen [...] mitwirken.").[148] Danach ist es zunächst Sache des Beteiligten, persönlich zu erscheinen, auszusagen oder personenbezogenene Daten bzw. Betriebs- und Geschäftsgeheimnisse anzugeben.[149] Hintergrund dieser Regelung ist, daß ein Beteiligter nicht zur Aufklärung solcher Umstände gezwungen werden soll, die seine Stellung im Verwaltungsverfahren verschlechtern oder in sonstiger Weise belasten,[150] es sei denn, daß seine Mitwirkung durch Rechtsvorschrift besonders vorgesehen ist. § 21 WHG normiert eine solche spezialgesetzliche Mitwirkungspflicht und erstreckt die Überwachung gemäß § 21 Abs. 1 S. 1 WHG auf Anlagen, Einrichtungen und Vorgänge, die für die Gewässerbenutzung von Bedeutung sind. In § 21 Abs. 1 S. 2-4 WHG werden einzelne Überwachungsmethoden näher umschrieben, ohne daß dies eine abschließende Aufführung ist („insbesondere"). Danach ist jederzeit das Betreten von Betriebsgrundstücken und -räumen während der Betriebszeit zu gestatten (Nr. 1). Sollte eine Prüfung zur Verhütung dringender Gefahren für die öffentliche Sicherheit und Ordnung sein, kann die Überwachung auch auf das Betreten von Wohnräumen sowie Betriebsgrundstücken und -räumen außerhalb der Betriebszeit ausgedehnt werden (Nr. 2). Die Gestattungspflicht bezieht sich auch auf Grundstücke und Anlagen, die nicht zum unmittelbar angrenzenden befriedeten Besitztum von Räumen nach den Nr. 1 und 2 gehören (Nr. 3). Diese passiven Mitwirkungspflichten oder Duldungspflichten werden durch aktive Mitwirkungspflichten in § 21 Abs. 1 S. 3, 4 WHG ergänzt. Zunächst hat der Betroffene die Anlagen und Einrichtungen zugänglich zu machen, um die vorgenannten Überwachungsmethoden zu ermöglichen. Darüberhinaus hat er Auskünfte – schriftlich oder mündlich – zu erteilen. Diese Mitwirkungspflicht kann dazu führen, daß der Betroffene ein Kontroll- oder Betriebstagebuch zu führen hat.[151] Ebenso kann die zuständige Behörde das Vorlegen von Pegelmeßstreifen und anderen automatischen Aufzeichnungen verlangen, ferner das Anfertigen und Aushändigen von Auszügen aus Meßergebnissen sowie Auskunft über Entstehung und Zusammensetzung der im

---

148 GRUPP, VerwArch 1989, 44, 50; KNACK-CLAUSEN, VwVfG, § 26 Rn. 7; KOPP, VwVfG, § 26 Rn. 41; OBERMAYER-ENGELHARDT, VwVfG, § 26 Rn. 104.

149 STELKENS/BONK/SACHS, VwVfG, § 26 Rn. 46; eine Systematisierung der Mitwirkungspflichten im Sinne eines Pflichtenkatalogs bei OBERMAYER-ENGELHARDT, VwVfG, § 26 Rn. 181ff.; WOLFF, Selbstbelastung, S. 147ff.

150 BT-Drs. 7/910, S. 50.

151 BadWürtVGH, ZfW-Sh 1985 Nr. 99.

Betrieb anfallenden Abwässer.[152] Die Behörde kann so alle für ihre Entscheidung wichtigen Daten erheben, insbesondere ohne dabei auf wasserwirtschaftliche Daten beschränkt zu sein.[153] Die Mitwirkungspflicht des WHG macht grundsätzlich auch nicht vor Betriebs- und Geschäftsgeheimnissen halt.[154] Jedoch darf die Behörde § 21 WHG nicht als ein allgemeines Informationsrecht gebrauchen[155] oder ihre Befugnisse mißbräuchlich ausüben, insbesondere nicht Unzumutbares verlangen.[156] Dies erfordert das rechtsstaatliche Übermaßverbot.[157] Informationswert und Informationslast müssen verhältnismäßig sein. Schließlich umfaßt die Mitwirkungspflicht, den Behördenvertretern Hilfspersonen und -mittel bereitzustellen. Dies kann soweit führen, daß in den normalen Betriebsablauf eingegriffen wird und der Einsatz von mehr Arbeitskräften als sonst erforderlich oder der von weiteren Maschinen geboten ist.[158]

Die Regelungen zur Gewässeraufsicht im LWG NW füllen den bundesrahmenrechtlichen § 21 WHG aus. Die Gewässeraufsicht überwacht die Erfüllung der öffentlich-rechtlichen Verpflichtungen, die nach dem WHG und dem LWG NW bestehen oder aufgrund dieser Gesetze begründet sind.[159] Instrumente der Gewässeraufsicht sind die Überwachung von Abwassereinleitungen (§ 120 LWG NW), die Gewässer- und Deichschau (§§ 121, 122) sowie wasserbehördlich angeordnete Hilfeleistungen im Falle einer Wassergefahr (§ 123).

Die besonderen Mitwirkungspflichten gelten auch im förmlichen Verfahren nach §§ 63ff. VwVfG. Diese die allgemeinen Vorschriften ergänzenden Bestimmungen räumen dem Beteiligten zwar ein besonderes Anhörungs- und Anwesenheitsrecht ein, ändern jedoch nicht den Inhalt seiner Mitwirkungs-

---

152 CZYCHOWSKI, WHG, § 21 Rn. 20; SIEDER/ZEITLER/DAHME-DAHME, WHG, § 21 Rn. 19d; NOBBE/ VÖGELE, NuR 1988, 313, 315.

153 CZYCHOWSKI, WHG, § 21 Rn. 20. Dennoch muß die geforderte Mitwirkung der Überwachung der Gewässerbenutzung dienen, vgl. SIEDER/ZEITLER/DAHME-DAHME, WHG, § 21 Rn. 22.

154 BREUER, Wasserrecht, Rn. 542.

155 CZYCHOWSKI, WHG § 21 Rn. 20.

156 BayOBLG, GewArch. 1963, 29.

157 BREUER, Wasserrecht, Rn. 542; CZYCHOWSKI, WHG § 21 Rn. 20.

158 CZYCHOWSKI, WHG § 21 Rn. 18, 20; SIEDER/ZEITLER/DAHME-DAHME, WHG, § 21 Rn. 20.

159 BREUER, Wasserrecht, Rn. 544; HONERT/RÜTTGERS/SANDER, LWG NW, § 116, Nr. 1ff.

pflichten. Gerade im Bewilligungs- und Erlaubnisverfahren dürfte der Beteiligte jedoch an einem für ihn günstigen Ausgang interessiert sein und somit auf seine Mitwirkung Wert legen.

2. § 65 VwVfG als Entsprechung zu *CWA Sec. 309(g)(10)*

§ 65 VwVfG regelt eine besondere Mitwirkungspflicht von Zeugen und Sachverständigen im förmlichen Verwaltungsverfahren nach §§ 63ff. VwVfG. Die Vorschrift ist „Rechtsvorschrift" i.S.d. § 26 Abs. 3 S.1 VwVfG. Erfaßt ist nur die Verpflichtung von Zeugen zur Aussage und die von Sachverständigen zur Erstattung von Gutachten. Ansonsten bleibt es bei den allgemeinen Regeln.[160] Bezüglich der Durchführung verweist § 65 Abs. 2 VwVfG pauschal auf die Zivilprozeßordnung. Zu bedenken ist jedoch, daß das Verwaltungsverfahren von anderen Prinzipien getragen ist als ein Zivilverfahren. Deswegen greift dieser Verweis nur durch, wenn das förmliche Verfahren Gestalt eines (ordentlichen) Gerichtsverfahrens annimmt und speziellere Vorschriften im VwVfG nicht enthalten sind.[161] Im Verhältnis zu *CWA Sec. 309(g)(10)* fällt auf, daß nur der erste Teil („*[...] subpoenas for the attendance and testimony of witnesses [...]*") hier eine Entsprechung findet. Hinsichtlich des zweiten Teils („*[...] subpoenas for [...] the production of relevant papers, books, or documents [...]*") fehlt es an einer Entsprechung. Diesbezüglich gelten im deutschen Wasserrecht die allgemeinen Vorschriften, insbesondere weitergehende Mitwirkungspflichten i.S.d. § 26 Abs. 2 S. 3 VwVfG NW, die durch § 21 WHG gefordert sind.[162]

3. Zusammenfassung

Durch § 21 WHG und § 65 VwVfG verfügt die Wasserbehörde über einen Maßnahmenkatalog, mit dessen Hilfe sie die Informationen erlangen kann, die für ihre Verwaltungstätigkeit erforderlich sind. Die durch diese Vorschriften verliehenen Kompetenzen sind mit denen des *CWA* vergleichbar. Die Wasserbehörde kann Auskünfte einholen, Dokumente anlegen und führen lassen, diese einsehen, Betriebsgelände besichtigen sowie Zeugen und Sachverständige hören. All dies dient dazu, die Einhaltung der wasserrecht-

---

160 STELKENS/BONK/SACHS, VwVfG, § 65 Rn. 1; vgl. auch KOPP, VwVfG, § 65 Rn. 1, 3ff.; OBERMAYER-SEEGMÜLLER, VwVfG, § 65 Rn. 4ff.

161 Eine Aufschlüsselung der anwendbaren und nicht anwendbaren Vorschriften bei STELKENS/BONK/ SACHS, VwVfG, § 65 Rn. 5ff.

162 Vgl. oben, 5. Kap., B.II.1.

lichen Vorschriften zu kontrollieren und im Falle eines Verstoßes entsprechend reagieren zu können.

III. Durchsetzung des Informationsbegehrens

Die Instrumente der Informationsbeschaffung wären wertlos, wenn sie lediglich reine Verhaltensaufforderungen wären, nicht aber auch gegen den Willen des Betroffenen durchgesetzt werden könnten. Im Hinblick auf den hier anzustellenden Vergleich ist zu untersuchen, ob die deutsche Wasserbehörde ähnlich wie die *EPA* auf die Mithilfe der Gerichte angewiesen ist.

1. § 21 WHG

Die Duldungspflichten des § 21 WHG bestehen kraft Gesetzes.[163] Sie bedürfen keiner Konkretisierung durch einen Verwaltungsakt, sondern werden durch Vornahme der zu duldenden Handlung wirksam.[164] Das heißt, daß die Durchsetzung der Duldungspflichten durch die Vornahme der zu duldenden Maßnahmen geschieht. Im Fall des behördlichen Betretungsrechts steht somit dem Betroffenen kein Notwehrrecht wegen Hausfriedensbruchs zu. § 21 WHG schränkt das Hausrecht des Betroffenen ein.[165]

Bei den aktiven Mitwirkungspflichten verhält es sich anders. Sie setzen erst ein, wenn die Behörde die Initiative zur Überwachung ergriffen hat.[166] Sollte der Betroffene seine aktive Mitwirkungspflicht verweigern, bedarf es einer besonderen Anordnung,[167] mittels derer auf die Verpflichtung des Betroffenen hingewiesen wird. Hierbei handelt es sich um einen Verwaltungsakt,[168] dem nach der Legaldefinition in § 35 VwVfG u.a. Regelungswirkung zukommt und somit darauf ausgerichtet ist, eine Rechtsfolge

---

[163] CZYCHOWSKI, WHG, § 21 Rn. 6; vgl. auch SIEDER/ZEITLER/DAHME-DAHME, WHG, § 21 Rn. 14ff.

[164] SIEDER/ZEITLER/DAHME-DAHME, WHG, § 21 Rn. 23.

[165] SIEDER/ZEITLER/DAHME-DAHME, WHG, § 21 Rn. 23.

[166] CZYCHOWSKI, WHG, § 21 Rn. 18.

[167] SIEDER/ZEITLER/DAHME-DAHME, WHG, § 21 Rn. 24; vgl. auch die Kommentierung des inhaltsgleichen § 52 BImSchG, der für § 21 WHG als Vorbild gedient hat, JARASS, BImSchG, § 52 Rn. 24, 39.

[168] Allgemein zur Anordnung und Durchsetzung von Mitwirkungspflichten MARTENS, Verwaltungsverfahren, Rn. 152.

rechtsverbindlich zu setzen.[169] Der Verwaltungsakt ist das typische Mittel zur Konkretisierung des abstrakt-generellen Gesetzes und zur verbindlichen Feststellung der Rechtslage im Einzelfall. Mit Erlaß bestimmt der Verwaltungsakt und nicht mehr das Gesetz, was für den Adressaten rechtens sein soll.[170] Der Adressat hat der Verhaltensaufforderung des Verwaltungsakt Folge zu leisten. Andernfalls kann die Erlaßbehörde ihren eigenen Verwaltungsakt als Vollstrekkungsgrundlage im Verwaltungsvollstreckungsverfahren durchsetzen. Dies gilt somit auch für eine Wasserbehörde. Sollte sie feststellen, daß der Adressat dem Verwaltungsakt nicht Folge leistet, kann sie ihre Verhaltensaufforderung zwangsweise durchsetzen.[171] Dies bestimmt sich nach dem Verwaltungsvollstreckungsgesetz der Länder, dort nach den Vorschriften zum Verwaltungszwang. Für die Befugnis zur Zwangsmittelanwendung ist beispielsweise nach § 55 VwVG NW der Grundverwaltungsakt maßgeblich. Dies ist die nichtbeachtete Verhaltensaufforderung, mit der die Wasserbehörde auf die bestehende Mitwirkungspflicht hingewiesen hat. Die Zuständigkeit für das Vollstreckungsverfahren ist in § 56 Abs. 1 VwVG NW geregelt. Danach ist die Erlaßbehörde auch gleichzeitig die Vollstreckungsbehörde. Somit kann die Wasserbehörde ihr eigenes Informationsbegehren im Wege des Verwaltungszwangs durchsetzen. Als behördliche Zwangsmittel kommen insbesondere Zwangsgeld[172] und die Ersatzvornahme in Betracht.

Als weitere Folge der Nichtbeachtung können Tatbestände im Ordnungswidrigkeits- oder Strafrecht erfüllt sein. Nach § 41 Abs. 1 Nr. 7 WHG verhält sich der Benutzer i.S.d. § 21 WHG ordnungswidrig, wenn er die Überwachungsmaßnahmen nicht ermöglicht, behindert bzw. durch falsche Auskünfte gefährdet.[173] § 161 Abs. 2 Nr. 4 LWG NW ergänzt diesen Tatbestand „unbeschadet § 41 des Wasserhaushaltsgesetzes“ mit einer weiteren Ord-

---

[169] Statt aller KOPP, VwVfG, § 35 Rn. 32ff.; MAURER, Allg. Verwaltungsrecht, § 9 Rn. 6; STELKENS/ BONK/SACHS, VwVfG, § 35 Rn. 78ff.

[170] Statt aller ERICHSEN, Bedeutung und Begriff des Verwaltungsakts, Rn. 20ff.; MAURER, Allgemeines Verwaltungsrecht, § 9 Rn. 6ff.; die Formulierung geht zurück auf MAYER, Deutsches Verwaltungsrecht I, S. 96: „[Der Verwaltungsakt] bestimmt für den, über welchen er ergeht, was dieser soll und darf.“.

[171] CZYCHOWSKI, WHG, § 21 Rn. 48; SIEDER/ZEITLER/DAHME-DAHME, WHG, § 21 Rn. 24; allgemein MARTENS, Verwaltungsverfahren, Rn. 153.

[172] Die Beitreibung des Zwangsgeldes wird dann aber durch die Vollstreckungsbehörde iSv § 2 VwVG NW bzw. der vergleichbaren Regelungen der anderen Länder vorgenommen. Vgl. dazu oben, 3. Kap. B.

[173] Vgl. dazu CZYCHOWSKI, WHG, § 41 Rn. 18ff.

nungswidrigkeit iSd LWG NW. Die Verfolgung und Ahndung der Ordnungswidrigkeiten bestimmen sich nach dem Gesetz über Ordnungswidrigkeiten. Nach § 35 Abs. 1 OWiG ist dies grundsätzlich die nach Landesrecht zuständige Verwaltungsbehörde, es sei denn, daß das Gesetz selbst eine andere Zuständigkeit begründet.[174] Die sachliche Zuständigkeit ergibt sich aus § 36 OWiG. Nach Abs. 1 Nr. 1 dieser Vorschrift ist die Verwaltungsbehörde sachlich zuständig, die durch Gesetz bestimmt wird. „Gesetz" ist hier dasjenige Regelungswerk, das den Bußgeldtatbestand enthält.[175] Dies schließt nicht aus, daß eine nähere Spezifizierung der entsprechenden Behörde in einer untergesetzlichen Norm enthalten ist.[176] Für das Land Nordrhein-Westfalen ist dies dem Katalog der Verordnung zur Regelung von Zuständigkeiten auf dem Gebiet des technischen Umweltschutzes (ZustVOtU) zu entnehmen.[177] § 90 Abs. 1 OWiG bestimmt dann, daß der Bußgeldbescheid nach den Vorschriften der Verwaltungsvollstreckungsgesetze des Bundes und der Länder vollstreckt wird. Das Strafgesetzbuch weist bestimmte Verhaltensweisen als Straftaten gegen die Umwelt aus, §§ 324ff. StGB. Eine mit § 21 WHG korrespondierende Vorschrift existiert nicht. Dies schließt nicht aus, daß im Rahmen der Überwachungsmaßnahmen andere Straftatbestände erfüllt sind. Dabei ist insbesondere zu denken an Widerstand gegen Vollstreckungsbeamte (§ 113 StGB), an Nötigung (§ 240 StGB), an Urkundsdelikte (§§ 267ff. StGB) oder an die Tatbestände der Vorteilsgewährung und Bestechung (§§ 333ff. StGB).

2. § 65 VwVfG

Die Verpflichtung des Zeugen zur Aussage bzw. die des Sachverständigen zur Erstattung des Gutachtens gemäß § 65 Abs. 1 VwVfG kann nicht von der Behörde selbst durchgesetzt werden. Sollte der Zeuge bzw. Sachverständige seine Mitwirkung aus anderen Gründen als den in §§ 376, 383 bis 385 und 408 ZPO genannten verweigern, ist ein Gericht um seine Mithilfe zu ersuchen. Angerufen werden kann das für den Wohnsitz des Betroffenen zuständige Verwaltungsgericht oder wahlweise das Amtsgericht, wenn am Wohnsitz des Betroffenen kein Verwaltungsgericht ansässig ist. § 65 Abs. 2 bis 5 VwVfG bestimmen die behördliche Vorgehensweise. Dabei hat die Behörde

---

174 S. dazu GÖHLER, OWiG, § 35, Rn. 6ff.

175 GÖHLER, OWiG, § 36, Rn. 2; LEMKE, OWiG, § 36 Rn. 3.

176 GÖHLER, OWiG, § 36, Rn. 2; LEMKE, OWiG, § 36 Rn. 3.

177 Enthalten in HONERT/RÜTTGERS/SANDER, LWG NW, S. 460ff.

die Möglichkeit, neben der einfachen Vernehmung (§ 65 Abs. 2 VwVfG) auch um eine Beeidigung (§ 65 Abs. 3 VwVfG) zu ersuchen. Dabei wird das ersuchte Gericht nicht als Organ der Rechtsprechung tätig, sondern leistet Rechtshilfe in einem Verwaltungsverfahren.[178] Dieser Vorbehalt zugunsten des Richters besteht zum Schutz der Betroffenen und leitet sich aus dem Privileg ab, Aussagen eines Zeugen bzw. die Erstattung eines Gutachtens im Rahmen eines gerichtlichen Verfahrens erzwingen zu können.[179] § 65 Abs. 5 VwVfG NW soll einer mißbräuchlichen Benutzung dieser Regelung dadurch vorbeugen, daß nur bestimmte Amtswalter zu ihrer Ausübung befähigt sind.[180] Des weiteren soll so auch eine überzogene Beanspruchung der Gerichte verhindert werden.[181] Die Entscheidung des ersuchten Verwaltungsgerichts ergeht gemäß § 180 S. 2 VwGO durch Beschluß. Ebenso verhält es sich in dem Falle, daß ein Amtsgericht tätig wird.[182]

3. Zusammenfassung

Die Wasserbehörde kann die Duldungs- und Mitwirkungspflichten des § 21 WHG im Wege des Verwaltungsvollstreckungsverfahrens selbst durchsetzen. Sie ist nicht auf die Mithilfe der Gerichte angewiesen. Anders gestaltet sich die Situation bei § 65 VwVfG. Hier muß die (Wasser-) Behörde ein Gericht um seine Mithilfe ersuchen. So verfügt sie im Verhältnis zu Beteiligten über alle erforderlichen Mittel, um ihr Informationsbegehren selbst und eigenständig zu befriedigen. Im Verhältnis zu Zeugen und Sachverständigen ist sie – vergleichbar mit der *EPA* im Rahmen des *CWA Sec. 309(g)(10)* – von einer entsprechenden Entscheidung des ersuchten Gerichts abhängig.

C. Vergleich beider Situationen und Ergebnis

In Amerika und in Deutschland existieren auf dem Gebiet des Wasserrechts ähnliche Instrumente zur Informationsgewinnung. Vom Aufbau und von der

178 KNACK-BUSCH, VwVfG, § 65 Rn. 4.3; OBERMAYER-SEEGMÜLLER, § 65 Rn. 55; STELKENS/BONK/ SACHS, VwVfG, § 65 Rn. 31.

179 KOPP, VwVfG, § 65 Rn. 5; STELKENS/BONK/SACHS, VwVfG, § 4 Rn. 36.

180 BT-Drs. 7/910, S. 85.

181 KOPP, VwVfG, § 65 Rn. 6.

182 Strittig ist, ob § 180 S. 2 extensiv auszulegen ist oder § 387 ZPO Anwendung findet, vgl. STELKENS/BONK/SACHS, VwVfG, § 65 Rn. 41f.

Reichweite der verliehenen Rechte weisen sie starke Parallelen auf. Dennoch existieren bedeutsame Unterschiede.

I. Gegenüberstellung der Befunde

Amerikanische und deutsche Verwaltungsbehörden sind für die Ausführung der Gesetze verantwortlich. Eine wichtige Aufgabe dabei übernehmen solche Vorschriften, die es der Behörde ermöglichen, die für die Grundlage einer Entscheidung wesentlichen Tatsachen einzuholen. Diese Rechte verleihen ihnen auf dem Gebiet des Wasserrechts *CWA Sec. 308, 309(g)(10)* bzw. § 21 WHG und § 65 VwVfG. Darüberhinaus kann die *EPA* gemäß *CWA Sec. 309(g)(10)* eine *subpoena* ausstellen, um von Zeugen und Sachverständigen die relevanten Unterlagen einzufordern („*[...] subpoenas for [...] the production of relevant papers, books, or documents [...]*"). Diese behördlichen Rechte dienen dazu, die erforderlichen Informationen zu verschaffen, um die Handlungsfähigkeit der Behörden zu gewährleisten. Beiden Behörden stehen dabei mehrere Maßnahmen zur Verfügung. Somit ist die „Ermächtigungsbreite" vergleichbar.

Ein Unterschied ist jedoch in der „Ermächtigungstiefe" auszumachen. Damit sind die unterschiedlich weitreichenden Möglichkeiten gemeint, auf eine Nichtbeachtung der behördlichen Verhaltensaufforderung zu reagieren. Dies wird bei einer Gegenüberstellung der Handlungsinstrumente deutlich. Der *section 308-letter* und die *NOV* finden im deutschen Recht keine direkte Entsprechung. Mit ihnen gleichsetzen kann man einfache behördliche Hinweise oder Auskünfte, die eine rein informelle Mitteilung über rechtliche Verhältnisse darstellen.[183] Dazu könnte man beispielsweise den behördlichen Hinweis auf die Mitwirkungspflichten zählen. Anders zuzuordnen ist die im Weigerungsfall als Verwaltungsakt ergehende Anordnung der deutschen Wasserbehörde, den in § 21 WHG aufgeführten Mitwirkungspflichten nachzukommen. Diese Anordnung ist eine mit der *compliance order* in *CWA Sec. 309(a)(3)* vergleichbare Intention beizumessen. In beiden Fällen fordert die Behörde den Adressaten auf, bei der Sachverhaltsaufklärung mitzuwirken. Während die Wasserbehörde die Rechtsform des Verwaltungsaktes mit dessen Regelungs- und Tatbestandswirkung wählen kann, richtet die *EPA* hingegen einen schwachen *administrative command* an den Betroffenen. Da-

183 Dazu KNACK-HENNEKE, VwVfG, § 38 Rn. 3.1.1; KOPP, VwVfG, § 38 Rn. 6b; MAURER, § 9 Rn. 62.

bei handelt es sich nicht um eine abschließende Entscheidung über Rechte und Pflichten.

Dieser Unterschied wirkt sich dann als Folge der unterschiedlichen „Ermächtigungstiefe" auf das jeweilige weitere Verfahren aus. Sobald der Verwaltungsakt unanfechtbar geworden bzw. sofort vollziehbar ist, kann die deutsche Wasserbehörde auf einer zweiten Stufe in das Verwaltungsvollstreckungsverfahren übergehen und die erlassene Anordnung als Grundverfügung mit Zwangsmitteln durchsetzen. Ein gebräuchliches Zwangsmittel dabei ist das Zwangsgeld. Zwar kann die *EPA* eine ähnliche Rechtsfolge herbeiführen, indem sie eine *administrative order assessing penalties* ausspricht und das Verhalten des Betroffenen mit einer Geldbuße sanktioniert. Dennoch besteht ein gewichtiger Unterschied. Beiden Maßnahmen beabsichtigen zwar, die Übereinstimmung mit dem Gesetz dadurch zu erreichen, daß dem Betroffenen eine wirtschaftliche Last auferlegt wird. Jedoch gliedert sich die *administrative order assessing penalties* auf andere Weise in das System der Handlungsalternativen der *EPA* ein als das Zwangsgeld in das deutsche System: Der Erlaß der *administrative order assessing penalties* ist an das Vorliegen derselben Voraussetzungen gebunden wie der Erlaß einer *compliance order*. Ein Verstoß gegen die Mitwirkungspflichten des *CWA Sec. 308* kann beide Formen der *administrative order* – also *compliance order* und *administrative order assessing penalties* – nach sich ziehen. Demnach stehen beide Rechtsbehelfe auf e i n e r Stufe. Darin unterscheiden sich die beiden amerikanischen Rechtsbehelfe von den deutschen Rechtsbehelfen, und zwar dem gebietenden Verwaltungsakt und der zwangsweisen Durchsetzung mittels Zwangsgeld. Hier ist eine stufenweise Vorgehensweise im Sinne einer Z w e i stufigkeit erforderlich. Selbst bei Anwendung des Verwaltungszwangs ohne vorausgehenden Verwaltungsakt ist diese Zweistufigkeit dadurch aufrechterhalten, daß der Erlaß einer Grundverfügung fingiert wird und nur zeitlich mit der zwangsweisen Durchsetzung in einen Akt zusammenfällt.[184]

Somit ist die *administrative order assessing penalties* nicht mit der Zahlungsaufforderung im Verwaltungsvollstreckungsverfahren vergleichbar. Sie ist vielmehr als Ahndung einer Ordnungswidrigkeit zu bewerten. Im deutschen Recht ist parallel zum Verstoß gegen die Mitwirkungspflicht des § 21

---

[184] Diese Problematik wird wegen des eingeschränkten Untersuchungsgegenstandes hier nicht weiter behandelt. Zu der problematischen Abgrenzung von sofortiger Vollziehung iSd. § 80 Abs. 2 S. 1, sofortigem Vollzug und unmittelbarer Ausführung vgl. APP/WETTLAUFER, Verwaltungsvollstreckungsrecht, § 1 Rn. 3, § 7 Rn. 7, § 30 Rn. 22ff.; DIETLEIN, NWVBl. 1991, 81; SCHMITT-KAMMLER, NWVBl. 1989, 389.

WHG gleichzeitig auch der Tatbestand einer Ordnungswidrigkeit gemäß § 41 Abs. 1 Nr. 7 WHG gegeben, die eine Geldbuße nach sich zieht. Daß *CWA Sec. 309(g)* die Ahndung des Nichtberücksichten einer *compliance order* auf einer zweiten Stufe nicht abdecken möchte, läßt sich schon an der Formulierung seines Tatbestandes erkennen. Der Verstoß gegen *CWA Sec. 309(a)(3)* selbst – also gegen die *compliance order* – ist nicht erfaßt. Vielmehr sind nur die Vorschriften aufgezählt, die auch schon in *Sec. 309(a)(3)* aufgeführt sind. Dies deutet wieder auf die Gleichrangigkeit beider Rechtsbehelfe hin. Festzuhalten bleibt also, daß die deutsche Behörde mit § 21 WHG „in die Tiefe" weitergehende Befugnisse hat. Dies dokumentieren auch die unterschiedlichen Befunde bei verwaltungsbehördlichen Durchsuchungen.

Eine sich auf ähnliche Weise unterscheidende „Ermächtigungstiefe" im Verhältnis *CWA Sec. 309(g)(10)* und § 65 VwVfG anzunehmen, ginge fehl. In diesem Fall hat die deutsche Verwaltungsbehörde genauso wie die amerikanische kein Recht, das gewünschte Verhalten mit Zwangsmitteln zu erreichen. Nach § 65 Abs. 2 VwVfG ist die Verwaltungsbehörde auf die Mithilfe der Gerichte angewiesen. Die Einschaltung des Gerichts dient vor allem dem Schutz der betroffenen Zeugen und Sachverständigen.[185] Als nichtbeteiligte Bürger müssen sie in dem für sie fremden Verwaltungsverfahren nur eingeschränkt zur Mithilfe bei der Sachverhaltsaufklärung beitragen.[186] Dazu werden vorrangig die Beteiligten herangezogen, die die wichtigsten und oft auch einzigen Wissensträger sind, weil sie das Verwaltungsverhältnis persönlich angeht.[187] Die den Beteiligten dabei treffende materielle Beweislast läßt seine fehlende Mitwirkung nicht bedeutungslos bleiben. Die Behörde kann sein Verhalten zu seinen Ungunsten bewerten.[188] Auch muß der Betroffene mit mittelbaren Folgen seines Verhaltens rechnen.[189] Neben diesem

---

185 KOPP, VwVfG, § 65 Rn. 5. Eine nur unwesentliche Einschränkung erfährt dieser Schutz durch § 65 V VwVfG, der einer mißbräuchlichen Benutzung vorbeugen soll, vgl. BT-Drs. 7/910, S. 85.

186 MARTENS, Verwaltungsverfahren, Rn. 145; vgl. auch KOPP, VwVfG, § 65 Rn. 1, 3ff.; OBERMAYER-SEEGMÜLLER, VwVfG, § 65 Rn. 4ff.

187 MARTENS, Verwaltungsverfahren, Rn. 125.

188 GRUPP, VerwArch 1989, 44, 72; KOPP, VwVfG, § 26 Rn. 43f.; MARTENS, Verwaltungsverfahren, Rn. 158f.

189 Berücksichtigung kann die Verweigerung finden bei Schadenersatzansprüchen wegen Amtspflichtverletzungen im Rahmen des § 254 BGB, bei Entschädigungsansprüchen wegen Aufhebung von Verwaltungsakten für die Beurteilung der Schutzwürdigkeit

Schutzzweck zugunsten von Zeugen und Sachverständigen steht § 65 Abs. 2 VwVfG auch im Zusammenhang mit der ebenfalls den Gerichten vorbehaltenen Befugnis, die Aussage eines Zeugen bzw. die Erstattung eines Gutachtens zu erzwingen.[190] Die Vorschrift führt nicht zu einem Eingriff der Rechtsprechung in den Bereich der vollziehenden Gewalt, da es sich um einen Akt der Hilfeleistung aufgrund ausdrücklichen Ersuchens der Exekutiven handelt. Ebensowenig liegt eine Verletzung des judikativen Bereichs durch die Exekutive vor, da diese in Erfüllung ihrer vollziehenden Aufgaben tätig wird und das ersuchte Gericht in eigener Verantwortung zu entscheiden hat.[191]

Nicht unerwähnt bleiben soll noch ein weiterer Unterschied, der auf die vorliegende Betrachtung der Kompetenzzuweisungen jedoch keine weitere Auswirkung hat. Es geht um das Verhältnis, in dem die jeweils zwei Vorschriften eines Landes zueinander stehen. § 26 Abs. 1 VwVfG stellt für das deutsche Verwaltungsverfahren den Grundsatz auf, daß Beteiligte, Zeugen und Sachverständige nicht verpflichtet sind, an der Sachverhaltsaufklärung mitzuwirken. Für die Beteiligten als unmittelbar Betroffene besteht allerdings eine Mitwirkungslast. Um diese Personengruppen zur Mitwirkung zu verpflichten, bedarf es vielmehr besonderer gesetzlicher Vorschriften. Diese Aufgabe erfüllen § 21 WHG und § 65 VwVfG. Beide Vorschriften regeln also parallel eine sondergesetzliche Mitwirkungspflicht für unterschiedliche Personengruppen.[192] Anders ist das Verhältnis im amerikanischen Wasserschutzrecht zu bewerten. Dort dient die *subpoena* in *CWA Sec. 309(g)(10)* u.a. zur Aufklärung, ob die „Mitwirkungspflichten" in *CWA Sec. 308* eingehalten worden sind. Ziel ist es, für den Fall der Nichteinhaltung eine *administrative order assessing penalties* zu erlassen. Somit ist die eine Vorschrift (*CWA Sec. 309(g)(10)*) Hilfsmittel, einen Verstoß gegen die andere (*CWA Sec. 308*) festzustellen. Im deutschen Wasserrecht dienen jedoch beide Vorschriften gleichwertig dazu, den Sachverhalt für solche Entscheidungen aufzuklären, die im förmlichen Verfahren ergehen.

(§ 44 Abs. 2 und 3, § 45 Abs. 3 VwVfG) und bei Kostenentscheidungen nach § 155 Abs. 5 VwGO, vgl. BT-Drs. 7/910, S. 50.

190 Kopp, VwVfG, § 65 Rn. 5.

191 BVerfGE 7, 183, 188f.; BT-Drs. 7/910, S. 84.

192 Dabei ist zu bedenken, daß diese Parallele erst im förmlichen Verfahren besteht, da erst dann § 65 VwVfG einschlägig ist.

II. Ergebnis

Die verwaltungsbehördliche Informationsgewinnung ist in Amerika und Deutschland vergleichbar. Den *administrative agencies* – hier am Beispiel der *EPA* – und den deutschen Verwaltungsbehörden – hier am Beispiel einer Wasserbehörde – sind vergleichbare Handlungsinstrumente übertragen, um von Dritten Informationen zu begehren. Lediglich im Fall der Weigerung des Adressaten ist bei der Durchsetzung der Informationsbegehren eine unterschiedliche Reichweite verwaltungsbehördlicher Kompetenzen auszumachen. Die amerikanische Verwaltungsbehörde ist bei der Informationsgewinnung auf die Mithilfe der Gerichte angewiesen. Nur diese können ihre Anordnungen mit Zwang durchsetzen. Auf dem Bereich der Informationsgewinnung fehlt den *administrative agencies* jegliche Zwangsbefugnisse. Anders verhält es sich in Deutschland. Hier kann die Verwaltungsbehörde im Wege des Verwaltungsvollstreckungsverfahrens ihre eigene Maßnahmen zur Informationsgewinnung selbst durchsetzen. Eine Ausnahme gilt nur auf dem engen Bereich der Zeugen- und Sachverständigenvernehmung. Eine *administrative agency* tritt somit gegenüber einer deutschen Verwaltungsbehörde als ein amputiertes Verwaltungsorgan auf. Die Schärfe der Anordnungen einer *administrative agency* verstumpft wegen dieses Mangels.

D. These

Die Darstellung der *administrative agencies* und der Vergleich von *EPA* und deutscher Wasserbehörde legen den Schluß nahe, daß die bestehenden Unterschiede bei der Durchsetzung verwaltungsbehördlicher Maßnahmen zur Informationsgewinnung nicht die Folge verschiedener Regelungsprinzipien innerhalb desselben rechtlichen Systems sind, sondern daß sie vielmehr auf einer denklogisch tieferen Ebene an Besonderheiten der beiden Rechtssysteme anknüpfen. Dies könnte auch erklären, daß es in Amerika kein geschlossenes System der Verwaltungsvollstreckung gibt.[193] Somit wären die Unterschiede zwischen den beiden Vollzugsmodellen auf Grundaussagen des *common law* und des *civil law* zurückzuführen, die lediglich am Beispiel

193 Das „geschlossene System der Verwaltungsvollstreckung" läßt sich definieren als ein System, in dem abstrakt und abschließend geregelt ist, daß Verwaltungsbehörden ihre eigenen Anordnungen grunsätzlich selbst durchsetzen können, ohne dabei weitere Organe einschalten zu müssen oder von dem zugrundeliegenden Lebenssachverhalt und dem betroffenen verwaltungsrechtlichen Regelungsgebiet abhängig zu sein. Vgl. dazu oben, 1. Kap., B. und 3. Kap., B.

Amerikas und Deutschlands aufgezeigt werden, und nicht auf besondere Regelungsprinzipien der ausgewählten Länder selbst.

6. Kapitel

Untersuchung des amerikanischen Vollzugsmodells

Das vorhergehende Kapitel schloß mit der These, daß sich die Unterschiede bei der Durchsetzung von verwaltungsbehördlichen Anordnungen zur Informationsgewinnung auf Grundaussagen des *common law* und des *civil law* zurückführen lassen. Eine rechtsvergleichende Betrachtung der unterschiedlichen Vollzugsmodelle soll diese These in einem ersten Abschnitt untersuchen und insbesondere eine Antwort dafür finden, warum ein geschlossenes System der Verwaltungsvollstreckung nicht existiert.[1] Im Anschluß daran sind die Argumente zu untersuchen, die der *Supreme Court* gegen Vollzugskompetenzen der *administrative agencies* einbringt. Seine dafür maßgebliche Entscheidung[2], die in einem Fall zum Sektor der Informationsgewinnung ergangen ist, läßt sich als generelle Absage an verwaltungsbehördliche Zwangsbefugnisse verstehen.

A. Rechtsvergleichende Betrachtung der unterschiedlichen Vollzugsmodelle

Die Ursachen für die zuvor geschilderten verschiedenen Vollzugsmodelle in Amerika und Deutschland sind nicht länderspezifischer Natur. Sie spiegeln nicht eine typisch amerikanische bzw. deutsche Rechtsauffassung wider. Vielmehr sind sie vor dem Hintergrund unterschiedlich entwickelter Verfassungs- und Verwaltungssysteme zu verstehen und somit auf tieferliegende Ursachen zurückzuführen, die in den verschiedenartigen Rechtssystemen des *common law* und des *civil law* angelegt sind. Zwei unterschiedliche Auffassungen vom Begriff und von der Funktion des Staates sind entstanden, die gegensätzlicher nicht sein können. Dies wirkt sich auch auf die Behandlung verwaltungsbehördlicher Zwangsbefugnisse aus, da die Ausgestaltung des Rechtsverhältnisses von Staat und Bürger entscheidend ist für

---

[1] Das „geschlossene System der Verwaltungsvollstreckung" läßt sich definieren als ein System, in dem abstrakt und abschließend geregelt ist, daß Verwaltungsbehörden ihre eigenen Anordnungen grundsätzlich selbst durchsetzen können, ohne dabei weitere Organe einschalten zu müssen oder von dem zugrundeliegenden Lebenssachverhalt und dem betroffenen verwaltungsrechtlichen Regelungsgebiet abhängig zu sein. Vgl. dazu oben, 1. Kap., B. und 3. Kap., B.

[2] *ICC v. Brimson*, 154 U.S. 447 (1894).

die Handlungsformen, mittels derer der Staat gegenüber dem Bürger auftritt. Insbesondere gilt dies dafür, wie der Staat eigene Anordnungen durchsetzen kann.

I. Die Entwicklung in Deutschland

In Deutschland besteht unter gewissen rechtlichen Gegebenheiten ein Subordinationsverhältnis zwischen Staat und Bürger, das das öffentliche Recht – wenn auch nicht uneingeschränkt[3] – charakterisiert. Im Rahmen dieses Subordinationsverhältnisses nehmen Verwaltungsbehörden auf der Seite des Staates teil, da sie zur hoheitlichen Durchführung konkreter Verwaltungsmaßnahmen berufen sind. Besonderen Ausdruck hat dieses Verhältnis im Verwaltungsvollstreckungsrecht gefunden, in dem die Verwaltungsbehörde nicht wie ein privater Gläubiger die Justiz einschalten muß.[4] Kennzeichen dieser Subordination ist der durch Befehl und Zwang ausgewiesene Hoheitsakt,[5] der durch das Institut der Staatsgewalt legitimiert ist.[6] Das Institut der Staatsgewalt wiederum ist Produkt einer Entwicklung, die sich zeitlich auf die Frühe Neuzeit und das 19. Jahrhundert beschränken läßt.

1. Die zwei Bestandteile der Entwicklung

Zwei Phänomene zeichnen diese Entwicklung aus, die parallel in Erscheinung traten und sich als theoretische und tatsächliche Erscheinungsform gegenseitig bedingten. Zum einen bildete sich das Rechtsgebiet des öffentlichen Rechts heraus, zum anderen vollzog sich aufgrund eines gewandelten Staatsverständnisses zunächst der Wandel zum Absolutismus und dann die Entstehung des modernen Staates.

---

[3] Zu den Einschränkungen s. unten 6. Kap., A.I.2.

[4] Zu den Ausnahmen s. APP/WETTLAUFER, Verwaltungsvollstreckungsrecht, § 1 Rn. 4, § 5 Rn. 22; GAUL, JZ 1979, 496ff.

[5] MARTENS, Öffentlich als Rechtsbegriff, S. 89; vgl. auch die Legaldefinition des Verwaltungsaktes in § 35 S. 1 VwVfG, die u.a. auf das Hoheitliche der Maßnahme abstellt und die einschlägige Kommentarliteratur, z.B. KOPP, VwVfG, § 35 Rn. 14; KNACK-HENNEKE, VwVfG, § 35 Rn. 4.1.1. („Sie beruht auf dem Prinzip der Über- und Unterordnung.“).

[6] KRÜGER, Allgemeine Staatslehre, S. 818; vgl. auch HERZOG, Allgemeine Staatslehre, S. 155ff.; ZIPPELIUS, Allgemeine Staatslehre, S. 50ff.

a) Die Unterscheidung von öffentlichem und privatem Recht[7]

Bedeutsam für die Unterscheidung von öffentlichem und privatem Recht ist, daß seit dem 16. Jahrhundert das *ius publicum* im Rahmen des römischen *corpus iuris* an den deutschen Universitäten gelehrt wurde. Dabei nahm es zwar eine untergeordnete Rolle ein, doch bot es den Ausgangspunkt einer wissenschaftlichen Auseinandersetzung mit dem Staatsrecht.[8] Die Zweiteilung in „öffentlich" und „privat" wird auf den römischen Juristen ULPIAN (um 170-223) zurückgeführt, der zwischen einem *ius privatum* und einem *ius publicum* unterschied.[9] Man nimmt an, daß es sich dabei nur um ein Begriffsschema handelte, mit dem ULPIAN eine „schulmäßige Einteilung des Rechts" erzielen wollte, und nicht um eine durchgehende Zweiteilung des Gesamtrechts.[10] Die römischen Juristen bemühten sich offenbar weder um eine begriffliche Klärung noch um eine Rechtsdarstellung auf der Grundlage der Unterscheidung; ihrer fallbezogenen Rechtsmethode mußte ein solches systematisches Trennungsdenken fremd bleiben.[11] Vielmehr läßt sich bei den römischen Juristen eine unsystematische Anwendung von Rechtsvorschriften auf privat wie öffentlich Handelnde feststellen.[12] Auch erfüllte die Unterscheidung von *ius privatum* und *ius publicum* keine prozessuale Funktion derart, daß die Zuordnung zum *ius privatum* oder *ius publicum* die Klagemöglichkeit bestimmte. Da das römische Recht wie das *common law* auf einem Aktionensystem fußte, war eine solche Zuordnung nicht entscheidend,

---

7 Diese Entwicklung der Unterscheidung von öffentlichem Recht und Privatrecht in all ihren Feinheiten und Ausprägungen nachzuzeichnen, würde den Rahmen dieser Arbeit übersteigen. Insofern ist eine Beschränkung auf die wesentliche Eckpunkte der wissenschaftlichen Herausbildung des öffentlichen Rechts geboten. Eine umfassende Darstellung bietet STOLLEIS, Geschichte des öffentlichen Rechts.

8 HATSCHEK, Englisches Staatsrecht, Bd. I, S. 10f.; JÖRS/KUNKEL, Römisches Privatrecht, § 30 III; KASER, Römisches Privatrecht, § 1 III.

9 ULPIAN in Dig. I, 1, 1, 2 = Inst. I, 1, 4: *„Huius studii duae sunt positiones, publicum et privatum. publicum ius est quod statum rei Romanae spectat, privatum, quod ad singulorum utilitatem pertinet. [...]"*; Erläuterungen zur Textausgabe und zu den Quellen bei BEHRENDS/KNÜTEL/KUPISCH/SEILER, CIC, S. 274; s. auch BULLINGER, Öffentliches Recht und Privatrecht, S. 13 (Fn. 21, 22); MOLITOR, Über Öffentliches Recht und Privatrecht, S. 8f.; eher kritisch dazu EHLERS, Verwaltung in Privatrechtsform, S. 30f.

10 BULLINGER, Öffentliches Recht und Privatrecht, S. 13; MOLITOR, Über Öffentliches Recht und Privatrecht, S. 8f.

11 BULLINGER, Öffentliches Recht und Privatrecht, S. 14; vgl. auch JÖRS/KUNKEL, Römisches Privatrecht, § 32; KASER, Römisches Privatrecht, § 3 II.

12 Beispiele dazu bei BULLINGER, Öffentliches Recht und Privatrecht, S. 14f.

sondern der Umstand, ob der *praetor* eine entsprechende Klageformel zur Verfügung stellte.[13] Die Unterscheidung von öffentlichem und privatem Recht ging also nicht über eine rein begriffliche Zuordnung hinaus.

Beginnend im 13. Jahrhundert (Frührezeption) drang in Kontinentaleuropa das römisch-kanonische Recht verstärkt im 15. und 16. Jahrhundert in die national-territorialen oder städtischen Rechte ein (Vollrezeption).[14] Hauptantriebskraft dafür war die humanistische Geisteshaltung, die das *corpus iuris* wieder in den Mittelpunkt rechtswissenschaftlicher Forschung rückte. Dabei stand ein Systemdenken im Vordergrund, dem die Einteilung der Digesten, die sog. Legalordnung, nicht mehr genügen konnte. Nur als Grobgliederung diente den Rechtsgelehrten die Zweiteilung ULPIANS in *ius publicum* und *ius privatum*, verstanden als Unterscheidung überwiegend staatsbezogenen und überwiegend individualbezogenen Rechts.[15] Darauf bauten Rechtsgelehrte wie NICOLAUS VIGELIUS (1529-1600), HUGO DONELLUS (1527-1591), JACOBUS CUIACIUS (1552-1590) oder JOHANNES ALTHUSIUS (1557-1638)[16] auf. Folge dieses neuen Systembemühens war es aber nicht, daß man die Rechtsvorschriften, Rechtsregeln und Rechtsinstitute auf zwei völlig getrennte Rechtsbereiche aufteilte.[17] Nur ALTHUSIUS nahm diese strenge Trennung dann vor, wenn sie für einzelne Besonderheiten des öffentlichen Lebens eines staatlichen Gemeinwesens von Bedeutung waren.[18] Nach seinem Verständnis handelte es sich bei *ius publicum* und *ius privatum* nicht um zwei getrennte Sphären des Rechts. Er betrachtete sie „im Sinne verschiedener Funktionszusammenhänge innerhalb wesentlich einheitlicher Rechtseinrichtungen, bestimmt nach wechselnden, sachangepaßten Ge-

---

[13] EBEL/THIELMANN, Rechtsgeschichte, Rn. 59f.; HONSELL, Römisches Recht, S. 8; KASER, Römisches Privatrecht, § 80 (insb. S. 350, 352); WENGEN, Römisches Zivilprozeßrecht, §§ 8f, 12.

[14] DAVID/GRASMANN-MÜLLER-GUGENBERGER, Rn. 34; SCHLOSSER, Privatrechtsgeschichte, S. 3.

[15] BULLINGER, Öffentliches Recht und Privatrecht, S. 16f.

[16] Zum Leben und Werk dieser Rechtsgelehrten s. STINTZING-LANDSBERG, Geschichte der deutschen Rechtswissenschaft, I S. 425ff., I S. 377ff., I S. 375ff. und I S. 468ff.; zu ALTHUSIUS s. auch noch GIERKE, Althusisus, S. 1ff.; WOLF, Große Rechtsdenker, S. 177ff.

[17] BULLINGER, Öffentliches Recht und Privatrecht, S. 18.

[18] Beispiele dafür bei ALTHUSIUS, *Dicaeologicae*, Cap. 73, Nr. 28, 29; Cap. 83, Nr. 25.

sichtspunkten, mit wesentlicher Zuordnung des Öffentlichen zur *res publica* als einem gegliederten politischen Gemeinwesen".[19]

Ein weiterer Entwicklungsschub ist JOHANNES OLDENDORP (um 1480-1567)[20] und seiner „Schule" zu verdanken. Bei OLDENDORP stand weniger die systematische Einteilung des Rechtsstoffes im Mittelpunkt, da es für ihn wichtiger war, sich mit Rechtsfragen des öffentlichen Lebens zu beschäftigen.[21] Die wachsende Bedeutung von Rechtsfragen in der Politik legte eine solche Sichtweise nahe.[22] Hier sind insbesondere die beiden großen, das öffentliche Leben spaltenden Gegensätze kaiserlicher und fürstlicher Macht sowie katholischen und protestantischen Bekenntnisses zu nennen.[23] OLDENDORP forderte, bei der Beschäftigung mit dem *ius publicum* der Rechtsüberlieferung größere Beachtung zu schenken. Darin folgten ihm DOMINICUS ARUMAEUS (1579-1637), der „Stammvater der akademischen Publicisten"[24], und dessen Schüler JOHANNES LIMNAEUS (1592-1663)[25], die den nationalen Charakter des *ius publicum* hervorhoben, der eine dem deutschen Verfassungszustand entsprechende Übernahme des römischen Rechts erfordere. Damit setzten sie sich in Widerspruch zur Lehre des THEODOR REINKINGK (1590-1664)[26], der vorzugsweise Autoritäten wie die Digesten, Novellen oder die Postglossatoren BARTOLUS DE SASSOFERRATO (um 1313-1357) und BALDUS DE UBALDIS (1327-1400) zitierte und vom Fortbestand des Römischen Reiches ausging.[27] LIMNAEUS hingegen berief sich auf des

---

[19] BULLINGER, Öffentliches Recht und Privatrecht, S. 20; vgl. WOLF, Große Rechtsdenker, S. 211

[20] Zum Leben und Werk dieses Rechtsgelehrten s. MERZBACHER, Oldendorp, Sp. 1236ff.; STINTZING-LANDSBERG, Geschichte der deutschen Rechtswissenschaft, I S. 311ff.; WOLF, Große Rechtsdenker, S. 138.

[21] OLDENDORP, *Εισαγωγη iuris naturalis, gentium et civilis*, Tit. I.; während die Studenten an den Universitäten alles Wissenswerte vom Trauf- und Kloakenrecht (Dig. 43.23) bis hin zum Recht des Eichelsammelns (Dig. 43.28) lernen konnten, blieben Rechtsstreitigkeiten über Bündnisse, über das Heer oder den Fiskus unbehandelt.

[22] BULLINGER, Öffentliches Recht und Privatrecht, S. 21.

[23] STINTZING-LANDSBERG, Geschichte der deutschen Rechtswissenschaft, I S. 667.

[24] STINTZING-LANDSBERG, Geschichte der deutschen Rechtswissenschaft, I S. 667.

[25] Zum Leben und Werk dieser beiden Rechtsgelehrten s. HOKE, Arumaeus, Sp. 237ff. und DERS., Limnaeus, Sp. 2038ff.; STINTZING-LANDSBERG, Geschichte der deutschen Rechtswissenschaft, I S. 719ff. und II S. 211ff.

[26] Zum Leben und Werk dieses Rechtsgelehrten s. HOKE, Reinkingk, Sp. 840ff.; STINTZING-LANDSBERG, Geschichte der deutschen Rechtswissenschaft, II S. 189ff.

[27] REINKINGK, *Tractatus*, I 3 XI/XII und I 2 I/II.

Reiches Herkommen, die Goldene Bulle, die Reichsabschiede und ähnliche Dokumente. Auf diese Weise sollte eine Stärkung des deutschen Kaisers zu Lasten der Reichsstände und Landesherren verhindert werden.[28] Dennoch ließ man römische Rechtssätze im national gebundenen *ius publicum* insoweit zu, als sie nach vernunftrechtlichen Gesichtspunkten mit dem verfassungsrechtlichen status quo vereinbar waren.[29] Auf diese Weise konnte selbst der Verfassungssatz *„princeps legibus (ab-) solutus"*[30] Geltung in den Territorien erlangen, der die Bindungen des Ständerechts lösen und die Stellung des Landesfürsten stärken sollte.[31] Somit ist in dieser Epoche ein geschlossenes System des öffentlichen Rechts nicht entwickelt worden, obwohl man sich um die begriffliche Unterscheidung von *ius publicum* und *ius privatum* bemühte.[32] Eine methodisch-systematische Unterscheidung existierte, eine materiell-rechtliche hingegen nicht.

Einen neuen Ansatz brachte der Vernunftrechtler SAMUEL PUFENDORF (1632-1694) ein, der das Rechtsverhältnis zweier Menschen zueinander bestimmte, indem er Rechte und Pflichten aus allgemeinen Vernunftprinzipien ableitete. Diese Bestimmung war unabhängig von der Existenz eines Staates. Davon trennte er die Rechte und Pflichten, die speziell in einem Staatswesen zu berücksichtigen sind.[33] Damit arbeitete er ein – im heutigen Sinne – allgemeines Privatrecht und ein allgemeines Staatsrecht heraus, ohne dabei auf die Begriffe *ius publicum* und *ius privatum* zurückzugreifen. Erstmals standen sich die beiden Rechtsgebiete als Teilsysteme allgemeiner Rechtsprinzipien und Rechtsinstitute gegenüber.[34] Probleme ergaben sich dadurch, daß PUFENDORF das allgemeine Privatrecht in der Fiktion des staatsfreien Zustandes konstruierte und dann in die rechtliche und soziale Realität eines

---

[28] LIMNAEUS, *Iuris publici*, I 3 Nr. 1-5; II 8 Nr. 55-58; vgl. auch HIPPOLITHUS A LAPIDE, *Dissertatio*; zu HIPPOLITHUS A LAPIDE alias BOGISLAW PHILIPP VON CHEMNITZ (1605-1678) s. HOKE, Hippolithus, S. 118ff.

[29] HIPPOLITHUS A LAPIDE, *Dissertatio*, Vorrede an den Leser.

[30] ULPIAN in Dig. I, 3, 31. Wesentliche Fiktion des Absolutismus war die Theorie der Vereinigung aller politischen Macht in der Person des Monarchen; eine weitere Wurzel dieser Theorie geht auf die Bibel zurück. Im Alten Testament wird König Saul vom Propheten Samuel als absoluter Herrscher in sein Amt eingesetzt, vgl. HATTENHAUER, Europäische Rechtsgeschichte, S. 409.

[31] Vgl. dazu unten , 6. Kap., A.I.1.b).

[32] BULLINGER, Öffentliches Recht und Privatrecht, S. 26 (mwN).

[33] Vgl. die Gliederung von PUFENDORF, *De iure naturae*: Lib. III-V („einfache" Rechtsbeziehungen); Lib. VII, VIII (Besonderheiten im Staatswesen).

[34] BULLINGER, Öffentliches Recht und Privatrecht, S. 33.

Staates einordnen mußte. Das Verhältnis beider Bereiche und deren Abgrenzung bereitete Systemschwierigkeiten. Die genaue Grenzlinie zwischen beiden Bereichen bestimmte PUFENDORF nicht.[35] Erste Ansätze sind dann bei JUSTUS HENNING BOEHMER (1674-1749) zu erkennen, doch blieben sie unvollkommen.[36]

So war es den Rechtswissenschaftlern des 19. Jahrhunderts vorbehalten, den letzten Schritt zur Zweiteilung zu vollführen. Wesentliche Beiträge leisteten FRANZ VON ZEILLER (1751-1828), FRIEDRICH CARL VON SAVIGNY (1779-1861) und CARL GOTTLIEB SVAREZ (1746-1798),[37] die eine inhaltliche Unterscheidung von öffentlichem und privatem Recht vornahmen. Die einen (ZEILLER, erkennbar von IMMANUEL KANT (1724-1804) beeinflußt, und SAVIGNY) bemühten sich, die privatrechtlichen Regelungen von einer staatsisolierten Betrachtungsweise zu entwickeln. Schwierigkeiten ergaben sich allerdings, diese Regelungen mit einer gerechten Sozialordnung in Einklang zu bringen. Unterschiedliche Ansätze existierten, die a priori gedachten Rechtsverhältnisse in ein staatliches Gemeinwesen hineinzuprojezieren. Es bestand die Gefahr eines perfekt durchdachten und entwickelten Privatrechts, das aber nicht praktikabel war. Eine Lösung – unterschiedlich nuanciert – sollte dadurch erreicht werden, daß ihrem Charakter nach öffentlichrechtliche Vorschriften modifizierend und „sozialisierend" hinzutraten, um die Regeln des Naturzustandes für ein Gemeinwesen brauchbar zu machen.[38] Der andere (SVAREZ) sah im Privatrecht nicht nur die Gesamtheit der Regelungen betreffend das Verhältnis zweier staatsisolierter Individuen, sondern auch das zwischen Bürger und Gemeinwesen. So kam dem Privatrecht der Rang einer allgemeinen Lebensordnung zu.[39]

Neben diese theoretischen Ansätze einer Unterscheidung trat eine Entwicklung, die für die Praxis, d.h. die Gerichtspraxis, von Bedeutung sein sollte. Die Auswirkung der Unterscheidung auf den Gerichtsprozeß hatte wesentlichen Anteil daran, daß man das öffentliche Recht und das Privatrecht als

---

[35] Dazu BULLINGER, Öffentliches Recht und Privatrecht, S. 32ff.

[36] Vgl. BOEHMER, *Introductio in ius publicum*, Cap. II Nr. IXf.

[37] Zu der deutschen Rechtswissenschaft des 19. Jahrhunderts im amerikanischen Rechtsdenken, s. REIMANN, Historische Schule und Common Law; zu SAVIGNY und SVAREZ s. WOLF, Große Rechtsdenker, S. 467ff. und S. 424ff.

[38] SAVIGNY, System des heutigen Römischen Rechts, Bd. I, S. 331, 367ff.; ZEILLER, Das natürliche Privatrecht, §§ 18, 24, 90.

[39] SVAREZ, Vorträge, S. 14, 374, 603f.; zu der weiteren Verarbeitung dieses Ansatzes vgl. BULLINGER, Öffentliches Recht und Privatrecht, S. 47f.

zwei sich ausschließende Rechtsgebiete verstand. Die Eröffnung des Rechtswegs setzte voraus, daß „Rechte Privater" verletzt sind.[40] Schon bald beschränkten die „Rechte Privater" sich auf Rechtsbeziehungen der Bürger untereinander. Der Staat konnte danach nur gerichtlich zur Rechenschaft gezogen werden, wenn er wie ein Privater gehandelt hatte,[41] da nur die „Rechte Privater" justitiabel waren. Hinter dieser Aufspaltung stand ein machtpolitisches Interesse.[42] Auf diesem Wege konnten brisante politische Streitigkeiten des öffentlichen Rechts aus dem Lichte der Öffentlichkeit gezogen werden. Dies machte eine klare Abgrenzung erforderlich, die sich heute weniger einschneidend darstellt als in jener Zeit. Heute wirkt sich die Unterscheidung hinsichtlich der Rechtswegeröffnung nur auf die Zuständigkeit eines ordentlichen Gerichts oder eines Verwaltungsgerichts aus,[43] nicht hingegen auf die für den Rechtsschutz bedeutsamere Frage der grundsätzlichen Justiziabilität. In der Folgezeit verschärfte sich die Unterscheidung beider Rechtsgebiete und steigerte sich zu einem inneren Gegensatz. Namen wie PAUL LABAND (1838-1918), KARL FRIEDRICH GERBER (1823-1891), OTTO VON GIERKE (1841-1921) und OTTO MAYER (1846-1924) stehen für das Bemühen, ein Vollrechtssystem des öffentlichen Rechts zu schaffen, das sich begrifflich klar vom Privatrechtssystem unterscheidet. Eine methodisch-systematische Anlehnung an das Privatrecht konnte man hingegen nicht vermeiden.

Innerhalb des öffentlichen Rechts trennte man nicht von Anfang an zwischen einem Staatsrecht und einem Verwaltungsrecht, da beide Kategorien im *ius publicum* aufgingen.[44] Erst im 19. Jahrhundert trat neben die Abgrenzung von öffentlichem und privatem Recht diese weitere Kategorisierung, durch die das Verwaltungsrecht erstmals als vom Verfassungsrecht abgesondertes, selbständiges Rechtsgebiet dargestellt wurde. Vorreiter dabei waren

---

[40] Vgl. § 95 der Württembergischen Verfassung von 1819.

[41] ANGERMANN, Mohl, S. 168f.; MOHL, Das Staatsrecht des Königreiches Württemberg, S. 328ff. (331); zu der Entwicklung, die hinausging über „das methodische Isolieren reiner Individualrechtsbeziehungen oder das Beschränken des Rechtsweges", vgl. BULLINGER, Öffentliches Recht und Privatrecht, S. 49.

[42] Vgl. dazu auch 6. Kap., A.I.2.

[43] Vgl. § 13 GVG und § 40 Abs. 1 VwGO.

[44] Dabei umfaßte das Verfassungsrecht alle landesherrlichen Hoheitsrechte, das landesfürstliche Verwaltungsrecht bestand in der Vollziehung und Ausführung der einzelnen Staatshoheitsrechte, vgl. dazu und zu den Gründen der fehlenden Unterscheidung, FEIST, Entstehung des Verwaltungsrechts, S. 11 (mwN).

FRIEDRICH CHRISTOPH KARL SCHUNCK[45] und ROBERT VON MOHL (1799-1875). SCHUNCK beschäftigte sich in seinem Werk über das Staatsrecht in Bayern als erster mit der Absonderung des Verwaltungsrechts vom Staatsrechts. Dabei kam es ihm auf die Darstellung eines „reinen" Staatsrechts an, frei von allen Verflechtungen mit anderen Rechtsgebieten.[46] MOHL hingegen kam es insbesondere auch auf die Darstellung des Verwaltungsrechts an. In seinem Werk über das Staatsrecht des Königreiches Württemberg stellt er das Verwaltungsrecht in einem separaten zweiten Teil dar. Das Verhältnis von dem im ersten Teil dargestellten Verfassungsrecht und dem Verwaltungsrecht beschreibt er mittels einer Gleichung. Die Verwaltung verhalte sich zur Verfassung wie die „Ausführung zur Absicht, das Mittel zum Zweck".[47]

Das öffentliche Recht hatte sich nun zum eigenständigen Rechtssystem entwickelt[48] und bot die rechtliche Grundlage dafür, daß der Staat aus seiner übergeordneten Stellung mit Zwangsmitteln auf dem untergeordneten Bürger einwirken kann. Auf dieser Grundlage entfaltete dann das tatsächliche Moment seine Wirkung, um den Staat in diese Sonderstellung zu heben. Es besteht aus dem Wandel zum Absolutismus und der Entstehung des modernen Staates.

b) Der Absolutismus und die Entstehung des modernen Staates

Die Entstehung des modernen Staates ist ein Phänomen des beginnenden 19. Jahrhunderts. Die für diese Wandlung wichtigen Grundlagen und Voraussetzungen haben ihren Anfang schon in den Jahrhunderten zuvor genommen. Von vorrangiger Bedeutung für diese Entwicklung war die Bildung fürstlicher Landesherrschaften im Mittelalter, die als das „bedeutsamste Ereignis

---

[45] Die Lebensdaten von SCHUNCK waren nicht zu ermitteln. In diesem Zusamenhang sei erwähnt, daß sein Werk über das Staatsrecht des Königreichs Baiern im Jahr 1824 erschienen ist.

[46] SCHUNCK, Staatsrecht des Königreichs Baiern, S. 1 (Vorrede); vgl. auch FEIST, Entstehung des Verwaltungsrechts, S. 69ff.

[47] MOHL, Das Staatsrecht des Königreiches Württemberg, S. 3f..

[48] Zur heutigen Diskussion s. EHLERS, Verwaltung in Privatrechtsform, S. 30ff.; SCHMIDT, Die Unterscheidung von privatem und öffentlichem Recht, S. 45ff.; vgl. auch unten, 6. Kap., A.I.2.a).

der gesamten deutschen Verfassungsgeschichte"[49] gepriesen wird. Drei Phasen der Entwicklung lassen sich erkennen.

aa) 1. Phase: Der mittelalterliche Territorialstaat

Im Laufe des 13. Jahrhunderts ist der Strukturwandel zur fürstlichen Landesherrschaft erstmals zu beobachten.[50] Darin spiegelt sich zu einem großen Teil auch das Schicksal des Heiligen Römischen Reichs Deutscher Nation wider, das durch die Diskrepanz zwischen dem Machtanspruch des Kaisers und der politischen Wirklichkeit gekennzeichnet war. Das eigentliche „Staatsleben" fand auf der Landesebene innerhalb selbständiger Staatsgebilde statt. Das Reich verkümmerte immer mehr zu einem rein rechtlichen Gebilde, ohne eine gewichtige Machtposition innezuhaben. Ein Grund dafür ist, daß das Lehnsrecht, das Machtmittel des Königs[51] schlechthin, an Bedeutung verlor. Mit Hilfe des Lehnsrechtes konnte der König ein persönliches Treueverhältnis zwischen sich als Lehnsherren und einem Lehnsmann begründen. Im Austauschverhältnis standen einerseits königliche Rechte, die sog. Regalien, die der König zur Ausübung verlieh, und andererseits ein bestimmtes Entgelt, das vom Lehnsmann zu entrichten war. An der Spitze der Lehnspyramide stand somit der König, dann folgten die Fürsten, schließlich deren Lehnsleute. Auf diese Weise begründete das Lehnsrecht eine nach oben bestehende Abhängigkeit. Jedoch ist seit dem 11./12. Jahrhundert eine Auflösung dieses Machtmittels zu verfolgen. Zum einen wurden die Lehnsrechte erblich, sodaß der Zusammenhalt des Verbandes das „Staatswesen" zu zersplittern begann, da sich die Bindung von Lehnsherr und Lehnsmann lockerte. Zum anderen rangen im 13. Jahrhundert die Territorialfürsten dem damaligen deutschen Kaiser FRIEDRICH II. (1220-1250)[52] eine Verbesserung ihrer Machtstellung ab, indem sie sich wichtige Regalien im Bereich des

---

[49] MITTEIS/LIEBERICH, Deutsche Rechtsgeschichte, S. 264; vgl. auch GMÜR/ROTH, Rechtsgeschichte, Rn. 153.

[50] Dieser Strukturwandel lebt bis zum heutigen Tage im föderalitischen Staatsaufbau fort.

[51] Dem deutschen König stand seit 962, dem Jahr der Kaiserkrönung OTTO I. („der Große", König von 936-973, Kaiser ab 962), die Anwartschaft auf die Kaiserkrone zu. Der Titel des Kaisers verlieh keine innere Macherweiterung oder einen Machtvorteil gegenüber den anderen Königen. Das Kaisertum ist als rein geistige Größe zu verstehen, die für sich genommen keine staatsrechtliche Relevanz besitzt.

[52] Die Angabe von Jahreszahlen bezieht sich bei Königen bzw. Königinnen auf die Herrschaftszeit.

Markt-, Münz- und Zollrechts übertragen und eine verbesserte Machtstellung zugestehen ließen. Dies betraf zunächst nur die geistlichen Fürsten (*confoederatio cum principibus ecclesiasticis*, 1220), dann aber auch die weltlichen (*statutum in favorem principum*, 1231).[53] Eine Stärkung der Reichsmacht versuchte man dadurch zu erreichen, indem man ein Reichsregiment als eine Art zentrale Reichsregierung einrichtete und eine Reichssteuer, den sog. gemeinen Pfennig, erhob. Beide Ansätze schlugen fehl.

All dies stärkte die Territorien, die sich zunehmend verselbständigen konnte, sodaß man nur auf dieser Ebene von „staatlichen" Erscheinungsformen sprechen kann. Die Hofhaltung war Mittelpunkt der fürstlichen Herrschertätigkeit, da die Macht unauflöslich mit Grund und Boden, mit dem Domänenbesitz, verknüpft war.[54] Regieren war gleichbedeutend mit Verwalten der Domänen und Ausüben der einzelnen landesherrlichen Hoheitsrechte. Die Summe dieser Herrschaftsbefugnisse war die Landeshoheit.[55] Die Bestandteile, die sog. Regalien, sind nicht als aufeinander abgestimmte Komponenten zu verstehen, die ein homogenes, abgeschlossenes Ganzes ergaben. Vielmehr waren sie von den regelungsbedürftigen Sachverhalten losgelöst und verliehen dem Landesherren so nur die Befugnis, in bestimmten Fällen tätig zu werden, die die einzelnen Regalien enumerativ festlegten. Die Landesherren waren also auf die jeweiligen Herrschaftsbefugnisse beschränkt, besaßen eine darüberhinaus gehende Kompetenz hingegen nicht. So ist es nicht verwunderlich, daß die Vokabel „Landeshoheit" in den unterschiedlichen Regionen und Herrschaftsbereichen keine einheitliche Verwendung fand. Jeder Landesherr verfügte über eine individuelle Landeshoheit, also einen individuellen Bestand von Regalien, da er diese von seinen Vorfahren übernahm und sie selbst in ihrem Bestand gewissen Veränderungen unterworfen waren.[56]

Bezeichnend für diese erste Phase ist, daß der Landesherr nicht außerhalb des Rechts stand, sondern die Grenze seiner Befugnisse an den Rechten und Ordnungen der Stände fand, die man als Privilegskorporationen verstehen

---

[53] S. dazu ELZE/REPGEN, Studienbuch Geschichte I, S. 528f.; WILLOWEIT, Deutsche Verfassungsgeschichte, S. 64ff.

[54] Vgl. FEIST, Entstehung des Verwaltungsrechts, S. 3; FORSTHOFF, Lehrbuch des Verwaltungsrechts, S. 19; MITTEIS/LIEBERICH, Deutsche Rechtsgeschichte, S. 270.

[55] KRÜGER, Allgemeine Staatslehre, S. 824; MITTEIS/LIEBERICH, Deutsche Rechtsgeschichte, S. 268ff.

[56] KRÜGER, Allgemeine Staatslehre, S. 825f.

muß, d.h. als Organe zur Wahrung der Interessen privilegierter Klassen.[57] Obwohl also die Rechte des Landesherrn und die der Stände grundsätzlich gleich waren, existierte die Vorstellung einer gemeinsamen Ordnung von Herrscher und Ständen jedoch nicht.[58] „Staat" bedeutet zu dieser Zeit nur „Summe von Hoheitsrechten", ist also lediglich der Besitz- und Machtstand des Fürsten. Von einem politischen Gemeinwesen kann hier noch nicht die Rede sein, insbesondere deswegen nicht, weil Landesherr und Stände nicht die Rechte aller vertraten, sondern nur die eigenen Rechte und die nicht vertretenen Klassen ausgeschlossen waren.[59]

bb) 2. Phase: Der absolutistische Territorial- und Obrigkeitsstaat

Diese Verhältnisse änderten sich im 17. und 18. Jahrhundert grundlegend. Ausschlaggebend waren die politischen, wirtschaftlichen und geistigen Umstände der damaligen Zeit. Die macht- und handelspolitische Schwäche des deutschen Kaisers und die Kräfte des Humanismus bildeten den geeigneten Nährboden für das Streben der Landesfürsten nach absoluter Unabhängigkeit und Selbständigkeit. Ein wesentliches Hindernis auf dem Weg zu diesem Ziel war der Einfluß der Stände, die aufgrund des ständischen Steuerbewilligungsrechts eine starke Position gegenüber dem Landesfürsten inne hatten. Dieser benötigte finanzielle Handlungsfreiheit, um sein stehendes Heer unterhalten zu können, das das außenpolitisch handlungsfähige, gleichsam mündige Staatswesen symbolisierte.[60] Das Heer beanspruchte in der Zeit nach dem dreißigjährigen Krieg[61] einen Großteil der Herrschertätigkeit. Die dadurch anfallenden Aufgaben nahmen in Brandenburg-Preußen die sog. Kriegskommissariate wahr, die man schon kurz nach ihrer Errichtung zu Kollegialbehörden ausbaute.[62] Diesen Kriegs- und Domänenkammern oblag

---

[57] FORSTHOFF, Lehrbuch des Verwaltungsrechts, S. 20; MITTEIS/LIEBERICH, Deutsche Rechtsgeschichte, S. 275; Willoweit, Deutsche Verfassungsgeschichte, S. 83ff.

[58] FEIST, Entstehung des Verwaltungsrechts, S. 3; FORSTHOFF, Lehrbuch des Verwaltungsrechts, S. 19.

[59] EHMKE, FG Smend, S. 23, 27f.; GNEIST, Verwaltung Justiz Rechtsweg, S. 20.

[60] WILLOWEIT, Deutsche Verfassungsgeschichte, S. 158; KIMMINICH, Deutsche Verfassungsgeschichte, S. 240.

[61] Ein beachtenswertes Zeitdokument stellen die Dichtungen des päpstlichen Gesandten FABIO CHIGI dar, übersetzt und kommentiert in HUGENROTH, Fabio Chigi – *Philomathi Musae Iuveniles*.

[62] FORSTHOFF, Lehrbuch des Verwaltungsrechts, S. 20; WILLOWEIT, Deutsche Verfassungsgeschichte, S. 161ff.

nicht nur die Verwaltung der landesherrlichen Einkünfte und der für das Heer bestimmten Steuern sondern auch die Pflege des gesamten wirtschaftlichen Lebens, einschließlich der Polizeiaufgaben im damaligen Sinne.[63] Die Folgezeit war geprägt vom Machtkampf zwischen Landesfürsten und den Ständen, der mit dem Sieg der Landesfürsten endete und den Weg zum fürstlichen Obrigkeitsstaat ebnete. Die Landesfürsten konnten sich aus der Bindung mit den Ständen lösen, deren Macht auf der Grundlage der Erbmonarchie endgültig brechen und an die Stelle des Dualismus von Fürsten- und Ständestaat den fürstlichen Obrigkeitsstaat zu errichten.[64] Die Bezeichnung „Obrigkeitsstaat" war erstmals im 15. Jahrhundert aufgekommen. Damit war zu diesem Zeitpunkt aber noch nicht die bürokratische Organisation des gesamten Territoriums verbunden.[65] Vielmehr umschrieb sie den Staat als Objekt eines eigentumsrechtlichen und ebenso exklusiven politischen Herrschaftsanspruch des Landesfürsten, der von einem kraftvoll gehandhabten Gesetzgebungsrecht Gebrauch machte.[66] Dies hatte sich aus der Grundfigur des Gebots entwickelt und wurde von den Landesherren im Laufe des 15. Jahrhunderts zunehmend in Anspruch genommen und im 16. Jahrhundert allgemein als landeseinheitlich einsetzbares Gesetzgebungsrecht gebraucht. Die Gebotsgewalt befähigte den Landesfürsten, durch einseitigen Befehl Regelungen zu schaffen, und wurde im Gesetz als Verhaltensnorm politisch instrumentalisiert.[67] Aus diesem sehr eigentümlichen Gesetzestypus entstanden die Landes- und Polizeiordnungen. Ein Bezug zu den Konfliktregelungsmechanismen der Gerichtsbarkeit war dabei nicht gegeben.[68] Der Begriff „Polizei" ist im damaligen Sinne als der Zustand guter Ordnung des Gemeinwesens zu verstehen.[69] Alles, was ordnungs- und formbedürftig war, unterfiel dem Begriff der Polizei und dem Inhalt der entsprechenden Polizei-

---

[63] FEIST, Entstehung des Verwaltungsrechts, S. 5; zum Begriff „Polizei" s. EBEL, Geschichte und Gesetzgebung, S. 59ff.; MAIER, Staats- und Verwaltungslehre, S. 92ff.

[64] MITTEIS/LIEBERICH, Deutsche Rechtsgeschichte. S. 378.

[65] WILLOWEIT, Obrigkeit, Sp. 1173.

[66] WILLOWEIT, Deutsche Verfassungsgeschichte, S. 113.

[67] EBEL, Geschichte und Gesetzgebung, S. 63ff.; WILLOWEIT, Deutsche Verfassungsgeschichte, S. 119f.

[68] WILLOWEIT, Gesetzgebung und Recht, S. 127.

[69] KNEMEYER, AöR 92 (1967), 155, 158; MAIER, Staats- und Verwaltungslehre, S. 105.

ordnungen.[70] „Policey“ und „Verwaltung“ bezeichneten inhaltlich Identisches.

Für diese neuzeitliche Form der Staatsgewalt prägte JEAN BODIN (1529-1596) in seinen *Six Livres de la République* den Begriff der Souveränität, den die beiden Elemente Absolutheit und Ständigkeit ausmachen.[71]. Weder ein „Quentchen an Verfügungsgewalt außerhalb des Souveräns noch eine zeitliche Beschränkung der Macht vertragen sich mit diesem Begriff“.[72] BODINs Verdienst ist es, dem Souveränitätsbegriff jene Unmißverständlichkeit und juristische Griffigkeit gegeben zu haben.[73] Kennzeichen der Souveränität ist für ihn die unabhängige Rechtsetzungskompetenz, die sich als eine Kompetenz-Kompetenz darstellt, also als die Kompetenz des Staates, über den Umfang seiner Kompetenzen selbst verbindlich entscheiden zu können.[74] Die Souveränität rückte den Landesfürsten in eine verantwortungsvolle Machtstellung. Das durch die *summa potestas* verliehene Gesetzgebungs- und Anordnungsrecht verlieh dem Landesfürsten weitreichende Gestaltungsmöglichkeiten. Die Landeshoheit fand jedoch ihre Grenzen in der Vorstellung vom pflichtbestimmten Amt des Herrschers. Eingriffe, die nicht in den rechtsleeren Raum zielten sondern die sog. wohlerworbenen Rechte der Untertanen trafen, mußten unter Berufung auf das Gemeinwohl (*salus publica*) erfolgen, durften also nicht dem eigenen Wohl dienlich sein. Die wohlerworbenen Rechte, die *iura quaesita*, nahmen die Funktion von Abwehrrechten gegenüber hoheitlichen Maßnahmen ein und waren gerichtlich einklagbar, sofern überhaupt der Rechtsweg eröffnet war.[75] Nur bei Maßnahmen zugunsten der *salus publica* konnten die Untertanen die *iura quaesita* nicht als Abwehrrechte der hoheitlichen Maßnahme entgegenhalten, da den *iura quaesita* diese Gemeinwohlschranke innewohnte. Die juristische Rechtfertigung für diese Auflösung der Konfliktlage aus *sa-*

---

70 LISKEN/DENNINGER, Handbuch des Polizeirechts, A6; MAIER, Staats- und Verwaltungslehre, S. 105.

71 BODIN, *Six Livres de la République*, S. 1: *„République est vn droit gouuernement de plusieurs mesnages, & de ce qui leur est commun, auec puissance souueraine.“*. Zu BODIN s. E. HANCKE, Bodin; Baudrillart, *Bodin et son temps*.

72 DENNERT, Ursprung und Begriff der Souveränität, S. 59; MARITAIN, Der Begriff der Souveränität, S. 246f.

73 ZIPPELIUS, BayVBl. 1977, 588, 588.

74 ZIPPELIUS, BayVBl. 1977, 588, 591.

75 BULLINGER, Vertrag und Verwaltungsakt, S. 204ff.; LOENING, VerwArch 2 (1894), S. 217ff; vgl. auch oben 6. Kap., A.I.1.a).

Ius publica und *iura quaesita* zugunsten ersterer leitete man aus dem *ius eminens* ab, das sich aus dem *dominium eminens* und der *potestas eminens* zusammensetzte. Dem Landesfürsten stand die unbegrenzte Verwaltungshoheit über die Güterordnung (*dominium eminens*) und über die persönliche Freiheit der Untertanen (*potesta eminens*) zu. Das *ius eminens* war als außerordentliches Recht konzipiert, das bei einer zwingenden staatlichen Notwendigkeit den Eingriff in private Rechte ermöglichen sollte.[76] Dieser Charakter eines Notrechts verkam jedoch mit der Zeit, die Anforderungen an die *salus publica* sanken und das *ius eminens* wurde ein allgemeines Recht der hoheitlichen Macht („*plenitudo potestatis*"). Die Verwaltung ist so zu einem nahezu unbeschränkten Machtinstrument in der Hand des Landesfürsten herangewachsen, der Untertan wurde zum bloßen Objekt des Staates degradiert.[77]

Erst zu dieser Zeit begann sich die oben skizzierte Aufgliederung von öffentlichem und privatem Recht auszuwirken. Während das öffentliche Recht die Rechtsverhältnisse zwischen Souverän und Untertan betraf, befaßte sich das Privatrecht in negativer Abgrenzung mit den übrigen Rechtsverhältnissen.[78] In engem Zusammenhang damit steht das Verhältnis von Staat und Gesellschaft, da mit dem Verlauf der Trennlinie zwischen öffentlichem und privatem Recht auch mittelbar eine Aussage über den Zustand des Gemeinwesens gemacht ist.[79] Mit der Trennung der beiden Rechtsgebiete bildeten sich Staat und Gesellschaft zu einem spannungsgeladenen Gegensatz heraus. Während sich früher die Gesellschaft aus der Summe der politischen Machtträger zusammensetzte, so wird sie nun als „Gegensatz zur reglementierenden Funktion des Staates und als natürliche Summe aller Einzelbedürfnisse" verstanden.[80] Dieses Verständnis spiegelt die Trennung von Justiz und Regierungs- bzw. Verwaltungssachen wider, deren Anfänge in die Mitte des 17. Jahrhunderts zurückreichen.[81] Auf diese Weise sollte verhindert werden, daß der gerichtliche Schutz der *iura*

---

76 WOLFF, *Institutiones juris naturalis et gentium*, §§ 976ff.; vgl. auch MAYER, Deutsches Verwaltungsrecht I, S. 33 (allgemein auch zuvor).

77 FEIST, Entstehung des Verwaltungsrechts, S. 9; FORSTHOFF, Lehrbuch des Verwaltungsrechts, S. 23f.; STOEDTER, Öffentlich-rechtliche Entschädigung, S. 52ff.

78 EHLERS, Verwaltung in Privatrechtsform, S. 32; GRIMM, Trennung von öffentlichem und privatem Recht, S. 226.

79 STOLLEIS, Öffentliches Recht und Privatrecht, S. 45.

80 MITTEIS/LIEBERICH, Deutsche Rechtsgeschichte, S. 323f.

81 In Preußen führten der Landtagsrezeß von 1653 und das Ressortregiment von 1749 diese Trennung ein, die zwischenzeitliche Auflösung beendeten das Ressortregiment von

richtliche Schutz der *iura quaesita* mit der Souveränität des Herrschers kollidierte.

Charakteristisch für diese zweite Phase der Entstehung ist, daß der Herrscherperson eine einheitliche Willensmacht als *summum imperium* zukam, nicht aber der „Staatsperson", also der überindividuellen Persönlichkeit des Staates.[82] Maßgeblichen Einfluß auf diesen Entwicklungsschritt übte PUFENDORF aus. Seine Staatslehre kann als Versuch verstanden werden, den aufsteigenden absolutistischen Territorialstaat zu begründen und zu rechtfertigen.[83] Die Beeinflussung PUFENDORFs durch die lutherische Obrigkeitslehre zeigt sich in dem Verständnis des „Staates" als Wohlfahrtsstaat. Da nach dieser Lehre der hilfsbedürftige und zur Hilfe anderer fähige und verpflichtete Mensch selbst nicht willig ist zu helfen, muß die dadurch klaffende soziale Lücke durch den Obrigkeitsstaat geschlossen werden, indem er soziale und politische Ordnungsaufgaben wahrnimmt. Auch hier kann man noch nicht von einem soziologisch-politischen Gemeinwesen sprechen.[84] Der Wille des Monarchen als souveräner Staatswille schloß den politischen Willen des Untertanen aus.

cc) 3. Phase: Der neuzeitliche, moderne Staat

Neue Impulse gingen in der zweiten Hälfte des 18. Jahrhunderts von der Aufklärung aus, die anstatt der überlieferten Autoritäten die Verläßlichkeit der rationalen Verstandeskräfte in den Mittelpunkt rückte. Bezeichnend dafür ist das Streben, das einmal für richtig Erkannte gesetzlich zu fixieren. Die sog. Herrschaft der Gesetze eliminierte die vom Herrscherwillen bestimmte Gesetzgebung. Ein Beispiel dafür ist das Allgemeine Landrecht für die Preußischen Staaten (ALR) aus dem Jahr 1794, das zu einer Objektivierung des Rechts führte, zu einer Loslösung institutioneller Begriffe von der individuellen Person des Herrschers. So verwundert es nicht, daß die Lehren der Aufklärung das Staatsbild zu einer Vorstellung von der Rechtspersönlichkeit des Staates wandelten. Die Staatsperson gewann ihre Selbständigkeit gegenüber der Herrscherperson. Nicht mehr *„L'État, c'est moi"* umschreibt

1797 und die Verordnung vom 26.12.1808. S. dazu DAMKOWSKI, Verwaltungsbegriff, S. 57ff.; LOENING, VerwArch 2 (1894), S. 217, 257ff.; RÜFNER, Verwaltungsrechtsschutz, S. 81ff.

82 EHMKE, FG Smend, S. 23, 29; vgl. zur „Staatsperson" auch WOLFF, Organschaft und juristische Person, S. 425ff.

83 EHMKE, FG Smend, S. 23, 28.

84 EHMKE, FG Smend, S. 23, 31.

das Staatsverständnis dieser Zeit sondern die Bezeichnung des Königs als ersten Diener des Staates. Nach dem sog. monarchischen Prinzip[85] erscheint der „Staat" als eine verpflichtende Idee und wird als eine objektive, geistig sittliche und rechtliche Ordnung vorausgesetzt, die vom menschlichen Willen abstrakt ist.[86] Dies zeigt sich darin, daß der Monarch seine Herrschaftsrechte von dieser „Idee" als bloßer Träger der Staatsgewalt ableitet. Während in der Zeit der Feudalmonarchie noch Alter und Herkommen als höchste Rechtfertigung eines politischen Institutes galten, fand nun erstmals eine wissenschaftliche Auseinandersetzung mit der Idee des Staates und der Rechtfertigung der Staatsinstitute statt. Von diesem Augenblick an herrschten neue Begrifflichkeiten. Der „Staat" ersetzte das „Land", die „Staatsgewalt" die „landesherrlichen Rechte" und der „Staatsbürger" den „Untertan". Eine „Metamorphose aller politischen Institute" fand statt.[87] Der Wandel zum modernen Staat im Deutschland des frühen 19. Jahrhunderts vollzog sich nicht durch eine Neuschaffung der verfassungsrechtlichen Ordnung sondern durch hoheitliche Eingriffe in die Gesellschaftsformen.[88] Auf dem Reformprogramm standen die Zentralisierung und Egalisierung des Verwaltungsaufbaus, die Einrichtung von Staatsministerien mit Fachministern, rationale Reformen der Justiz und die Beschränkung ständischer Vorrechte im Interesse staatsbürgerlicher Gleichheit.[89]

Eine weitere Vertiefung der Kluft zwischen öffentlichem und privatem Recht zu einem „Wesensgegensatz" brachten die Kräfte des Liberalismus mit sich.[90] Während im 17. und 18. Jahrhundert die Sonderung der beiden Rechtsmaterien noch nicht eine strenge kategoriale Zweiteilung der Rechtsordnung zur Folge hatte,[91] stand nun zunächst eine strikte Trennung von

---

[85] Als monarchisches Prinzip werden die gemeinsamen Erkenntnisse der damaligen Staatslehre bezeichnet, s. dazu KAUFMANN, Studien zur Staatslehre des monarchischen Prinzips; VON OERTZEN, Die soziale Funktion des staatsrechtlichen Positivismus, S. 72ff.; ZWIRNER, Politische Treuepflicht der Beamten, S. 86ff. S. auch STOLLEIS, Geschichte des öffentlichen Rechts II, S. 102ff.

[86] EHMKE, FG Smend, S. 23, 34ff.

[87] SCHMITTHENNER, Grundlinien des Staatsrechtes, S. 200f.

[88] Vgl. dazu BOTZENHART, Der Staat 19, Bh. 4 (1980), S. 55; KNEMEYER, Regierungs- und Verwaltungsreformen, S. 175ff.; WILLOWEIT, Deutsche Verfassungsgeschichte, S. 208.

[89] Vgl. WILLOWEIT, Deutsche Verfassungsgeschichte, S. 208.

[90] EHLERS, Verwaltung in Privatrechtsform, S. 34.

[91] Vgl. oben 6. Kap., A.I.1.a).

Staat und Gesellschaft auf dem Programm.[92] Dies wirkte sich dahingehend aus, daß man nun die Justiz klar von den Regierungs- und Verwaltungssachen trennte, nachdem man diese Trennung zwischenzeitlich aufgegeben hatte. Ferner kommt dadurch auch ein striktes Verständnis der MONTESQUIEUschen Gewaltenteilungslehre in der Form zum Ausdruck, daß alles Verwaltungsspezifische auch der Verwaltung überlassen bleiben muß. Entscheidende Impulse für dieses Verständnis waren von Frankreich ausgegangen.[93]

Am Ende dieser Entwicklung zum modernen Staat stehen sich nun auch im tatsächlichen Rechtsleben der übergeordnete Staat und der untergeordnete Bürger gegenüber.[94] Das Zusammenspiel dieser Entwicklung mit der Unterscheidung von öffentlichem und privatem Recht ermöglichte diese Sonderstellung des Staates, die die Trennung von Justiz und Regierungs- bzw. Verwaltungssachen zusätzlich stützte.

2. Auswirkungen auf das Staatsverständnis und die Verwaltungsvollstreckung

Die beiden oben nachgezeichneten Phänomene prägten gemeinsam das deutsche Staatsverständnis und nahmen Einfluß auf die Verwaltungsvollstreckung, der noch bis heute fortwirkt.

---

[92] Zur Emanzipation der bürgerlichen Gesellschaft, s. CONZE, Staat und Gesellschaft, S. 157ff.

[93] EHLERS, Verwaltung in Privatrechtsform, S. 34.

[94] Die Trennung von Staat und Bürger und das obrigkeitsstaatliche Denken versprach die Revolution von 1848 zu beenden. Der Ruf nach liberalen Ideen und Vorstellungen brachte den Plan hervor, Staat und bürgerliche Gesellschaft in Gesetzgebung, Verwaltung und Rechtsprechung wieder gleichmäßig zu verbinden. Aber die alten Kräfte konnten diese Befreiung verhindern und vorübergehend die Epoche des sog. Neo-Absolutismus einläuten. Doch konnte sich seit dem Jahr 1862 der liberal-bürgerliche Rechtsstaat ausbilden. Der Übergang zu Gewaltenteilung und verfassungsmäßig gewährleisteten individuellen Freiheitsrechten bedeutete die Einführung des Prinzips gesetzmäßiger Verwaltung. Somit waren Eingriffe in Freiheit und Eigentum des Einzelnen nur noch aufgrund gesetzlicher Ermächtigung möglich. In der Folgezeit hatte die Verwaltung einen Bedeutungswandel zu durchschreiten. Nicht mehr Hoheit und Beamtentum prägten die moderne Verwaltung, sondern die Teilnahme am wirtschaftlichen Produktionsleben; vgl. FORSTHOFF, Lehrbuch des Verwaltungsrechts, S. 32ff.

a) Auswirkung auf das Staatsverständnis

Die Entwicklung zum modernen Staat brachte eine Verfestigung und Polarisierung von Staat und Gesellschaft mit sich. Das deutsche Staatsverständnis nimmt dieses als Gegensatz gedachte Verhältnis der beiden Begriffe in sich auf, die erstmals AUGUST LUDWIG SCHLÖZER (1735-1809)[95] Ende des 18. Jahrhunderts unterschied. Da beide Begriffe Erscheinungsformen von Gesellschaften im weiten Sinne umschreiben, benutzte er die Zusätze „bürgerlich" und „Staats-" und sprach somit von der bürgerlichen Gesellschaft und der Staatsgesellschaft.[96]

Der Zusammenschluß zu einer Gesellschaft war „aus blosem tierischen Instict erklärbar; zum Uebergang in die dritte [die Staatsgesellschaft] mußte schon raisonnirende Erfarung wirken".[97] Den Begriff Gesellschaft verstand man also ursprünglich als einen menschlichen Verband schlechthin, als „jede Aggregation vernünftiger Menschen, die im Raume beieinander leben und dadurch in gegenseitige Beziehungen versetzt werden".[98] Eine nähere Klassifizierung wie die bei SCHLÖZER war somit erforderlich und steigerte sich als anfänglich bloße Unterscheidung dann zu einem begrifflichen Gegensatz. Die bürgerliche Gesellschaft besteht nach diesem Verständnis aus den einzelnen Beziehungen der Individuen zueinander, die Staatsgesellschaft hingegen aus den Wechselbeziehungen der Einzelnen zum Ganzen bzw. der Staatsbürger zu den Staatsgewalten.[99] Seit der Wende vom 18. zum 19. Jahrhundert hat der Begriff der „Gesellschaft" seine spezifische Bedeutung, nämlich die eines Zusammenhangs von Menschen, der zwar in Bezug auf den Staat gedacht wird, aber gerade nicht Staat ist, vielmehr in Gegensatz zum Staat gestellt wird.[100] Unterschiedliche Denkansätze beschäftigen sich da-

---

[95] Zum Leben und Werk dieses Rechtsgelehrten s. BECHER, Schlözer, S. 683ff.; DIES., Analyse, S. 344ff.; FRENSDORFF, Schlözer, S.567ff.; STOLLEIS, Geschichte des öffentlichen Rechts I, S. 317ff.

[96] SCHLÖZER, Allgemeines Statsrecht und Statsverfassungslere, S. 5; mit Verweis auf CAESAR, *De Bello Gallico*, VII. 4. 6.: *„[...]; omnium consensu ad eum defertur imperium."*.

[97] SCHLÖZER, Allgemeines Statsrecht und Statsverfassungslere, S. 5.

[98] FICHTE, Vorlesungen I, S. 221; Krüger, Allgemeine Staatslehre, S. 342; vgl. auch VON STEIN, Begriff der Gesellschaft, S. 13ff., 24ff.

[99] So FRANTZ, Physiologie der Staaten, S. 19.

[100] BRUNNER, Land und Herrschaft, S. 114, 157, 161; KRÜGER, Allgemeine Staatslehre, S. 342; SCHLÖZER, Allgemeines Statsrecht und Statsverfassungslere, S. 4 (Anm. 2); STEIN, Begriff der Gesellschaft, S. 11ff.

mit, wie dieser Gegensatz ausgestaltet ist.[101] Ein prägnantes Unterscheidungsmerkmal ist das der Gesellschaft fehlende *imperium* oder die Herrschaftslosigkeit der Gesellschaft.[102]

Für die Staatsgesellschaft bzw. den Staat ist durch die Entwicklung von öffentlichem Recht und hoheitlichem Staat genau das Gegenteil eingetreten und ein neuer Handlungstypus geschaffen worden, der sich als öffentlichrechtlich und hoheitlich beschreiben läßt; beides meint Handeln in Ausübung der Staatsgewalt.[103] Die Besonderheit dieses Instituts wird damit beschrieben, daß dessen rechtliche Äußerung das Herrschen ist, eine Willensmacht, der „das ganze Volk in all seinen Gliedern unterworfen ist" und die „ihre Richtung und Gränze durch den ethischen Grund ihres Daseins" erhält.[104] Folge dieser Herrschaftsgewalt ist es, daß der Staat seinen Willen gegen den anderer unbedingt durchsetzen kann.[105]

Diese Vorstellung von der Rolle des Staates nimmt die Subordinationstheorie in sich auf, um so öffentliches und privates Recht voneinander abzugrenzen. Zwar hat die Abgrenzungsproblematik Ende des 19. Jahrhunderts ihren Höhepunkt erreicht.[106] Dennoch füllt sie auch heute noch viele Seiten in Zeitschriften, Lehrbüchern und Monographien.[107] Dazu werden neben der

---

101 Kurz behandelt bei KRÜGER, Allgemeine Staatslehre, S. 345f.; vgl. auch HUBER, Deutsche Verfassungsgeschichte I, S. 99.

102 So schon bei SCHLÖZER, Allgemeines Statsrecht und Statsverfassungslere, S. 4 (Anm. 2); auch FRANTZ, Naturlehre des Staates, S. 169; ZACHARIAE, Vierzig Bücher vom Staate, I S. 56; STEIN hingegen formuliert das Unterscheidungsmerkmal positiv mit dem Begriff Interesse, vgl. STEIN, Begriff der Gesellschaft, S. 11ff.

103 MARTENS, Öffentlich als Rechtsbegriff, S. 88; s. allgemein zum Begriff der Staatsgewalt, HERZOG, Allgemeine Staatslehre, S. 155ff.; JELLINEK, Allgemeine Staatslehre, S. 427ff.; KRÜGER, Allgemeine Staatslehre, S. 818ff.; RANDELZHOFER, HStR I, § 15; ZIPPELIUS, S. 50ff.

104 GERBER, Grundzüge des Staatsrechts, S. 21f. (insb. Fn. 3).

105 JELLINEK, Allgemeine Staatslehre, S. 427ff.

106 Seitdem wird die Diskussion nicht mehr mit so einer Schärfe geführt: vielmehr lassen sich Beiträge über den Sinn und Bedeutungsgrad dieser Unterschiedung finden. s. dazu SCHMIDT, Die Unterscheidung von privatem und öffentlichem Recht, S. 45ff.

107 Vgl. nur ACHTERBERG, Allgemeines Verwaltungsrecht, § 1 Rn. 12ff.; BAUR, JZ 1963, 41ff.; EHLERS, Verwaltung und Verwaltungsrecht, § 2 Rn. 10ff.; DERS., DVBl. 1986, 912ff.; FABER, Verwaltungsrecht, Fünfter Teil § 16ff.; FORSTHOFF, Lehrbuch des Verwaltungsrechts, § 6 (S.112ff.); MAURER, Allgemeines Verwaltungsrecht, § 3 Rn. 12ff.; Ossenbühl, DVBl. 1974, 541ff.; SCHMALZ, Allgemeines Verwaltungsrecht, Rn. 18ff.; SCHMIDT, Die Unterscheidung von privatem und öffentlichem Recht; SCHNAPP,

Subordinationstheorie auch andere Abgrenzungstheorien bemüht, deren gemeinsames Manko es ist, daß sie der Vielgestaltigkeit der einzuordnenden Sachverhalte unmöglich anhand einer griffigen Formel gerecht werden können. Deswegen werden sie häufig mit einander kombiniert und ergänzend angewandt.[108] Die drei wesentlichen und immer wieder angeführten Abgrenzungstheorien sind die Interessentheorie, die Subjekttheorie und die bereits erwähnte Subordinationstheorie (auch Subjektionstheorie).[109] Letztere bestimmt das öffentliche Recht durch die Über- und Unterordnung von Staat und Bürger, das Privatrecht durch die Gleichordnung der Parteien.[110] Da diese Theorie den Obrigkeitsstaat des 19. Jahrhunderts im Blick hat, sieht sie sich erheblicher Kritik ausgesetzt.[111] In gewissem Sinne seien sogar Staat wie Bürger gleichgeordnet, da keinem von beiden eine prinzipielle rechtliche Prävalenz zukomme, eine „ubiquitäre Suprematie einer konkreten Staatsgewalt“ nicht existiere.[112] Die Kritik zielt zudem auf die Unvollkommenheit dieses Abgrenzungskriteriums, da die neuen Formen der modernen Verwaltung nicht berücksichtigt würden. So könnten insbesondere Sachverhalte betreffend die Leistungsverwaltung oder das Organsationsrecht nicht befriedigend zugeordnet werden. Zudem gebe es Gleichordnungsverhältnisse im öffentlichen Recht (öffentlich-rechtlicher Vertrag) und Über- und Unterordnungsverhältnisse im Privatrecht (Eltern-Kind-Verhältnis, Arbeitgeber-Arbeitnehmer-Verhältnis).[113] Schließlich sei die Subordinationstheorie mit dem Bekenntnis des Grundgesetzes zur Volkssouveränität in Art. 20 Abs. 2

DVBl. 1986, 811ff.; SPROLL, Allgemeines Verwaltungsrecht I, § 3; WOLFF, AöR 76 (1950), 205ff.; ZULEEG, VerwArch 73 (1982), 384ff.

108 MAURER, Allgemeines Verwaltungsrecht, § 3 Rn. 19; zu ihrer begrenzten Tauglichkeit ferner, EHLERS. Verwaltung in Privatrechtsform, S. 54ff.

109 Zu den Inhalten der aufgeführten Abgrenzungstheorien, vgl. EHLERS, Verwaltung und Verwaltungsrecht, § 2 Rn. 15ff.; MAURER, Allgemeines Verwaltungsrecht, § 3 Rn. 15ff.; SPROLL, Allgemeines Verwaltungsrecht, § 3 Rn. 10ff.

110 BVerwGE 29, 159, 161; BGHZ 66, 229, 233/235; 67, 81, 84f./86f./92; 97, 312; BGH, NJW 1970, 811, 812; BSG, NJW 1990, 342; OVG Berlin, DVBl. 1992, 280. Eine inhaltliche Steigerung erfährt die Subordinationstheorie durch die Mehrwerttheorie: Danach besteht sogar schon ein vorverfassungsrechtliches Subordinationsverhältnis. Diese Ansicht ist aber inzwischen überholt, vgl. EHLERS, Verwaltung und Verwaltungsrecht, § 2 Rn. 16; ERICHSEN, JURA 1982, 537, 539.

111 EHLERS, Verwaltung in Privatrechtsform, S. 55ff., ERICHSEN, JURA 1982, 537, 539; SCHMIDT, Die Unterscheidung von privatem und öffentlichem Recht, S. 95ff.; ZULEEG, VerwArch 73 (1982), 384, 391f.

112 SCHNAPP, DVBl. 1986, 811, 813.

113 MAURER, Allgemeines Verwaltungsrecht, § 3 Rn. 16.

S. 1 GG überholt.[114] Daneben wird auch das Anknüpfen an obrigkeitliche und private Subjekte als Unterscheidungskriterium kritisiert, da es bei der Unterscheidung von öffentlichem und privaten Recht um eine rechtssystematische Zuordnung gehe und nicht um eine rechtssoziologische.[115] Trotz aller Kritik wird der Subordinationstheorie dennoch zugestanden, in denjenigen Fällen zu einer richtigen Zuordnung zu führen, in denen ein Über- und Unterordnungsverhältnis, beispielsweise mit Erlaß eines Verwaltungsaktes, tatsächlich gegeben ist.[116] Nur den Umkehrschluß könne man dann nicht ziehen und annehmen, daß kein öffentlich-rechtlicher Sachverhalt gegeben sei, wenn kein Über- und Unterordnungsverhältnis vorliege.[117] Selbst die kritischen Stimmen räumen dies ein und beschränken ihre Kritik auf die Fälle der Leistungsverwaltung.[118] Somit wird der Subordinationstheorie nur die Eignung abgesprochen, eine gelungene Abgrenzung zwischen öffentlichem und privatem Recht zu gewährleisten. Zumindest für den Fall der Eingriffsverwaltung besteht aber Einigkeit darüber, daß auch das moderne Verwaltungsrecht des 20. Jahrhunderts „obrigkeitsstaatliche" Züge annehmen und Rechtsverhältnisse in Über- und Unterordnungsverhältnisse kleiden kann.

b) Auswirkung auf die Verwaltungsvollstreckung

Das Über- und Unterordnungsverhältnisses liegt der Verwaltungsvollstreckung zugrunde. Deren Aufgabe wird auch heute noch darin gesehen, „einen Anspruch des Hoheitsträgers gegenüber dem gewaltunterworfenen, leistungsunwilligen Bürger mit staatlichem Zwang durchzusetzen."[119] Diese Befugnis ist also ein Spiegelbild der beiden oben geschilderten Entwicklungen. Die Befugnis der Verwaltungsorgane, ihre Anordnungen im Wege des Zwangs durchzusetzen, kann auf unterschiedliche Wurzeln zurückgeführt werden. Im Mittelalter war bei den Gerichten die sog. *executio ad faciendum*

---

114 BAUER, DVBl. 1986, 208, 216f.; EHLERS, DVBl. 1986, 912, 913; SCHMIDT, Die Unterscheidung von privatem und öffentlichem Recht, S. 96.

115 WOLFF, AöR 76 (1950), 205, 207/211.

116 SCHMIDT, Die Unterscheidung von privatem und öffentlichem Recht, S. 95; SCHNAPP, DVBl. 1986, 811, 813.

117 KOPP/SCHENKE, VwGO, § 40 Rn. 11; SCHMALZ, Verwaltungsrecht, § 24.

118 So z.B. ZULEEG, VerwArch 73 (1982), 384, 392; vgl. auch den gleichnamigen Titel von EHLERS, DVBl. 1986, 912 und SCHNAPP, DVBl. 1986, 811: „Rechtsverhältnisse in der Leistungsverwaltung".

119 APP/WETTLAUFER, Verwaltungsvollstreckungsrecht, § 1 Rn. 1; mit ähnlicher Wortwahl LISKEN/DENNINGER, Handbuch des Polizeirechts, F 468; MAURER, § 20 Rn. 1.

vel non faciendum allgemeine Praxis, zu deren Legitimierung man ältere Prozeßschriftsteller zitierte, ohne damit ein stabiles Fundament für dieses Institut zu gießen. Ursprünge werden in der italienischen Rechtswissenschaft vermutet.[120] Italienische Juristen knüpften die Frage der Rechtsmittel aber auch an der sog. *poena contumaciae* an, die nicht nur von ihrer Bezeichnung der *power of contempt*[121] ähnelt, sondern auch von ihrem Sanktionsgrund, und zwar dem Ausbleiben des Geladenen.[122] Daneben läßt sich eine andere Wurzel zurückverfolgen zum germanischen weltlichen Recht des Banns und der Acht[123] sowie zum kirchlichen Recht der Exkommunikation.[124] Im Mittelalter stand der deutschen Obrigkeit das Recht zu, ihre Anordnungen kraft des Karolingischen Amtsrechts bei Königsbann, Herzogsbann, Grafenbann bzw. Schulheißenbann durchzusetzen. Die Ausübung dieser Rechte lag in den Händen der jurisdiktionellen Provinzialbehörden, die umfassend im gesamten Bezirk für sämtliche obrigkeitlichen Tätigkeiten verantwortlich waren.[125] Zu dieser Zeit waren also gerichtlicher Zwang und Verwaltungszwang noch vereint. Dies änderte sich mit dem Trennungsprozeß von Justiz und Verwaltung, den die verwaltungsbehördlichen Zwangsbefugnisse widerspiegeln. Die Trennung ist zu diesem Zeitpunkt noch nicht auf einen theoretischen Erkenntnisprozeß zurückzuführen, sondern auf den Druck praktisch-politischer Bedürfnisse.[126] Treibende Kraft war, daß die Landesfürsten nach Unabhängigkeit vom ständischen Steuerbewilligungsrecht strebten. Nachdem dies erfolgreich geschehen war, bedurfte es neuer Verwaltungseinheiten, da die jurisdiktionellen Provinzialbehörden ungeeignet erschienen, die neu anfallenden Aufgaben durchzuführen. Vor allem die Interessensgegensätze zwischen Fürst und Ständen machten eine konstruktive Zusammenarbeit unmöglich. Neue (Verwaltungs-) Behörden wurden geschaffen, alte Aufgaben ausgelagert. Mit diesen gingen die Exekutionsbefugnisse auf die neuen Verwaltungsstellen als „das hergebrachte Gemeine Recht der Deut-

---

120 GNEIST, Verwaltungsexekution, S. 1108.

121 Vgl. dazu oben 2. Kap., A.III.3.b)bb) und unten 6. Kap., A.II.2.c)bb).

122 GNEIST, Verwaltungsexekution, S. 1109.

123 Allgemein zum Bann, CONRAD, Deutsche Rechtsgeschichte I, S. 134ff.; MITTEIS/LIEBERICH, Deutsche Rechtsgeschichte, S. 67; zur Entwicklungsgeschichte des Banns und der Acht, SIUTS, Bann und Acht.

124 GNEIST, Verwaltungsexekution, S. 1109; STIER-SOMLO, Verwaltungszwang, S. 630.

125 ANSCHÜTZ, VerwArch 1 (1893), 389, 395; GNEIST, Verwaltungsexekution, S. 1109; WINTERSTETTER, Der Verwaltungsakt als Vollstreckungstitel, S. 3.

126 Vgl. oben ; dazu auch ANSCHÜTZ, VerwArch 1 (1893), 389, 394.

schen Obrigkeit"[127] über. Das nunmehr individualisierte Verwaltungszwangsverfahren war somit lediglich die Fortsetzung einer bestimmten Form des herkömmlichen obrigkeitlichen Zwangsverfahrens und orientierte sich anfangs an das in Theorie und Praxis ausgebildete zivile Vollstreckungsverfahren, ohne damit seine Gleichwertigkeit zu verlieren. Somit ist – entgegen einem häufigen Mißverständnis – der verwaltungsbehördliche Zwang nicht vom zivilen Vollstreckungsverfahren abgeleitet und folglich später begründet worden; vielmehr ist er ein Institut gleichen Ranges.[128] Es ist „ein Ausfluß des Rechts der Obrigkeit zu Gebot und Verbot, von welchem die Civilexekution aus rechtskräftigem Urtheil nur eine unter vielen Anwendungen darstellt."[129] Bis zum heutigen Tage hat sich die Vereinigung von Anordnungs- und Vollstreckungsbefugnis in einer Hand im Grundsatz fortgesetzt, vgl. § 7 Abs. 1 VwVG Bd oder § 56 Abs.1 VwVG NW.[130] Die deutschen Verwaltungsbehörden können somit im (einfachen) Verwaltungsverfahren eine Vollstreckungsgrundlage erwirken, die sie dann selbst im Verwaltungsvollstreckungsverfahren durchsetzen können.

Daraus läßt sich für die Kompetenz deutscher Verwaltungsbehörden ableiten, daß sie ihre eigenen Anordnungen mit Zwangsmitteln durchsetzen können, da ihnen sowohl die Anordnungs- wie auch die Vollstreckungsbefugnis zukommt. Dieser Befund gilt als allgemeiner Grundsatz, der eine Unterscheidung nach den betroffenen Sachmaterien ausschließt. Eine Sonderbehandlung verwaltungsbehördlicher Anordnungen zur Informationsgewinnung gibt es nicht. Auch sie werden – dem allgemeinen Grundsatz folgend – durch die Verwaltungsbehörde, beispielsweise die zuständige Wasserbehörde, vollstreckt.[131]

3. Zusammenfassung

Die verwaltungsbehördlichen Zwangsbefugnisse in Deutschland sind eine Folge der geschichtlichen Entwicklung des absolutistischen und des modernen Staates, die in untrennbarem Zusammenhang mit der Entwicklung des öffentlichen Rechts als eigenständiges Rechtsgebiet zu sehen ist. Im Zuge

---

127 Gneist, Verwaltungsexekution, S. 1110.

128 Anschütz, VerwArch 1 (1893), 389, 392f., 399; Gneist, Verwaltungsexekution, S. 1108f.; Stier-Somlo, Verwaltungszwang, S. 630.

129 Gneist, Verwaltungsexekution, S. 1110.

130 Vgl. auch Arndt, Verwaltungsakt, S. 22 (Fn. 10).

131 Vgl. auch oben, 5. Kap., B.III.

dieser Entwicklungen konnte sich ein Über- und Unterordnungsverhältnis mit dem entsprechenden Sonderrecht des Übergeordneten entwickeln. Der Landesfürst verstand es, sich aus den Fesseln der Stände zu befreien. Ein wesentliches Hilfsinstrument dabei waren neugeschaffene Verwaltungsbehörden, die sich – ebenso wie der Landesfürst von den Ständen – aus dem bisherigen Regierungsapparat lösten und das Fundament des absolutistischen Staates bildeten. Die Verwaltungsbehörden behielten alle Institute, die für die Durchführung der Aufgaben erforderlich waren. Da die alten „Regierungen" sämtliche Funktionen der – im heutigen Sinne – Staatsgewalt auf sich vereinten, ging neben den rein administrativen Tätigkeitsbereichen auch die Befugnis über, Zwangsmaßnahmen zur Durchsetzung hoheitlicher Anordnungen durchzuführen. Diese Aufgabenteilung wirkt bis zum heutigen Tage in der Vereinigung von Anordnungs- und Vollstreckungsbefugnis fort. Deswegen sind die Verwaltungsbehörden befugt, ihre eigenen Anordnungen, insbesondere auch solche, die der Informationsgewinnung dienen, mit Zwangsmitteln hoheitlich durchzusetzen.

II. Die Entwicklung in Amerika

Eine amerikanische Verwaltungsbehörde muß bei dem zuständigen *district court* wie ein Privater eine Klage erheben, um ihr Informationsgesuch durchsetzen zu können. Dies folgt aus der Entwicklung des amerikanischen Verfassungs- und Verwaltungssystems, das seine Ursprünge im angelsächsischen Rechtsraum hat.[132] Die englischen Entwicklungen beeinflußten maßgeblich und nachhaltig das amerikanische Recht.[133] Insofern kann man das amerikanische Modell nur verstehen, wenn man von den englischen Ur-

---

132 Durch die Gerichtsentscheidung *Calvin v. Smith*, 7 Co. Rep. 1 (1608) war in den Kronkolonien das englische *common law* grundsätzlich anwendbar. Eine wichtige Einschränkung erfuhr dieser Grundsatz dahingehend, daß das Recht den in den Kolonien herrschenden Verhältnissen entsprechen mußte. Diese Einschränkung zielte auf gesellschaftliche Unterschiede ab, die in der Gesellschaftsstruktur der Kolonisten angelegt waren. Dies führte zu einer Herausbildung eines eigenständigen amerikanischen *common law*, nachdem dieses den Widerstand einiger *civil law*-Anhänger überwunden hatte. Zu gewichtig waren die gemeinsame Sprache und die gemeinsame Herkunft, zu einflußreich bedeutsame juristische Werke aus England. S. dazu auch DAVID/GRASMANN-WILL, Rechtssysteme, Rn. 370ff.

133 FRAENKEL, Das amerikanische Regierungssystem, S. 33, 37; zu den „Quellen des Erbes", LERNER, Amerika, S. 27; vgl. auch FIKENTSCHER, Methoden des Rechts, II S. 140, 157ff.

sprüngen ausgeht, da die entscheidenden Weichenstellungen in der Alten Welt erfolgt sind.

1. Unterschiede zu Deutschland in der Entwicklung

Wenn die Entwicklung des öffentlichen Rechts und die Entstehung des modernen Staates entscheidende Faktoren für das deutsche Modell sind, dann stellt sich die Frage, wie diese Entwicklungen in England und damit auch in Amerika verlaufen sind. Vorwegnehmen läßt sich, daß in England die Entwicklung dieser beiden Phänomene nicht so begünstigt wurde wie in Deutschland. Dies gilt insbesondere für die Entstehung des modernen Staates, da der Absolutismus sich heftiger Gegenwehr ausgesetzt sah. Der historische, machtpolitsche und soziologische Nährboden war anders bestellt und führte dazu, daß die Gesamtumstände selbst von vornherein eine sie verändernde Entwicklung nicht zuließen sondern abwehrten.

a) Die Abwehr des öffentlichen Rechts

Die „Entwicklung des öffentlichen Rechts" nahm in England und damit auch in Amerika einen anderen Verlauf als in Deutschland. Dabei spielte die ablehnende Haltung dem römischen Recht gegenüber eine gewichtige Rolle. Dies erklärt HATSCHEK wie folgt: „In Deutschland hat die Rezeption des römischen Rechts und die Fortbildung des letzteren auf den Universitäten ein System des Staatsrechts geschaffen. Beides hat in England gefehlt, daher der Mangel eines Systems des Staatsrechts bis auf den heutigen Tag."[134] Seit jeher hatte das englische Volk eine tiefgehende Abneigung gegen das römische Recht des *civil law* gezeigt. Zwar kann man nachweisen, daß der englische Rechtsgelehrte HENRY BRACTON (1216-1272)[135] von römischen Rechtsquellen beeinflußt war, dennoch wurde das römische Recht immer als etwas Unorganisches, Fremdes empfunden. Es fand allenfalls im kanonischen Recht Verwendung.[136]

---

[134] HATSCHEK, Englisches Staatsrecht, Bd. I, S. 10.

[135] Zum Werk von BRACTON s. FESEFELDT, Englische Staatstheorie; HOLDSWORTH, *History of English Law*, II S. 232ff.

[136] HATSCHEK, Englisches Staatsrecht, I S. 11; DERS., Englische Verfassungsgeschichte, S. 188f.; HOLDSWORTH, *History of English Law*, II S. 3ff., III S. 145ff.; s. auch KASER, Römisches Privatrecht, § 1 III 3; vgl. die folgenden Ausführungen.

Die Herrschaft der Römer bis zu Beginn des 5. Jahrhunderts hatte keine nachhaltige Wirkung auf die Rechtsentwicklung. Aus diesem Grund beginnt für den englischen Rechtshistoriker die englische Rechtsgeschichte mit dem Ende dieser Zeit.[137] Dennoch kennzeichnet erst die normannische Eroberung in der Schlacht bei Hastings (1066) die Wende zu einer entwickelten Rechtskultur. Zuvor, in der sog. angelsächsischen Periode, existierten nur wenige Gesetze, die sich auf einen sehr beschränkten Kreis von Rechtsverhältnissen bezogen. Sie glichen den *leges barbarorum* auf dem europäischen Kontinent.[138] Die Herrschaft der Normannen ist deswegen von großer Bedeutung, weil eine starke zentrale Gewalt mit einer reichen Verwaltungspraxis England regierte. Die Herrschaft der Stämme war gebrochen, die Feudalherrschaft und damit das Feudalrecht setzten sich durch. Mit einem Gesetz betreffend die großen Feudalimmunitäten aus dem Jahr 1278 begann die Umbildung des englischen Feudalrechts zum *common law*.[139] Neben diesem und weiteren Gesetzen kam aber vor allem der Gerichtspraxis, insbesondere der Ausbildung des Systems der *writs*, große Bedeutung zu.[140]

Eine Beeinflussung durch das römische Recht empfand man anders als auf dem Kontinent als Bedrohung. Zwar ist das römische Recht auch der englischen Rechtswissenschaft nicht völlig fremd geblieben, da das englische Recht sich durch den Geist und die Methode des römischen Rechts hat mitbestimmen lassen.[141] Doch führte dies nicht dazu, daß sich eine mit der kontinentaleuropäischen Rezeption vergleichbare Aufnahme des anderen Rechtssystems vollzog. Die nachrangige Stellung gegenüber dem kanonischen Recht behinderte anfangs den Siegeszug des römischen Rechts. Eng-

---

137 DAVID/GRASMANN-WILL, Rechtssysteme, Rn. 285; HATSCHEK, Englische Verfassungsgeschichte, S. 2.

138 HOLDSWORTH, *History of English Law*, II S. 19, 31f.; s. auch DAVID/GRASMANN-WILL, Rechtssysteme, Rn. 285.

139 DAVID/GRASMANN-WILL, Rechtssysteme, Rn. 286f.; HATSCHEK, Englische Verfassungsgeschichte, S. 180; vgl zum *common law* allgemein nur HOLMES, *Common Law*, S. 5ff.

140 Zur Auswirkung der Gesetze und Gerichtspraxis vgl. HATSCHEK, Englische Verfassungsgeschichte, S. 180f., 182ff.; zum System der *writs* s. BLUMENWITZ, S. 8ff.; DAVID/GRASMANN-WILL, Rechtssysteme, Rn. 291f.; PETER, Actio und Writ, S.13ff. (im Vergleich zum römischen Recht, ebenda, S. 51ff.).

141 RADBRUCH, Der Geist des englischen Rechts, S. 6f.; Nachweise dafür, daß römische Rechtsgrundsätze in das englische Recht eingearbeitet sind, bei HATSCHEK, Englische Verfassungsgeschichte, S. 189; PETER, Römisches Recht und Englisches Recht, S. 66ff.

land als Teil des christlichen Europas blieb nicht unbeeinflußt von mittelalterlicher Moraltheologie, insbesondere nicht von den Regeln des kanonischen Rechts. Das römische Recht fungierte dabei jedoch lediglich als Hilfsmittel des kanonischen Rechts (*„pro utilitate ecclesiastici regiminis"*).[142] Erst mit den humanistischen Strömungen, die Europa im 15. und 16. Jahrhundert durchzogen, kam die Pflege des römischen Rechts auch in England auf. Zu dieser Zeit trat es aus dem Schatten des kanonischen Rechts heraus, da letzteres zu lehren verboten war. Einige Universitäten richteten Lehrstühle für römisches Recht ein. Das Studium im römischen Recht wurde Basis für vornehme Staatsanstellungen, insbesondere im Diplomatendienst. Schon bald erkannten die Juristen des *common law* die große Gefahr, die von dieser Zweiteilung ausging. Sie fürchteten darum, von den im römischen Recht gelehrten Juristen im Staatsleben verdrängt zu werden. Somit traten sie geschlossen der Rezeption des römischen Rechts gegenüber und wurden zu den bedeutensten Verfechtern des *common law*.[143] Da die englischen Anwälte (wie auch heute noch) in den Rechtsgelehrten-Innungen, den *inns of court*, organisiert waren und so ihre Widerstand bündeln konnten, kam ihren Stimmen auch das nötige Gewicht zu.[144] Zudem war auf diese Weise auch eine breite Anhängerschaft bei den nachrückenden Juristen gesichert und die Fortdauer des Widerstandes über Generationen gewährleistet, da die *inns of court* die Aufgaben übernehmen, die auf dem kontinentaleuropäischen Festland den Universitäten zugewiesen sind.[145]

Vom römischen Recht ging aber noch eine weitere, größere Gefahr aus. Es war am Königshof sehr beliebt, da es sich eignete, die außen- wie innenpolitische Stellung der Krone zu stärken. Zunächst versprach die Rezeption des römischen Rechts, England auf dem aussenpolitischen Sektor in die Stellung einer Weltmacht heben zu können. Um Verbindungen völkerrechtlicher Natur anzuknüpfen, eignete sich das mit „barbarischen Rechtsausdrükken" durchsetzte *common law* nicht, da die übrige Juristenwelt es zu sehr „verachtete".[146] Das Völkerrecht der damaligen Zeit fußte ausschließlich auf

---

142 COING/NÖRR, Rechtsgeschichte, S. 15; HATSCHEK, Englische Verfassungsgeschichte, S. 188, 346; HOLDSWORTH, *History of English Law*, II S. 304ff.

143 Ausführlicher zu diesem Rangverhältnis HATSCHEK, Englisches Staatsrecht, I S. 12; DERS., Englische Verfassungsgeschichte, S. 347f.

144 RADBRUCH, Der Geist des englischen Rechts, S. 27.

145 Die Komplexität und vorrangige Bedeutung des *common law*-Verfahrensrechts machte für den angehenden Juristen den Universitätsbesuch unmöglich, da dort nur Rechtsprinzipien gelehrt wurden, vgl. COING/NÖRR, Rechtsgeschichte, S. 17; DAVID/GRASMANN-WILL, Rechtssysteme, Rn. 312.

tete".[146] Das Völkerrecht der damaligen Zeit fußte ausschließlich auf den Grundsätzen und Regeln des römischen Rechts. Andererseits eignete sich das römische Recht auf dem innenpolitischen Sektor dazu, eine allumfassende königliche Prärogative aufzubauen. Für die beiden Herrscherhäuser der TUDORS[147] und STUARTS[148] war der römische Rechtssatz *„princeps legibus absolutus"* von großer Bedeutung, da sie auf diese Weise die ausschließliche Staatsgewalt des Königs und die untergeordnete Stellung des englischen Parlaments begründen wollten. Diese Sichtweise vertraten bedeutende königstreue Juristen. Im Kampf gegen diese zweite Form der Bedrohung erhielt die Juristenwelt Unterstützung aus dem Volk. Insbesondere die Bauern des Norden, seit der Dänenherrschaft immer ein freier, unabhängiger Bauernstand geblieben, sahen in der Unterdrückung des alten Rechts eine Unterdrückung ihrer selbst zugunsten des Absolutismus. Die Sorge trieb sie zu dem großen Bauernzug von 1536 (*pilgrimage of grace*), mit dem sie von HEINRICH VIII. (1509-1547) Reformen erzwingen wollten.

Dieser Widerstand des Volkes, insbesondere des einflußreichen Juristenstandes, und der spätere Kampf des *Parliament* gegen die absolutistischen Bestrebungen des englischen Königshauses[149] führten dazu, daß in England das gesamte römische Recht sich nicht gegen das *common law* durchsetzen konnte.[150] England bewahrte sich die deutschrechtliche Auffassung *„Lex facit, quod ipse est rex"* und wehrte den römischen Rechtssatz *„princeps legibus absolutus"* ab.[151] Im 16. Jahrhundert war dann das *common law* so erstarkt, daß das römische Recht keinen Einfluß mehr ausüben konnte. Hand in Hand mit der Abwehr des römischen Rechts ging auch die Abwehr des öffentlichen Rechts. Während in Deutschland die Universitäten die Lehre des

---

146 HATSCHEK, Englische Verfassungsgeschichte, S. 347.

147 Aus dieser Dynastie gingen zwischen 1485 und 1603 fünf Könige und Königinnen hervor: HEINRICH VII. (1485-1509), HEINRICH VIII. (1509-1547), EDUARD VI. (1547-1553); MARIA (1553-1558) und ELISABETH I. (1558-1603).

148 Aus dieser Dynastie gingen zwischen 1603 und 1688 vier Könige hervor: JAKOB I. (1603-1625), KARL I. (1625-1649), KARL II. (1660-1685) und JAKOB II. (1685-1688).

149 S. dazu unten, 6. Kap., A.II.1.b).

150 HATSCHEK, Englische Verfassungsgeschichte, S. 346ff.; DERS., Englisches Staatsrecht, I S. 10ff.; vgl. auch KASER, Römisches Privatrecht, § 1 III 3. Auch in Amerika mußte sich das *common law* zunächst gegen andere nationale Rechte behaupten, vgl. DAVID/GRASMANN-WILL, Rechtssysteme, Rn. 371ff.

151 RADBRUCH, Der Geist des englischen Rechts, S. 26; dort auch der Hinweis, daß der Rechtssatz *„The king can do no wrong."* sich lediglich darauf beschränkt, inwieweit eine etwaige Rechtsverletzung des Königs verfolgt und bestraft werden kann.

römischen Rechts immer weiter vorantrieben und damit die Bildung des öffentlichen Rechts ermöglichten, wurde in England „die Lehre vom Staat, eben weil sie zu sehr am Busen des Humanismus und der römischen Staatsdoktrin genährt war, mit dem ganzen Komplex des römischen Rechts hinausverbannt aus jedem Zusammenhange mit der englischen Juristenwelt".[152] Bis heute unterscheidet man nicht streng zwischen *public* und *private law*.[153]

In Amerika hat sich diese fehlende Unterscheidung zwischen Privatrecht und öffentlichem Recht fortgesetzt.[154] Dem amerikanischen Verfassungsrecht ist eine spezifisch öffentlich-rechtliche Betrachtungsweise fremd, sogar so fremd, daß über die Trennung von *common law* und dem debattiert wird, was man in Amerika als öffentliches Recht verstehen kann.[155] Die Unvereinbarkeit von öffentlichem Recht und *common law* geht über den Bereich des materiellen Rechts hinaus. Dies verwundert nicht, da das *common law* in erster Linie das rechtliche Verfahren im Auge hat. Eine Rechtswegzuweisung, wie sie in § 13 GVG oder § 40 VwGO enthalten ist, existiert im amerikanischen Recht nicht. Überhaupt steht das *administrative law* nicht wie das deutsche Verwaltungsrecht in einem Zusammenhang zum öffentlichen Recht.[156] So können auch – nach deutschem Verständnis – privatrechtliche Angelegenheiten den *administrative agencies* übertragen werden. In die Richtung der deutschen Unterscheidung zielt die Unterscheidung des *Supreme Court* von *public rights* und *private rights*.[157] Sie übt aber keine zwingende Filterfunktion bei der Auswahl delegierbarer Rechtssachen aus. Vielmehr findet in Amerika eine Verteilung nach praktischen Gesichtspunkten statt. Als man begann, Verwaltungsbehörden einzurichten, standen das zu lösende Sachproblem, der behördliche Fachverstand und die Regulierung der Wirtschaft im Mittelpunkt,[158] nicht jedoch wie in Deutschland das Handlungsinstru-

---

152 HATSCHEK, Englisches Staatsrecht, Bd. I, S. 13.

153 BULLINGER, Vertrag und Verwaltungsakt, S. 114; RADBRUCH, Der Geist des englischen Rechts, S. 25; zu neueren Tendenzen in der Literatur s. aber BLUMENWITZ, Einführung in das anglo-amerikanische Recht, S. 15 (Fn. 15, mwN).

154 RIEGERT, *Administrative Law*, S. 22; vgl. auch LEPSIUS, Verwaltungsrecht, S. 28f.

155 Mit Nachweisem zum Meinungsbild, LEPSIUS, Verwaltungsrecht, S. 28f.

156 RIEGERT, *Administrative Law*, S. 21. Vielmehr ist das *administrative law* das Sonderrecht, das das Verfahren der *administrative agencies* regelt, vgl. LEPSIUS, S. 26; zum Verfahren LINNEWEBER, US-amerikanisches Verwaltungsrecht, S. 71ff.; RIEGERT, *Administrative Law*, S. 66ff.; auch schon STIRNBERG, Verwaltungsbehörden, S. 78ff.

157 Vgl. oben, 2. Kap., B.II.2.a)bb).

158 Vgl. oben, 2. Kap., B.I.

mentarium des Hoheitsstaates. Die Existenz von Verwaltungsrecht und Verwaltungsbehörden folgt in Amerika somit einer ganz anderen Konzeption als in Deutschland. Sie knüpft nicht an abstrakte Kategorien an, sondern folgt der praktisch ausgerichteten und einzelfallorientierten Denkweise des *common law*.

Das römische Recht traf in England also auf erbitterten Widerstand. Dabei richtete sich die Abwehrhaltung weniger gegen die inhaltlichen Aspekte des römischen Rechtssystems als gegen deren Verwendungsmöglichkeit zum Nutzen der englischen Krone und zum Nachteil der Untertanen. Das römische Recht konnte sich nicht gegen das *common law* durchsetzen und bot somit auch nicht die Plattform für die Unterscheidung von öffentlichem und privatem Recht. Die Abwehrhaltung übertrug sich mit den englischen Auswanderern auch nach Amerika, dem eine spezifische Trennung beider Rechtsbereiche fremd ist.

b) Die Abwehr des modernen Staates durch Bekämpfung des Absolutismus

Im Gegensatz zum Kontinent, auf dem absolutistische Staaten entstanden, nahm die Entwicklung in England und damit auch in Amerika einen anderen Verlauf. Von entscheidender Bedeutung dafür war die vollkommen andere Ausgangslage in England, aufgrund derer das Verhältnis von Monarch und Fürst sowie die Entstehung und Bedeutung des *Parliament* sich in anderer Weise entwickelte.

Nach der normannischen Eroberung im Jahr 1066 lösten sich im Zwiespalt der Nationalitäten die ständischen Institutionen auf, die aus der angelsächischen Periode (vor 1066) stammten und eine Folge der Gliederung von Heer, Gericht und Kirche in Verbindung mit Besitz und geistiger Arbeit war.[159] WILHELM I. („der Eroberer", 1066-1087) erwarb persönlich als angeblicher Testamentserbe und legitimer Nachfolger des vorherigen Königs das gesamte Land und übertrug den einmal erworbenen Besitz wieder zurück an seine Untertanen, indem er sie in unterschiedlicher Größe belehnte.[160] An den Besitz knüpften persönliche Lasten (z.B. Pflicht zum Reiterdienst) und Steuerlasten an. Der anglo-normannische Staat erscheint zu dieser Zeit als eine

---

[159] GNEIST, Englisches Verwaltungsrecht, S. 10.

[160] Dies hatte weitreichende Folgen, da massenhaft der Besitz wechselte und die Besitzverhältnisse neugestaltet werden mußten; zum Ausmaß des Besitzwechsels ausführlicher GNEIST, Englisches Verwaltungsrecht, S. 13ff.

einzige Grundherrschaft, allerdings dadurch beschränkt, daß die Macht und der Freiheitstrieb des Besitzes mehrere Generationen durch den Zwiespalt der Nationen gelähmt ist.[161] Dies führte zu einer Bündelung der Macht am Hofe des Königs, sodaß das feudalistisch gegliederte England im Gegensatz zum deutschen Reich mit einer auch weiterhin starken Zentralgewalt versehen war. Entscheidenden Einfluß darauf hatte der Umstand, daß der König die Ersten im Lande nicht gänzlich von der Macht ausschloß. Schon in der angelsächsischen Periode war eine Zusammenarbeit von König und einer Versammlung, bestehend aus den Großen des Landes, bekannt.[162] Dieses sog. *Witenagemot* beriet den König auf allen Gebieten der Staatsleitung. Dabei nahm es eine sehr mächtige Stellung ein, sodaß dem König rückblickend lediglich die Stellung eines *„primus inter pares"* zukam.[163] Nach der Eroberung durch die Normannen lebte das Institut des *Witenagemot* in der *Curia Regis* wieder auf, die am Hofe des Königs eine machtpolitisch bedeutsame Stellung einnahm.[164] Sie setzte sich aus den Fürsten des Landes zusammen und fungierte als königlicher Rat. Anstatt daß Monarch und Fürsten in zwei die Macht nur für sich beanspruchende Lager zerfielen, standen die Fürsten dem König beratend zur Seite. Die *Curia Regis* nahm alle anfallenden Aufgaben wahr, im heutigen Sinne sowohl gesetzgebende wie verwaltende als auch gerichtliche. Die *Curia Regis* wurde so zu einem fürstlich geleiteten Zentralorgan, das den König unterstütze und eine Verselbständigung der Fürstentümer und eine Polarisierung der Macht verhinderte.[165] Die gegenseitige Abhängigkeit und das Bestreben, die Macht in der Krone zu zentralisieren, verhinderte es von Anfang an, daß ein fürstlicher Absolutismus entstehen konnte.[166] Die Zentralmonarchie konnte sich immer mehr stärken und Zersetzungserscheinungen rechtzeitig Vorschub leisten.

---

161 GNEIST, Englisches Verwaltungsrecht, S. 16.

162 Fischel, Die Verfassung Englands, S. 350; Gneist, Englische Verfassungsgeschichte, S. 83; Hatschek, Englische Verfassungsgeschichte, S. 57ff.

163 HATSCHEK, Englisches Staatsrecht, I S. 233.

164 Dazu und zum Begriff der *Curia Regis* s. GNEIST, Englisches Verwaltungsrecht, S. 16, 20; s. auch HATSCHEK, Englische Verfassungsgeschichte, S. 57ff.

165 Die *Curia Regis* war zugleich auch Ursprung für die Entwicklung wichtiger staatlicher Institutionen. So haben sich von ihr das Schatzamt und die *common law*-Gerichtshöfe abgespalten. Vgl. dazu HATSCHEK, Englisches Staatsrecht, I S. 233; LOEWENSTEIN, Staatsrecht GB, S. 4.

166 LOEWENSTEIN, Staatsrecht GB, I S. 4.

Auch wenn die Monarchie durch die *Curia Regis* wesentlich gestärkt war, war sie in der zu dieser Zeit bestehenden Form kein Garant für Ruhe und Zufriedenheit im Staat. Die persönlichen Lasten und die Steuerlasten erzeugten den Widerstand einer breiten Masse, da alle Nationalitäten und Stände diese Lasten gemeinsam zu tragen hatten. Die Beteiligten beanspruchten deswegen auch das Recht, bei der Regelung dieser Lasten in größerem Rahmen mitsprechen zu können, und rangen König JOHANN („ohne Land", 1199-1216) weitreichende Zugeständnisse ab, die in der *Magna Charta Libertatum* (1215) niedergelegt wurden.[167] Mit ihr sicherte der König zu, Mißbräuche der königlichen Hoheitsrechte in allen Gebieten des Staatsverwaltung zu beseitigen. Eine Regelung sah vor, daß Steuern nur erhoben werden konnten, wenn die Steuerschuldner bei der Entscheidungsfindung vertreten waren. Da die *Curia Regis* sich zunächst auf die kleine Zahl von Prälaten und weltlichen Fürsten beschränkte, war damit auch die Frage aufgeworfen, ob diese Form der Versammlung jenem Grundsatz der *Magna Charta* genügte.[168] Nach streitigen Auseinandersetzungen, die ein halbes Jahrhundert andauerten, errangen die bisher nicht vertretenen Barone und Kronvasallen den Sieg in dieser Frage. Sich an den Grafschaftsgerichten und den dort einberufenen 12-Mann-*Juries* orientierend, berief König EDUARD I. (1272-1307) neben den Fürsten zwei Ritter von jeder Grafschaft und zwei Bürger von jeder Stadt ein. Diese Form der Versammlung wurde dann ab dem Jahr 1295 steter Brauch, als *Parliament* bezeichnet und regelmäßig einberufen. Das juristisch Bedeutsame war, daß die Entsandten weisungsunabhängig waren und bindende Entscheidungen fällen konnten. Obwohl die Bedeutung des *Parliament* in der Folgezeit wuchs, blieb es dem König nachrangig. Nur dem Monarchen allein, unterstützt von seinen Beratern, stand es zu, Entscheidungen zu fällen. Dennoch bleibt festzuhalten, daß das *Parliament* bei allen wichtigen Entscheidungen maßgeblich beteiligt war, die parlamentarische Epoche Englands begann.[169]

Die entscheidende Entwicklung machte das englische Repräsentativorgan ab dem Jahr 1603 nach dem Thronantritt der Stuarts durch, als es dem europäischen Gesamtschicksal des fürstlichen Absolutismus entgegentrat. König JAKOB I. (1603-1625) versuchte, die bischöflich-hierarchische Ordnung der

---

167 GNEIST, Verwaltung Justiz Rechtsweg, S. 7; zur *Magna Charta Libertatum* und ihrer Bedeutung für das englische Staats- und Verfassungsrecht s. HOLDSWORTH, *History of English Law*, S. 207ff.; KWASNY, Entwicklung des geschriebenen Grundrechts, S. 52ff.

168 HATSCHEK, Englisches Staatsrecht, I S. 234f.; s. auch GNEIST, Verwaltung Justiz Rechtsweg, S. 7.

169 GNEIST, Verwaltung Justiz Rechtsweg, S. 7.

anglikanischen Kirche für seine absolutistischen Vorstellungen einzuspannen: königliche Prärogative in allen Gesetzgebungsfragen („*a deo rex, a rege lex*"), *Parliament* als bloßes Beratungsgremium und absolute Verfügungsgewalt des Herrschers über Personen und Sachen wegen des göttlichen Ursprungs des Herrscheramtes.[170] Der Konflikt zwischen König und *Parliament* brach aus, als Jakob I. begann, seine Vorstellungen in die Tat umzusetzen, und unter Ausschaltung des Repräsentativorgans regierte. Dieses trat jedoch selbstbewußt gegen die durch die Stuarts neu verstandene Königsrolle an und begab sich in klare Opposition, indem es auf das Steuerbewilligungsrecht bestand und das *Impeachment*-Verfahren im Kampf gegen die Krone nutzte.

Personifizieren läßt sich der Widerstand mit dem Rechtsgelehrten SIR EDWARD COKE (1549-1634), der *Lord Chief Justice* von England, Mitglied des Unterhauses und Sprecher im Kampf um die Freiheiten war. Besondere Verdienste erwarb er sich, als er dem König widersprach, der der absolutistisch geprägten Auffassung war, daß er jeden Gerichtsfall nach Belieben den Richtern entziehen und selbst entscheiden könne. Dazu, so COKE, fehle ihm die Ausbildung eines Richters, dessen Judiz erforderlich sei, das er nur durch langes Studieren und Praktizieren erwerben könne. Dem Zorn des Königs hielt er entgegen: „*Rex non debet esse sub homine, sed sub Deo et lege.*"[171] Diese „dramatische Aussage" über die Lehre von der Suprematie des Rechts sollte in England und später in Amerika gewichtigen Einfluß haben,[172] sodaß ihre Bedeutung für die weitere Entwicklung nicht hoch genug eingeschätzt werden kann. Auch in der Folgezeit ließ COKE sich in der unabhängigen und freien Ausübung seines Richteramtes nicht beeinflussen. Bei anderer Gelegenheit verneinte er in Ausübung seines Richteramtes ein selbständiges Verordnungsrecht des Königs, das losgelöst neben dem Gesetzgebungsrecht des *Parliament* stehen sollte.[173] COKE ließ sich von seiner Rechtsansicht nicht abbringen und nahm lieber seine Entlassung hin. Seinem

---

170 BÜSSEM/NEHER, Neuzeit, S. 242; H. HANCKE, *Divine Right of Kings*, S. 30ff.; MIECK, Europäische Geschichte, S. 180; zu dieser Epoche auch FIGGIS, *The Divine Right of Kings*, S. 219ff.

171 SCHWARTZ, *Constitution I 1*, S. 21ff. Dieser Satz wird BRACTON zugeschrieben; Zweifel bestehen allerdings daran, daß sich dieses Gespräch zwischen JAKOB I. und COKE tatsächlich so abgespielt hat, vgl. HATSCHEK, Englisches Verfassungsgeschichte, S. 349f.

172 Dazu und zu den Ursprüngen dieser Lehre, die bis in die griechische Antike zu ARISTOTELES zurückzuverfolgen ist und der COKE – und das ist sein Verdienst – positivistische Züge verliehen hat, vgl. SCHWARTZ, *Constitution I 1*, S. 22 (mwN).

173 HATSCHEK, Englische Verfassungsgeschichte, S. 350.

Engagement ist es zu verdanken, daß auch nach ihm die Richter den Mut aufbrachten, ebenfalls dem Königstum entgegenzutreten, wenn dieses gegen Verfassung und Recht vorging.[174] Dem *Parliament* wies er den Weg im schweren und noch viele Jahre andauernden Kampf gegen die englische Krone.

Der Nachfolger im Königsamt, KARL I. (1625-1649), löste das *Parliament* zwischenzeitlich auf (1629-1640) und trug so zu den Spannungen zwischen Krone und *Parliament* bei, die sich schließlich in einer kriegerischen Auseinandersetzung beider Seiten entluden. Das *Parliament* konnte zwar unter Leitung von OLIVER CROMWELL (1599-1658) den Sieg in diesem Kampf erringen, mußte sich aber wegen interner Differenzen mit dem Heer zu einem Machtmittel CROMWELLS instrumentalisieren lassen. Nach der Hinrichtung KARLS I. rief CROMWELL im Jahr 1649 die Republik aus, der es jedoch nicht verstand, dem Land eine verfassungsmäßige Ordnung zu geben. Faktisch hatte ein permanentes Militärregime das Sagen, das *Parliament* wurde im Jahr 1653 zwangsweise aufgelöst. Nach dem Tode Cromwells und intensiver Diskussion über die Wiedereinführung der Monarchie berief das neu zusammengetretene *Parliament* mit Zustimmung des Heeres im Jahr 1660 KARL II. (1660-1685) auf den Königsthron. Der hob die Gesetzbegung der königslosen Zeit auf, verzichtete aber mit der Indemnitätsakte aus dem Jahr 1660 auf die Verfolgung der politischen Gegner der Dynastie.[175] Dem *Parliament* war es daran gelegen, nicht nur die Monarchie wiederherzustellen, sondern auch die eigene Suprematie zu errichten.[176] KARL II. ließ es anfangs gewähren, doch nutzte er auch die ihm entgegengebrachte Sympathie zum eigenen Nutzen aus. Zwar erkannte er die vom *Parliament* erlassene „Testakte“ (1673) an, die sich inhaltlich gegen Katholiken richtete und sie diskriminierte, doch setzte er sich in absolutistischer Manier über sie hinweg, indem er einige betroffene Katholiken von ihr ausnahm. Gleich wenig Beachtung schenkte er der „*Habeas-Corpus*-Akte“. Dadurch wurde wieder die politische Opposition des *Parliament* auf den Plan gerufen.

Nach dem Tod KARLS II. im Jahr 1685 bestieg JAKOB II. (1685-1688) den Thron. Obwohl er zum Katholizsimus konvertiert war, konnte er mit der Hil-

---

174 HATSCHEK, Englische Verfassungsgeschichte, S. 351.

175 Zu den Ereignissen im England des 17. Jahrhunderts ELZE/REPGEN, Studienbuch Geschichte II, S. 131ff.; MIECK, Europäische Geschichte, S. 213ff.

176 DUCHARDT, Das Zeitalter des Absolutismus, S. 60f.

fe der Parlamentsgruppierung der *Tories*[177] rechnen. Diese befürchteten, daß die Legitimität der Krone unter dem von den *Whigs*[178] geforderten Ausschluß von Jakob II. leiden könnte. Diese Loyalität wurde auf die Probe gestellt, als man seine Vorliebe für den Absolutismus und eine pro-katholische Politik erkannte. Als im Jahr 1688 ein männlicher Nachkomme eine auf Dauer katholische Regentschaft befürchten ließ, einigten sich beide Interessengruppen darauf, die Königswürde auf einen anderen Herrscher zu übertragen und riefen deswegen MARIA, die protestantische Schwester JAKOBS II., und ihren Mann, WILHELM VON ORANIEN, nach England. Als MARIA (1689-1694) und WILHELM III. (1689-1702) bestiegen sie den Königsthron. Nach der Flucht Jakob II. beschränkte man in einem Herrschaftsvertrag (*Bill of Rights*) die Macht des Königs auf die ausübende Gewalt und gestand dem *Parliament* die gesetzgebende zu, das darüberhinaus die königlichen Beamten zu kontrollieren befugt war. Diese unblutige und deswegen *Glorious Revolution* war keine Revolution, die eine neue Ordnung herstellen wollte, sondern eine, die die Rückkehr zu der alten Ordnung und die Stärkung des *Parliament* bezweckte.[179]

So stellt das 17. Jahrundert einen einzigen Kampf des englischen Repräsentativorgans gegen die Krone und deren absolutistischen Tendenzen dar, den das *Parliament* für sich entscheiden konnte. England schlug so einen „Sonderweg" zu den kontinental-europäischen Staaten ein und ist zur großen „Alternative zum Absolutismus" geworden.[180] Auch in Amerika lassen sich Spuren dieses Kampfes finden. In vorbildlicher und Maßstäbe setzender Weise „bekämpft" die amerikanische Unionsverfassung die Bildung eines absolutistischen und machtzentrierenden Staates. Die beiden Verfassungsprinzipien der *separation of powers* und *checks and balances* gewährleisten, daß unterschiedliche Staatsorgane die drei Staatsfunktionen getrennt ausüben, die sich dabei gegenseitig kontrollieren und so voneinander abhängig sind. Dadurch ist die Gefahr von Interessenkonflikten, Machtmißbrauch und Tyrannei gebannt.

---

177 „*Tories*" war ursprünglich die Bezeichnung für katholische Iren aus England, die der Republik feindlich gegenüberstanden, später die Bezeichnung für die Hofpartei (Kavaliere).

178 „*Whigs*" war eigentlich der Schimpfname für einen Pferdedieb, später während der Revolution Bezeichnung für die radikalen Protestanten.

179 BÜSSEM/NEHER, Neuzeit, S. 244; zur *Glorious Revolution* s. CLAYDEN, *Revolution*; SCHRÖDER, Revolution Englands.

180 Weitere Ausführungen zu diesem Sonderweg bei DUCHHARDT, Das Zeitalter des Absolutismus, S. 57.

2. Auswirkungen auf das „Staatsverständnis" und auf die „Verwaltungsvollstreckung"

Die Entwicklung des öffentlichen Rechts und die Entstehung des modernen Staates waren entscheidene Faktoren für das deutsche Modell der Durchsetzung von Verwaltungsakten im allgemeinen und von verwaltungsbehördlichen Informationsgesuchen im besonderen. Diese Entwicklung fand in England und damit auch in Amerika nicht statt – ein Umstand, der Auswirkungen auf das amerikanische Vollzugsmodell haben muß, das vor dem Hintergrund des anglo-amerikanischen „Staatsverständnisses"[181] zu betrachten ist.

Anders als in Deutschland, in dem die Entwicklungen des öffentlichen Rechts und des absolutistischen Staates zu einem neuen Staatsverständnis führten, war in der englischen Sozialstruktur ein grundsätzlich anderes Verhältnis von „Staat" und Gesellschaft angelegt. Eine entscheidende Rolle dafür spielt das englische *Selfgovernment*, das – die in Deutschland als Gegensatz verstandenen Begriffe – Staat und Gesellschaft miteinander v e r b i n d e t. Mit *„Selfgovernment"* ist in England die Verwaltung der Kreise und Ortsgemeinden gemeint, die nach den Gesetzen des Landes durch Ehrenämter der höheren Stände und der Mittelstände mittels Kommunal-Grundsteuern erfolgt. Das *Selfgovernment* ist ein Auftrag der Staatsfunktionen an die Kommunen, wobei die öffentlichen Pflichten des Gemeinwesens auf die verschiedenen Klassen des Besitzes verhältnismäßig verteilt werden.[182] Die gleichmäßige Verteilung der öffentlichen Pflichten ist es, die die soziale, persönliche und politische Freiheit in England begründet hat.[183] Gleichzeitig führten diese Gleichmäßigkeit und die Verankerung des Staatswesens in der Gemeinde zu der Einigkeit und Geschlossenheit, die die prägenden Merkmale für das Staatsverständnis werden sollten. Diese Einheit ist auch im 17. Jahrhundert nicht zerstört worden, als die Revolution das Land schwer erschütterte. Doch ging es bei ihr nicht um die Umwälzung eines gesamten politischen Systems wie in der späteren Französischen Revolution. Dort sollten das Feindbild *„Ancien Régime"* und alle Institutionenen entfernt

---

[181] Bei der Verwendung der Begriffe „Staat" und „Staatsverständnis" ist Vorsicht geboten, da sie in Amerika nicht mit dem gleichen Inhalt wie in Deutschland gefüllt sind; vgl. dazu insb. unten, 6. Kap., A.II.2.b).

[182] GNEIST, *Selfgovernment*, S. 1211; LOEWENSTEIN, Staatsrecht GB, II S. 130ff.; RIEDEL, Kontrolle der Verwaltung, S. 206f.

[183] Mit einer ausführlichen Darlegung des *self-government* und der Bedeutung für die drei Arten der Freiheit GNEIST, *Selfgovernment*, S. 1211ff.

werden, die dieses Regime trugen.[184] In England diente die Revolution vielmehr dazu, die politische Ordnung wieder herzustellen, die zeitweilig durch absolutistische Bestrebungen der Könige und durch CROMWELLs Republik aus den Fugen geraten war. Die Revolution bestätigte somit die alten Herrschaftsstrukturen. Die rechtsphilosophische Unterfütterung erhielt die *Glorious Revolution* durch JOHN LOCKEs Werk *„Two Treatises of Government"*.[185] Dessen dort entwickelte Theorie diente im anglo-amerikanischen Raum als Ausgangspunkt für wissenschaftliche Auseinandersetzungen mit dem Phänomen „Staat", auch wenn dort eine – nach kontinentaleuropäischem Verständnis – geschlossene Theorie über den Staat fehlt.[186] LOCKE stand so auch an der „Wiege des amerikanischen Regierungssystems".[187]

a) Rechtsphilosophische Grundlagen

Das anglo-amerikanische „Staatsverständnis" muß sich schon deswegen grundlegend vom deutschen unterscheiden, weil in England die beiden Phänomene abgewehrt wurden, die in Deutschland für das Staatsverständnis und die dadurch bedingte Form der Verwaltungsvollstreckung maßgeblich waren. Neben dieser passiven Abwehrhaltung existierte auch eine aktive Form, sich mit der Erscheinung „Staat" zu beschäftigen. Ausgangspunkt dafür war das Werk von LOCKE, den LORD ANTHONY ASHLEY COOPER (1621-1683), EARL OF SHAFTESBURY, als Anführer der Parlamentsgruppierung der *Whigs* beauftragte, die Argumente seiner Partei zu systematisieren und konsistent zu begründen.[188] Damit sollten die Argumente der *Tories* entkräftet werden, die die paternalistischen und patrimonialen Thesen SIR ROBERT FILMERS (1588-1653) für sich entdeckt hatten, die dieser in seinem Hauptwerk *„Patriarcha"*[189] aufgestellt hatte.[190] Somit ist das Werk LOCKEs das Binde-

---

184 LEIBHOLZ, Strukturprobleme der modernen Demokratie, S. 211.

185 Zum Verhältnis LOCKE – *Glorious Revolution* s. BROCKER, Grundlagen, S. 180ff.; EUCHNER, John Locke, S. 70f.

186 DARSOW, Zum Wandel des Staatsbegriffs, S. 97.

187 FRAENKEL, Das amerikanische Regierungssystem, S. 180; zur Bedeutung von LOCKE s. auch MILLER, *Origins of the American Revolution*, S. 170ff.

188 Beide Gruppierungen – *Whigs* wie *Tories* – versuchten durch Briefe, Pamphlete, Wahlfeldzüge und gelenkte Demonstrationen das Volk auf ihre Seite zu ziehen. Vgl. auch oben 6. Kap., A.I.1.b).

189 Dieses Werk führt den bezeichnenden Untertitel *„A defence of the Natural Power of Kings against the Unnatural Liberty of the People"*.

glied zwischen der historischen Entwicklung in England, die hauptsächlich in der Abwehrhaltung gegenüber den kontinental-europäischen Entwicklungen bestand, und der anglo-amerikanischen Staatsphilosophie. In diesem Zusammenhang darf der Hinweis auf SIR EDWARD COKE[191] nicht fehlen, der – etwas überspitzt formuliert – den Weg für die Staatsphilosophie von LOCKE bereitet hat. COKE war zu Beginn des 17. Jahrhunderts maßgeblich am Widerstand des *Parliament* beteiligt, der seinen „glorreichen" Abschluß in der Revolution des Jahres 1688 gefunden hat. Zudem begründete er die Lehre der Suprematie des Rechts als ein Institut des positiven Rechts,[192] das als rechtsstaatliches Moment unter der Bezeichnung *rule of law*[193] Eingang gefunden hat in der anglo-amerikanischen Rechtswissenschaft.[194] Ein Kennzeichen dieser *rule of law* ist nach DICEY, daß niemand über dem Recht stehen soll, sondern daß jedermann unabhängig von seinem Rang und seinen sonstigen Verhältnissen dem allgemeinen Recht des Landes unterworfen ist.[195] Diese Sichtweise vom Verhältnis Recht und Mensch muß sich aus zwei Gründen auch in LOCKEs Staatsphilosophie niederschlagen. Zum einen verfaßte LOCKE mit seiner Staatsphilosophie die „Rechtfertigung"[196] der

---

190 LOCKE setzt sich im ersten Buch seiner *Two Treatises* mit den Thesen FILMERS auseinander.

191 S. oben, 6. Kap., A.II.1.b).

192 SCHWARTZ, *Constitution I 1*, S. 22.

193 Zum schwierigen Verhältnis – Verbindung oder Gegensatz – von *rule of law* und Souveränität des englischen Parlamentes, s. NEUMANN, Die Herrschaft des Gesetzes, S. 207; RADBRUCH, Der Geist des englischen Rechts, S. 27f.; SCHWARTZ, *Constitution I 1*, S. 26ff. Zum Verhältnis von *rule of law* und Rechtsstaat s. LEPSIUS, Verwaltungsrecht, S. 209ff.; FIKENTSCHER, Methoden des Rechts, II S. 133ff. FRAENKEL faßt es in folgenden Vergleich: „Die *rule of law* steht in Kampfstellung gegen die Errichtung einer zentralisierten hierarchischen Staatsgewalt; Rechtsstaat setzt deren Existenz voraus." Vgl. FRAENKEL, Das amerikanische Regierungssystem, S. 197. Somit kann man festhalten, daß die *rule of law* präventiv, das Rechtsstaatsprinzip repressiv gegen eine ungebundene Herrschaftsgewalt wirkt(e). Allgemein zur *rule of law* FALLON, 97 Columbia L. R. 1ff.

194 Vgl. dazu FRAENKEL, Das amerikanische Regierungssystem, S. 196ff.; SCHWARTZ, *Constitution I 1*, S. 22.

195 DICEY, *Law of the Constitution*, S. 188; übersetzt bei FRAENKEL, Das amerikanische Regierungssystem, S. 199. Dessen „Kritik" an DICEY kann nicht auf diese Ausdrucksform der *rule of law* bezogen werden, sondern auf seine rigorose Ablehnung des Verwaltungsrechts („fundamentaler Widerspruch", ebenda, S. 203), vgl. ALBERT, Problematik der IRCs, S. 182; vgl. auch unten, 6. Kap., A.II.2.c)bb).

196 Zum Verhältnis LOCKE – *Glorious Revolution* s. BROCKER, Grundlagen, S. 180ff.; EUCHNER, John Locke, S. 70f.

Glorious Revolution, deren Ursache letztendlich auf COKE und dessen Suprematie des Rechts zurückgeht. Zum anderen ging es LOCKE in seinem Werk darum, die Herrschaftsgewalt moralisch zu legitimieren. Auch dafür ist das Verhältnis von Recht (Herrschaftsgewalt) und Mensch (Regierende und Regierte) maßgebend.

LOCKE greift auf die Deutungsschemata „Naturzustand“ und „Gesellschaftsvertrag“ zurück, ein nicht ungewöhnliches Vorgehen in der Rechtsphilosophie.[197] Mit dem Gedankenexperiment des Naturzustandes stellt er Überlegungen an, wie die Menschen ohne politische Gewalt zusammenleben würden, und zieht daraus Folgerungen für die Legitimität und Grenzen der Staatsmacht. Im Naturzustand ist die Erde den Menschen ohne konkrete Güterzuweisung gemeinsam gegeben, sodaß allen alles gehört (*„omnia sunt communia“*).[198] Nach LOCKE ist es den Menschen möglich, „innerhalb der Grenzen des Gesetzes der Natur ihre Handlungen zu regeln und über ihren Besitz und ihre Persönlichkeit so zu verfügen, wie es ihnen am besten erscheint, ohne dabei jemanden um Erlaubnis zu bitten oder vom Willen eines anderen abhängig zu sein“.[199] Nur das natürliche Gesetz, das sich aus der Vernunft ableitet, lehrt den Menschen, daß „niemand einem anderen, da alle gleich und unabhängig sind, an seinem Leben und Besitz, seiner Gesundheit und Freiheit Schaden zufügen soll“.[200] Daraus ergibt sich „ein Verhalten der Menschen, das sich nach der Maxime richtet, einem anderen nicht das anzutun, was eigenen Wünschen zuwiderliefe.“[201] Macht und Rechtsprechung sind wechselseitig, jeder ist Richter und Exekutor des Naturrechts in eigener Person.[202] Jedoch handelt es sich bei diesem so verstandenen Naturzustand um einen idealen Soll-Zustand, der von der Realität, dem Ist-Zustand, abweicht. Hier existieren menschliche Eigenschaften wie Egoismus, Neid und das Verlangen nach mehr Macht, sodaß der größere Teil der Menschen weder Billigkeit noch Gerechtigkeit beachten.[203] Im Naturzustand fehlen zu-

---

197 Der Vertragsgedanke reicht bis zu den Vorsokratikern (PROTAGORAS, LYKOPHEON), in die biblische Tradition und auf germanische Vorstellungen zurück, vgl. dazu STEINBERGER, Konzeption und Grenzen, S. 66f.

198 LOCKE, *Two Treatises of Government*, II §§ 25, 26, 34.

199 LOCKE, *Two Treatises of Government*, II § 4.

200 LOCKE, *Two Treatises of Government*, II § 6.

201 Hier zitiert LOCKE aus HOOKER, *Of the Laws of Ecclesiastical Polity*, I § 8.

202 LOCKE, *Two Treatises of Government*, II §§ 4, 57.

203 LOCKE, *Two Treatises of Government*, II § 123.

dem ein feststehendes, geordnetes und bekanntes Gesetz[204], ein anerkannter und unparteiischer Richter[205] sowie eine Gewalt[206], die dem Urteil Rückhalt gibt und die Vollstreckung sichert. So ist jeder Mensch gewillt, sich mit anderen zu einer Gemeinschaft zu verbinden, zum gegenseitigen Schutz von Leben, Freiheit und Vermögen, was LOCKE unter der allgemeinen Bezeichnung Eigentum (*property*) zusammenfaßt.[207] Bei aller Freiheit ist der Naturzustand also auch von Furcht und ständiger Gefahr geprägt, sodaß die Menschen sich zu einem Gemeinwesen, einem staatenähnlichem Gebilde zusammenfinden. Dies geschieht durch Abschluß eines Sozialvertrages, der die *civil society* und das *body politick* begründet.[208] So leitet LOCKE die Legitimierung der Herrschaftsgewalt aus dem Konsens der Einzelnen her. Aufgabe dieser Herrschaftsgewalt ist es, das *bonum commune* zu verwirklichen, indem sie eine positive Rechtsordnung schafft und gewährleistet. Dadurch ist die Herrschaftsgewalt a priori material auf das Gemeinwohl beschränkt, sie ist ein reines Schutzinstrument für das *property* des Einzelnen. Somit wird der Gesellschaftsvertrag zu einer Verbürgung der Individualfreiheiten. LOCKE entwickelt daraus eine materiale Lehre vom Staatszweck, deren zentraler Begriff der *trust* ist.[209] Damit ist der fortdauernde Prozeß gemeint, durch den die Gemeinschaft der Einzelnen, also das Volk, die Herrschaftsgewalt dem *government* anvertraut.[210] Das *government* ist lediglich mit der fiduziarischen Wahrnehmung von Rechten betraut, die ihrer Substanz nach

---

204 LOCKE, *Two Treatises of Government*, II § 124 : „*First, there wants an establish'd, settled, known Law, received and allowed by common consent to be the Standard of Right and Wrong, and the common measure to decide all Controversies between them.*".

205 LOCKE, *Two Treatises of Government*, II § 125 : „*Secondly, in the State of Nature there wants a known and indifferent Judge, with Authority to determine all differences according to the established Law.*".

206 LOCKE, *Two Treatises of Government*, II § 126 : „*Thirdly, in the State of Nature there often wants Power to back and support the Sentence when right, and to give it due Execution.*".

207 LOCKE, *Two Treatises of Government*, II § 123; vgl. auch HAHN, Begriff des *property*, S. 36ff.; NEUMANN, Die Herrschaft des Gesetzes, S. 138.

208 LOCKE, *Two Treatises of Government*, II §§ 95ff., 123ff.

209 STEINBERGER, Konzeption und Grenzen, S. 69; dazu auch FRAENKEL, Das amerikanische Regierungssystem, S. 180ff.

210 LASLETT, *Locke – Introduction*, S. 112f.; dazu auch STEINBERGER, Konzeption und Grenzen, S. 70.

bei dem Volk verbleiben.[211] Regierende und Regierte nehmen die Rollen von Treuhändern und Treugebern ein, wobei die Treuhänder auf das Gemeinwohl verpflichtet sind.[212] Damit setzte sich LOCKE in Widerspruch zu der absolutistischen Doktrin von der Staatsraison, die Rechtsgelehrte wie THOMAS HOBBES (1588-1679)[213] oder FILMER[214] vertreten. Das Volk behält eine virtuelle Residualgewalt gegenüber dem institutionell organisierten *government*,[215] sodaß es Widerstand leisten und die Regierung abberufen kann, sobald das *government* die Herrschaftsgewalt jenseits der übertragenen Grenzen ausübt.[216] Dazu bedarf es einer Mehrheitsentscheidung der Gemeinschaft, der sich der Einzelnen mit Eintritt in die Gemeinschaft unterwirft.[217]

Festzuhalten bleibt, daß die Herrschaftsgewalt sich aus dem Willen des Einzelnen legitimiert. LOCKE wird somit der klassische Denker des Individualismus der Neuzeit.[218] Diese Staatsphilosophie hat in der Unabhängigkeitserklärung aus dem Jahr 1776 sichtbaren Niederschlag gefunden. Sinngemäß sind danach Leben, Freiheit und das Streben nach Glück solche Rechte, die der Staat vorfindet, nicht jedoch gewährt.[219]

---

211 FRAENKEL, Das amerikanische Regierungssystem, S. 181.

212 LOCKE, *Two Treatises of Government*, II §§ 131, 135, 149, 156.

213 HOBBES, Leviathan, II §§ 17ff. Zur Staatsphilosphie s. auch HÖNIGSWALD, Hobbes und die Staatsphilosophie; NEUMANN, Die Herrschaft des Gesetzes, S. 128ff.; RADE, Klassische Staatsphilosophen, S. 65ff. Zum Leben und Werk siehe MÜNKLER, Hobbes, S. 31ff.; TÖNNIES, Hobbes, S. 1ff.

214 Zu FILMER und dessen Werk „*Patriarcha or the Natural Power of Kings*“ s. LASLETT, *Locke -Introduction*, S. 67ff.;vgl. auch EUCHNER, John Locke, S. 69ff.

215 STEINBERGER, Konzeption und Grenzen, S. 70.

216 LOCKE, *Two Treatises of Government*, II §§ 13, 30, 138; zum Widerstandsrecht bei LOCKE s. BROCKER, Grundlagen, S. 259ff.; vgl. auch FRAENKEL, Das amerikanische Regierungssystem, S. 185.

217 Somit vertritt LOCKE keinen extremen Individualismus, der die Interessen der Gemeinschaft denen des Einzelnen unterordnen würde, vgl. LOCKE, *Two Treatises of Government*, II §§ 77ff., § 98; STEINBERGER, Konzeption und Grenzen, S. 74.

218 STEINBERGER, Konzeption und Grenzen, S. 73.

219 FRAENKEL, Das amerikanische Regierungssystem, S. 183; dort auch Bezugnahme auf folgenden Textauszug der Unabhängigkeitserklärung: „*We hold these truths to be self-evident, that [...] among these are Life, Liberty and the pursuit of Happiness. That to secure these rights, Governments are instituted among Men, deriving their powers from the consent of the Governed.*“.

b) Das „Staatsverständnis" in Amerika

LOCKEs rechtsphilosophischer Denkansatz wirkte sich nicht nur auf konkrete Fragen der Repräsentation aus, sondern auch auf die mehr abstrakte Frage des Verhältnisses von Volk und „Staat".[220] Darin spiegeln sich auch die Geisteshaltung und die historischen Entwicklungen der damaligen Zeit[221] wider, zu deren Rechtfertigung und rechtstheoretischer Unterfütterung der Denkansatz diente.[222] Die Gesamtumstände in England verhinderten einen Bruch im politischen, sozialen und religiösen Gefüge und damit auch eine kontinentaleuropäische Entwicklung. Eine Kluft zwischen Mittelalter und Neuzeit ist somit – anders als auf dem Kontinent – nicht festzustellen.[223] Dies läßt sich für den gesamten angelsächsischen Rechtsbereich festhalten. Im Gegensatz zum kontinentaleuropäischen Staatsdenken blieb das angelsächsische politische Denken von einer Gesinnung geprägt, die genossenschaftlich ist und sich von der herrschaftlichen abhebt. Im Vordergrund steht ein Gesellschaftsdenken, kein Staatsdenken.[224] Damit geht einher, daß der „Staat" nicht als umfassende, zu rechtlicher Einheit verfaßte Machtpotenz gedacht wird. Im anglo-amerikanischen Rechtsraum fehlt die Rechtsvorstellung von einer einheitlichen Staatsgewalt, die den Staat als juristische Person repräsentiert.[225] Diese Sichtweise wird auch nicht dadurch beeinflußt, daß das rational-bürokratische, apparathafte Moment immer mehr zunimmt.[226] Vielmehr wird der „Staat" als *communitas* verstanden, sodaß dem Staatsdenken nicht der moderne (u.a. deutsche) Staatsbegriff zugrundeliegt, sondern der alte Begriff der *res publica sive societas civilis sive populus*.[227] Dabei stellt die *societas civilis* (*civil society*) das Gegenstück zum *status na-*

---

220 FRAENKEL, Das amerikanische Regierungssystem, S. 182.

221 Gemeint ist die zweifache Abwehrhaltung Englands, die dazu geführt hat, daß die absolutistischen Bestrebungen der englischen Krone endgültig mit der *Glorious Revolution* besiegt werden konnten, vgl. oben 6. Kap., A.II.1.

222 Vgl. oben, 6. Kap., A.II.2.a).

223 LEIBHOLZ, Strukturprobleme der modernen Demokratie, S. 211; RADBRUCH, Der Geist des englischen Rechts, S. 5.

224 KELLER, Die Wurzeln der amerikanischen Demokratie, S. 23; LEIBHOLZ, Strukturprobleme der modernen Demokratie, S. 209.

225 BULLINGER, Vertrag und Verwaltungsakt, S. 114; BRUNNER, Land und Herrschaft, S. 154f.

226 EHMKE, Wirtschaft und Verfassung, S. 670.

227 BRUNNER, Land und Herrschaft, S.115, 146; EHMKE, Wirtschaft und Verfassung, S. 670.

turalis dar, also zur unorganisierten Gesellschaft im Naturzustand, und nicht das Gegenstück zum Staat als solchem[228] bzw. zum *government*. So bilden Aufgabe und Gewalt des *government* in der *civil society*, nicht aber das gegenseitige Verhältnis von „Staat" und „Gesellschaft", das Grundproblem des anglo-amerikanischen Verfassungsdenkens.[229] Aufgabe und Gewalt des *government* bestimmen sich nach dem Begriff des *trust*, der dem Verständnis von *government* zugrundeliegt und im Sinne eines allgemeinen Rechtsinstitut, vergleichbar dem des Vertrages, zu verstehen ist.[230] Dabei verbindet die *civil society* Politisches wie Unpolitisches. Sie nimmt also zum einen die eigengesetzlichen unpolitischen Lebensbereiche wie Familie, Kirche, Universität und Wirtschaft in sich auf. Ebenso ist die *civil society* zum anderen aber auch als Oberbegriff zu politisch belegten Begriffen wie Volk, Nation oder Staat zu verstehen und nicht als Gegensatz dazu.[231] Somit ist der Staat, der in Deutschland als Gegenstück zur Gesellschaft verstanden wird, lediglich eine Funktion oder Erscheinungsform der *civil society*.[232] Dieses Denken begrenzt einerseits politische Macht und Autorität, andererseits überläßt es der Gesellschaft, die entscheidenden Impulse für die Formung des Staates einzubringen, der somit ein Auswuchs gesellschaftlicher Veränderungen ist. Es ist demnach nicht der Staat, der die Gesellschaft von oben formt. Dies mag in den territorial beengten und machtpolitisch unklaren Verhältnissen auf dem Kontinent überlebenswichtiges Moment gewesen sein. Nicht jedoch in England und in Amerika, wo die Gesellschaft danach strebt, die Aufgaben des Gemeinwesens ohne staatliche Hilfe zu bewältigen. Nicht der Staat half den Auswanderern dabei, sich vom Kontinent zu trennen, den Überlebenskampf mit den Indianern und der Natur zu überstehen, ihre Existenz aufzubauen und zu verteidigen. Dies war einzig und allein ihr eigenes Verdienst und das derjenigen Gemeinschaft, der sie sich anschlossen.

Dieser Gemeinschaft kommt fundamentale Bedeutung für Amerika und der Entstehung der amerikanischen Union zu. Die ersten Siedler, hauptsächlich Protestanten, schlossen sich zumeist schon auf der Überfahrt zusammen und

---

228 Dafür wäre dann aber auch die Vorstellung von der Rechtspersönlichkeit des Staates erforderlich, die im anglo-amerikanischen Rechtsraum nicht existiert.

229 EHMKE, FG Smend, S. 25; DERS., Wirtschaft und Verfassung, S. 670.

230 Ausführlich zum Begriff des *trust*, MAITLAND, Grünhut's Zeitschrift, Bd. 32, S. 2f.; vgl auch oben, 6. Kap., A.II.2.a).

231 LEIBHOLZ, Strukturprobleme der modernen Demokratie, S. 209f.

232 Vgl. KELLER, Die Wurzeln der amerikanischen Demokratie, S. 23; vgl. DARSOW, Zum Wandel des Staatsbegriffs, S. 97.

gründeten dann an der Nordostküste die ersten Siedlungen, in denen das Religiöse und Politische ineinander übergingen. So waren diese Siedlungen zugleich puritanische Glaubensgemeinde und politischer Kommunalverband. Dieser Gemeinde lag ein Gesellschaftsvertrag, der sog. *Covenant*, zugrunde, der schriftlich fixiert war und den alle Gemeindemitglieder feierlich beeideten.[233] Das Bedürfnis, die vertragliche Einigung aller Gemeindemitglieder herbeizuführen, entsprach den Lehren der puritanischen Theologie.[234] Bekanntestes Beispiel ist der *Mayflower Compact* aus dem Jahr 1620, dem Gründungsakt der Gemeinde Plymouth.[235] Bemerkenswert ist, daß LOCKE seine Lehre vom *trust* erst 70 Jahre nach dem *Mayflower Compact* im Jahr 1690 veröffentlichte, als seine „*Two Treatises of Government*" nach Abschluß der *Glorious Revolution* erschienen.[236]

Bezeichnend für diese Gemeinschaften war die Freiheit des Bürgers und die Freiheit der Gemeinschaft, die sich ihr eigenes Recht setzte, sich selbst verwaltete und mit Organen versah.[237] Sie wird von ALEXIS DE TOCQUEVILLE (1805-1859) als die eigentliche Zelle des amerikanischen „Staates" bezeichnet[238] und prägte das amerikanische Gemeinwesen hinauf bis zum Zusammenschluß der Einzelsaaten zur amerikanischen Union. Somit ist Amerika von unten nach oben gewachsen. Aus dem Nichts sind zunächst einfache Gemeinschaften durch Zusammenschluß mehrerer Einwanderer entstanden, dann größerere Gemeinwesen, schließlich die Einzelstaaten und zum Schluß die amerikanische Union. Auch hier werden wie in der Gemeinschaft Organe zur Selbstverwaltung eingerichtet und mit Organwaltern besetzt. Deren Tätigkeit steht im Mittelpunkt, nicht aber ihr Zusammenschluß in einer als Machtpotenz gedachten Einheit. So verwundert es auch nicht, daß im Ame-

---

233 GLUM, Die amerikanische Demokratie, S. 4, 12; STELZENMÜLLER, Direkte Demokratie, S. 43ff.

234 STELZENMÜLLER, Direkte Demokratie, S. 45 (mwN).

235 So hieß es dort: „*In the Name of God. We [...] Do by these Presents, solemnly and mutually, in the presence of God and one another, covenant and combine ourselves into a civil Body Politick, for our better Ordering and Preservation, and Furtherance of the ends aforesaid [...]*".

236 Dies braucht jedoch nicht zu verwundern, da LOCKE nicht der Schöpfer dieses Vertragsgedankens war, der vielmehr bis zu den Vorsokratikern (PROTAGORAS, LYKOPHEON), in die biblische Tradition und auf germanische Vorstellungen zurückreicht, STEINBERGER, Konzeption und Grenzen, S. 66f.

237 GLUM, Die amerikanische Demokratie, S. 4; allgemein auch LASKI, *American Democracy*, S. 3ff.

238 TOCQUEVILLE, Die Demokratie in Amerika, S. 74ff.

rikanischen von *government* die Rede ist und nicht von *state*, wenn man das zu umschreiben sucht, was in Deutschland mit dem Wort „Staat" erfaßt wird. *State* wird in Amerika mehr als geographischer denn als politischer Ausdruck gebraucht.[239] Das *government* nimmt – zurückgehend auf die LOCKEsche Staatsphilosphie – lediglich die Stellung eines Treuhänders ein, der zur fiduziarischen Wahrnehmung von Rechten betraut ist, die ihrer Substanz nach bei dem Treuhandgeber Volk verbleiben.[240]

Wenn man auch in Amerika Rechtsverhältnisse in eine Über- und Unterordnung kleiden wollte, müßte man dem Volk die übergeordnete Rolle zuweisen.[241] Das Volk besitzt nach dieser Konzeption die höchste rechtliche Kompetenz. Diese Souveränität ist mit LOCKE als ein rechtliches Zu-Höchst-Sein, eine *suprema potestas*, zu verstehen, nicht aber als ein Ungebundensein, eine *potestas legibus soluta*.[242] Im Gegensatz dazu beansprucht der deutschen Souverän, der Territorialfürst, für sich die *potestas legibus soluta*. Wenn in Deutschland vom König als erstem Diener des Staates die Rede ist, kann man im anglo-amerikanischen Rechtsraum vom *government* als erstem Diener der individuellen Rechte sprechen. Durch die Konstruktion eines Treueverhältnisses wird ein Abhängigkeitsverhältnis geschaffen: Der „Staat" leitet derivativ seine Rechte, Befugnisse und Kompetenzen vom Volk ab, anstatt sie originär zu besitzen, ist mithin von diesem abhängig.

Diese Konstruktion eines Treueverhältnisses ist das fundamentale Bauprinzip der amerikanischen Verfassung und liegt dieser somit auch heute noch zugrunde. Es spiegelt allerdings nur die abstrakte Vorstellung vom Verhältnis „Staat" – Bürger wider. Konkrete Erscheinungsformen eines solchen Verhältnisses lassen sich in der Verfassungswirklichkeit nur erahnen. Ein Beispiel dafür ist, daß ein geschlossenes System der Verwaltungsvollstreckung fehlt.

---

239 LERNER, Amerika, S. 338.

240 Vgl. dazu oben, 6. Kap., A.II.2.a). Somit wird nach amerikanischen Verständnis eine klare Trennung vollzogen zwischen Regierenden und Regierten und nicht wie in Deutschland in der Identität beider Gruppen der Idealzustand der Demokratie erblickt. Der Unterschied beider Denkmodelle besteht darin, daß bei Verschiedenheit von Regierenden und Regierten die Existenz unveräußerlicher Rechte besteht. S. dazu FRAENKEL, Das amerikanische Regierungssystem, S. 183f.

241 So kann man auch vom Primat der Gesellschaft sprechen, die eine beherrschende Stellung in der amerikanischen Vorstellungswelt einnimmt, vgl. MORSTEIN MARX, Amerikanische Verwaltung, S. 24ff.

242 STEINBERGER, Konzeption und Grenzen, S. 71.

c) Auswirkung auf ein geschlossenes System der Verwaltungsvollstreckung

Erst vor diesem Hintergrund erklärt sich, warum das Rechtsinstitut der Verwaltungsvollstreckung im deutschen Sinne so verschieden sein muß vom amerikanischen Modell. Das deutsche Modell setzt ein anderes Verständnis von Staat und Gesellschaft sowie von deren Verhältnis zueinander voraus, das die Existenz eines geschlossenen Systems der Verwaltungsvollstreckung ermöglicht. Somit steht das deutsche Modell im Widerspruch zum angloamerikanischen Rechtssystem, eine abweichende Entwicklung des amerikanischen Modells ist die logische Konsequenz.

aa) Widerspruch zum anglo-amerikanischen Rechtssystem

Das deutsche Verwaltungsvollstreckungsrecht ist ein besonderes Institut des Verwaltungsrechts, das als Bestandteil des öffentlichen Rechts am Dualismus von öffentlichem und privatem Recht teilnimmt.[243] Es ist die klarste Ausdrucksform eines Sonderrechts der übergeordneten Verwaltung. Dies steht in fundamentalem Widerspruch zu der Konzeption des angloamerikanischen „Staat"-Bürger-Verhältnisses, das dadurch gekennzeichnet ist, daß das *government* seine Befugnisse von der Gemeinschaft der Individuen ableitet.

Eine Sonderstellung bestimmter Personen lehnte DICEY entschieden ab: „Bei uns kann es nichts geben, was einem Verwaltungsrecht entspricht. Dieses beruht auf der Vorstellung, daß Angelegenheiten oder Rechtsstreitigkeiten, die den Staat oder dessen Funktionär betreffen, außerhalb der Zuständigkeit der bürgerlichen Gerichte liegen und durch besondere, mehr oder weniger öffentliche Behörden behandelt werden sollen. Diese Idee ist dem Recht Englands völlig unbekannt und steht in fundamentalem Widerspruch zu unseren Traditionen und Gebräuchen."[244] Bereits KOELLREUTTER widerlegte die Annahme DICEYs, daß jede Sonderstellung von Beamten vollkommen ausgeschlossen sei, und weist anhand zahlreicher Beispiele deren tatsächliche Existenz in England nach.[245] Die vielfältige Kritk zwang DICEY bereits

[243] Vgl. dazu oben, 6. Kap., A.I.

[244] DICEY, *Law of the Constitution*, S. 203 (übersetzt bei FRAENKEL, Das amerikanische Regierungssystem, S. 199); vgl. auch SCHWARTZ, *French Administrative Law*, S. 312, für den das kennzeichnende Merkmal der modernen Diktatur eine Doppelstaatlichkeit ist, die durch die Existenz des Verwaltungsrechts ausgelöst wird.

[245] KOELLREUTTER, Verwaltungsrecht, S. 194ff.

in der siebten Auflage seines Werkes, eine Korrektur dahingehend vorzunehmen, daß mit „Verwaltungsrecht“ das französische gemeint sei und daß in England ein Verwaltungsrecht deutscher Prägung sehrwohl möglich sei.[246]. Auch wenn dieses absolute Verständnis inzwischen nicht mehr als zutreffend zu bezeichnen ist, übt es immer noch einen gewissen Einfluß auf die amerikanische Verwaltungsordnung aus.[247] Die eingeschränkte Geltung zeigt sich schon allein darin, daß das amerikanische „Verwaltungsrecht“ immer mehr an Bedeutung und begrifflicher Transparenz gewonnen hat[248] und die Existenz von *administrative agencies* unverkennbar ist. Der immer noch bestehende Einfluß wirkt sich darauf aus, daß das Verwaltungsrecht nicht vollkommen emanzipiert und als eigenständiges Rechtsgebiet anerkannt ist.

Damit ist aber nur eine Aussage darüber getroffen, daß eine Sonderstellung von bestimmten Personen keinen Verstoß gegen das angloamerikanische Rechtssystem darstellt. Dieses Kennzeichen der deutschen Verwaltungsvollstreckung kann also nicht den Unterschied zum amerikanischen Modell ausmachen. Vielmehr ist es das weitere Wesensmerkmal, und zwar die staatliche Überordnung, die von DICEYs These und der daran geübten Kritk unberührt bleibt. Ein Über- und Unterordnungsverhältnis deutscher Prägung gibt es in Amerika nicht.[249] Somit scheidet auch der verwaltungsbehördliche Zwangseingriff aus, der seine besondere Wirkung durch den Charakter der hoheitlichen Maßnahme erhält. Daraus folgt des weiteren, daß ein geschlossenes System der Verwaltungsvollstreckung, so wie es in Deutschland existiert, unvereinbar mit dem anglo-amerikanischen Rechtssystem ist.

---

246 DICEY, *Law of the Constitution*⁷, Vorrede S. IXf., S. 382; dazu KOELLREUTTER, Verwaltungsrecht, S. 208.

247 FRAENKEL, Das amerikanische Regierungssystem, S. 200. Kritk an DICEYs Begriff der *rule of law* ebenda, S. 199f.; vgl. auch ALBERT, Problematik der IRCs, S. 182; KOELLREUTTER, Verwaltungsrecht, S. 194ff.; LEPSIUS, Verwaltungsrecht, S. 210 (insb. Fn. 14, mwN); NEUMANN, Die Herrschaft des Gesetzes, S. 207ff.

248 Zu den Entwicklungen des amerikanischen Verwaltungsrechts bis zum *New Deal*, s. LEPSIUS, Verwaltungsrecht.

249 Zum amerikanischen „Über- und Unterordnungsverhältnis“ vgl. 6. Kap., A.II.2.b); die amerikanische Sicht zum *„co-ordinating law“* und *„subordinating law“* bei POUND, *Administrative Law*, S. 11ff. (insb. 17f.).

bb) Das amerikanische Modell der „Verwaltungsvollstreckung"

Auch wenn die Verwaltungsvollstreckung deutscher Prägung für das amerikanische Modell nicht in Frage kommt, muß die Möglichkeit bestehen, verwaltungsbehördliche Anordnungen mit Zwangsmitteln durchzusetzen. Andernfalls wäre die Handlungsfähigkeit des *federal government* und damit die Existenz der gesamten Bundesebene in Frage gestellt. Insofern sind die vereinzelt bestehenden Erscheinungsformen verwaltungsbehördlicher Zwangsbefugnisse als Anzeichen eines allgemeinen Modells der Verwaltungsvollstreckung zu werten. Sie belegen die grundsätzliche Notwendigkeit verwaltungsbehördlicher Zwangsbefugnisse, bleiben jedoch auf bloße Anzeichen beschränkt und gehen nicht zu einem geschlossenen System über.[250] Zudem sind nicht alle Tätigkeitsfelder der *administrative agencies* abgedeckt, insbesondere nicht der so wichtige Sektor der Informationsgewinnung. Dies legt den Schluß nahe, daß es neben diesen Erscheinungsformen noch eine andere Form der „Verwaltungsvollstreckung" als systemkonformes Rechtsinstitut im anglo-amerikanischen Rechtssystem geben muß, das die Handlungsfähigkeit des *federal government* garantiert. In diesem Zusammenhang ist einmal mehr auf die Eigenart der *administrative agencies* hinzuweisen, die – anders als deutsche Verwaltungsbehörden – systemwidrige Erscheinungen im amerikanischen Verfassungssystem darstellen, weil sie entgegen der Aussage des Verfassungstextes existieren und als besondere Regierungsstellen am Rande der drei klassischen Funktionen auszumachen sind. „Systemwidrig" bedeutet in diesem Zusammenhang nicht verfassungswidrig, da der *Supreme Court* die unterschiedlichen Kompetenzübertragungen gebilligt hat.[251] Dennoch bringen sie die amerikanische Verfassungsordnung in eine Schieflage, da der *Congress* sie erst nachträglich im Regierungsapparat eingerichtet und mit Kompetenzen der drei Funktionen versehen hat. Da die Befugnisse der *administrative agencies* sich also von den klassischen Staatsfunktionen ableiten lassen, kann ein solches systemkonformes Rechtsinstitut kein verwaltungsbehördliches sein, das ausschließlich den *administrative agencies* übertragen ist. Es muß schon vor der Existenz von *administrative agencies* bestanden und die Handlungsfähigkeit des *federal government* abgesichert haben. Systemkonform ist vielmehr die judizielle[252] *power of contempt*, die – in Anlehnung an DICEY – mit den Tra-

---

250 Vgl. oben, 3. Kap., B.

251 Vgl. oben, 2. Kap., B.II.

252 Neben der judiziellen Erscheinungsformen der *power of contempt* gibt es noch die *contempt power of Congress* als legislative Ausprägung, die für die Zwecke dieser

ditionen und Gebräuchen im Einklang steht. Dieses Rechtsinstitut räumt den Gerichten die Befugnis ein, eigene Anordnungen durchzusetzen und ihnen Beachtung zukommen zu lassen,[253] und stellt in sich ein geschlossenes System dar.

(1) Die Entwicklung der *Power of Contempt*

Die Wurzeln der (judiziellen) *power of contempt* lassen sich genausowenig wie die der Verwaltungsvollstreckung bis an den Anfang zurückverfolgen. Wie bei der *contempt power of Congress* angedeutet, reichen die Wurzeln nach England; soviel steht fest. Man vermutet, daß der Ursprung in der Idee eines königlichen Rechts liegt, das den Ersten einer Gemeinschaft in eine höherwertige Position rückte.[254] Zumindest ist es kein Recht, das durch das einfache Volk bzw. durch Gesetzgebungsorgane geschaffen ist. Die *power of contempt* ist weniger als Ausfluß des königlichen Rechts zu verstehen, vielmehr sollte sie dessen Würde und Vorherrschaft sichern. Das sich auch in England entwickelnde Feudalsystem und die Eroberung der Normannen trugen ihren Anteil zu dieser Idee bei, sodaß sich das Eigentumsrecht, die Amtsgewalt und Macht des Königs im mittelalterlichen Sinne bilden konnte.[255] Dessen herausgehobene Stellung und seine Verantwortung allein gegenüber Gott ließen überhaupt keinen anderen Schluß zu, als daß ein Widerstand ihm gegenüber eine Sünde mit der Folge der Bestrafung war.[256] An-

Untersuchung keine Bedeutung hat. Sie erklärt sich dadurch, daß das englische *Parliament* einst auch judizielle Aufgaben wahrgenommen hat. Dies ist nicht ganz unbestritten, dazu und zur Entstehungsgeschichte allgemein GOLDFARB, *The Contempt Power*, S. 25. Wenn man heute von der *contempt power of Congress* spricht, ist die Befugnis des *Congress* gemeint, Fakten zu erheben und Verhältnisse näher zu untersuchen, sofern sie zur effektiven Wahrnehmung der weiten Legislativbefugnisse notwendig sind, vgl. BRUGGER, Öffentl. Recht USA, S. 55f.; LOEWENSTEIN, Verfassungsrecht USA, S. 257ff. Wenn im folgenden von der *power of contempt* die Rede ist, ist ihre erste Erscheinungsform gemeint, also die judizielle, die den Gerichten zusteht.

[253] Vgl. auch schon oben, 2. Kap., A.III.3.b)bb).

[254] GOLDFARB, *The Contempt Power*, S. 11; vgl. zum „göttlichen Recht der Könige" auch H. HANCKE, *Divine Right of Kings*, S. 6ff.

[255] GOLDFARB, *The Contempt Power*, S. 11; zu den frühen Wurzeln des Königstums vor der normannischen Eroberung FIGGIS, *The Divine Right of Kings*, S. 17ff.

[256] FIGGIS, *The Divine Right of Kings*, S. 120. Rechtsinstitute, die die Tätigkeit des Regierenden abzusichern bestimmt sind, waren sowohl JUSTINIAN wie auch dem kanonische Recht bekannt, vgl. GOLDFARB, *The Contempt Power*, S. 10). Die italienischen Juristen behandelten eine *poena contumaciae*, vgl. oben 6. Kap., A.I.2.b). Die Situation eines

fangs übte der König im Kreise der *Curia Regis* jedoch nur die „Hohe Gerichtsbarkeit“ aus, die sich auf Rechtsstreitigkeiten der großen Persönlichkeiten und Auseinandersetzungen beschränkte. Die einfachen Rechtsstreitigkeiten blieben bei den Gerichten der Grafschaften (*County Courts*) und Hundertschaften (*Hundred Courts*) und waren nach örtlichem Gewohnheitsrecht auszutragen.[257] Um seiner Aufgabe als oberster Gerichtsherr des *common law* gerecht zu werden, bereiste der englische König mit seiner Gefolgschaft das englische Königreich und hielt Gerichtstage an unterschiedlichen Orten. Je komplexer die Gesellschaft wurde, desto zahlreicher wurden auch die Rechtsstreitigkeiten. Aus diesem Grunde entsandte man Richter als königliche Stellvertreter, die sog. reisenden Richter des *common law* (sog. „*itinerant justices*“), deren Anordnungen ebenso wie den königlichen Folge zu leisten war. Auch wenn der König nicht gegenwärtig war, konnten sie die *power of contempt* ausüben, da sie ihre richterlichen Befugnisse direkt vom König ableiteten.[258] Hier wird deutlich, daß die Macht der englischen Gerichte ursprünglich auf ihrer königsnahen Stellung gegründet war.[259] Die *power of contempt* wurde so Gegenstand vieler Gerichtsfälle und somit auch Bestandteil der *common law*-Rechtsmasse.[260] Im 13. Jahrhundert verselbständigten sich einige Teile der *Curia Regis* und nahmen als königliche Gerichte (*Court of Exequer, Court of Common Pleas* und *Court of King's Bench*) ihre Tätigkeiten mit festem Sitz in Westminister auf. König und Richter begannen nach und nach, die beschränkte Zuständigkeit[261] auf nahezu alle Streitigkeiten auszuweiten. So verdrängten sie die lokalen Gerichte

---

königlichen Vorrechts in England und Frankreich vergleicht FIGGIS, *The Divine Right of Kings*, S. 106ff. (insb. S. 121f.).

257 DAVID/GRASMANN-WILL, Rechssysteme, Rn. 288; GNEIST, Englisches Verwaltungsrecht, S. 8; HOLDSWORTH, *History of English Law*, I S. 1ff. (*Introductory Essay*), S. 72ff.

258 GOLDFARB, *The Contempt Power*, S. 12. Zu den unterschiedlichen Formen und Ausprägungen der *power of contempt*, BEALE, 21 Harvard L. R. 161ff.

259 GOLDFARB, *The Contempt Power*, S. 14.

260 Berühmte Anwendungsfälle gingen in die (Literatur-) Geschichte ein. So schildert Shakespeare in seinem Werk „*Henry IV.*“ (2. Teil, 5. Akt, 2. Szene), wie der spätere Heinrich V. sich des *contempt of court* schuldig machte, da er sich einem richterlichen Ausspruch widersetzte und so Ungehorsam gegenüber dem Gericht und damit auch gegenüber seinem Vater übte.

261 Die Zuständigkeit war beschränkt auf Rechtsstreitigkeiten betreffend königliche Finanzsachen, Grundeigentum und Grundbesitz, wobei zunächst jedes Gericht für eine Sachmaterie, später jedes Gericht für jede Streitigkeit zuständig war.

und ermöglichten die breite und alleinige Geltung des *common law*.[262] Damit war auch die *power of contempt* von der personalen Anbindung an den König befreit und ein institutionelles Instrument in der Hand des königlichen Richters geworden.

Diese *power of contempt* fand auch bei der Tätigkeit exekutiver Organe Verwendung. Denn neben diesen *common law*-Gerichten übte noch ein permanenter Staatsrat judizielle Funktionen aus. Das sogenannte *Continual* oder *Permanent Council* setzte sich aus den Inhabern der höchsten Ämter, den Reichsrichtern und weiteren Beamten zusammen.[263] Dieses *Permanent Council*, später auch *Privy Council* genannt, beriet den König bei der Verwaltung der gesamten Reichsangelegenheiten. Seine Stellung im Staatsgefüge kommt am nachhaltigsten in seiner außerordentlichen Strafgewalt zum Ausdruck, mittels derer es Personen zur Untersuchung ziehen und wegen bestimmter Vergehen bestrafen konnte.[264] Von dieser Befugnis machte Heinrich VIII. während der Reformation vielfältigen Gebrauch und schuf so ein besonderes Organ der Administrativjustiz, das als Bestandteil des *Privy Concil* die Bezeichnung *Star Chamber* trug. Damit besaß England ein sehr starkes Verwaltungstribunal, das mit kontinental-europäischen Verwaltungssystemen vergleichbar war,[265] sich aber auch dafür eignete, von den englischen Königen für absolutistische Zwecke nutzbar gemacht zu werden. Die *Star Chamber* war zugleich als eine zweite Instanz oberhalb der sog. Friedensrichter (*conservatores pacis*) tätig,[266] mit Hilfe derer die Krone beabsichtigt hatte, neben der Jurisdiktion auch den Sektor der Polizeigewalt an sich zu ziehen, die den Gemeinden verblieben war. Dazu ernannte der König – faktisch der Lordkanzler als erster Ratgeber des Königs – Angehörige der Grafschaft und stellte sie den Gemeindebeamten (*sheriffs*) als Friedensrichter zur Seite. Diese waren für die Friedensbewahrung zuständig und übten

---

262 DAVID/GRASMANN-WILL, Rechssysteme, Rn. 290; GNEIST, Englisches Verwaltungsrecht, S. 17.

263 GNEIST, Englisches Verwaltungsrecht, S. 33.

264 GNEIST, Englisches Verwaltungsrecht, S. 46f.; zum *Privacy Council* s. auch DE SMITH/BRAZIER, *Constitutional and Administrative Law*, S. 165ff.

265 Als Beispiele können der italienische *Consiglio di Stato* oder der französische *Conseil d'Etat* dienen. Vgl. BREYER/STEWARD, *Administrative Law*, S. 21.

266 KOELLREUTTER, Verwaltungsrecht, S. 28f.; WIESNER, *Administrative Tribunals*, S. 20.

neben der reinen Polizeigewalt auch richterliche Tätigkeiten aus.[267] Das Friedensrichteramt wurde so das Hauptorgan der gesamten inneren Landesverwaltung und damit auch das leitende Organ des *self-government*.[268] So wurden solche Aufgaben in Gerichtsverfahren eingekleidet, die materiell als Funktionen der Verwaltung einzuordnen sind, sodaß die Entscheidung streitiger Verwaltungsfragen im Gegensatz zum Kontinent immer mehr die Gestalt einer Jurisdiktion erhält.[269]

Das englische *Parliament* hob die *Star Chamber* im Jahr 1641 im Zuge seines erfolgreichen Kampfes gegen das Königshaus auf, mit ihr alle weiteren Organe, die dem König behilflich waren (z.B. *Court of High Commission*). Das *Privy Council* blieb aber immer noch verfassungsmäßige Sitz der Staatsregierung, war allerdings in seinen Funktionen wesentlich beschränkt, da es die Jurisdiktion in Zivil- und Strafsachen ebenso eingebüßt hatte wie die Befugnis, streitige Verwaltungssachen zu entscheiden und die Friedensrichter zu kontrollieren[270], die auf die Reichsgerichte überging. Somit waren *power of contempt* und Exekutive voneinander getrennt und letztere erheblich geschwächt.[271] Um so bedeutsamer waren die Richter der *common law*-Gerichte, die den Kampf des *Parliament* unterstützten, indem sie das von ihnen geschaffene Recht verteidigten und letztendlich vor absolutistischen Übergriffen schützten. Diese Verhaltensweise begründete die hervorragende und geachtete Stellung der Gerichte in England und in anglo-amerikanischen Rechtssystemen allgemein.[272] Sie haben der Lehre von der Suprematie des Rechts, der *rule of law*, verholfen, Wirklichkeit zu werden.

Mit den englischen Auswanderern fand das *common law* seinen Weg nach Amerika, mit ihm folglich auch die *power of contempt*, die über die Behand-

---

267 34 Edw. III. c. 16 (1360): „*[...] to take and arrest all those [...] to hear and determine at the King's suit [...]*“; englisches Original zitiert bei KOELLREUTTER, Verwaltungsrecht, S. 27; dt. Übersetzung bei GNEIST, Englisches Verwaltungsrecht, S. 30; s. auch RIEDEL, Kontrolle der Verwaltung, S. 209.

268 GNEIST, Englisches Verwaltungsrecht, S. 259.

269 GNEIST, Englisches Verwaltungsrecht, S. 259; WIESNER, *Administrative Tribunals*, S. 19.

270 KOELLREUTTER, Verwaltungsrecht, S. 30.

271 Zwar übten die Friedensrichter weiterhin ihr Amt aus, jedoch blieb ihre Bedeutung auf England beschränkt und übte keinen Einfluß auf die amerikanische Union und deren „Verwaltungssystem“ aus. Vielmehr trugen sie als Teil des exekutiven Ungeheuers dazu bei, daß man dieser Funktion eine Randstellung zuwies.

272 SCHLESINGER, *Comparative Law*, S. 296; Textpassage abgedruckt bei LUNDMARK, *Common Law*, S. 99ff.

lung in vielen amerikanischen Gerichtsfällen ebenfalls Bestandteil des amerikanischen *common law* wurde. An dieser Stelle trennen sich also die Entwicklungen in England[273] und Amerika. Es dauerte bis zum Jahr 1789, daß dieses Rechtsinstitut auch Eingang in die amerikanische Bundesgesetzgebung fand, in den bereits erwähnten *Judiciary Act*[274]. Seitdem trägt es dazu bei, die Handlungsfähigkeit des *government* aufrecht zu erhalten.[275]

(2) *Power of Contempt* und das amerikanische „Staatsverständnis"

Die *power of contempt* wuchs mit der Zeit auch in das amerikanische „Staatsverständnis" hinein und wurde Teil der Vorstellung vom Treueverhältnis. Dies läßt sich exemplarisch an einer Gerichtsentscheidung aus dem Jahr 1858 belegen, in der ein Staatengericht die *power of contempt* als ein Mittel der Gerichte sieht, das ihnen das Volk treuhänderisch überantwortet und das sie zum Wohl der Allgemeinheit ausüben sollen.[276] Nur so läßt sich die Existenz der *power of contempt* mit der amerikanische Ideologie vereinbaren, die auf der Vorstellung von Rechten und Freiheiten des Individuums basiert. In dieser Entscheidung klingt auch die grundsätzlich positive Einstellung gegenüber den Gerichten an, die durch ihr Verhalten im England des 17. Jahrhunderts das Vertrauen der Menschen gewonnen hatten. Dies rechtfertigte auch, ihnen als den Garanten der individuellen Freiheiten dieses vertrauensvolle Amt – Ausübung der *power of contempt* – zu überantworten. Somit kommt im Verhältnis zu den Gerichten in besonderem Maße das Vertrauenselement des fiduziarischen Treueverhältnisses zum Ausdruck.

Das Verhältnis zum *government*[277] ist dagegen vom großen Mißtrauen geprägt, das zu einer stärkeren Beschränkung der Macht führte. Die bitteren Erfahrungen mit der englischen Monarchie hatte die Vorstellung hervorgebracht, daß „das Volk der Souverän ist und die Regierung nur das Vehikel

---

273 Zu den Rechtsgrundsätzen der Verwaltungsvollstreckung in England, s. RENGELING, Rechtsgrundsätze beim Verwaltungsvollzug, S. 149ff.

274 Vgl. oben, 2. Kap., A.II.3.; 2. Kap., A.III.1.a)bb) und 2. Kap., A.III.3.

275 Vgl. oben, 2. Kap., B.

276 *Watson v. Williams*, 36 Miss. 331, 341 (1858): „*In this country, all courts derive their authority from the people, and hold it in trust for their security and benefit.*".

277 In dem hier gebrauchten Wortsinn ist „*government*" mit „Staatsapparat" gleichzusetzen, der die Gerichte nicht mit einschließt. Vgl. zu der problematischen Übersetzung des Begriffs „*government*" auch FRAENKEL, Das amerikanische Regierungssystem, S. 181 (Fn. 1).

dieser Souveränität"[278]. Insofern kommt in diesem Verhältnis das vertraglich begründete Pflichtenverhältnis als Element des fiduziarischen Treueverhältnisses zum Ausdruck. Die abstrakte Vorstellung des *trust*-Verhältnis zwischen Regierung und Volk wirkt sich somit auch auf die zwangsweise Durchsetzung verwaltungsbehördlicher Anordnungen aus. Das Volk übergibt die Regierungsmacht an das *government* mit dem Inhalt, der sich aus dem zugrundeliegenden Treuhändervertrag ergibt. Diesen Auftrag nimmt das *government* dann in seiner Regierungsarbeit in Form von Gesetzen und deren Durchführung wahr. Somit hat es diese Befugnis nicht a priori aufgrund seiner übergeordneten Stellung als „Staat", sondern aufgrund des Auftrags des Vertragspartners, also kraft originärer[279] Delegation. Nach LOCKEs Konzeption haben Regierende nur soviel Macht, wie ihnen das Volk übertragen hat, d.h. die Gesamtheit jedes Einzelnen, der sich durch Eintritt in die Gemeinschaft bindet und der Mehrheitsentscheidung unterwirft. Die Handlungsfähigkeit der Regierung ist somit ein Abbild der ihr übertragenen Kompetenzen und Befugnisse. Insofern scheidet von vornherein ein Regelungssystem aus, das dieses Abhängigkeitsverhältnis der Regierung vom Volk nicht in sich aufnimmt. Eine Kompetenzzuweisung, die auf ein Vorrecht des Staates fußt, kann nicht Grundlage eines Systems verwaltungsbehördlicher Zwangsmittel sein. Vielmehr muß grundsätzlich die tendenziell bestehende Gleichordnung zum Ausdruck kommen. Somit ist die Nichtbeachtung einer staatlichen Anordnung eher als Schlechterfüllung einer Nebenpflicht anzusehen, die sich aus dem zugrundeliegenden Treueverhältnisses ergibt. Diese Nebenpflicht besteht darin, alles dafür zu tun, daß der Treuhänder im Rahmen seines Mandats auftragsgemäß handeln kann. Ein dem entgegenwirkendes Verhalten würde ein *venire contra factum proprium* darstellen. In diesem Falle bliebe dem Treuhänder nur die Möglichkeit, daß gewünschte Verhalten einzuklagen. Neutrale Schiedstelle dafür sind die Gerichte, denen die vertrauensvolle Aufgabe vom Volk übertragen worden ist, die Erfüllung der Pflichten zu überwachen, die sich aus dem zugrundeliegenden Treuverhältnis ergeben. Insofern kann es eine Verwaltungsvollstreckung deutschen Zuschnitts auch nicht in Amerika geben. Ein geschlossenes System, das den *administrative agencies* zur Ausübung bereitstünde, würde der zugrundeliegenden Konzeption fundamental widersprechen. Diese läßt nur Raum für einzelne Erscheinungsformen verwaltungsbehördlicher

278 GOLDFARB, *The Contempt Power*, S. 3.

279 Das Adjektiv „originär" soll diese vorstaatliche Delegation abgrenzen von der Delegation von Kompetenzen, die innerhalb des geordneten Staatswesen erfolgt (z.B. vom *Congress* auf *administrative agencies*).

Zwangsbefugnisse, die mehr einem praktischen Bedürfnis entsprechen und nicht als Vorboten eines neuen Systems der Verwaltungsvollstreckung zu verstehen sind.[280] Vielmehr müssen solche Zwangsbefugnisse bei den Gerichten als den Garanten der individuellen Freiheit verbleiben.

Ganz anders sieht die Konstruktion in Deutschland aus. Dort kommt dem Staat jegliche Kompetenz kraft seiner übergeordneten Stellung zu, die sich aufgrund anders verlaufener Entwicklungslinien in dieser besonderen Form herausgebildet hat. Erst das Aufkommen des Rechtsstaatsgedankens verhalf dazu, die ursprünglich absolute Machtstellung des Staates nachträglich mit der Rechtsfigur des Verwaltungsaktes einzuschränken, indem die öffentliche Gewalt an die Gesetze gebunden wurde. Dies ändert jedoch nichts an der grundsätzlichen Konzeption des übergeordneten Staates, so daß der Verwaltungsakt letztendlich die generell bestehende Ermächtigung des Staates an gesetzliche Vorgaben knüpft, deren Beachtung die Gerichte überprüfen.

Dieser Vergleich dokumentiert die unterschiedlich ausgerichteten Denkweisen in Amerika und Deutschland. Die ursprünglich (bei Vertragschluß) beschränkte Übertragung von Befugnissen in Amerika steht der nachträgliche Beschränkung des Staates in Deutschland gegenüber. Daraus folgt für die individuellen Rechte (*individual rights*) bzw. für die Grundrechte: In Amerika bilden die individuellen Rechte Exklaven zu den beschränkt übertragenen Herrschaftsrechten der Regierung. In Deutschland bilden die Grundrechte Enklaven im allumfassenden Herrschaftsbereich des Staates, in denen sich die Bürger frei bewegen und ohne staatliche Einflußnahme entfalten können. Insofern bewegen sich beide Rechtssysteme auf einen vergleichbaren rechtsstaatlichen Zustand hin, allerdings aus unterschiedlichen Richtungen.

(3) *Power of Contempt* und *Administrative Agencies*

Diese heile Verfassungswelt geriet durch die *administrative agencies* in eine Schieflage, da sich die Aufgabenverteilung im Gefüge der drei Gewalten wandelte.[281] Nun waren auch diese neuen Verwaltungsbehörden befugt, im Rahmen der *administrative adjudication* staatliche Funktionen auszuüben, die bis dahin den Gerichten vorbehalten waren. Jedoch können die *administrative agencies* bis heute nicht über ein geschlossenes System der Verwaltungsvollstreckung verfügen. Anders als die Gerichte mit der *power of contempt* sind sie nur in Ausnahmefällen befugt, ihre eigenen Anordnungen

---

280 Vgl. oben, 3. Kap., B.II.

281 Vgl. oben, 2. Kap., B.II.

selbst durchzusetzen, ohne daß damit alle Tätigkeitsfelder abgedeckt wären.[282] Schon früh stellte sich damit die Frage, inwieweit auch den *administrative agencies* die *power of contempt* übertragen werden kann, um ihnen so umfassend die Kompetenz zur Vollstreckung der eigenen Anordnungen zu übertragen. Schließlich sind sie beispielsweise bei der Sachverhaltsaufklärung mit den gleichen Problemen konfrontiert wie der *Congress* oder die Gerichte. Schwierigkeiten ergaben sich, die sich am Wortlaut des Verfassungstextes bzw. an dessen „Schweigen" festmachen lassen. Der *Supreme Court* führte nämlich zur Begründung der gerichtlichen *power of contempt* an, daß die Gerichte durch sie eine Befugnis wahrnähmen, die der Verfassung innewohne und den Gerichten kraft ihrer verfassungsrechtlichen Aufgabe und Funktion zukomme.[283] Diese Argumentation mußte bei den *administrative agencies* versagen, da sie noch nicht einmal in der Verfassung genannt sind. Neben diesem Hinweis auf den Verfassungstext entschied der *Supreme Court*, daß die *power of contempt* auch aus verfassungsrechtlichen Gründen nicht *administrative agencies* übertragen werden könne: *Due process* und *separation of powers* verhinderten dies.[284] Diese Entscheidung des *Supreme Court* aus dem Jahr 1894 ist bis zum heutigen Tage geltendes Recht.[285] An dieser Stelle darf der Hinweis nicht fehlen, daß es sich hierbei um die Situation auf Bundesebene handelt. Auf Staatenebene haben die Gerichte schon vor geraumer Zeit nicht davor haltgemacht, staatlichen *administrative agen-*

---

282 Vgl. oben, 3. Kap., B.

283 *Ex Parte Robinson*, 86 U.S. 505, 510 (1873); in diese Richtung gehen auch die Definitionen der *power of contempt*, vgl. GOLDFARB, *The Contempt Power*, S. 1: „*Contempt can be generally defined as an act of disobedience or disrespect toward a judicial or legislative body of government, or interference with its orderly process, for which a summary punishment is usually exacted. In a broader, more general view, it is power assumed by governmental bodies to coerce cooperation, and punish criticism or interference, even of a causally indirect nature.*".

284 *ICC v. Brimson*, 154 U.S. 447, 485 (1894): „*Such a body [as the ICC] could not, under our system of government, and consistently with due process of law, be invested with authority to compel obedience to its orders by a judgment of fine or imprisonment.*".

285 Entscheidungen des *Supreme Court* oder der Bundesobergerichte beziehen sich entweder auf dieses Diktum aus dem Jahr 1894 oder stellen ein *overruling* nur in Bezug auf andere Entscheidungsgründe fest, vgl. dazu *Cheff v. Schnackenberg*, 384 U.S. 373, 382 in Fn. 2 (1966); *Bloom v. Illinois*, 391 U.S. 194, 196 (1968); *Doe v. Bolton*, 410 U.S. 179, 182 in Fn. 2 (1973); *Ingraham v. Wright*, 430 U.S. 651, 673 in Fn. 42 (1977); *Northern Pipeline Construction Co. v. Marathon Pipe Line Co.*, 458 U.S. 50, 86 in Fn. 38 (1982); *United States v. Gaudin*, No. 94-514 (1995), S. 15; vgl. auch SCHWARTZ, 32 Tulsa L. J. 493, 512f.

cies die *power of contempt* bzw. eine ihr ähnelnde Befugnis zu übertragen.[286]

3. Zusammenfassung

Im Gegensatz zu Deutschland konnte sich in England weder das öffentliche Recht noch der Absolutismus durchsetzen. Die Abwehr beider Phänomene, die für das deutsche Staatsverständnis grundlegend waren, führten im angloamerikanischen Rechtsraum demzufolge zu einem völlig anderen Verständnis von „Staat" und dessen Verhältnis zur Gesellschaft. Geprägt vom englischen *Selfgovernment* und von LOCKEs Staatsphilosophie hat sich ein genossenschaftliches Denken entwickelt, das „Staat" und Bürger als Parteien eines fiduziarischen Treueverhältnisses sieht. Damit steht ein obrigkeitsstaatliches Denken in fundamentalem Widerspruch, das demzufolge in Amerika auch nicht ausgeprägt ist.[287] Schon in England wurde der Staat überhaupt nicht als umfassende, zu rechtlicher Einheit verfaßte Machtpotenz gedacht. Im Blickpunkt stehen vielmehr die einzelnen Machtträger mit ihren Aufgaben und Kompetenzen. Behörden und Verwaltungsbeamte üben nach diesem Verständnis keine übergeordnete, allgemeine Staatsgewalt aus, sondern unterscheiden sich nur insoweit von privaten Stellen, als ihnen Sonderbefugnisse durch Gesetz oder *common law* eingeräumt sind.[288] Diese Auffassung vom „Miteinander" der Bürger und Behörden, ihrer grundsätzlichen Gleichstellung muß zwangsläufig eine andere Sichtweise einer verwaltungseigenen Vollstreckung mit sich bringen. Abgesehen von Ausnahmefällen, kann der obrigkeitsstaatliche Eingriff nicht das richtige Mittel zur Durchsetzung verwaltungsbehördlicher Anordnungen sein, weil er von einer Über- und Unterordnung ausgeht. An seine Stelle tritt die judizielle *power of contempt* als ein geschlossenes System staatlicher Zwangsmaßnahmen, das sich im Gegensatz zu einer Verwaltungsvollstreckung deutscher Prägung mit dem amerikanischen „Staatsverständnis" vereinbaren läßt. Der *Supreme Court* verweigert die Übertragung dieser *power of contempt* auf die *administrative agencies*, sodaß ihnen im Regelfall nur die Klage vor Gericht bleibt, um Beachtung ihrer *orders* zu erreichen.

---

286 Nachweise in NOTE, 35 Columbia L. R. 578; BENTON, 41 Texas L. R., 874, 895ff.

287 RIEGERT, *Administrative Law*, S. 23.

288 BULLINGER, Vertrag und Verwaltungsakt, S. 114.

III. Ergebnis

Die Unterschiede bei der Durchsetzung verwaltungsbehördlicher Anordnungen zur Informationsgewinnung lassen sich auf Grundaussagen des *common law* und des *civil law* zurückführen. Das amerikanische Modell ist eine Folge des entwicklungsbedingten Umstandes, daß sich ein geschlossenes System der Verwaltungsvollstreckung in Amerika nicht entwickelt hat und die Gerichte mit ihrer *power of contempt* weiterhin eine tragende Funktion bei der Durchsetzung verwaltungsbehördlicher Anordnungen einnehmen. In dem fehlenden Merkmal des übergeordneten Hoheitsträgers ist der fundamentale Unterschied zum deutschen Modell zu sehen.

Am Anfang dieses sechsten Kapitels stand die Feststellung, daß die unterschiedlichen Auffassungen vom Begriff und von der Funktion des Staates gegensätzlicher nicht sein können. Umso erstaunlicher ist es, daß der Ursprung von Verwaltungsvollstreckung und *power of contempt* einheitlich in einem besonderen Recht des Fürsten oder Königs liegt. Der Bann und die *power of contempt* sollten dazu dienen, die Autorität der fürstlichen bzw. königlichen Machtstellung und die Würde des Fürsten- bzw. Königsamtes zu untermauern. Nur so konnte die Beachtung dessen erreicht werden, was nach damaliger Auffassung rechtens war. Die politischen und gesellschaftlichen sowie die rechtlichen und philosophischen Strömungen in Deutschland bzw. Amerika ergriffen die beiden Rechtsinstitute und trieben sie in unterschiedliche Richtungen. Der Absolutismus in Deutschland brachte die Souveränität des Fürsten mit sich, in dessen Hand sich der Bann zu einem obrigkeitlichen Zwangsmittel verfestigte, das – eingedämmt durch verfassungsrechtliche Anforderungen und Garantien – bis heute fortbesteht. Dagegen konnte das englische Königshaus seine absolutistischen Tendenzen nicht Wirklichkeit werden lassen. Das Parlament, unterstützt durch die gesamte Bevölkerung, allen voran der Berufsstand der Juristen, wies dem Königshaus eine Stellung innerhalb der Rechtsordnung zu. Die Auswirkung bis zum heutigen Tage ist darin zu sehen, daß die Gerichte den staatlichen Zwang mit ihrer *power of contempt* ausüben. Das Interessante an dieser Entwicklung ist, daß der Exekutiven die *power of contempt* versagt wird, obwohl ihr Ursprung in eben dieser staatlichen Funktion (beim König) lag.

So kann man mit aller Verkürzung folgendes festhalten: die Durchsetzung verwaltungsbehördlicher Anordnungen geht in Amerika und Deutschland auf die gemeinsame Wurzel des königlichen Banns zurück. In beiden Ländern führten Gerichte im damaligen Sinne diese Befugnis aus, die dann in Deutschland den Umweg oder Abweg des Absolutismus machte, sodaß sie als geschlossenes System in die Hände von Verwaltungsbehörden geriet. Dies geschah in England und später in Amerika nicht.

B. Vollzugskompetenzen auf dem Sektor der Informationsgewinnung

Der vorhergehende erste Abschnitt (A.) befaßte sich mit der am Ende des fünften Kapitels aufgestellten These und bot eine Erklärung dafür, daß es in Amerika ein in sich geschlossenes System der Verwaltungsvollstreckung[289] nicht gibt. Insbesondere auf dem so wichtigen Sektor der Informationsgewinnung ist dies ein unbefriedigender Zustand. Es ist zu bedenken, daß man allgemein ein effizientes Vollzugsmodell errichten könnte, wenn auch die *administrative agencies* die *power of contempt*[290] ausüben dürften. Mit der *administrative power of contempt* wären also vordergründig Vollzugskompetenzen auf dem Sektor der Informationsgewinnung geschaffen, darüberhinaus aber auch ein geschlossenes System der Verwaltungsvollstreckung errichtet, da die *administrative agencies* jede ihrer Anordnungen mit Hilfe der *power of contempt* durchsetzen könnten.

Diese Überlegung scheint auf den ersten Blick in absolutem Widerspruch zu den Ergebnissen des vorhergehenden Abschnitts zu stehen, der die Unvereinbarkeit eines geschlossenen Systems der Verwaltungsvollstreckung und dem amerikanischen Staatsverständnis aufdeckte. Dies war jedoch der Befund, bevor das Verhältnis von der *power of contempt* und den *administrative agencies* beleuchtet wurde und damit auch bevor die *administrative agencies* eine Rolle im Verfassungs- und Verwaltungsleben spielten.[291] Mit der ersten *administrative agency* geriet die amerikanische Verfassungsordnung jedoch in eine Schieflage.[292] Die Konsequenz ist, daß nun genauso über die Übertragung der *power of contempt* auf die *administrative agencies* debattiert werden kann wie vor einigen Jahrzehnten über Verwal-

289 Das „geschlossene System der Verwaltungsvollstreckung" läßt sich definieren als ein System, in dem abstrakt und abschließend geregelt ist, daß Verwaltungsbehörden ihre eigenen Anordnungen grundsätzlich selbst durchsetzen können, ohne dabei weitere Organe einschalten zu müssen oder von dem zugrundeliegenden Lebenssachverhalt und dem betroffenen verwaltungsrechtlichen Regelungsgebiet abhängig zu sein. Vgl. dazu oben, 1. Kap., B. und 3. Kap., B.

290 Vgl. oben 2. Kap., A.III.3.b)bb) und 6. Kap., A.II.2.c)bb)(1).

291 Vgl. den Übergang von 6. Kap., A.II.2.c)bb)(2) nach (3).

292 Vgl. dazu oben, 6. Kap., A.II.2.c)bb) vor (1).

tungsbehörden und Verwaltungsrecht, die damals genauso im Widerspruch zum *common law* zu stehen schienen[293] wie die hier zu behandelnde Frage.

I. Ausgangslage: *Administrative Agencies* ohne *Power of Contempt*

Die folgende Untersuchung beleuchtet die Übertragung der *power of contempt* auf die *administrative agencies* nur unter dem Blickwinkel der Informationsgewinnung. Eine solche Vorgehensweise gibt einerseits die Schwerpunktsetzung der Arbeit vor, andererseits die Leitentscheidung[294] des *Supreme Court* zu dieser Frage. Sie befaßt sich mit einer Vorschrift des *Act to Regulate Commerce*, die die Informationsgewinnung zum Gegenstand hat. Jedoch lassen sich die Argumente des *Supreme Court* verallgemeinern, da allgemeine Ansichten lediglich in das Gewand der zwangsweisen Informationsgewinnung gekleidet sind.

Bei dem derzeitigen Vollzugsmodell ziehen sich die Verwaltungsverfahren unnötig in die Länge, da die Mithilfe der Gerichte erforderlich ist. Nicht selten fehlt die Bereitschaft der Beteiligten, die erwünschten und erforderlichen Informationen zu unterbreiten, da sie so durch eine geschickte Hinhaltetechnik die Entscheidung gegen sich herauszögern können. Zudem untergräbt dieses unzureichende Vollzugsmodell auch die Qualität und Leistungsfähigkeit von verwaltungsbehördlichen Entscheidungen und beschwert des weiteren eine ohnehin schon überlastete Justiz.[295] Dies hat zur Folge, daß die *administrative agencies* mehr damit beschäftigt sind, sich mit den zuständigen Gerichten in Verbindung zu setzen, als sich um ihre eigentliche Arbeit kümmern zu können. All dies verursacht vermeidbare Kosten und lähmende Verdrossenheit sowohl bei den *administrative agencies* als auch bei den Gerichten. Nur die Betroffenen selbst ziehen aus dieser Situation ihren Vorteil und bleiben unbehelligt von verwaltungsbehördlichen Maßnahmen.[296]

---

293 Vgl. dazu oben, 2. Kap., B.II.2.a)

294 *ICC v. Brimson*, 154 U.S. 447 (1894).

295 Nachweise dazu bei ARMSTRONG, 83 Columbia L. R. 215, 218. Vgl. auch BENTON, 41 Texas L. R., 874, 884ff.

296 Vgl. zu dieser Situation folgende Gerichtsentscheidungen: *UAW v. NLRB*, 459 F.2d 1329 (D.C. Cir. 1972); *FMC v. New York Terminal Conference*, 373 F.2d 424 (2nd Cir. 1967); *FMC v. DeSmedt*, 366 F.2d 464 (2nd Cir. 1966), *cert. den.*, 385 U.S. 974 (1966); *FMC v. Caragher*, 364 F.2d 709 (2nd Cir. 1966); *Pacific Westbound Conference*

Von Vorteil wäre deswegen, wenn die *administrative agencies* bei fehlender Mitwirkung eines Betroffenen selbst tätig werden könnten. Zum einen würde so eine Arbeitserleichterung bei den Gerichten erzielt, die auf diese Weise von der zusätzlichen Last befreit würden. Zum anderen würden die Rechtsstreitigkeiten von den besser informierten und mit besserem Sachverstand ausgestatteten Verwaltungsbehörden durchgeführt und nicht von einer allgemein ausgerichteten Judikativen. Jedoch werden gegen eine Veränderung dieser Art Bedenken vorgebracht, die einer näheren Betrachtung bedürfen.

II. Argumentation des *Supreme Court* gegen die Übertragung der *Power of Contempt*

Der *Supreme Court* führte zu der Übertragung der *power of contempt* auf *administrative agencies* folgendes aus: „*Such a body [as the ICC] could not, under our system of government, and consistently with due process of law, be invested with authority to compel obedience to its orders by a judgment of fine or imprisonment.*“[297]

Der *Supreme Court* stützt seine Entscheidung auf zwei Argumente, die er bezüglich der Übertragung der *power of contempt* auf *administrative agencies* bis heute nicht aufgehoben hat.[298] Zunächst stellt für das Gericht das verfassungsrechtliche *due process*-Erfordernis einen Hinderungsgrund dar. Nach seiner Auffassung soll es *administrative agencies* nicht möglich sein, ein faires Verfahren bei der Durchsetzung verwaltungsbehördlicher Anordnungen zur Informationserlangung zu gewährleisten. Wie sich aus dem Kontext der Entscheidung ergibt, ist für diese Aufassung nicht ausschlaggebend, daß den *administrative agencies* die erforderlichen Verfahrensinstrumente fehlen, sondern, daß sie als ein nicht-judikatives Organ generell nicht fähig sind, ein Verfahren „fair“ durchzuführen. Die zentrale Bedeutung des *due*

---

v. United States, 332 F.2d 49 (9th Cir. 1964); *Far East Conference v. FMC*, 337 F.2d 146 (D.C. Cir. 1964), *cert. den.*, 379 U.S. 991 (1965).

297 *ICC v. Brimson*, 154 U.S. 447, 485 (1894).

298 Entscheidungen des *Supreme Court* oder der Bundesobergerichte beziehen sich entweder auf dieses Diktum aus dem Jahre 1894 oder stellen ein *overruling* nur in Bezug auf andere Entscheidungsgründe fest, vgl. dazu *Cheff v. Schnackenberg*, 384 U.S. 373, 382 in Fn. 2 (1966); *Bloom v. Illinois*, 391 U.S. 194, 196 (1968); *Doe v. Bolton*, 410 U.S. 179, 182 in Fn. 2 (1973); *Ingraham v. Wright*, 430 U.S. 651, 673 in Fn. 42 (1977); *Northern Pipeline Construction Co. v. Marathon Pipe Line Co.*, 458 U.S. 50, 86 in Fn. 38 (1982); *United States v. Gaudin*, No. 94-514 (1995), S. 15; vgl. auch SCHWARTZ, 32 Tulsa L. J. 493, 512f.

process für das amerikanische Recht erklärt sich daraus, daß man für die Frage, ob eine gerichtliche oder auch behördliche Entscheidung rechtens war, im wesentlichen auf prozessuale Aspekte abstellt, hinter denen die materielle Gerechtigkeit zurücktritt.[299] Der *Supreme Court* stützt seine Entscheidung ferner auf das Verfassungsgrundprinzip der *separation of powers*, das als zweites Argument ebenfalls gegen die Übertragung der *power of contempt* auf *administrative agencies* spreche. Dahinter verbirgt sich die Annahme, daß die *power of contempt* eine Befugnis ist, die ausschließlich judikativer Natur ist und somit nicht von einem administrativen oder exekutiven Organ ausgeübt werden kann.[300] Zwar ist die *power of contempt* weder in der Verfassung noch an anderer Stelle ausdrücklich geregelt, doch ist sie der judikativen Gewalt inhärent.[301]

Beiden Argumenten ist gemein, daß sie in der *power of contempt* eine judikative Befugnis sehen. Im Lichte des *due process*-Argumentes führt diese Annahme dazu, daß *due process* schon dann ausgeschlossen ist, wenn ein nicht-judikatives Organ das Verfahren ausführt, beispielsweise also eine *administrative agency*. Mit dem *separation of powers*-Argument ist der Einwand erhoben, daß ein nicht-judikatives Organ eine rein judikative Befugnis ausübt.

III. Bewertung der Argumentation des *Supreme Court*

Es stellt sich nun die Frage, ob die vorgebrachten Argumente ausreichen, um auch weiterhin den *administrative agencies* die *power of contempt* zu verwehren. Schon aus rein praktischen Gesichtspunkten ist zu fordern, die derzeitige Situation zu überdenken. Aber auch die rechtlichen Argumente der ablehnenden Auffassung sind nicht so überzeugend und unanfechtbar, daß eine Änderung der Situation von vornherein im Bereich des rechtlich Unmöglichen läge und einer verfassungsrechtlichen Überprüfung nicht standhalten könnte. Häufig unterscheiden sich Verwaltungsbehörden (im Rahmen ihrer judiziellen Tätigkeit) und Gerichte nur durch *„legislative semantics and the black robe of justice"*[302].

---

[299] *Riverbend Farms, Inc. v. Madigan*, 958 F.2d 1479, 1482 (9th Cir. 1992): *„Procedure, not substance, is what most distinguishes our system from others."*

[300] Zur Argumentation des *Supreme Court* s. *ICC v. Brimson*, 154 U.S. 447, 485 (1894).

[301] Vgl. oben, 2. Kap., A.III.3.b)bb) und 6. Kap., A.II.2.c)bb)(1).

[302] GOLDFARB, *The Contempt Power*, S. 134.

1. Einwände gegen das *Due Process*-Argument

Es lassen sich gleich in mehrfacher Hinsicht Einwände gegen das Argument anbringen, verwaltungsbehördliche Zwangsbefugnisse seien wegen mangelnden *due process* nicht statthaft. Diese Kritikpunkte setzen sowohl bei den verfassungstextlichen Anforderungen an als auch bei den Zuständen, die sich bei der Umsetzung der verfassungstextlichen Vorgabe in die Verfassungs- bzw. Verwaltungswirklichkeit ergeben haben.

a) Verfassungtext

Erste Bedenken gegen das Argument des *due process* lassen sich aus der Verfassung bzw. aus dem Verfassungstext selbst herleiten. Weder *Am. 5* („*without due process of law*") noch *Am. 14* („*without due process of law*") knüpfen das Erfordernis des *due process* an eine gerichtliche Durchführung.[303] Es wird also keine Verbindung hergestellt zum herkömmlichen Gerichtsverfahren. Vielmehr ist dem Wortlaut der Verfassung nur zu entnehmen, daß der verfassungsrechtlich geforderte faire Prozeß dem „*law*" entsprechen muß. Dies schließt nicht aus, daß auch *administrative agencies* tätig werden können. Erst die Feststellung, ob ein bereits durchgeführtes Verfahren dem *due process*-Erfordernis entsprochen hat, ist ausschließliche Kompetenz der Gerichte. Es wäre auch äußerst unpraktikabel, wenn die Gerichte im voraus jede Maßnahme überprüfen müßten, die in irgendeiner Form die Schutzgüter der Klauseln betrifft. Dies würde zwar zu einem absoluten Schutz der Rechtsgüter und damit zu äußerster Rechtssicherheit führen, jedoch stünde dem faktisch eine Blockade staatlicher Tätigkeit entgegen. So kann die Klausel also nicht verstanden werden. Vielmehr muß es ausreichen, wenn die verfassungsrechtlich geforderte Substanz des *due process* gewahrt wird und die Gefahr einer fehlerhaften oder willkürlichen Entscheidung gebannt ist.[304] Dies ist nicht erst dann gewährleistet, wenn prozessual ein judikatives Organ tätig wird.

b) Verwaltungswirklichkeit

In der Verwaltungswirklichkeit haben *administrative agencies* Aufgaben übernommen, die in ihrer Wirkung und in ihrem äußeren Erscheinungsbild der *power of contempt* ähneln.

---

303 Vgl. dazu oben, 3. Kap., A.I.

304 Vgl. ARMSTRONG, 83 Columbia L. R. 215, 223f.

Schon jetzt greifen *administrative agencies* in unterschiedlichen Bereichen ohne gerichtliche Einflußnahme in Rechte Privater ein. Damit erzielen sie eine vergleichbare Eingriffswirkung wie ein Gericht mit Ausübung der *power of contempt*. *Administrative agencies* können selbst gesetztes Recht erlassen, staatliche Subventionen gewähren bzw. streichen, Gebühren festsetzen oder Lizenzen erteilen bzw. versagen. Diese Maßnahmen sind geeignet, beim Betroffenen im Einzelfall einen schmerzlichen Verlust auslösen.[305] Dabei kann die Maßnahme die Eingriffsintensität eines Informationsgesuches übersteigen, ohne einer vorherigen gerichtlichen Prüfung standhalten zu müssen. Dies muß insbesondere für die verwaltungsbehördliche „Zwangsbefugnis" gelten, die die *administrative agencies* mit negativen Entscheidungen ausüben.[306] In diesem Zusammenhang ist kein sachlicher Grund ersichtlich, warum nur die Form des positiven Handelns verfassungsrechtliche Beschränkungen auslösen sollte. Dadurch wird der Ausdrucksform staatlichen Eingriffshandelns Rechnung getragen, nicht aber dessen inhaltlicher Stoßrichtung. Letztere soll aber mit der *due process*-Klausel abgefedert werden, die losgelöst von äußeren Formen einen rein substantiellen Schutz der Rechtsgüter Leben, Freiheit und „Eigentum" gewährleistet, den bestimmte Verfahrensgarantien verwirklichen.[307]

Weiterhin läßt sich feststellen, daß *administrative agencies* in machen Fällen dem äußeren Erscheinungsbild nach wie Gerichte handeln, die kraft ihrer *power of contempt* eine Geld- oder Haftstrafe erlassen. Die den *administrative agencies* beispielsweise zugestandene Kompetenz, *administrative orders assessing penalties*[308] zu erlassen, weist eine gewisse Nähe zu einer Geldstrafe auf. Jedoch wird die Vergleichbarkeit eingeschränkt durch das Erfordernis gerichtlicher Durchsetzung. Daneben ist es *administrative agencies* unter besonderen Umständen möglich, Personen zu „inhaftieren". So erkannte der *Supreme Court* schon früh die Befugnis der Einreisebehörden an, Personen solange festhalten, bis die Legitimität ihrer Einreise bzw. ihres Aufenthaltes festgestellt ist.[309] Ähnliches dürfte für psychisch Kranke gelten, die in Anstalten eingewiesen werden müssen.[310] Der wesentliche Unter-

---

305 *Joint Anti-Fascist Refugee Comm. v. Mcgrath* [FRANKFURTER, *concurring opinion*], 341 U.S. 123, 168 (1951).

306 Vgl. oben, 3. Kap., B.

307 Vgl. dazu oben, 3. Kap., A.I.2.

308 Vgl. oben, 5. Kap., A.II.2.b)aa)(4).

309 *Wong Wing v. U.S.*, 163 U.S. 228 (1896); *Abel v. U.S.*, 362 U.S. 217 (1960).

310 So GOLDFARB, *The Contempt Power*, S. 131.

schied ist aber, daß hier präventiv gehandelt wird und nicht repressiv. Auch wenn die *power of contempt* in erster Linie die Beachtung eines gerichtlichen Ausspruches erreichen soll, wird mit ihr die bereits begangene Mißachtung bestraft.[311]

Es lassen sich also in der Verwaltungswirklichkeit an vielen Stellen Charakteristika der *power of contempt* erkennen. So gewinnt man den Eindruck, daß die Ausübung der *power of contempt* durch die *administrative agencies* in erster Linie nicht inhaltlich gegen den bestehenden Verfassungs- und Verwaltungszustand verstößt, sondern daß die Ausübung rein äußerlich formal abgelehnt wird, um so ein ausgleichendes Gegengewicht zu den ansonsten schon sehr weitreichenden Befugnissen der *administrative agencies* zu erzeugen, die an allen Formen der Staats- bzw. Regierungstätigkeit beteiligt sind.[312] Von einem (verwaltungs-) praxisorientierten Standpunkt aus betrachtet, sollte die entscheidende Frage nicht sein, ob eine Institution mit Entscheidungsbefugnissen dem judikativen oder dem administrativen Funktionsbereich zuzuordnen ist, sondern ob man grundsätzlich dieser Institution eine so bedeutsame Befugnis wie die *power of contempt* anvertrauen kann.[313] Ein in diese Richtung gehender Widerspruch deckt auch der nächste Kritikpunkt auf.

c) Verwaltungsverfahren

Ein dritter Kritikpunkt – von allen der bedeutsamste – ist darin zu sehen, daß den *administrative agencies* gar nicht generell die Fähigkeit abgesprochen wird, einen fairen Prozeß zu gewährleisten. Schließlich haben sie die Befugnis erhalten, im Rahmen der *administrative adjudication* über Rechte Privater zu entscheiden.[314] So müssen sie im *formal* wie im *informal process* die *due process*-Anforderungen beachten.[315] Dieser Umstand könnte zur Annahme verleiten, daß damit das *due process*-Argument unwiderruflich entkräftet ist. Doch ist folgendes zu bedenken: Dieses hier zuletzt angesprochene, verfassungsrechtlich zulässige Verwaltungsverfahren ist auf einer anderen denklogischen Ebene anzusiedeln als ein Verfahren, in dem es um ver-

---

311 GOLDFARB, *The Contempt Power*, S. 132.

312 Vgl. dazu oben, 2. Kap., B.II.

313 Mit einem Beispiel und weiteren Nachweisen für ein solches Mißverhältnis ARMSTRONG, 83 Columbia L. R. 215, 223 (Fn. 36).

314 Vgl. oben, 2. Kap., B.II.2.a)bb) und 3. Kap., A.

315 Vgl. dazu oben, 3. Kap., A.II.1./2.

waltungsbehördliche Zwangsbefugnisse geht. Ein vergleichbares Stufenverhältnis existiert auch im deutschen Recht, das zwischen Verwaltungsverfahren und Verwaltungsvollstreckungsverfahren unterscheidet.[316] Das erste Verfahren bringt den Grund-Verwaltungsakt hervor, der dann in dem zweiten Verfahren als Titel dient und vollstreckt wird. Auch in Amerika ist dieses zweistufige Verfahren Grundlage des Vorgehens (sog. *„two-stage-proceeding"*[317]). Dabei ist die zweite Stufe den Gerichten vorbehalten.[318]

aa) *Due Process* im Verwaltungsverfahren auf erster Stufe

Es ist gemeinhin anerkannt, daß *administrative agencies* beim Verwaltungsverfahren auf erster Stufe einen *due process* gewährleisten können.[319] Der *Supreme Court* hat verschiedene Verfahrensgarantien benannt, die sich inhaltlich an die eines „normalen" gerichtlichen Verfahrens anlehnen, und er hat mit dem *Mathews*-Test einen Maßstab vorgegeben, mit Hilfe dessen man die Intensität und Reichweite des *due process*-Erfordernisses bestimmen kann.[320] So kann die *administrative agencies* aus den zur Verfügung stehenden Verfahrensgarantien diejenigen aussuchen, die dann in ihrer Gesamtheit den Erfordernissen eines *due process* genügen. Abgesichert durch die Möglichkeit des *judicial review* treten die *administrative agencies* auf dieser ersten Stufe wie Gerichte auf und greifen dabei in Rechtsgüter ein, die durch die *due process*-Klausel geschützt sind. Nur auf diese Weise können sie ihrem gesetzlich vorbestimmten Handlungsauftrag gerecht werden, da auf diese Weise ein Minimum an Handlungsfreiheit bzw. Handlungsfähigkeit sichergestellt ist.

bb) *Due Process* auch im Verwaltungsverfahren auf zweiter Stufe?

Es stellt sich nun die Frage, ob auch beim Verwaltungsverfahren auf zweiter Stufe ein Tätigwerden der *administrative agencies* möglich ist und sie einen

---

316 Vgl. dazu oben, 3. Kap. vor A.

317 Vgl. dazu, NOTE, Harvard L. R. 1541, 1542ff.

318 Vgl. oben 3. Kap., A.; s. auch CHESTERMAN, 46 International and Comparative L. Q. 521ff.

319 Vgl. dazu oben, 3. Kap., A.I.

320 *Mathews v. Eldridge*, 424 U.S. 319 (1976); anfangs wurde der *Mathews*-Test nur in einer sachlich begrenzten Anzahl von Fällen angewandt, inzwischen ist er bei den meisten regulativen Eingriffen der *administrative agencies* anerkannt. Vgl. dazu auch oben, 3. Kap., A.I.2.

due process gewährleisten können. Dabei bietet sich die gleiche Vorgehensweise an wie beim Verwaltungsverfahren auf erster Stufe. Dort diente der *Mathews*-Test dazu, den Umfang der Schutzes und die für einen *due process* erforderlichen Verfahrensgarantien zu ermitteln. Es spricht nichts dagegen, den *Mathews*-Test auch auf der zweiten Stufe anzuwenden, da ihm hier die gleiche Aussagekraft zukommen kann wie auf der ersten Stufe. Dabei ist es nicht erforderlich, die absolute Eingriffsintensität eines Verwaltungsverfahrens auf zweiter Stufe zu ermitteln. Vielmehr kann sich die folgende Untersuchung auf eine relative Prüfung beschränken, die das Verhältnis von der Eingriffsintensität eines Verwaltungsverfahrens auf zweiter Stufe und der auf erster Stufe ergründet. Sollte sich am Ende der Untersuchung herausstellen, daß die Differenz der Eingriffsintensitäten zu vernachlässigen ist, kann man einer *administrative agency* auch die Durchführung eines Verwaltungsverfahrens auf zweiter Stufe zugestehen.

Der *Mathews*-Test stellt das betroffene Individualinteresse und das öffentliche Interesse gegenüber und wägt die Vor- und Nachteile eines Eingriffes ab. Dabei sind im Rahmen dieser Prüfung auf Seiten des Individualinteresses die unterschiedlichen Auswirkungen eines Verwaltungsverfahrens auf erster Stufe und eines „normalen" Gerichtsverfahrens zu gewichten.[321]

(1) Individualinteresse

(a) Bedeutung des betroffenen Individualinteresses

Unmittelbar betroffen ist beim Verwaltungsverfahren auf zweiter Stufe – genauso wie bei dem auf erster Stufe – das Recht des Einzelnen[322], in seiner Privatsphäre ungestört von staatlichen Eingriffen zu bleiben. Dabei dürften im Regelfall zwei Ausprägungen berührt sein: Zum einen kann den Betroffenen die pure Unlust bewegen, Informationen der *administrative agency* zu übermitteln. Zum anderen kann der damit verbundene Aufwand Motivation sein, die gewünschte Äußerung bzw. Handlung zu unterlassen.[323] Zu denken ist dabei an den reinen Arbeitsaufwand die gewünschten Informationen zu erheben, zu dokumentieren und zu übermitteln sowie an den finanziellen

321 Vgl. dazu oben, 3. Kap., A.I.2.

322 *Sniadach v. Family Finance Corp.*, 395 U.S. 337, 341f. (1969); *Goldberg v. Kelly*, 397 U.S. 254, 263f. (1970); *Arnett v. Kennedy*, 416 U.S. 134, 164 (1974); *Mathews v. Eldridge*, 424 U.S. 319, 340 (1976).

323 Vgl. *Oklahoma Press Publishing Co. v. Walling*, 327 U.S. 186, 213, 217 (1946); *Hermann v. CAB*, 237 F.2d 359, 361 (9th Cir. 1956), *revised*, 353 U.S. 322 (1957).

Aufwand, der diese Handlungen begleitet. Dies sind jedoch sachfremde Erwägungen, die wohl kaum als Rechtfertigung dienen können. Dies gilt insbesondere dann, wenn den Betroffenen Mitwirkungspflichten bei der Behördentätigkeit treffen.[324]

Allenfalls mittelbar können weitere Rechte durch die verwaltungsbehördliche Entscheidung auf dieser zweiten Stufe betroffen sein. Wie bereits angesprochen, kann das Informationsgesuch der *administrative agency* möglicherweise nur mit finanziellem Aufwand entsprochen werden. Dies wirkt nicht nur unmittelbar motivationshemmend, sondern bringt mittelbar auch zählbare finanzielle Nachteile mit sich. Jedoch reicht dies allein nicht aus, Informationen zu verweigern.[325] Des weiteren ist hier an das Interesse des Betroffenen zu denken, Geschäftsgeheimnisse oder die Vertraulichkeit des unterbreiteten Materials vor den Augen der Öffentlichkeit zu schützen. Dennoch werden von der Rechtsprechung auch diese Gründe nicht für ausreichend erachtet, sich einem verwaltungsbehördlichen Informationsgesuch zu widersetzen.[326] Zwar ist grundsätzlich in diesen Fällen ein legitimes Interesse anerkannt,[327] dem jedoch durch die prozessuale Möglichkeit einer *protective order* Rechnung getragen wird.[328]

Die reine Belästigung reicht grundsätzlich also nicht aus, sich einem verwaltungsbehördlichen Informationsgesuch zu widersetzen. Ausnahmen können allenfalls dann zulässig sein, wenn die Befolgung der Anordnung eine unzumutbare Härte darstellen und den ordnungsgemäßen Ablauf des Betriebs nachhaltig stören würde.[329] Es läßt sich also festhalten, daß in einem Verwaltungsverfahren auf der zweiter Stufe das Individualinteresse in keinem höheren Maße betroffen ist als auf erster Stufe.

---

324 Vgl. nur die sich aus dem *CWA* ergebenen Mitwirkungspflichten; weitere Nachweise im 5. Kap., A.II.2.a).

325 *Oklahoma Press Publishing Co. v. Walling*, 327 U.S. 186, 213, 217 (1946); *Hermann v. CAB*, 237 F.2d 359, 361 (9th Cir. 1956), *revised* 353 U.S. 322 (1957); *In re FTC Line of Business Report Litigation*, 439 U.S. 958 (1978).

326 *In re FTC Line of Business Report Litigation*, 595 F.2d 685, 705 (D.C.Cir. 1978); *cert. den.* 431 U.S. 974 (1977); vgl. die Parallele zum deutschen Recht oben, 5. Kap., B.II.1.

327 Vgl. zum *FOIA* und zum *PA* oben, 4. Kap., B.II.

328 *FTC v. Anderson*, 442 F. Supp. 1118, 1123 (D.C. Cir. 1979); *modified* 631 F.2d 741 (D.C. Cir. 1979).

329 *In re FTC Line of Business Report Litigation*, 595 F.2d 685, 703 (D.C.Cir. 1978).

(b) Gefahr der rechtswidrigen Beeinträchtigung

Bei diesem Abwägungskriterium ist darauf abzustellen, wie groß die Gefahr einer rechtswidrigen Beeinträchtigung durch ein Verwaltungsverfahren auf zweiter Stufe ist.[330] Dabei ist anzunehmen, daß die *due process*-Anforderungen eines Verwaltungsverfahrens auf erster Stufe eingehalten werden. Ohne auf konkrete Zahlen zurückgreifen zu müssen, läßt sich zur Wahrscheinlichkeit eines verwaltungsbehördlichen Irrtums auf der zweiten Stufe folgendes ausführen.

Bei dem Verwaltungsverfahren auf zweiter Stufe sind zwei Fälle des verwaltungsbehördlichen Vorgehens denkbar. Zum einen könnte die *administrative agency* davon absehen, die Anordnung aus dem Verwaltungsverfahren erster Stufe zu prüfen. Dann würde sich auf der zweiten Stufe nur das verwirklichen, was in der Rechtswidrigkeit auf der ersten Stufe bereits angelegt ist. Es bliebe somit bei der Rechtswidrigkeit auf der ersten Stufe. Zum anderen könnte die Behörde die Anordnung prüfen und hätte so noch zusätzlich die Möglichkeit, den auf der ersten Stufe begangenen Fehler auf der zweiten zu korrigieren. Selbst im ersten Fall liegt der materielle Kern des Fehlers beim Verwaltungsverfahren auf erster Stufe, das die *administrative agencies* jedoch durchführen können. Ein Fehler auf der zweiten Stufe stellt sich somit allenfalls als eine Fortsetzung des Fehlers auf erster Stufe dar. Hier wird also nur das umgesetzt, was schon dort zulässigerweise angeordnet werden durfte; eine weitere Belastung des Betroffenen ergibt sich nicht. Die verwaltungseigene Durchsetzung vergrößert nicht die Gefahr der rechswidrigen Beeinträchtigung in ihrem Umfang, sie verlängert allenfalls die zeitliche Wirkung vom Erlaß der Anordnung bis zu deren Durchsetzung.

Damit vergleichbar ist die Diskussion im deutschen Recht, ob die Rechtmäßigkeit der Grundverfügung Voraussetzung für die Befugnis zur Zwangsmittelanwendung ist.[331] Gegen eine so lautende Annahme spricht die Abstraktion von Verwaltungsverfahren und Verwaltungsvollstreckungsverfahren so-

---

330 Vgl. *Mathews v. Eldridge*, 424 U.S. 319, 341 (1976); mit Verweis auf *Goldberg v. Kelly*, 397 U.S. 254 (1970); *Morrissey v. Brewer*, 408 U.S. 471 (1972).

331 Rechtsprechung und Literatur trennen zwischen (einfachem) Verwaltungsverfahren und Verwaltungsvollstreckungsverfahren derart, daß die Rechtswidrigkeit des Verwaltungsaktes nicht auf die Rechtmäßigkeit der Vollstreckung durchschlägt, vgl. BVerfGE 87, 399, 409 = JuS 1993, 768 Nr. 1; BVerwGE 56, 172, 177f.; APP/WETTLAUFER, Verwaltungsvollstreckungsrecht, § 7 Rn. 12; SCHWERDFEGER, Öffentliches Recht, Rn. 133 (ausgenommen wird nur die Nichtigkeit des Verwaltungsaktes, vgl. OVG Münster 21, 193, 194f.; APP/WETTLAUFER, Verwaltungsvollstreckungsrecht, § 7 Rn. 13); wohl a.A. ZULEEG, Fälle zum Allgemeinen Verwaltungsrecht, S. 160f.

wie die Systematik des Vollstreckungsrechts. Ein Verwaltungsakt, der gemäß § 80 Abs. 2 S. 1 VwGO für sofort vollziehbar erklärt worden ist, kann auch unmittelbar vollstreckt werden. Einwände, die gegen die Grundverfügung erhoben werden, berühren nicht das Vollstreckungsverfahren, sondern müssen gegen die Grundverfügung selbst im Rahmen des Verfahrens nach § 80 Abs. 5 VwGO vorgebracht werden. Für die Annahme, daß die Rechtmäßigkeit der Grundverfügung Voraussetzung für die Befugnis zur Zwangsmittelanwendung ist, spricht, daß es rechtsstaatlich bedenklich ist, einen rechtswidrigen, zwar noch anfechtbaren Verwaltungsakt zwangsweise durchzusetzen. Dies führt zu einer Vertiefung des Unrechts. Ein weiteres Argument läßt sich aus der Systematik des Verwaltungsvollstreckungsgesetzes. Das Vorgehen nach § 55 Abs. 2 VwVG setzt die Rechtsmäßigkeit des fiktiven Grundverwaltungsaktes voraus. Die wohl herrschende Meinung geht hier von der Abstraktion beider Verfahrensstufen aus und hält einen Fehler im Verwaltungs(erkenntnis)verfahren für das Verwaltungsvollstreckungsverfahren für unerheblich.[332]

Neben diesem rechtssystematischen Argument kann man auch noch ein historisches Argument anführen, das einen Vergleich ermöglicht. In der Leitentscheidung[333] zu diesen Prüfungsstufen und den zur Urteilsbegründung herangezogenen Entscheidungen ging es darum, welche Anforderungen zu stellen sind an ein Verfahren zur Beendigung sozialer Leistungen an Arbeitsunfähige bzw. Sozialhilfeempfänger. Der *Supreme Court* beschränkte die Anforderungen auf ein Minimum und hielt sogar ein Verfahren für ausreichend, das nicht einem vollständigen Beweisverfahren entspricht.[334] Die Härte eines fehlerhaften Eingriffes bei solchen sozialen Leistungen ist nicht zu vergleichen mit der Eingriffsintensität auf dem Gebiet der Informationsgewinnung. Bei ersteren steht die Existenz des Betroffenen auf dem Spiel, sodaß die Entscheidung über Gewähren oder Versagen der beantragten Leistungen einen erheblichen Eingriff in die Rechtssphäre des Betroffenen darstellt. Anders verhält es sich bei einer Anordnung zur Informationsgewinnung. Hier spielen in der Regel andere, geringer zu bewertende Faktoren eine Rolle.[335]

---

332 BVerfGE 87, 399, 409 = JuS 1993, 768 Nr. 1; BVerwGE 56, 172, 177f.; APP/WETTLAUFER, Verwaltungsvollstreckungsrecht, § 7 Rn. 12; SCHWERDFEGER, Öffentliches Recht, Rn. 133.

333 *Mathews v. Eldridge*, 424 U.S. 319 (1976)

334 *Mathews v. Eldridge*, 424 U.S. 319, 343 (1976).

335 Vgl. zuvor, 6. Kap., B.III.1.c)bb)(1)(a).

Die Gefahr der rechtswidrigen Beeinträchtigung beim Verwaltungsverfahren auf zweiter Stufe ist eine Folgeerscheinung der rechtswidrigen Beeinträchtigung des Verwaltungsverfahrens auf erster Stufe. Sie stellt sich nicht als ein unüberbrückbares Manko des Verwaltungsverfahrens auf zweiter Stufe dar. Auch wenn die zwangsweise Durchsetzung eines Informationsgesuchs unrechtsvertiefend wirken kann, stellt das Verwaltungsverfahren auf zweiter Stufe in einer Gesamtbetrachtung nicht den entscheidenden Verfahrensschritt dar, der eine Behandlung durch *administrative agencies* unmöglich macht. Die Gefahr, daß sich die *administrative agency* bei der Durchsetzung ihrer Anordnung irrt, ist nicht größer als auch schon beim Verwaltungsverfahren auf erster Stufe.

(c) Vorteile durch zusätzlich gewährte Verfahrensgarantien

Den dritten Aspekt, der für den Bedeutungsgrad des Individualinteresses maßgeblich ist, stellen die Vorteile durch zusätzlich gewährte Verfahrensgarantien dar. Hier ist im Hinblick auf das übliche *contempt*-Verfahren vor Gericht zu fragen, ob eben dieses bessere Verfahrensgarantien bietet als ein entsprechendes Verwaltungsverfahren auf zweiter Stufe in Händen von *administrative agencies*.[336] Durch die Ausgestaltung des *due process* auf der Ebene des Verwaltunsgverfahrens erster Stufe ist eine Annäherung des administrativen „Gerichtsverfahren" an das „normale" judikative gelungen. Auch hier werden die wesentlichen Verfahrensgarantien gewährleistet. Lediglich in der Person des Entscheiders könnten Bedenken auftreten.[337] Die den Richtern gewährte Unabhängigkeit bietet einen noch höheren Grad an Neutralität als bei einem *administrative law judge*.[338] Dennoch ist zu bedenken, daß auch behördeninterne Absicherungen vorgenommen sind, die ein Mindestmaß an Unabhängigkeit und Entscheidungsfreiheit gewährleisten. Dies wird beim Verwaltungsverfahren auf der ersten Stufe schon als ausreichend angesehen.[339] Es sind keine Gründe ersichtlich, warum der Entscheider nicht auch auf der zweiten Stufe unabhängig und frei sollte urteilen können. Daneben muß das Verwaltungsverfahren auf zweiter Stufe den Anforde-

---

336 Vgl. *Mitchell v. W. T. Grant Co.*, 416 U.S. 600, 617 (1974); *Mathews v. Eldridge*, 424 U.S. 319, 343 (1976).

337 Vgl. dazu oben, 3. Kap., A.II.1.b)bb).

338 Zur verfassungsrechtlichen Garantie der richterlichen Unabhängigkeit vgl. oben, 2. Kap., A.III.3.a)aa).

339 Zur Begründung dieser Annahme vgl. oben, 3. Kap., A.II.1.b)bb).

rungen der anderen Verfahrensgarantien genügen.[340] Das ist aber eine Frage der Ausgestaltung des Verwaltungsverfahrens und nicht eine der grundsätzlichen Zulässigkeit.

Graduelle Unterschiede in der Art und Weise des Betroffenseins können nicht hinwegdiskutiert werden. Dennoch sind auf der Ebene des Verwaltungsverfahrens zweiter Stufe sogar Anhaltspunkte vorhanden, die für einen besseren und umfassenderen Rechtsschutz sprechen als vor den Gerichten. Diese Anhaltspunkte stellen also ein gegenläufiges Moment zum bisher Gesagten dar. Die allenfalls noch verbleibenden Vorteile des „normalen" Gerichtsverfahrens werden dadurch ausgeglichen und relativiert, daß durch die Arbeitsüberlastung der Gerichte und die langen Vorlaufzeiten vor Verfahrensbeginn eine Vervielfältigung der Belastung in zeitlicher Hinsicht entsteht. Dem könnte man entgegenhalten, daß eine längere Schwebezeit erträglicher ist als eine inhaltlich falsche Entscheidung, die von einem voreingenommenen Entscheider gefällt ist. Doch ist dabei zu berücksichtigen, daß die Entscheidung auch auf zweiter Stufe des Verwaltungsverfahrens nicht die letzte im Sinne eines erschöpften Rechtsweges ist. Auch hier bleibt weiterhin die Möglichkeit, Rechtsschutz vor Gericht zu suchen. Eine weitere Abschwächung des Vorteils des gerichtlichen Verfahrens ist darin zu sehen, daß die Entscheidung von einem fachlich besser qualifizierten Entscheider auf einen weniger qualifizierten verlagert wird. Der gerichtliche Entscheider ist als Generalist weniger gut für eine Materie geeignet, die durchsetzt ist von fachspezifischen Einzelfragen und Detailproblemen.[341] Dies gilt auch für die Frage, ob ein verwaltungsbehördliches Informationsgesuch statthaft ist. Zwar geht es hier um das bestmögliche, weil fairste Verfahren und nicht um die materiell richtigste Lösung des Problems. Dennoch darf dieser Aspekt nicht gänzlich aus den Augen gelassen werden.

Insofern lassen sich durch weitere Verfahrensgarantien im Sinne eines „normalen" Gerichtsverfahren keine nennenswerte Vorteile erzielen, die dafür sprächen, die in Rede stehende Entscheidung aus der Verwaltungsebene auf die gerichtliche zu verlagern.

---

340 In der Entscheidung *Mathews v. Eldridge*, 424 U.S. 319 (1976) reichte anstatt einer gerichtsähnlichen Verhandlung sogar ein detaillierter Fragebogen aus, mittels dessen die Betroffenen ihre Informationen zu unterbreiten hatten, vgl. ebenda, S. 345; damit wandte sich der *Supreme Court* in dieser Frage von seiner Entscheidung in *Goldberg v. Kelly*, 397 U.S. 254, 269 (1970) ab.

341 Gerade das Fachwissen der *administrative agencies* rechtfertigt deren Existenz, vgl. dazu oben, 2. Kap., B.II.1.

(d) Befund für das Individualinteresse

Die Betrachtung des Individualinteresses hat ergeben, daß die Gefahren, die von einem Verwaltungsverfahren auf zweiter Stufe für das Individualinteresse ausgehen, nicht größer sind als die eines Verwaltungsverfahrens auf erster Stufe. Es lassen sich keine neuen, wesentlich intensiveren oder rechtsstaatlich bedenklichen Gefahren ermitteln.

(2) Öffentliches Interesse

Dem privaten Interesse des Einzelnen, das zuvor in drei Schritten ermittelt worden ist, muß nun das öffentliche Interesse entgegengesetzt werden. Das öffentliche Interesse umfaßt neben den Vorteilen einer schnelleren Durchsetzung auch eine mögliche Befreiung von den Nachteilen, die das Gerichtsverfahren mit sich bringt.[342]

Die Bedeutung der Information für die Verwaltung ist von grundlegender Bedeutung.[343] Das Maß, in dem der Staat und seine Institutionen über Informationen verfügen kann, hemmt oder beschleunigt die Verfahren, innerhalb derer die Verwaltungsaufgaben erledigt werden. Gute Informationen verkürzen nicht nur der Weg zu einer abschließenden Entscheidung, sondern tragen auch dazu bei, daß die Entscheidung Bestand hat. Gestützt auf gute und vollständige Informationen, können die Verwaltungsbehörden verfahrensrechtlich und inhaltlich korrekte Entscheidungen fällen, die die Betroffenen nicht mehr angreifen können. Als rein tatsächlicher Reflex kommt dadurch den Gerichten und auch den *administrative agencies* ein bedeutender Vorteil zu Gute. Der Bestand verwaltungsbehördlicher Entscheidungen entlastet die Gerichte in ihrer Arbeit, die sich auf ihr Alltagsgeschäft konzentrieren können. Die *administrative agencies* brauchen ihre offenen Rechtsstreitigkeiten fortan nicht mehr zeit-, personal- und sachaufwendig an die Gerichte weiterzuleiten (*referrals*).

Festzuhalten bleibt, daß Verwaltungsverfahren auf zweiter Stufe die staatlichen Organe verwaltungsorganisatorisch und finanziell entlastet könnten und zum guten und arbeitsteiligen Funktionieren des Staatsapparates beitragen würden. In erster Linie wäre aber auch der Qualität der Entscheidungen gedient, sodaß ein erhebliches öffentliches Interesse besteht an einer schnel-

342 Vgl. *Mathews v. Eldridge*, 424 U.S. 319, 347 (1976).

343 Vgl. oben 4. Kap. (Einleitung vor A.) und 5. Kap., B.II.

leren Durchsetzung verwaltungsbehördlicher Anordnungen zur Informationsgewinnung.

(3) Abwägung

Die – wenn überhaupt – geringe Gefahr einer eigenständigen Rechtswidrigkeit auf zweiter Stufe und die geringen Vorteile eines gerichtlichen Verfahrens gegenüber dem Verwaltungsverfahren stehen dem erheblichen öffentlichen Interesse an der Aufrechterhaltung der Staatsfunktionen und der Funktionsfähigkeit der *administrative agencies* gegenüber. Im Vergleich zum Verwaltungsverfahren auf erster Stufe greift das Verwaltungsverfahren auf zweiter Stufe nicht erheblich intensiver ein. Die Rechtssphäre des Betroffenen wird nicht in einem so erheblichen Maße mehr verletzt, daß eine andere Bewertung der zweiten Stufe erfolgen müßte. Dies gilt insbesondere vor dem Hintergrund, daß das öffentliche Interesse auf elementare Bedürfnisse zielt, nämlich darauf, die Funktionsfähigkeit des Staates aufrechtzuerhalten und diese nicht durch verfehlte und überzogene Berücksichtigung von Individualinteressen unterwandern zu lassen.

Zwei weitere Aspekte verstärken diese Gewichtung. Zum einen ist das verfassungsrechtliche Verbot der *self-incrimination* aus *Am. 5* auch im Verwaltungsrecht, insbesondere bei der Informationsgewinnnung, zu beachten.[344] Zum anderen ist immer zu bedenken, daß die *administrative agencies* nie als letzte Instanz tätig werden. Vielmehr ist der Weg zu den Gerichten auch weiterhin eröffnet. Es geht also nur darum, möglichst viel Arbeit und Verantwortung auf die fachlich besser qualifizierten *administrative agencies* abzuwälzen, um so eine bessere Arbeitsteilung unter den Staatsorganen zu erreichen. Dies kommt letztlich dem Einzelnen wieder zugute. Sollte sich herausstellen, daß ein *due process* nicht gewährleistet ist, ist dies keine lediglich bedauernswerte und nicht zu ändernde Folge der Aufgabenverteilung zwischen den Staatsorganen, sondern ein Grund, nachträglich die Entscheidung oder Maßnahme der *administrative agency* mit den herkömmlichen Rechtsmitteln anzugreifen. Vergleichbare Mechanismen – wie im deutschen Verwaltungsrecht mit Widerspruch, Suspensiveffekt und verwaltungsgerichtlichen Klageformen – gibt es auch in Amerika, modifiziert durch die Besonderheiten des anglo-amerikanischen Rechtssystems.

---

[344] GELLHORN/LEVIN, *Administrative Law*, S. 133ff.; vgl. zum *privilege against self-incrimination* auch COHEN/VARAT, *Constitutional Law*, S. 481, 502; CONGRESSIONAL RESEARCH SERVICE, *Am. 5*, S. 1302ff.

Die Abwägung kann also nur zugunsten des öffentlichen Interesses ausfallen. Damit entkräftet auch der dritte Kritikpunkt, der die bestehende Praxis des Verwaltungsverfahrens auf erster Stufe aufgreift, die ablehnende Haltung des *Supreme Court*.

d) Schlußfolgerung aus der vorgebrachten Kritik

Einem Verwaltungsverfahren auf zweiter Stufe steht das *due process*-Erfordernis nicht entgegen, sodaß dieses Argument nicht zur Begründung herangezogen werden, den *administrative agencies* die *power of contempt* zu verweigern. Es ist entkräftet sowohl durch die offene Formulierung des Verfassungstextes als auch durch die tatsächliche Existenz von „Zwangsbefugnissen" in der Verwaltungspraxis. Insbesondere aber das Verwaltungsverfahren auf erster Stufe, dem *due process*-Charakter zugeschrieben wird, und ein ähnlich rechtsstaatlich unbedenklich einzustufendes Verwaltungsverfahren auf zweiter Stufe lassen eine Versagung von Zwangsbefugnissen auch auf dem Gebiet der staatlichen Informationsgewinnung nicht zu.

2. Einwände gegen das *Separation of Powers*-Argument

Neben dem *due process*-Argument führt der *Supreme Court* für seine ablehnende Haltung auch das Verfassungsprinzip der *separation of powers* an.[345] Damit werden jedoch die historischen Wurzeln der *power of contempt* verkannt. Diese Befugnis als eine der Judikativen inhärente Befugnis anzusehen, berücksichtigt nicht, daß im Verlaufe der Entwicklung alle Gewalten Träger der *power of contempt* waren. Ursprünglich stand die *power of contempt* dem englischen König allein zu. So war die *contempt power* zunächst eine rein exekutive Befugnis, die später auch durch die Vertreter des Königs, die reisenden *common law*-Richter, ausgeübt wurde. So wandelte sich diese Befugnis zu einem Instrument der Judikativen.[346]

Jedoch ist die *power of contempt* bis zum heutigen Tag auch der Legislativen anvertraut, die so den reibungslosen Ablauf ihrer Tätigkeiten gewährleisten kann. Dies ist darauf zurückzuführen, daß dem Parlament in England zum Teil auch judizielle Kompetenzen zustanden, die durch eben diese *power of*

345 Zum Verfassungsprinzip der *separation of powers* vgl. oben, 2. Kap., A.II.1.

346 Zur Entstehungsgeschichte der *power of contempt* vgl. oben, 6. Kap., A.II.2.c)bb)(1). Vgl. auch BENTON, 41 Texas L. R., 874, 880.

contempt abgesichert wurden.[347] Des weiteren ist eine strikte Trennung von legislativer Funktion und *power of contempt* auch aus anderen Gründen nicht gegeben. Die Legislative kommt schon dann mit der *power of contempt* in Berührung, wenn sie im Rahmen ihrer Gesetzgebungstätigkeit mit dieser Befugnis konfrontiert wird. In einer Entscheidung zur Verfassungsmäßigkeit der *legislative power of contempt* gab der *Supreme Court* zu erkennen, daß er die Existenz dieser Ausprägung nicht als eine Ausnahme eines ansonsten strengen Grundsatzes ansieht, sondern als eine zwingende Notwendigkeit für die Arbeitsfähigkeit von *Congress* und Gerichten.[348] Damit greift der *Supreme Court* nur das auf, was in der Geschichte dieses Rechtsinstituts begründet ist.[349] Auf einer Linie damit liegen in ihren Urteilsbegründungen auch jene Gerichte aus den Einzelstaaten, die die *power of contempt* einer Verwaltungsbehörde überantworten. Was für *Congress* und Gerichte für die Durchführung wichtig sei, müsse auch für *administrative agencies* gelten.[350] Dabei kann auch nicht darauf abgestellt werden, daß erstere ihre Befugnisse aus der höherwertigen, geheimnisvolleren Verfassung mit ihren verborgenen, systemimmanenten Kompetenzen ableiten und letztere nur aus einfachen Gesetzen.

Die *power of contempt* ist eher als eine Hilfsfunktion zu betrachten, die die Effizienz und Arbeitsfähigkeit staatlicher Organe sichert. Ihr Ziel ist es, den Widerstand des Betroffenen zu brechen und so die Funktionsfähigkeit des staatlichen Apparates aufrechtzuerhalten.[351] Über die Ausstattung der *administrative agencies* mit der *power of contempt* ist somit schon damals entschieden worden, als ihnen judizielle Funktionen zugestanden worden sind.[352] Das Versagen der Hilfsfunktion ist lediglich ein nachträglicher Versuch, das zu negieren, was bereits geschehen ist. Damit geht einher, daß die die Verfassungsordnung umwälzenden Entwicklungen zu berücksichtigen

---

347 Vgl. zur *legislative power of contempt* 6. Kap., A.II.2.c)bb) vor (1).

348 *Anderson v. Dunn*, 19 U.S. 204 (1821); dazu auch GOLDFARB, *The Contempt Power*, S. 136.

349 Vgl. oben, 6. Kap., A.II.2.c)bb)(1).

350 Vgl. GOLDFARB, *The Contempt Power*, S. 136.

351 Vgl. zur *power of contempt* oben, 2. Kap., A.III.3.b)bb) und 6. Kap., A.II.2.c)bb)(1). Zur Bedeutung der *power of contempt* auch BENTON, 41 Texas L. R., 874, 882f.

352 *Crowell v. Benson*, 285 U.S. 22 (1932); vgl. dazu auch oben, 2. Kap., B.II.2.a)bb).

sind, die die *administrative agencies* als „vierte Gewalt"[353] hervorgebracht haben. Es war nicht Zufall sondern die Rechtsprechung des *Supreme Court*, die den *administrative agencies* die Kompetenz zugesprochen hat, auf dem Bereich der Judikativen wie ein judikatives Organ (*quasi-judicial*) tätig zu werden. Anders kann diese höchstrichterliche Rechtsprechung zu den *public rights* und der Aufgabenzuweisung zu den *constitutional* und *legislative courts* nicht verstanden werden.[354] Auch deswegen kann das *separation of powers*-Argument kein absolutes Hindernis sein, an *administrative agencies* die *power of contempt* zu delegieren. Schließlich bezeichnet man die *administrative agencies* auch als verlängerten Arm des *Congress*.[355] Wenn dies so ist, dann müßte der *Congress* auch seine *power of contempt* letztendlich an sich selbst weiterdelegieren können.[356]

Eine im Sinne dieses Arguments strikt verstandene Auffassung vom Inhalt der *separation of powers* steht auch im Widerspruch zu der ansonsten flexiblen Anwendung derselben. Wie sollte sonst die Tatsache erklärt werden, daß die *administrative agencies* alle drei Staatsfunktionen ausüben und sich so an den Rande des Drei-Gewalten-Schemas versetzt sehen?[357] Bei der Ausstattung der *administrative agencies* führt man praxisnahe Gründe an, um die Anhäufung der Funktionen entgegen der klaren Systematik der Verfassung zu erklären.[358] Selbst bei Außerachtlassen der *administrative agencies* ordnet die amerikanische Unionsverfassung eine Vermengung der drei Funktionen zu einem gewissen Teil an. Nicht anders kann das System der *checks and balances* verstanden werden.[359] Somit erscheint das starre Festhalten am Prinzip der *separation of powers* als zwanghafter Versuch, den letzten Schritt zur Absonderung der *administrative agencies* zu verhindern; zwanghaft deswegen, weil zur Begründung verfassungssystematische Gründe herangezogen werden, die in der dabei verstandenen Klarheit und Strenge nicht in der amerikanischen Verfassung angelegt sind und in der Verfassungswirklichkeit auch nicht in Erscheinung treten.

---

[353] STRAUSS, 84 Columbia L. R. 573, 578.

[354] Vgl. oben, 2. Kap., B.II.2.a)bb).

[355] Vgl. nur BRUFF, 36 Am. U. L. R. 491, 505 (Fn. 82); s. auch ALBERT, Problematik der IRCs, S. 52

[356] Weitere Nachweise zu diesem Gedanken bei BENTON, 41 Texas L. R., 874, 883.

[357] Vgl. oben, 2. Kap., B.II.3.

[358] Vgl. oben, 2. Kap., B.II.1.

[359] Vgl. oben, 2. Kap., A.II.2.

Zusammenfassend läßt sich nur festhalten, daß auch das *separation of powers*-Argument nicht ohne innere Widersprüche bleibt und somit nicht als juristische Rechtfertigung für die derzeitige Situation dienen kann.

3. Weitere Kritikpunkte

Neben den beiden Hauptkritikpunkten, die auf die Argumente der Leitentscheidung aus dem Jahr 1894 antworten, gibt es weitere Unstimmigkeiten, die durch das amerikanische Modell ausgelöst werden.

a) Ineffizienz und Zeitintensität

Das gesamte „*enforcement problem*" kann man als ein Bemühen um Effektivität und Effizienz sehen und als Anstrengung gegen Verzögerung und Verwässerung des verwaltungsbehördlichen Verfahrens.[360] Wie bereits angedeutet,[361] wird das Verwaltungsverfahren insgesamt entschieden dadurch gehemmt, daß die *administrative agencies* die Mithilfe der Gerichte benötigen, um ihre Informationsgesuche durchzusetzen. Dabei tritt neben ein rein zeitliches Moment auch noch ein inhaltliches.

Beide – *administrative agency* wie *district court* – werden durch das amerikanische Modell unverhältnismäßig beansprucht. Das umständliche Einspannen der *district courts* zieht nicht nur die verwaltungsbehördlichen sondern auch die rein gerichtlichen Verfahren unnötig in die Länge.[362] Für die *administrative agency* wirkt es sich vornehmlich aus, daß sie die Entscheidung des *district court* abwarten muß. Aber auch schon im Vorfeld des gerichtlichen Verfahrens trifft sie eine zusätzliche Last. Um den zuständigen *district court* einzuschalten, muß die *administrative agency* die erforderlichen Unterlagen und Dokumente vorbereiten, auf Grundlage derer das Gericht dann seine Entscheidung zu treffen hat. Schon dies allein ist ein erstes verfahrenshemmendes Moment. Nicht zu unterschätzen ist schließlich, daß durch eine Mehrzahl von Verfahrensschritten auch die Anzahl angreifbarer

---

360 BENTON, 41 Texas L. R., 874, 885.

361 Vgl. oben, 6. Kap., B.III.1.c)bb)(2).

362 Vgl. nur *UAW v. NLRB*, 459 F.2d 1329 (D.C. Cir. 1972); *FMC v. New York Terminal Conference*, 373 F.2d 424 (2nd Cir. 1967); *FMC v. DeSmedt*, 366 F.2d 464 (2nd Cir. 1966), *cert. den.*, 385 U.S. 974 (1966); *FMC v. Caragher*, 364 F.2d 709 (2nd Cir. 1966); *Pacific Westbound Conference v. United States*, 332 F.2d 49 (9th Cir. 1964); *Far East Conference v. FMC*, 337 F.2d 146 (D.C. Cir. 1964), *cert. den.*, 379 U.S. 991 (1965).

Entscheidungen steigt. So können nicht beachtete Anordnungen zur Informationsgewinnung zu Verzögerungen von mehreren Jahren führen.[363] Für den zuständigen *district court* tritt das *enforcement*-Verfahren neben das gerichtliche Alltagsgeschäft. Es ist eine zusätzliche Belastung der sowieso schon überlasteten Judikativen. Dies hat wiederum Auswirkung auf die Dauer der gerichtlichen Verfahren.

Auch inhaltlich wirkt sich das Modell auf die Entscheidungen aus. Fehlende Informationen beeinflussen die inhaltliche Richtigkeit der verwaltungsbehördlichen Entscheidungen. Wenn die *administrative agency* ohne Einschalten der Gerichte eine Entscheidung zu erreichen sucht, dann muß sie sich auf das Tatsachenmaterial beschränken, das die Betroffenen ihr zur Verfügung stellen. Unvollständiges Erfassen der zugrundeliegenden Sachverhalte macht die Entscheidungen nur teilweise zutreffend und damit angreifbar. Auch die Hilfe der angerufenen Gerichte ist noch keine Garantie für inhaltliche Richtigkeit. Sie müssen sich vielmehr mit einer inhaltlich fremden Materie auseinandersetzen. Die mit der Sache befaßten Richter besitzen als Generalisten keine speziell verwaltungsrechtlichen Kenntnisse, weder bezüglich allgemeiner Verfahrens- noch besonderer Fachmaterien. Zudem werden die *district courts* ausschließlich als „Zwangsmittelinstanz" tätig. Am Ausgang des Verfahrens als Ganzes haben sie dagegen keinen Anteil, da etwaige Rechtsbehelfe gegen ihre Entscheidungen an die nächste Instanz, die zuständigen *circuit courts of appeal*, zu richten sind.[364] Somit wird ihre Arbeit dadurch erschwert, daß sie sich mit einer aus dem Gesamtzusammenhang isolierten Facette des Verfahrens beschäftigen müssen. Dies beeinträchtigt die inhaltliche Richtigkeit der gerichtlichen Entscheidung.

All dies führt dazu, daß die *administrative agencies* ihr Mandat nicht in dem Maße erfüllen können, wie es der Sache dienlich wäre. Zeit und Qualität sind die Kriterien, die verwaltungsbehördliche Leistungen bestimmen. Beides wird in Frage gestellt.

b) Der Prüfungsumfang des *Supreme Court*

Weitere Kritik läßt sich an dem vom *Supreme Court* aufgestellten Prüfungsmaßstab festmachen, der bei der gerichtlichen Durchsetzung des verwaltungsbehördlichen Informationsbegehrens anzulegen ist. Er kann gesetzlich

363 Nachweise auch bei BENTON, 41 Texas L. R., 874, 886.

364 Zum Instanzenzug vgl. CURRIE, Federal Courts, S. 592ff.; WRIGHT, *The Law of Federal Courts*, S. 8ff.

angeknüpft werden an eine Vorschrift des *Administrative Procedure Act*, und zwar an *5 U.S.C. Sec. 555(d)*. Hier ist als Voraussetzung für die Durchsetzung einer *subpoena* normiert, daß diese mit dem Recht übereinstimmen muß („*in accordance with law*"). In einer Entscheidung aus dem Jahr 1946, also kurz nach Erlaß des *APA*, hat der *Supreme Court* diese Regelung ausgelegt und so den Prüfungsmaßstab herausgebildet.[365] Danach muß die Behörde ihr Informationsbegehren auf eine gesetzliche Ermächtigungsgrundlage stützen können; ferner müssen die Information für das Untersuchungsziel relevant sein und die Maßnahme darf nicht zu unbestimmt und nicht unnötig belastend sein.[366]

Bei der ersten Voraussetzung stellt sich das Problem, daß die Ermächtigungsnormen häufig in sehr generellen Formulierungen gehalten sind.[367] Dies führt dazu, daß es kein objektiver Maßstab bleibt. Vielmehr ist es der Auslegungsmethode der Richter anheim gestellt, wie die Vorschrift auszulegen ist. Dies wird jedoch dadurch erschwert, daß Informationsgesuche tendenziell in den früheren Phasen eines Verwaltungsverfahrens gestellt werden, da die Information bzw. das richtige Tatsachenmaterial Grundlage der verwaltungsbehördlichen Entscheidung ist. Zu diesem frühen Zeitpunkt läßt sich jedoch nur sehr vage feststellen, ob die in Frage stehende Ermächtigungsnorm für das in Frage stehende Verfahren herangezogen werden kann.[368]

Auch die Relevanz des Informationsgesuches als Voraussetzung kann nicht ohne Bedenken hingenommen werden. Hier kommt ein bereits behandelter Aspekt wieder zum Tragen. Die Gerichte sind nicht auf ein bestimmtes Fachgebiet oder einen bestimmten Rechtszweig spezialisiert, insbesondere nicht auf den „Fremdkörper" Verwaltungsrecht. Es stellt sich somit die Frage, inwiefern sie überhaupt die Relevanz beurteilen können sollen. In der Regel geht es um hochspezielle Dokumente oder technische Hilfsapparaturen, die die erforderlichen und gewünschten Informationen beinhalten. Für die Beurteilung, welche Unterlagen erforderlich sind, bedarf es besonderer

---

365 *Oklahoma Press Publishing Co. v. Walling*, 327 U.S. 186 (1946).

366 Vgl. oben, 5. Kap., B.I.2.c).

367 BENTON, 41 Texas L. R., 874, 888; GELLHORN/LEVIN, *Administrative Law*, S. 127.

368 Insofern zielt die Kritik an diesem Prüfungsmaßstab hauptsächlich auf den zu weit ausgedehnten und damit zu weichen und sinnentleerten Maßstab, vgl. SCHWARTZ, 32 Tulsa L. J. 493, 517ff. (mwN).

Fachkenntnis, die bei den *administrative agencies* anzusiedeln ist. Hier drängt es sich auf, daß dies zu beurteilen, nur Letztgenannten möglich ist.

Selbst das dritte Erfordernis, die Zumutbarkeit des Informationsgesuches, läßt sich von einem Gericht nicht besser überprüfen als von der betroffenen *administrative agency*. Beide können erkennen, wann es dem Betroffenen nicht möglich ist, die gewünschte Information zu erbringen. Die bloße Beschwerlichkeit reicht in keinem Fall aus,[369] es müssen schon Gründe der tatächlichen oder wirtschaftlichen Unmöglichkeit hinzutreten. Es gibt keinen einleuchtenden Grund, warum dies nicht ebenso gut von einer *administrative agency* geleistet werden können sollte.

Somit setzt die Kritik an der derzeitigen Situation auch an dem Prüfungsmaßstab an, an dem sich verwaltungsbehördliche Informationsbegehren messen lassen müssen.

4. Zusammenfassung

Man kann festhalten, daß sich viele Einwände dagegen erheben lassen, *administrative agencies* Zwangsbefugnisse allgemein zu verwehren. Dies muß insbesondere für den wichtigen Sektor der Informationsgewinnung gelten. Man muß den *administrative agencies* zugestehen, daß sie auch für die Durchsetzung von Anordnungen zur Informationsgewinnung einen *due process* gewährleisten können, da die für die Verfahren vor den *administrative agencies* herausgebildeten Garantien dafür ausreichen. Deswegen überzeugt es nicht, ihnen nur die Befugnis für Verwaltungsverfahren auf erster Stufe zuzugestehen. Verwaltungsverfahren auf zweiter Stufe würden ebenfalls nicht gegen das Verfassungsgrundprinzip der *separation of powers* verstoßen. Die in die andere Richtung weisende Annahme geht von einem zu starrem Verständis dieses Prinzips aus und verkennt die historische Entwicklung der *power of contempt*. Ferner ist das derzeitige Modell einer effektiven und effizienten Verwaltung nicht zuträglich, da es den Ablauf der Verwaltungsverfahren unnötig behindert. Schließlich kann die Überprüfung einer verwaltungsbehördlichen Anordnung von den Gerichten noch nicht einmal in dem Maße geleistet werden, wie es die *administrative agencies* selber vornehmen könnten.

---

369 Vgl. oben, 6. Kap., B.III.1.c)bb)(1)(a).

IV. Ergebnis und Ausblick

Die Einwände entkräften teils die Argumente, teils fordern sie sogar eine Veränderung. Die derzeitige Situation ist als letztes Aufbäumen zu sehen, den *administrative agencies* nicht alle staatlichen Funktionen in der Gesamtheit ihrer Erscheinungsformen zu überlassen. Allerdings kann man dies nicht mit den *due process-* und *separation of powers*-Erwägungen begründen. Die Entscheidung aus dem Jahr 1894[370] hat somit eine zwar langanhaltende Begründung geliefert, die jedoch juristisch nicht befriedigen kann. Vielmehr kommen in diesen und in ähnlichen Ausführungen andere – wohlmöglich nicht unberechtigte – Bedenken zum Tragen. Es ist die Kompetenzfülle der *administrative agencies*, die die Gegner einer *„administrative power of contempt"* beunruhigt. Im Gegensatz zu den Richtern der *constitutional courts*[371] genießen die Spitzenbeamte der *administrative agencies* keine vergleichbare Unabhängigkeit, weder was die Dauer der Anstellung noch die abgesicherte Bezahlung anbetrifft. Sie sind politisch abhängig von ihren Vorgesetzten. So scheint die Gefahr des Macht- oder Amtsmißbrauchs hier näher zu liegen als bei den Gerichten, auch wenn behördeninteren Absicherungen existieren. Eine weitere Gefahr sehen sie vermutlich darin, daß die weitreichende Befugnis der *power of contempt* vor Gericht von ausgewiesenen Experten ausgeübt wird, während bei den *administrative agencies* eine solche Qualifiktion nicht vorliegen muß.[372] All diese Bedenken veranlassen die Gegner einer *„administrative power of contempt"*, ein ausgleichendes Korrektiv zu suchen und deswegen den *administrative agencies* die Ausübung der *power of contempt* zu versagen.[373] Jedoch ist dies die falsche Schlußfolgerung.

Vielmehr müßte man entweder daran ansetzen, die gesamte Erscheinungsform der *administrative agencies* zu überdenken, die *administrative agencies*

370 *ICC v. Brimson*, 154 U.S. 447 (1894).

371 Hier sei noch einmal daran erinnert, daß Gegenstand dieser Untersuchung nur Bundesorgane sind, sich diese Aussage also auf die *federal constitutional courts* und die *federal administrative agencies* bezieht, vgl. oben, 1. Kap.A.

372 Schließlich muß es sich bei dem Behördenpersonal, das diese Aufgaben übernehmen würde (vermutlich die *administrative law judges*), nicht um ausgebildete Richter handeln, die in dem Umgang mit dieser Befugnis durch Ausbildung und Praxis geschult sind.

373 Gegen diese pessimistische Haltung wandte bereits Richter WILLIAM O. DOUGLAS ein: *„[T]he subpoena power should be treated sympathetically and regarded as a necessary legal sanction [...]."*, *Cudahy Packing Co. v. Holland* [DOUGLAS, *dissenting opinion*], 315 U.S. 357, 373 (1942).

wieder mehr in die Verfassungsordnung einzubinden und so die gesamte Erscheinungsform der *administrative agency* zurückführen. Oder aber, man entschließt sich zu dem anderen Extrem: Wenn man schon *administrative agencies* für unverzichtbar hält, dann muß man sie auch mit allen Kompetenzen ausstatten, die ein erfolgreiches Arbeiten ermöglichen. Einen Zwischenweg des Unentschlossenen kann es nicht geben. Aus verfassungsrechtlicher Sicht spricht nichts gegen den zweiten Weg. Trotz der Einwände und der sie begleitenden Bedenken bleibt als Ergebnis festzuhalten, daß eine Übertragung der *power of contempt* auf die *administrative agencies* möglich, sogar geboten ist. Somit könnte auch ein geschlossenes System der Verwaltungsvollstreckung errichtet werden.

7. Kapitel

Schluß – Zusammenfassung der Ergebnisse

1. Die amerikanische Unionsverfassung aus dem Jahr 1789 füllte ein verfassungsrechtliches Vakuum aus und schuf ein neues staatliches Gebilde, dessen Gundnormen in einer Urkunde systematisch erfaßt und geschlossen niedergelegt waren. Die Unionsverfassung ist die geschriebene Voraussetzung für einen der ersten Verfassungsstaaten, der seine Legitimation aus einer Verfassungsurkunde ableitet.

2. Die Vorschriften der amerikanischen Unionsverfassung, die die Ausübung der Staatsfunktionen betreffen, geben unmittelbar keine Auskunft über die Stellung der *administrative agencies* im amerikanischen Staatsaufbau, da der Verfassungstext diese Verwaltungsorgane nicht erwähnt. Die amerikanische Verfassung aus dem Jahr 1789 sah die Ausübung von Staatsgewalt durch *administrative agencies* nicht vor, da in dem exekutiven Funktionsbereich für die Ansiedelung weiterer Organe kein Platz war. Den Wunsch nach Einheitlichkeit begünstigte die vergleichsweise geringe Bedeutung, die man damals dem Verwaltungsstaat zugedacht hatte und ihm auch tatsächlich zukam.

3. Mittelbar kommt den *Art. I-III* der amerikanischen Unionsverfassung jedoch auch Aussagekraft für die Stellung der *administrative agencies* im amerikanischen Staatsaufbau zu. Die Existenz und das Zusammenspiel einiger Regelungen deuten an, daß es nicht unmöglich ist, den Fremdkörper *„administrative agency"* in das amerikanische System einzugliedern. So kann der *Congress* auf die nach der Verfassung klare Zuweisung der Funktionen Einfluß nehmen, indem er die *necessary and proper clause* nutzt, um Kompetenzen auf neu geschaffene Institutionen auszulagern. Gleiches gilt für die Befähigung, *legislative courts* einzurichten. Auch die Erweiterung der exekutiven Ein-Mann-Spitze auf *Cabinet* und *Executive Office* zeigt, daß Verfassungswirklichkeit und verfassungstextliche Vorgabe divergieren können. Allerdings scheint die *power of contempt* eine Grenze möglicher Veränderungen darzustellen, weil sie mit der judikativen Funktion anscheinend unlösbar verbunden ist.

4. Anfangs kam der staatlichen Verwaltungstätigkeit die Bedeutung eines Nebenprodukts der exekutiven Tätigkeiten zu. Dem freien Wettbewerb war das Feld der Wirtschaftsregulierung überlassen. Dies führte zu einer Bedrohung des Einzelnen, auf den die Nachteile dieser Situation abgewälzt wurden. Der Staat war aufgerufen, ihn zu schützen und die Wirtschaft in die Schranken zu weisen. Diese Aufgabe sollten die *administrative agencies* mit ihren weitreichenden Befugnissen erfüllen, die das klassische Gefüge der drei Staatsfunktionen betreffen sollten.

5. Die *administrative agencies* dienen zur Bewältigung bestimmter Sachprobleme und sind bei ihrer Tätigkeit nicht nur darauf beschränkt, die Gesetzestreue der Bürger zu überwachen. Sie können vielmehr im Rahmen ihrer Befugnisse alle drei Staatsfunktionen ausüben und somit quasi-legislativ, exekutiv und quasi-judiziell tätig werden. Im ersten Fall – dem *rulemaking* – muß die Delegation dem Erfordernis genügen, daß der gesetzgeberische Wille des *Congress* bei der verwaltungsbehördlichen Ausführung transparent bleibt. Im letzten Fall – der *administrative adjudication* – sind heute praktisch alle verwaltungsrechtlich relevanten Sachverhalte der Entscheidung durch *administrative agencies* eröffnet. Die gerichtliche Überprüfung durch *constitutional courts* muß dabei als wichtige Absicherung möglich bleiben.

6. Den *administrative agencies* ist somit durch die Verfassung keine bestimmte Stellung im amerikanischen Staatsufbau zugewiesen. Vielmehr haben sich diese Organe in der Verfassungswirklichkeit entwickelt, ausgelöst durch das Bedürfnis, ein bestimmtes Sachproblem effizient zu lösen. Die weitreichende Delegation von Kompetenzen anderer Staatsorgane hat die *administrative agencies* in eine Position gehoben, die von den drei klassischen Staatsfunktionen losgelöst ist. Dies hat den *independent regulatory agencies*, die im Vergleich zu den *independent executive agencies* eine graduell größere Unabhängigkeit vom *President* genießen, die Bezeichnung als vierte Staatsfunktion („*headless fourth branch*") eingebracht. Das Grundprinzip der *separation of powers* scheint somit durch die Existenz der *administrative agencies* in Frage gestellt zu sein. Ihre Erscheinungsform im amerikanischen Verfassungssystem kann nur als systemwidrig beschrieben werden, gleichwohl der *Supreme Court* ihre Verfassungsmäßigkeit konstruiert hat.

7. *Administrative agencies* können eigene Verwaltungsverfahren, sog. *administrative adjudications*, durchführen. Die Befugnis dazu ist flankiert von weitreichenden Vorgaben an die Ausgestaltung dieses Verfahrens. Durch die Verlagerung der Streitfallentscheidung von den Gerichten auf die *administrative agencies* soll der Betroffene nicht schlechter stehen. Deswegen ist der Schutz der *due process*-Klauseln auf die *administrative adjudication* ausgedehnt worden, sodaß solche Verfahrensgarantien anwendbar sind, die sich mit dem gerichtlichen Verfahren vergleichen lassen.

8. Bei der Überprüfung durch die Gerichte steht das Verwaltungsverfahren im Mittelpunkt. Erst als weitere Rechtsfrage ist zu prüfen, ob die betroffene *administrative agency* die einschlägigen Gesetze richtig angewandt und die Verfassung entsprechend beachtet hat. Die Kontrolldichte bei Tatsachenentscheidungen ist geringer, da hier wieder die ureigenen Funktionen der *administrative agencies* zum Tragen kommen.

9. Im amerikanischen Recht gibt es kein geschlossenes System der Verwaltungsvollstreckung und somit auch kein „Verwaltungsvollstreckungsgesetz", das allgemein und generell die Befugnisse der *administrative agencies* regelt, eigene Anordnungen auch selbst zu vollstrecken. Es lassen sich vielmehr nur einzelne Erscheinungsformen einer Verwaltungsvollstreckung finden, ohne daß dieser Oberbegriff als Bezeichnung einer Rechtsmaterie existierte. Die *administrative agencies* sind deswegen bei der Vollstreckung ihrer Entscheidungen im Grundsatz auf die Mithilfe der Gerichte angewiesen (*judicial enforcement*).

10. Die Erscheinungsformen einer Verwaltungsvollstreckung stellen Ausnahmen zu dem Grundsatz der gerichtlichen Vollstreckung dar und lassen sich nicht für alle *administrative agencies* vereinheitlichen, da sie zerfasert und unregelmäßig vorkommen. Insbesondere lassen die Ausnahmen sich nicht an bestimmten Rechtsgebieten oder Behördentypen festmachen sondern nur an bestimmten Fallgestaltungen. Deswegen läßt sich auch keine allgemeingültige Regel für ihre Bestimmung aufstellen. Maßnahmen der Informationsgewinnung bleiben von den Ausnahmen unberührt und die Vorherrschaft der Gerichte hier somit ungebrochen. Dies läßt sich insbesondere damit begründen, daß die Durchsetzung einer verwaltungsbehördlichen *subpoena* den Gerichten vorbehalten bleibt. Es scheint mit Grundprinzipien des anglo-amerikanischen Rechtssystems unvereinbar zu sein, wenn den *administrative agencies* eine solche Vollzugskompetenz eingeräumt würde.

11. Bei einem Vergleich des amerikanischen und deutschen Verwaltungsverfahrens ist festzustellen, daß auf der Ebene der *adjudication* bzw. des einfachen Verwaltungsverfahrens Parallelen auszumachen sind, die auf der zweiten Ebene des *enforcement* bzw. des Verwaltungsvollstreckungsverfahrens nicht gegeben sind. Dies ist darauf zurückzuführen, daß dem amerikanischen Recht eine verwaltungseigene Vollstreckung im Rahmen eines geschlossenen Systems der Verwaltungsvollstreckung fremd ist.

12. Der verfassungsrechtliche Schutz gegen verwaltungsbehördlichen Maßnahmen zur Informationsgewinnung kann nicht aus dem *right of privacy* hergeleitet werden, da dessen Erscheinungsformen ein solches Schutzinteresse nicht abdecken. Vielmehr ist der Adressat eines verwaltungsbehördlichen Informationsgesuches auf solche Verfassungsvorschriften angewiesen, die mit ihrem Regelungsgehalt Facetten der *privacy* abdecken. In Betracht dabei kommen *Am. 4* und *Am. 5*.

13. Beim Schutz der Privatsphäre im amerikanischen Recht ist trennscharf zwischen dem Schutz der *privacy* und dem *right of privacy* zu unterscheiden. Das allgemeine *right of privacy* ist für den deliktsrechtlichen Bereich in der Literatur entwickelt und vom *Supreme Court* verfassungsrechtlich ausgeformt worden. In einer Vielzahl von Entscheidungen hat das Gericht dem *right of privacy* die Gestalt eines Grundrechts auf Ehe und Familie verliehen. Somit stellen auf der Verfassungsebene nur *Am. 4* und *Am. 5* eine inhaltliche Schranke für verwaltungsbehördliche Maßnahmen zur Informationsgewinnung dar, nicht hingegen das *right of privacy*. Daneben können auch noch einfach-gesetzliche Bestimmungen den Schutz weiter ausgestalten.

14. *Administrative agencies* können unterschiedliche Wege beschreiten, um Informationen zu gewinnen. Je nach Bedarf können sie zwischen den Instrumenten *records/reports*, *subpoena* und *inspection* wählen und so auf vielfältige Weise den Betroffenen zur Preisgabe der erforderlichen Informationen zwingen. Dabei haben sie die verfassungsrechtlichen Garantien der *Am. 4* und *Am. 5* zu beachten. Daneben existieren einfach-gesetzliche Ausgestaltungen des Verfahrens.

15. Sollte sich der Adressat eines Informationsgesuchs weigern, die gewünschten Informationen zu unterbreiten, müssen die *administrative agencies* den Umweg über die Gerichte in Kauf nehmen. Der Zwang geht also letztendlich davon aus, daß die Gerichte eingeschaltet werden. Dies liegt darin begründet, daß *administrative agencies* keine Befugnis haben, ihre Maßnahmen im Rahmen der Informationsgewinnung selbst durchzusetzen.

16. Der *FOIA* und der *PA* beschäftigen sich mit der problematischen Offenlegung von bereits erhobenen Informationen und bringen die Transparenz verwaltungsbehördlichen Handelns und den Schutz der individuellen *privacy* in Einklang.

17. Die *Environmental Protection Agency (EPA)* ist für die Umweltpolitik und die Ausführung der maßgeblichen Umweltgesetze auf Bundesebene verantwortlich. Dabei kann sie sich bestimmte Aufgaben mit den Einzelstaaten, Indianerreservaten und Kommunen teilen. Sie bleibt aber auch dann weiterhin zuständig und kann erforderlichenfalls eingreifen. Die *EPA* ist als Verwaltungsbehörde intern hierarchisch gegliedert, fügt sich extern aber nicht in das *Cabinet*-System ein. Vielmehr findet sie ihren Platz am Rande des klassischen Drei-Gewalten-Schemas als *independent executive agency*. Ein sehr wichtiges Umweltgesetz ist der *Clean Water Act (CWA)*.

18. Der *EPA* stehen auf dem Gebiet des Wasserschutzrechts mit *CWA Sec. 308* und *CWA Sec. 309* mehrere Handlungsalternativen zur Informationsgewinnung zur Verfügung (*administrative remedies: section 308-letter, notice of violation, compliance order, administrative order assessing penalties; civil remedies; criminal remedies*). Diese Handlungsalternativen sind weitestgehend vom Vorliegen gleicher Voraussetzungen abhängig. Sie verlangen einen Verstoß gegen bestimmte Vorschriften des *CWA*, insbesondere gegen den diese Untersuchung betreffenden *CWA Sec. 308*. Eine Ausnahme stellt nur der *Section 308-Letter* dar, der einen Spezialfall aufgreift, indem er auf die gesetzliche Verpflichtung hinweist, Informationen zu unterbreiten. Lediglich bei den *criminal remedies* wird ein zusätzliches subjektives Moment verlangt. Ansonsten stehen die drei Kategorien von *remedies* parallel nebeneinander.

19. Dem *Administrator* kommt bei der Auswahl der Handlungsalternativen sowohl Entschließungs- wie auch Auswahlermessen zu. Dies ist gefestigte Rechsprechung. Im Regelfall ist auf die mildeste Maßnahme abzustellen. Das Verhältnis der einzelnen Handlungsalternativen zueinander wird maßgeblich durch ihre jeweilige Funktion und Reichweite bestimmt. Dabei ist eine parallele Anwendung möglich. Einzelfragen sind von der Ausgestaltung des jeweilig zu behandelnden Einzelfalles abhängig.

20. Das Gefüge der Handlungsalternativen wird als starkes Vollzugsinstrumentarium gerühmt. Eine ganz wesentliche Einschränkung erfährt es jedoch dadurch, daß der *EPA* die Zuständigkeit fehlt, selbst Anordnungen zwangsweise durchsetzen zu können. Diese Befugnis wird ihr und den *administrative agencies* generell nicht zugestanden. Vielmehr sind sie dabei von der Mithilfe und Entscheidung der jeweilig zuständigen *district courts* abhängig. Nur diese können alle erforderlichen Maßnahmen unter Buß- oder Strafandrohung anordnen und anschließend durchsetzen.

21. Bedingt durch die Besonderheiten des jeweiligen Umweltrechts und der jeweiligen Verwaltungsorganisation und den daraus resultierenden Unterschieden ist für die Zwecke dieser Untersuchung dem Handeln der amerikanischen Bundesbehörde *EPA* das einer deutschen Wasserbehörde entgegenzusetzen. Die für die Informationsgewinnung unabdinglichen Eingriffsmechanismen des *CWA* sind demnach entsprechenden Regelungen des Wasserhaushaltsgesetzes (WHG) gegenüberzustellen.

22. Durch § 21 WHG und § 65 VwVfG verfügt die Wasserbehörde über einen Maßnahmekatalog, mit dessen Hilfe sie die Informationen erlangen kann, die für ihre Verwaltungstätigkeit erforderlich sind. Die durch diese Vorschriften verliehenen Kompetenzen sind mit denen des *CWA* vergleichbar. Die Wasserbehörde kann Auskünfte einholen, Dokumente anlegen und führen lassen, diese einsehen, Betriebsgelände besichtigen sowie Zeugen und Sachverständige hören. All dies dient dazu, die Einhaltung der wasserrechtlichen Vorschriften zu kontrollieren und im Falle eines Verstoßes entsprechend reagieren zu können.

23. Die Wasserbehörde kann die Duldungs- und Mitwirkungspflichten des § 21 WHG im Wege des Verwaltungsvollstreckungsverfahrens selbst durchsetzen. Sie ist nicht auf die Mithilfe der Gerichte angewiesen. Anders gestaltet sich die Situation bei § 65 VwVfG. Hier muß die (Wasser-) Behörde ein Gericht um seine Mithilfe ersuchen. So verfügt sie im Verhältnis zu Beteiligten über alle erforderlichen Mittel, um ihr Informationsbegehren selbst und eigenständig zu befriedigen. Im Verhältnis zu Zeugen und Sachverständigen ist sie – vergleichbar mit der *EPA* im Rahmen des *CWA Sec. 309(g)(10)* – von einer entsprechenden Entscheidung des ersuchten Gerichts abhängig.

24. Der *EPA* und einer vergleichbaren Wasserbehörde stehen auf dem Gebiet der Informationsgewinnung mehrere Maßnahmen zur Verfügung, die inhaltliche Parallelen aufweisen und somit von ihrer „Ermächtigungsbreite" vergleichbar sind. Ein Unterschied ist jedoch in der „Ermächtigungstiefe" auszumachen. Die deutsche Wasserbehörde kann einen Verwaltungsakt mit dessen Regelungs- und Tatbestandswirkung wählen und ihn gegebenfalls selbst vollstrecken. Die *EPA* hingegen kann den Betroffenen, der sich weigert, der Handlungsaufforderung nachzukommen, nur mit Hilfe der Gerichte zur Beachtung der Handlungsaufforderung zwingen. Eine *administrative agency* tritt somit gegenüber einer deutschen Verwaltungsbehörde als ein amputiertes Verwaltungsorgan auf. Die Schärfe der Anordnungen einer *administrative agency* verstumpft wegen dieses Mangels.

25. Die Darstellung der *administrative agencies* und der Vergleich von *EPA* und deutscher Wasserbehörde legen den Schluß nahe, daß die bestehenden Unterschiede bei der Durchsetzung verwaltungsbehördlicher Maßnahmen zur Informationsgewinnung nicht die Folge verschiedener Regelungsprinzipien innerhalb desselben rechtlichen Systems sind, sondern daß sie vielmehr auf einer denklogisch tieferen Ebene an Besonderheiten der beiden Rechtssysteme anknüpfen. Dies könnte auch erklären, daß es in Amerika kein geschlossenes System der verwaltungseigenen Vollstreckung gibt. Somit wären die Unterschiede zwischen den beiden Vollzugsmodellen auf Grundaussagen des *common law* und des *civil law* zurückzuführen, die lediglich am Beispiel Amerikas und Deutschlands aufgezeigt werden, und nicht auf besondere Regelungsprinzipien der ausgewählten Länder selbst.

26. Das öffentliche Recht hat sich in Deutschland zum eigenständigen Rechtssystem entwickelt und bot die rechtliche Grundlage dafür, daß der Staat aus seiner übergeordneten Stellung mit Zwangsmitteln auf dem untergeordneten Bürger einwirken kann.

27. Auf der Grundlage des öffentlichen Rechts entfaltete ein tatsächliches Moment seine Wirkung, um den Staat in die übergeordnete Sonderstellung zu heben. Es besteht aus dem Wandel zum Absolutismus und der Entstehung des modernen Staates. Drei Phasen lassen sich dabei unterscheiden (mittelalterlicher Territorialstaat; absolutistischer Territorial- und Obrigkeitsstaat; neuzeitlicher, moderner Staat)

28. Bezeichnend für die erste Phase (mittelalterlicher Territorialstaat) ist, daß der Landesherr nicht außerhalb des Rechts stand, sondern die Grenze seiner Befugnisse an den Rechten und Ordnungen der Stände fand, die man als Privilegskorporationen verstehen muß, d.h. als Organe zur Wahrung der Interessen privilegierter Klassen. Die Vorstellung einer gemeinsamen Ordnung von Herrscher und Ständen existierte nicht. „Staat“ bedeutet zu dieser Zeit nur „Summe von Hoheitsrechten“, ist also lediglich der Besitz- und Machtstand des Fürsten. Von einem politischen Gemeinwesen kann hier noch nicht die Rede sein, insbesondere deswegen nicht, weil Landesherr und Stände nicht die Rechte aller vertraten, sondern nur die eigenen Rechte und die nicht vertretenen Klassen ausgeschlossen waren.

29. Charakteristisch für die zweite Phase der Entstehung (absolutistischer Territorial- und Obrigkeitsstaat) ist, daß der Herrscherperson eine einheitliche Willensmacht als *summum imperium* zukam, nicht aber der „Staatsperson“, also der überindividuellen Persönlichkeit des Staates. Auch hier kann man noch nicht von einem soziologisch-politischen Gemeinwesen sprechen. Der Wille des Monarchen als souveräner Staatswille schloß den politischen Willen des Untertanen aus.

30. Am Ende der dritten Phase (neuzeitlicher, moderner Staat) stehen sich nun auch im tatsächlichen Rechtsleben der übergeordnete Staat und der untergeordnete Bürger gegenüber. Das Zusammenspiel dieser Entwicklung mit der Unterscheidung von öffentlichem und privatem Recht ermöglichte diese Sonderstellung des Staates, die die Trennung von Justiz und Regierungs- bzw. Verwaltungssachen zusätzlich stützte.

31. Eine Folge der beiden Entwicklungsstränge ist die Entstehung verwaltungsbehördlicher Zwangsbefugnisse. Die Grundlage bildete die Polarisierung von Staat und Gesellschaft zu einem Über- und Unterordnungsverhältnis mit dem entsprechenden Sonderrecht des Übergeordneten. Die neugeschaffenen Verwaltungsbehörden behielten alle Institute, die für die Durchführung ihrer Aufgaben erforderlich waren. So ging neben dem rein administrativen Tätigkeitsbereich auch die Befugnis über, Zwangsmaßnahmen zur Durchsetzung hoheitlicher Anordnungen durchzuführen. Diese Aufgabenteilung wirkt bis zum heutigen Tage in der Vereinigung von Anordnungs- und Vollstreckungsbefugnis fort.

32. In England hingegen traf das römische Recht auf erbitterten Widerstand. Dabei richtete sich die Abwehrhaltung weniger gegen die inhaltlichen Aspekte des römischen Rechtssystems als gegen deren Verwendungsmöglichkeit zum Nutzen der englischen Krone und zum Nachteil der Untertanen. Das römische Recht konnte sich nicht gegen das *common law* durchsetzen und bot somit auch nicht die Plattform für die Unterscheidung von öffentlichem und privatem Recht. Die Abwehrhaltung übertrug sich mit den englischen Auswanderern auch nach Amerika, dem ebenfalls eine spezifische Trennung beider Rechtsbereiche fremd ist.

33. Das 17. Jahrundert stellt den letztendlich siegreichen Kampf des englischen *Parliament* gegen die Krone und deren absolutistischen Tendenzen dar. England schlug einen „Sonderweg" zu den kontinental-europäischen Staaten ein und ist zur großen „Alternative zum Absolutismus" geworden. Auch in Amerika lassen sich Spuren dieses Kampfes finden. In vorbildlicher und Maßstäbe setzender Weise „bekämpft" die amerikanische Unionsverfassung (mit Hilfe der Prinzipien der *separation of powers* und der *checks and balances*) die Bildung eines absolutistischen und machtzentrierenden Staates.

34. Dieser andere Verlauf der beiden Entwicklungsstränge entzieht dem anglo-amerikanischen Recht die Grundlage für ein Staatsverständnis und eine „Verwaltungsvollstreckung" deutscher Prägung.

35. LOCKE stand an der „Wiege des amerikanischen Regierungssystems". Seine Staatsphilosophie hat in der Unabhängigkeitserklärung aus dem Jahr 1776 sichtbaren Niederschlag gefunden. Ausgehend davon, daß die Herrschaftsgewalt sich aus dem Willen des Einzelnen legitimiert, ist die Konstruktion eines fiduziarischen Treueverhältnisses zwischen Regierten und Regierenden das fundamentale Bauprinzip der amerikanischen Verfassung. Es spiegelt allerdings nur die abstrakte Vorstellung vom Verhältnis „Staat" –

Bürger wider. Konkrete Erscheinungsformen eines solchen Verhältnisses lassen sich in der Verfassungswirklichkeit nur erahnen. Ein Beispiel dafür ist, daß ein geschlossenes System der verwaltungseigenen Vollstreckung fehlt.

36. Ein Grund für diesen Umstand ist, daß eine staatliche Überordnung einen Verstoß gegen das anglo-amerikanische Rechtssystem darstellt. Dieses Kennzeichen der deutschen Verwaltungsvollstreckung macht den Unterschied zum amerikanischen Modell aus. Ein Über- und Unterordnungsverhältnis deutscher Prägung gibt es in Amerika nicht, da der Staat nicht als umfassende, zu rechtlicher Einheit verfaßte Machtpotenz gedacht wird. Somit scheidet auch der verwaltungsbehördliche Zwangseingriff aus, der seine besondere Wirkung durch den Charakter der hoheitlichen Maßnahme erhält. Daraus folgt des weiteren, daß ein geschlossenes System der Verwaltungsvollstreckung, so wie es in Deutschland existiert, unvereinbar mit dem anglo-amerikanischen Rechtssystem ist.

37. Auf der Suche nach einem geschlossenen System der Vollstreckung „staatlicher" Anordnungen stößt man in Amerika auf die judizielle *power of contempt*, die – in Anlehnung an DICEY – mit den Traditionen und Gebräuchen im Einklang steht. Dieses Rechtsinstitut räumt den Gerichten die Befugnis ein, eigene Anordnungen durchzusetzen und ihnen Beachtung zukommen zu lassen, und stellt in sich ein geschlossenes System dar.

38. Die Geschichte der *power of contempt* reicht in das mittelalterliche England zurück. Ihr liegt die Idee eines königlichen Rechts zugrunde, das den Ersten einer Gemeinschaft in eine höherwertige Position rückte. Die *power of contempt* sollte die Würde und die Vorherrschaft des Königs sichern. Dessen herausgehobene Stellung und seine Verantwortung allein gegenüber Gott ließen überhaupt keinen anderen Schluß zu, als daß ein Widerstand ihm gegenüber eine Sünde mit der Folge der Bestrafung war. Im Laufe der Zeit wurde dieses Recht den Richtern übertragen, die in Vertretung des Königs handelten.

39. Mit den englischen Auswanderern fand das *common law* seinen Weg nach Amerika, mit ihm folglich auch die *power of contempt*, die über die Behandlung in vielen amerikanischen Gerichtsfällen ebenfalls Bestandteil des amerikanischen *common law* wurde. Es dauerte bis zum Jahr 1789, daß dieses Rechtsinstitut auch Eingang in die amerikanische Bundesgesetzgebung fand, und zwar in den *Judiciary Act*. Seitdem trägt es dazu bei, die Handlungsfähigkeit des *government* aufrecht zu erhalten.

40. Diese heile Verfassungswelt geriet durch die *administrative agencies* in eine Schieflage, da sich die Aufgabenverteilung im Gefüge der drei Gewalten wandelte. Nun waren auch diese neuen Verwaltungsbehörden befugt, im Rahmen der *administrative adjudication* staatliche Funktionen auszuüben, die bis dahin den Gerichten vorbehalten waren. Einer Übertragung der *power of contempt* scheiterte daran, daß nach Auffassung des *Supreme Court* die *power of contempt* eine der Verfassung innewohne Befugnis ist, die *administrative agencies* von der Verfassung aber nicht vorgesehen sind. Zudem hielt der *Supreme Court* auch *due process*- und *separation of powers*-Erwägungen entgegen.

41. Die Unterschiede bei der Durchsetzung verwaltungsbehördlicher Anordnungen zur Informationsgewinnung lassen sich auf Grundaussagen des *common law* und des *civil law* zurückführen. Das amerikanische Modell ist eine Folge des entwicklungsbedingten Umstandes, daß ein geschlossenes System der verwaltungseigenen Vollstreckung sich in Amerika nicht entwickelt hat und die Gerichte mit ihrer *power of contempt* weiterhin eine tragende Funktion bei der Durchsetzung verwaltungsbehördlicher Anordnungen einnehmen. In dem fehlenden Merkmal des übergeordneten Hoheitsträgers ist der fundamentale Unterschied zum deutschen Modell zu sehen.

42. Trotz aller Unterschiede besteht eine erstaunliche Gemeinsamkeit. Der Ursprung von Verwaltungsvollstreckung und *power of contempt* liegt einheitlich in einem besonderen Recht des Fürsten oder Königs liegt. Der Bann und die *power of contempt* sollten dazu dienen, die Autorität der fürstlichen bzw. königlichen Machtstellung und die Würde des Fürsten- bzw. Königsamtes zu untermauern. Nur so konnte die Beachtung dessen erreicht werden, was nach damaliger Auffassung rechtens war. Die politischen und gesellschaftlichen sowie die rechtlichen und philosophischen Strömungen in Deutschland bzw. Amerika ergriffen die beiden Rechtsinstitute und trieben sie in unterschiedliche Richtungen. In Deutschland machte das Rechtsinstitut den Umweg oder Abweg des Absolutismus, sodaß es als geschlossenes System in die Hände von Verwaltungsbehörden geriet. Dies geschah in England und später in Amerika nicht.

43. Trotz dieses rechtshistorischen und philosophischen Befunds kann über die Übertragung der *power of contempt* auf die *administrative agencies* debattiert werden; denn bereits mit den ersten *administrative agencies* geriet die amerikanische Verfassungsordnung in eine Schieflage. Die zu behandelnde Übertragung scheint genauso im Widerspruch zum *common law* zu stehen wie die vor einigen Jahrzehnten heiß diskutierten Verwaltungsbehörden. Gegen eine Veränderung dieser Art werden Bedenken vorgebracht, und zwar *due process*- und *separation of powers*-Erwägungen.

44. Beiden Argumenten ist gemein, daß sie in der *power of contempt* eine judikative Befugnis sehen. Im Lichte des *due process*-Argumentes führt diese Annahme dazu, daß *due process* schon dann ausgeschlossen ist, wenn ein nicht-judikatives Organ das Verfahren ausführt, beispielsweise also eine *administrative agency*. Mit dem *separation of powers*-Argument ist der Einwand erhoben, daß ein nicht-judikatives Organ eine rein judikative Befugnis ausübt.

45. Einem Verwaltungsverfahren auf zweiter Stufe steht das *due process*-Erfordernis jedoch nicht entgegen. Es kann nicht zur Begründung herangezogen werden, den *administrative agencies* die *power of contempt* zu verweigern. Dieses Argument ist entkräftet sowohl durch die offene Formulierung des Verfassungstextes als auch durch die tatsächliche Existenz von „Zwangsbefugnissen" in der Verwaltungspraxis. Insbesondere aber das Verwaltungsverfahren auf erster Stufe, dem *due process*-Charakter zugeschrieben wird, und ein ähnlich rechtsstaatlich unbedenklich einzustufendes Verwaltungsverfahren auf zweiter Stufe lassen eine Versagung von Zwangsbefugnissen auch auf dem Gebiet der staatlichen Informationsbeschaffung nicht zu.

46. Auch das *separation of powers*-Argument bleibt nicht ohne innere Widersprüche und kann somit nicht als juristische Rechtfertigung für die derzeitige Situation dienen. Es läßt sich nicht in Einklang bringen mit der ansonsten flexiblen Anwendung des Verfassungsprinzips.

47. Kritik läßt sich auch deswegen anbringen, weil die *administrative agencies* in der derzeitigen Situation ihr Mandat nicht in dem Maße erfüllen können, wie es der Sache dienlich wäre. Zeit und Qualität sind die Kriterien, die verwaltungsbehördliche Leistungen bestimmen. Beides wird in Frage gestellt. Auch der Prüfungsmaßstab, an dem sich verwaltungsbehördliche Informationsbegehren messen lassen müssen, gibt Anlaß zur Kritik, da er zu ungenau und wenig bestimmt ist.

48. Die verfassungsrechtlichen Argumente dafür, *administrative agencies* Zwangsbefugnisse auf dem Gebiet der Informationsbeschaffung zu verwehren, sind nicht haltbar. Die vom *Supreme Court* vorgebrachten *due process*- und *separation of powers*-Erwägungen können diese Haltung nicht begründen. Ferner ist das derzeitige Modell einer effektiven und effizienten Verwaltung nicht zuträglich, da es den Ablauf der Verwaltungsverfahren unnötig behindert. Schließlich kann die Überprüfung einer verwaltungsbehördlichen Anordnung von den Gerichten noch nicht einmal in dem Maße geleistet werden, wie es die *administrative agencies* selber vornehmen könnten.

49. In der Entscheidung aus dem Jahr 1894 und ähnlichen Ausführungen kommen andere – wohlmöglich nicht unberechtigte – Bedenken zum Tragen. Es ist die Kompetenzfülle der *administrative agencies*, die die Gegner einer „*administrative power of contempt*" beunruhigt. All diese Bedenken veranlassen die Gegner einer „*administrative power of contempt*", ein ausgleichendes Korrektiv zu suchen und allein deswegen den *administrative agencies* die Ausübung der *power of contempt* zu versagen. Jedoch ist dies die falsche Schlußfolgerung.

50. Entweder ist die gesamte Erscheinungsform der *administrative agencies* zu überdenken oder man stattet die *administrative agencies* mit allen Kompetenzen aus, die ein erfolgreiches Arbeiten ermöglichen. Einen Zwischenweg des Unentschlossenen kann es nicht geben. Trotz der Einwände und der sie begleitenden Bedenken ist eine Übertragung der *power of contempt* auf die *administrative agencies* möglich, sogar geboten. Somit könnte auch ein geschlossenes System der verwaltungseigenen Vollstreckung errichtet werden.

Literaturverzeichnis

Achterberg, Norbert: Allgemeines Verwaltungsrecht, Heidelberg 1982

ders.: „Zulässigkeit und Schranken stillschweigender Bundeszuständigkeiten im gegenwärtigen deutschen Verfassungsrecht“, in: Archiv des öffentlichen Rechts, 86. Band (1961), S. 62

Adam, Robert: „Die Adminstrative Agencies in USA“, in: Deutsches Verwaltungsblatt 1959, S. 641

Albert, Gerd: Stellung, Funktion und verfassungsrechtliche Problematik der Independent Regulatory Commissions in den Vereinigten Staaten von Amerika, Berlin 1971

Alm, Al: „A Dream That Hasn't Come True", in: EPA Journal, Vol. 16, No. 5, September/October 1990, S. 12

Althusius: Dicaelogicae libri tres, totum et universum jus, quo utimur, methodice complectentes, Herborn 1617

Aman, Alfred C. / Mayton, William T.: Administrative Law, St. Paul/MN 1993

Angermann, Erich: Robert von Mohl, Neuwied 1962

Anschütz, Gerhard: „Das Recht des Verwaltungszwanges in Preußen: vornehmlich in seiner geschichtlichen Entwicklung dargestellt“, in: Verwaltungsarchiv, Band 1 (1893), S. 389

App, Michael / Wettlaufer, Arno: Verwaltungsvollstreckungsrecht, 3. Auflage, Köln-Berlin-Bonn-München 1997

Aristoteles: Πολιτικα (Politika), hrsg. von W. D. Ross, Nachdruck der Ausgabe von 1957, Oxford 1962

Armstrong, Steven R.: „Note: The Argument for Agency Self-Enforcement of Discovery Orders“, in: Columbia Law Review, 83. Band (1983), S. 215

Arndt, Gottfried: Der Verwaltungsakt als Grundlage der Verwaltungsvollstreckung, Köln-Berlin-Bonn-München 1967

Barron, Jerome A. / Dienes, C. Thomas: Constitutional Law, St. Paul/MN 1991

Baudrillard, Henri: Bodin et son temps: tableau des théories politiques et des idées économiques au 16ème siècle, Nachdruck der Pariser Ausgabe von 1853, Aalen 1964

Bauer, Hartmut: „Subjektiv-öffentliche Rechte des Staates: zugleich ein Beitrag zur Lehre vom öffentlichen Recht“, in: Deutsches Verwaltungsblatt 1986, S. 208

Baum, Christopher F.: „Banning the Transportation of Nuclear Waste: a permissible Exercise of the States' Police Power?“, in: Fordham Law Review, 52. Band (1984), S. 663

Baur, Fritz: „Neue Verbindungslinien zwischen Privatrecht und öffentlichem Recht", in: Juristenzeitung 1963, S. 41

Beale, Joseph H.: „Contempt of Court, Criminal and Civil", in: Harvard Law Review, 21. Band (1908), S. 161

Becher, Ursula A. J.: „August Ludwig Schlözer – Analyse eines historischen Diskurses", in: Aufklärung und Geschichte: Studien zur deutschen Geisteswissenschaft im 18. Jahrhundert, hrsg. von Hans Erich Bödeker, Georg G. Iggers, Jonathan B. Knudsen und Peter H. Reill, Göttingen 1986

dies.: „Schlözer", in: Deutsche Biographische Enzyklopädie, hrsg. von Walther Killy und Rudolf Vierhaus, 8. Band, München 1998

Behrends, Okko / Knütel, Rolf / Kupisch, Berthold / Seiler, Hans H.: Corpus Iuris Civilis, Band I: Institutiones, Text und Übersetzung, mit Erläuterungen, 2. Auflage, Heidelberg 1997

Bender, Bernd / Sparwasser, Reinhard / Engel, Rüdiger: Umweltrecht: Grundzüge des öffentlichen Umweltschutzrechts, 3. Auflage, Heidelberg 1995

Benton, John B.: „Administrative Subpoena Enforcement", in: Texas Law Review, 41. Band (1963), S. 874

Berendt, Gerald E. / Kendall, Walter J. III: „Judicial Review – Reflections on the proper Relationship between Courts and Agencies", in: Chicago-Kent Law Review, 58. Band (1982), S. 215

Black, Henry Campbell: Black's Law Dictionary, 6. Auflage, St. Paul/MN 1990

Blackstone, William: Commentaries on the Laws of England, hrsg. von Thomas M. Cooley, 3. Auflage, Chicago 1884

Bleckmann, Albert: „Zur Zuständigkeitsverteilung zwischen Bund und Ländern", in: Deutsches Verwaltungsblatt 1985, S. 832

Bliesener, Karoline: Altlastensanierung und -haftung in den USA nach dem „Comprehensive Environmental Response, Compensation, and Liability Act", Bonn (Diss.) 1998

Bloustein, Edward J.: „Privacy as an Aspect of Human Dignity: An Answer to Dean Prosser", in: New York University Law Review, 39. Band (1964), S. 962

Blumenwitz, Dieter: Einführung in das anglo-amerikanische Recht, 6. Auflage, München 1998

Bodin, Jean: Six Livres de la République, Facsimiledruck der Pariser Ausgabe von 1583, Aalen 1961

Boehmer, Justus H.: Introductio in ius publicum universale ex genuinis iuris naturae principiis deductum [...], 3. Auflage, Halle-Magdeburg 1740

Bothe, Michael: Die Kompetenzstruktur des modernen Bundesstaates in rechtsvergleichender Sicht, Berlin-Heidelberg-New York 1977

Botzenhart, Manfred: „Wandlungen der ständischen Gesellschaft im Deutschland der preussischen und rheinbündischen Reformen“, Der Staat (Beiheft 4), 19. Band (1980), S. 55

Braveman, Daan / Banks, William C. / Smolla, Rodney A.: Constitutional Law: Structure and Rights in our Federal System, New York/NY 1991

Brenton, Myron: The Privacy Invaders, New York 1964

Breuer, Rüdiger: Die Abgrenzung zwischen Abwasserbeseitigung, Abfallbeseitigung und Reststoffverwertung, Heidelberg 1985

ders.: Öffentliches und privates Wasserrecht, 2. Auflage, München 1987

ders.: „Umweltschutzrecht“, in: Besonderes Verwaltungsrecht, 5. Abschnitt, hrsg. von Eberhard Schmidt-Aßmann, 10. Auflage, Berlin-New York 1995

Breyer, Stephen G. / Steward, Richard B.: Administrative Law and Regulatory Policy, Boston-Toronto 1979, Supplement 1982

Brocker, Manfred: Die Grundlagen des liberalen Verfassungsstaates: von den Levellern zu John Locke, München 1995

Bruff, Harold H.: „The Uneasy Status of the Administrative Agencies“, in: The American University Law Review, 36. Band (1987), S. 491

Brugger, Winfried: Einführung in das öffentliche Recht der USA, München 1993

ders.: Grundrechte und Verfassungsgerichtsbarkeit in den Vereinigten Staaten von Amerika, Tübingen 1987

ders.: „Der grundrechtliche Schutz der Privatsphäre in den Vereinigten Staaten von Amerika“, in: Archiv für öffentliches Recht, 108. Band, Tübingen 1983, S. 25

ders.: Persönlichkeitsentfaltung als Grundwert der amerikanischen Verfassung: dargestellt am Beispiel des Streits um den Schutz von Abtreibungen und Homosexualität, Heidelberg 1994

Brunner, Otto: Land und Herrschaft: Grundfragen der territorialen Verfassungsgeschichte Österreichs im Mittelalter (Nachdruck der 5. Auflage, Wien 1965), Darmstadt 1973

Buck, Susan J.: Understanding Environmental Administration and Law, Washington D.C. 1996

Buggle, Alfred: Die „Interstate Commerce Commission“ und die Regulierung des zwischenstaatlichen Verkehrs in den Vereinigten Staaten von Amerika, Freiburg (Diss.) 1964

Bullinger, Martin: Öffentliches Recht und Privatrecht, Stuttgart 1968

ders.: Vertrag und Verwaltungsakt – Zu den Handlungsformen und Handlungsprinzipien der öffentlichen Verwaltung nach deutschem und englischem Recht, Stuttgart 1962

Büssem, Eberhard / Neher, Michael: Arbeitsbuch Geschichte, Neuzeit (16.-18. Jahrhundert), 7. Auflage, Tübingen-Basel 1999

Caesar, Gaius Julius: Commentarii de Bello Gallico, hrsg. von Renatus Du Pontet, Nachdruck der Oxforder Ausgabe von 1900, Oxford 1956

Calabresi, Steven G. / Rhodes, Kevin H.: „The structural Constitution: Unitary Executive, Plural Judiciary", in: The Harvard Law Review, 105. Band (1992), S. 1155

Carstens, Karl: Grundgedanken der amerikanischen Verfassung und ihre Verwirklichung, Berlin 1954

Chapman, Stephen R.: Environmental Law and Policy, Upper Saddle River/NJ 1998

Chesterman, Michael: „Contempt: In the Common Law, but not the Civil Law", in: International and Comparative Law Quaterly, 46. Band (1997), S. 521

Clayden, Tony: William III. and the godly Revolution, Cambridge 1996

Cohen, William / Varat, Jonathan D.: Constitutional Law, 10. Auflage, Westbury (NY) 1997

Coing, Helmut: Grundzüge der Rechtsphilosophie, 4. Auflage, Berlin-New York 1985

Coing, Helmut / Nörr, Wolfgang: Englische und kontinentale Rechtsgeschichte: ein Forschungsprojekt, Berlin 1985

Sir Coke, Edward: Institutes of the Laws of England, London 1641

Congressional Research Service (Library of Congress): The Constitution of the United States of America: Analysis and Interpretation, Annotations of Cases Decided by the Supreme Court of the United States, Washington D.C.1996

Conrad, Hermann: Deutsche Rechtsgeschichte, Band I: Frühzeit und Mittelalter, 2. Auflage, Karlsruhe 1962

Conze, Werner: „Staat und Gesellschaft in der frührevolutionären Epoche Deutschlands", in: Gesellschaft – Staat – Nation: gesammelte Aufsätze von Werner Conze, hrsg. von Ulrich Engelhardt, Stuttgart 1992

Corpus Iuris Civilis: Institutiones et Digesta, Textausgabe, besorgt von Paul Krüger und Theodor Mommsen, 12. Auflage, Berlin 1911

Coursen, David F.: „Tribes as States: Indian Tribal Authority to Regulate and Enforce Federal Environmental Law and Regulations", in: Environmental Law Reporter, 23. Band (1993), S. 10579

Croly, Herbert: The Promise of American Life, Cambridge/MA 1965

Cunningham, William / Ball, Terence / Cooper, Terence H.: Environmental Encyclopedia, Detroit-Washington D.C.-London 1994

Currie, David P.: „Bankruptcy Judges and the Independent Judiciary", in: Creighton Law Review, 16. Band (1983), S. 441

ders.: Federal Courts: Cases and Materials, 4. Auflage, St. Paul/MN

ders.: Die Verfassung der Vereinigten Staaten von Amerika, Frankfurt am Main 1988 *ders.:* „Der Vorbehalt des Gesetzes: Amerikanische Analogien“, in: Die öffentliche Verwaltung zwischen Gesetzgebung und richterlicher Kontrolle, hrsg. von Volkmar Götz, Hans Hugo Klein und Christian Starck, München 1985, S. 68

Czychowski, Manfred: Wasserhaushaltsgesetz, Kommentar, 7. Neuauflage des von Paul Gieseke und Werner Wiedemann begründeten Kommentars, München 1998

Damkowski, Wulf: Die Entstehung des Verwaltungsbegriffs: eine Wortstudie, Köln-Berlin-Bonn-München 1969

Darsow, Thomas: Zum Wandel des Staatsbegriffs: unter besonderer Berücksichtigung der Lehre und Praxis internationaler Organisationen, der Mikrostaaten und der PLO, Frankfurt 1984

David, René / Grasmann, Günther: Einführung in die großen Rechtssysteme der Gegenwart, 2. Auflage, München 1988

Davis, Kenneth C.: Administrative Law Treatise, Vol. I-V, 2. Auflage, San Diego [Vol. I: 1978, Vol. II: 1979, Vol. III: 1980, Vol. IV: 1983, Vol. V: 1984]

Degenhart, Christoph: „Gerichtsorganisation“, in: Handbuch des Staatsrechts, hrsg. von Josef Isensee und Paul Kirchhof, Bd. III, § 75, Heidelberg 1988

ders.: Staatsrecht I: Staatszielbestimmungen, Staatsorgane, Staatsfunktionen, 14. Auflage, Heidelberg 1998

Dennert, Jürgen: Ursprung und Begriff der Souveränität, Stuttgart 1964

Dicey, Albert Venn: Introduction to the Study of the Law of the Constitution, 7. Auflage, London 1908

ders.: Introduction to the Study of the Law of the Constitution, 10. Auflage, London 1965

Dietlein, Johannes: „Verwaltungszwang gegen Unbekannt“, in: Nordrhein-Westfälische Verwaltungsblätter 1991, S. 81

Dreier, Horst: Grundgesetz, Kommentar, Band II (Art. 20-82), Tübingen 1998

Duchhardt, Heinz: Das Zeitalter des Absolutismus, 3. Auflage, München 1998

Ebel, Wilhelm: Geschichte und Gesetzgebung in Deutschland, 2. Auflage, Göttingen 1958

Ebel, Wilhelm / Thielmann, Georg: Rechtsgeschichte, Band I: Antike und Mittelalter, Heidelberg 1989

Ehlers, Dirk: „Rechtsverhältnisse in der Leisungsverwaltung“, in: Deutsches Verwaltungsblatt 1986, S. 912

ders.: Verwaltung in Privatrechtsform, Berlin 1984

ders.: „Verwaltung und Verwaltungsrecht im demokratischen und sozialen Rechtsstaat“, in: Allgemeines Verwaltungsrecht, 1. Abschnitt, hrsg. von Hans-Uwe Erichsen, 10. Auflage, Berlin-New York 1995

Ehmke, Horst: „Staat und Gesellschaft als verfassungstheoretisches Problem“, in: Staatsverfassung und Kirchenordnung, Festgabe für Rudolf Smend zum 80. Geburtstag, Tübingen 1962, S. 23

ders.: Wirtschaft und Verfassung. Die Verfassungsrechtsprechung des Supreme Court zur Wirtschaftsregulierung, Karlsruhe 1961

Elze, Reinhard / Repgen, Konrad: Studienbuch Geschichte: eine europäische Weltgeschichte, 3. Auflage, Band 1: Vor- und Frühgeschichte, Altertum, Mittelalter; Band 2: Frühe Neuzeit, 19. und 20. Jahrhundert, Stuttgart 1994

Engelhardt, Hanns / App, Michael: Verwaltungsvollstreckungsgesetz – Verwaltungszustellungsgesetz, 4. Auflage, München 1996

Erath, Franz: Förmliche Verwaltungsverfahren und gerichtliche Kontrolle, Stuttgart-München-Hannover-Berlin-Weimar-Dresden 1996

ders.: „Reduzierte Kontrolldichte durch unabhängige Entscheider im Verwaltungsverfahren“, in: DAJV-Newsletter 1/1998, S. 7

Erbes, Russell E.: A Practical Guide to Air Quality Compliance, New York/NY 1996

Erichsen, Hans-Uwe: „Bedeutung und Begriff des Verwaltungsakts“, in: Allgemeines Verwaltungsrecht, § 12, hrsg. von Hans-Uwe Erichsen, 10. Auflage, Berlin-New York 1995

ders.: „Öffentliches und privates Recht“, in: Juristsche Ausbildung 1982, S. 537

Erlenkämper, Friedel: Verwaltungsvollstreckungsgesetz Nordrhein-Westfalen, 3. Auflage, Köln 1981

Euchner, Walter: John Locke zur Einführung, Hamburg 1996

Faber, Heiko: Verwaltungsrecht, 4. Auflage, Tübingen 1995

Fallon, Richard H.: „The Rule of Law as a Concept in Constitutional Discourse“, in: Columbia Law Review, 97. Band (1997), S. 1

Federal Bureau of Investigation: Mission, www.fbi.gov/yourfbi/facts/mission.htm; Stand: März 1999

Federal Trade Commission: How the FTC Brings an Action, www.ftc.gov/ftc/action.htm; Stand: 17.6.1999

Feist, Hans-Joachim: Die Entstehung des Verwaltungsrechts als Rechtsdisziplin, München 1968

Fesefeldt, Wibke: Englische Staatstheorie des 13. Jahrhunderts: Henry Bracton und sein Werk, Göttingen-Berlin-Frankfurt am Main 1962

Fichte, Johann Gottlieb: Einige Vorlesungen über die Bestimmung des Gelehrten, Jena-Leipzig 1794

Figgis, John Neville: The Divine Right of Kings, 2. Auflage, Cambridge 1914

Fikentscher, Wolfgang: Methoden des Rechts in vergleichender Darstellung, Band II: Anglo-amerikanischer Rechtskreis, Tübingen 1975

Fischel, Eduard: Die Verfassung Englands, Berlin 1862

Forsthoff, Ernst: Lehrbuch des Verwaltungsrechts, 1. Band, Allgemeiner Teil, 10. Auflage, München 1973

Fraenkel, Ernst: Das amerikanische Regierungssystem: eine politologische Analyse, 3. Auflage, Opladen 1976

Frankfurter, Felix: „The Task of Administrative Law", in: University of Pennsylvania Law Review, 75. Band (1927), S. 614

Frantz, Constantin: Die Naturlehre des Staates als Grundlage aller Staatswissenschaft, Leipzig-Heidelberg 1870

ders.: Vorschule zur Physiologie der Staaten, Berlin 1957

Frensdorff, Ferdinand: „Schlözer", in: Allgemeine Deutsche Bibliographie, hrsg. durch die historische Commission bei der Königlichen Akademie der Wissenschaften, 31. Band, Leipzig 1890

Frenz, Walter: Kreislaufwirtschafts- und Abfallgesetz, Kommentar, 2. Auflage, Köln-Berlin-Bonn-München 1998

Friedenthal, Jack H. / Kane, Mary K. / Miller, Arthur R.: Civil Procedure, St. Paul/MN 1985

Friendly, Henry: „Some Kind of Hearing", in: University of Pennsylvania Law Review, 123. Band, S. 1267

Gallagher, Lynn M. / Miller, Leonard A.: Clean Water Handbook, 2. Auflage, Rockville/MD 1996

Gaul, Hans Friedhelm: „Die Mitwirkung des Zivilgerichts an der Vollstreckung von Verwaltungsakten und verwaltungsgerichtlichen Entscheidungen", in: Juristenzeitung 1979, S. 496

Gellhorn, Ernest / Levin, Ronald M.: Administrative Law and Process in a Nutshell, 4. Auflage, St. Paul/ MN 1997

von Gerber, Carl Friedrich: Grundzüge eines Systems des Deutschen Staatsrechts, 2. Auflage, Leipzig 1869

von Gierke, Otto: Das Deutsche Genossenschaftsrecht, 4. Band: Staats- und Korporationslehre der Neuzeit, unveränderter Nachdruck der ersten Ausgabe, Darmstadt 1954

ders.: Johannes Althusius und die Entwicklung der naturrechtlichen Staatstheorien: zugleich ein Beitrag zur Geschichte der Rechtssystematik, 5. Auflage, Aalen 1958

Gilles, Peter: „Contempt of Court – Ungebühr vor Gericht – Richter in eigener Sache", in: Gedächtnisschrift Peter Arens, München 1993, S. 143

Glass Geltman, Elizabeth / Skroback, Andrew E.: „Reinventing the EPA to Conform with the New American Environmentality“, in: Columbia Journal of Environmental Law, 23. Band (1998), S. 1

Glum, Friedrich: Die amerikanische Demokratie, Bonn 1966

Gmür, Rudolf / Roth, Andreas: Grundriß der deutschen Rechtsgeschichte, 8. Auflage, Neuwied-Kriftel 1998

Gneist, Rudolf: Englische Verfassungsgeschichte, Berlin 1882

ders.: Das englische Verwaltungsrecht der Gegenwart in Vergleichung mit den Deutschen Verwaltungssystemen, Erster Band: Allgemeiner Teil, 3. Auflage, Berlin 1883

ders.: Geschichte und heutige Gestalt der englischen Communalverfassung oder des Selfgovernments, 2. Auflage, Berlin 1863

ders.: Verwaltung Justiz Rechtsweg: Staatsverwaltung und Selbstverwaltung nach englischen und deutschen Verhältnissen mit besonderer Rücksicht auf Verwaltungsreformen und Kreis-Ordnungen in Preussen, Berlin 1869

ders.: „Verwaltungsexekution“, in: Holtzendorff's Rechtslexikon, hrsg. von Franz von Holtzendorff, 3. Auflage, Leipzig 1881

Göhler, Erich: Gesetz über Ordnungswidrigkeiten, 12. Auflage, München 1998

Goldfarb, Ronald L.: The Contempt Power, New York-London 1963

Goodnow, Frank J.: The Principles of the Administrative Law of the United States, New York-London 1905

Greenspan, Alan R.: „The Constitutional Exercise of the Federal Police Power: a Functional Approach to Federalism“, in: Vanderbilt Law Review, 41. Band (1988), S. 1019

Grimm, Dieter: „Zur politischen Funktion der Trennung von öffentlichem und privatem Recht in Deutschland“, in: Studien zur europäischen Rechtsgeschichte, hrsg. von Walter Wilhelm, Frankfurt 1972, S. 224

Grupp, Klaus: „Mitwirkungspflichten im Verwaltungsverfahren“, in: Verwaltungsarchiv 1989, S. 44ff.

Gunter, Gerald: Constitutional Law, 12. Auflage Westbury/NY 1991

Gurlit, Elke: Die Verwaltungsöffentlichkeit im Umweltrecht: Ein Rechtsvergleich Bundesrepublik Deutschland – USA, Düsseldorf 1989

Guruswamy, Lakshman: „Integrated Thoughtways: Re-Opening of the Environmental Mind?“, in: Wisconsin Law Review (1989), S. 463

Hahn, Johannes: Der Begriff des property bei John Locke: zu den Grundlagen seiner politischen Philosophie, Frankfurt am Main 1984

Hamilton, Alexander: The Federalist (weitere Autoren James Madison und John Jay); Der Föderalist, herausgegeben und übersetzt von Felix Ermacora, Wien 1958

Hancke, E.: Bodin: eine Studie über den Begriff der Souveränität, Neudruck der Breslauer Ausgabe von 1894, Aalen 1965

Hancke, Hansjochen: Die Lehre vom Divine Right of Kings bei Jakob I. von England und ihre Bedeutung in den englischen Verfassungskonflikten des frühen 17. Jahrhunderts, Münster (Diss.) 1969

Harper, Fowler V. / James, Fleming / Gray, Oscar: The Law of Torts, 2. Auflage, Boston-Toronto-Little Brown 1986

Hatschek, Julius: Englisches Staatsrecht, Band I: Die Verfassung, Tübingen 1905

ders.: Englische Verfassungsgeschichte bis zum Regierungsantritt der Königin Victoria, München-Berlin 1913

Hattenhauer, Hans: Europäische Rechtsgeschichte, 2. Auflage, Heidelberg 1994

Hay, Peter: Einführung in das amerikanische Recht, Darmstadt 1995

Heideking, Jürgen: Die Verfassung vor dem Richterstuhl: Vorgeschichte und Ratifizierung der amerikanischen Verfassung 1787-1791, Berlin 1988

Henkin, Louis: „Is There a 'Political Question' Doctrine?“, in: Yale Law Journal, 85. Band (1976), S. 597ff.

Hering, Eugen: „Über die gerichtliche Kontrolle der Verwaltung in USA: Bericht über eine Studienreise im Herbst 1959“, in: Deutsches Verwaltungsblatt 1961, S. 645

Herzog, Roman: Allgemeine Staatslehre, Frankfurt am Main 1971

Hippolithus a Lapide: Dissertatio de ratione status in imperio nostro Romano-Germanico, Erscheinungsort nicht überliefert, 1640

Hobbes, John: Leviathan, aus dem Englischen übersetzt von Jutta Schlösser, Darmstadt 1996

Höhn, Reinhard: Verwaltung heute – Autoritäre Führung oder modernes Management, Bad Harzburg 1970

Hoke, Rudolf: „Arumaeus“, in: Handwörterbuch zur deutschen Rechtsgeschichte, hrsg. von Adalbert Erler und Ekkehard Kaufmann unter philologischer Mitarbeit von Ruth Schmidt-Wiegand, Band 1, Berlin 1971

ders.: „Hippolithus a Lapide“, in: Staatsdenker in der frühen Neuzeit, hrsg. von Michael Stolleis, 3. Auflage, München 1995

ders.: „Limnaeus“, in: Handwörterbuch zur deutschen Rechtsgeschichte, hrsg. von Adalbert Erler und Ekkehard Kaufmann unter philologischer Mitarbeit von Ruth Schmidt-Wiegand, Band 2, Berlin 1978

ders.: „Reinkingk“, in: Handwörterbuch zur deutschen Rechtsgeschichte, hrsg. von Adalbert Erler und Ekkehard Kaufmann unter philologischer Mitarbeit von Ruth Schmidt-Wiegand, Band 4, Berlin 1990

Holdsworth, William: The History of English Law, Volume I-XVI, London [Vol. I: 7. Auflage 1956, Vol. II, III: Nachdruck der 4. Auflage (1936) 1966]

Holmes, Oliver Wendell: The Common Law, Boston 1881

Honert, Siegfried / Rüttgers, Jürgen / Sander, Joachim: Landeswassergesetz Nordrhein-Westfalen, Kommentar, 4. Auflage, Köln 1996

Hönigswald, Richard: Hobbes und die Staatsphilosphie, Nachdruck der Münchener Ausgabe von 1924, Darmstadt 1971

Honsell, Heinrich: Römisches Recht, 4. Auflage, Berlin [u.a.] 1997

Hooker, Richard: Of the Laws of Ecclesiastical Polity: Vorrede, 1. und 8. Buch, hrsg. von Arthur Stephen McGrade, Cambridge 1994

Huber, Ernst Rudolf: Deutsche Verfassungsgeschichte, Band 1: Reform und Restauration (1789-1830), 2. Auflage, Stuttgart-Berlin-Köln-Mainz 1957

Hugenroth, Hermann: Fabio Chigi – Philomathi Musae Iuveniles, Köln-Weimar-Wien 1999

Jaffe, Louis L.: „The Judicial Enforcement of Administrative Orders“, in: Harvard Law Review, 76. Band (1963), S. 865

Jaffe, Louis L. / Nathanson, Nathaniel: Administrative Law, Cases and Materials, 2. Auflage, Boston-Toronto 1961

Jäger, Wolfgang / Welz, Wolfgang: Regierungssystem der USA, Lehr- und Handbuch, München-Wien-Oldenbourg 1995

Jarass, Hans D.: „Besonderheiten des amerikanischen Verwaltungsrechts im Vergleich – Zugleich ein Beitrag zum Stellenwert des Verwaltungsverfahrens", in: DöV 1985, S. 377

ders.: Bundes-Immissionsschutzgesetz, 3. Auflage, München 1995

ders.: „Kontrolle der Verwaltung durch das Parlament in den USA“, in: Die Verwaltung, 9. Band (1976), S. 94

ders.: „Strukturelemente des amerikanischen Umweltrechts im Vergleich“, in: Natur und Recht 1993, S. 49

ders.: „Der Vollzug von Umweltrecht in den USA“, in: Natur und Recht 1993, S. 197

Jarass, Hans D. / Pieroth, Bodo: Grundgesetz für die Bundesrepublik Deutschland, Kommentar, 4. Auflage, München 1998

Jay, John: The Federalist (weitere Autoren Alexander Hamilton und James Madison); Der Föderalist, herausgegeben und übersetzt von Felix Ermacora, Wien 1958

Jellinek, Georg: Allgemeine Staatslehre, 8. Nachdruck der 3. Auflage (1913), Bad Homburg v.d. Höhe-Berlin-Zürich 1966

Jörs, Paul / Kunkel, Wolfgang: Römisches Privatrecht, 3. Auflage, Berlin-Göttingen-Heidelberg 1949

Kalven, Harry: „Privacy in Tort Law – Were Warren and Brandeis Wrong?", in: Law & Contemporary Problems, 31. Band (1966), S. 326

Kamlah, Ruprecht: Right of Privacy, Köln-Berlin-Bonn-München 1969

Kaser, Max: Römisches Privatrecht, 16. Auflage, München 1992

Kaufmann, Erich: Studien zur Staatslehre des monarchischen Prinzips, Halle (Diss.) 1906

Keller, Hans Gustav: Die Wurzeln der amerikanischen Demokratie, Bern 1958

Kelly, Alfred H. / Harbison, Winfred A.: The American Constitution: its Origins and Development, New York/NY 1955

Kelsen, Hans: Allgemeine Staatslehre, Nachdruck der 2. Auflage (1925), Bad Homburg v.d. Höhe-Berlin-Zürich 1966

Kempin, Frederick G. Jr.: Historical Introduction to Anglo-American Law in a Nutshell, St. Paul/MN 1990

Kimminich, Otto: Deutsche Verfassungsgeschichte, 2. Auflage, Baden-Baden 1987

Kionka, Edward J.: Torts in a Nutshell, 2. Auflage, St. Paul/MN 1992

Kipf, Kari Beth: „Limitations on Police Power to Conduct Investigatory Stop Based on Anonymous Informant's Telephone Tip", in: Suffolk University Law Review, 25. Band (1991), S. 1252

Kloepfer, Michael: Staatliche Informationen als Lenkungsmittel, Berlin-New York 1998

ders.: Systematisierung des Umweltrechts – Umweltforschungsplan des Bundesminister des Innern – Querschnittsfragen, Berlin 1978

ders.: Umweltrecht, 2. Auflage, München 1998

Knack, Hans Joachim: Kommentar zum Verwaltungsverfahrensgesetz, 6. Auflage, Köln-Berlin-Bonn-München 1998

Knemeyer, Franz-Ludwig: „Polizeibegriffe in Gesetzen des 15. bis 18. Jahrhunderts", in: Archiv des öffentlichen Rechts, 92. Band (1967), S. 155

ders.: Regierungs- und Verwaltungsreformen in Deutschland zu Beginn des 19. Jahrhunderts, Köln-Berlin 1970

Koellreutter, Otto: Verwaltungsrecht und Verwaltungsrechtsprechung im modernen England: eine rechtsvergleichende Studie, Tübingen 1912

Kopp, Ferdinand O. / Schenke, Wolf-R.: Kommentar zur Verwaltungsgerichtsordnung, 12. Auflage, München 1999

Kopp, Ferdinand O. / Ramsauer, Ulrich: Kommentar zum Verwaltungsverfahrensgesetz, 7. Auflage, München 2000

Kramer, Irwin R.: „The Birth of Privacy Law: A Century since Warren and Brandeis", in: Catholic University Law Review, 39. Band (1990), S. 703

Krüger, Herbert: Allgemeine Staatslehre, 2. Auflage, Stuttgart-Berlin-Köln-Mainz 1966

Kubasek, Nancy: Environmental Law, Upper Saddle River/NJ 1997

Küchenhoff, Erich: „Ausdrückliches, stillschweigendes und ungeschriebenes Recht in der bundesstaatlichen Kompetenzverteilung, zugleich ein Beitrag zur Lehre von der Rechtsgewinnung und zum Verfassungsrecht der USA“, in: Archiv des öffentlichen Rechts, 82. Band (1957), S. 413

Kunig, Philip / Paetow, Stefan / Versteyl, Ludger-Anselm: Kreislaufwirtschafts- und Abfallgesetz, München 1998

Kwasny, Kurt: Die Entwicklung des geschriebenen Grundrechts in England und im englischen Kolonialreich und Commonwealth: eine Untersuchung von der Magna Charta bis zu den Unabhängigkeitserklärungen der Gegenwart, Bonn (Diss.) 1968

Landis, James M.: The Administrative Process, New Haven/CT 1938

von Landmann, Robert / Rohmer, Gustav: Umweltrecht, Band III (Sonstiges Umweltrecht), 31. Lieferung, München 1999

Landy, Marc Karnis: The Environmental Protection Agency: Asking the Wrong Questions, From Nixon to Clinton, Oxford-New York 1994

Lange, Dieter G. / Black, Stephen F.: Der Zivilprozeß in den Vereinigten Staaten von Amerika, Heidelberg 1987

Laski, Harold J.: The American Democracy, New York/NY 1949

Laslett, Peter: John Locke: Two Treatises of Government, A critical Edition with an Introduction and Apparatus Criticus, Cambridge 1964

Lawson, Gary: „Symposium: Changing Images of the State: The Rise and Rise of the Administrative State“, Harvard Law Review., 107. Band (1994), S.1231

Leibholz, Gerhard: Strukturprobleme der modernen Demokratie, 3. Auflage, Karlsruhe 1967

Lemke, Michael: Heidelberger Kommentar zum Ordnungswidrigkeitengesetz, Heidelberg 1999

Lenz, Carl-Otto: Die Beratungsinstitutionen des amerikanischen Präsidenten in Fragen der allgemeinen Politik, Bonn (Diss.) 1961

Leonard, Arne R.: „When Should an Administrative Enforcement Action Preclude a Citizen Suit under the Clean Water Act?“, in: Natural Resources Journal, 35. Band (1995), S. 555

Lepsius, Oliver: Verwaltungsrecht unter dem Common Law: amerikanische Entwicklungen bis zum New Deal, Tübingen 1997

Lerner, Max: Amerika: Wesen und Werden einer Kultur, Übersetzung der amerikanischen Originalausgabe „America as a Civilization“ von Walter Theimer, Frankfurt am Main 1960

Limnaeus, Johannes: Iuris publici imperii Romano-Germanici, 3. Auflage, Straßburg 1657

Linneweber, Axel: Einführung in das US-amerikanische Verwaltungsrecht, Frankfurt am Main 1994

Lisken, Hans / Denninger, Erhard: Handbuch des Polizeirechts, 2. Auflage, München 1996

Locke, John: Two Treatises of Government: a critical Edition with an Introduction and Apparatus Criticus by Peter Laslett, Cambridge 1964

Loening, Edgar: „Gerichte und Verwaltungsbehörden in Brandenburg-Preußen", in: Verwaltungsarchiv, Band 2 (1894), S. 217

Loewenstein, Karl: Staatsrecht und Staatspraxis von Großbritannien, Bd. I: Parlament, Regierung, Parteien, Bd. II: Justiz, Verwaltung, Bürgerrechte, Berlin-Heidelberg-New York 1967

ders.: Verfassungsrecht und Verfassungspraxis der Vereinigten Staaten, Berlin-Göttingen-Heidelberg 1959

Lundmark, Thomas: Juristische Technik und Methodik des Common Law, Münster 1998

ders.: Power and Rights in US Constitutional Law, Münster 1999

ders.: „A Practical Guide to Air Quality Compliance" (Book Review), in: Tulane Environmental Law Journal, 10. Band (1997), S. 457

ders.: „Stare decisis vor dem Bundesverfassungsgericht", in: Rechtstheorie 1997, S. 315

Madison, James: The Federalist (weitere Autoren Alexander Hamilton und John Jay); Der Föderalist, herausgegeben und übersetzt von Felix Ermacora, Wien 1958

Maier, Hans: Die ältere deutsche Staats- und Verwaltungslehre, 2. Auflage, München 1980

Maitland, Frederic W.: „Trust und Korporation", in: Zeitschrift für das Privat- und Öffentliche Recht der Gegenwart, hrsg. von Carl Samuel Grünhut, 32. Band, Wien 1905, S. 1ff.

von Mangoldt, Hermann: Rechtsstaatsgedanke und Regierungsformen in den Vereinigten Staaten von Amerika: die geistigen Grundlagen des amerikanischen Verfassungsrechts, Essen 1938

Maritain, Jacques: „Der Begriff der Souveränität", in: Volkssouveränität und Staatssouveränität, hrsg. von Hanns Kurz, Darmstadt 1970, S. 244

Martens, Joachim: Die Praxis des Verwaltungsverfahrens, München 1985

Martens, Wolfgang: Öffentlich als Rechtsbegriff, Bad Homburg v.d.H.-Berlin-Zürich 1969

Maunz, Theodor / Dürig, Günter: Grundgesetz, 34. Lieferung, München 1998

Maurer, Hartmut: Allgemeines Verwaltungsrecht, 12. Auflage, München 1999

Mayer, Otto: Deutsches Verwaltungsrecht, Erster Band, 3. Auflage, Berlin 1924 *von Mehren, Arthur / Gordley, James R.:* The Civil Law System, 2. Auflage, Boston-Toronto 1977

Meinel, Johannes M.: Umweltstrafrecht und Umweltkriminalität in den USA – Eine Untersuchung zur Bekämpfung illegaler Umweltbelastungen durch Gewässerverunreinigungen und Sonderabfallbeseitigung in den Vereinigten Staaten, Frankfurt am Main 1988

Merzbacher, Friedrich: „Oldendorp", in: Handwörterbuch zur deutschen Rechtsgeschichte, hrsg. von Adalbert Erler und Ekkehard Kaufmann unter philologischer Mitarbeit von Ruth Schmidt-Wiegand, Band 3, Berlin 1984

Mieck, Ilja: Europäische Geschichte der frühen Neuzeit, 6. Auflage, Stuttgart-Berlin-Köln 1998

Miller, Arthur R.: The Assault on Privacy, Michigan 1971

Miller, John C.: Origins of the American Revolution, 2. Auflage, Stanford/CA 1959

Mitteis, Heinrich: Der Staat des hohen Mittelalters: Grundlinien einer vergleichenden Verfassungsgeschichte des Lehnzeitalters, 3. Auflage, Weimar 1948

Mitteis, Heinrich / Lieberich, Heinz: Deutsche Rechtsgeschichte, 19. Auflage, München 1992

von Mohl, Robert: Das Staatsrecht des Königreiches Württemberg, Verfassungsrecht (1. Teil) und Verwaltungsrecht (2. Teil), Tübingen 1831

Mohnhaupt, Heinz: „'Europa' und 'ius publicum' im 17. und 18. Jahrhundert", in: Festgabe für Helmut Coing, Frankfurt am Main 1982, S. 207

Molitor, Erich: Über Öffentliches Recht und Privatrecht, Karlsruhe 1949

de Montesquieu, Charles: L'Espirit de Lois, Paris 1969

Morstein Marx, Fritz: Amerikanische Verwaltung, Berlin 1963

Moya, Olga L. / Fono, Andrew L.: Federal Environmental Law, The User's Guide, St. Paul/MN 1997

von Münch, Ingo / Kunig, Philip: Grundgesetz-Kommentar, 2. Band (Art. 21-69), 3. Auflage, München 1995 und 3. Band (Art. 70-146), 3. Auflage, München 1996

Münkler, Herfried: Thomas Hobbes, Frankfurt am Main-New York 1993

Myers, Phyllis: „The Road We've Travelled", in: EPA Journal, Vol. 16, No. 5, September/ October 1990, S. 57

National Labor Relations Board: Fact Sheet on the National Labor Relations Board, www.nlrb.gov/facts.html; Stand: 30.11.1999

Neumann, Franz: Die Herrschaft des Gesetzes: eine Untersuchung zum Verhältnis von politischer Theorie und Rechtssystem in der Konkurrenzgesellschaft, übersetzt von Alfons Söllner, Frankfurt am Main 1980

Nobbe, U. / Vögele P.: „Offenbarungspflichten und Auskunftsverweigerungsrechte“, in: Natur und Recht 1988, S. 313

Nolte, Georg: „Landesbericht Vereinigte Staaten von Amerika“, in: Die Kontrolldichte bei der gerichtlichen Überprüfung von Handlungen der Verwaltung, hrsg. von Jochen Abr. Frowein, Berlin 1993

Northrop, Filmer Steward Cuckow: The Meeting of East and West: an Inquiry concerning World Understanding, New York 1947

Obermayer, Klaus: Kommentar zum Verwaltungsverfahrensgesetz, 3. Auflage, Neuwied-Frankfurt 1999

von Oertzen, Peter: Die soziale Funktion des staatsrechtlichen Positivismus, Frankfurt am Main 1974

Oldendorp, Johannes: Εισαγωγη (Eisagoge) iuris naturalis sive elementaria introductio iuris naturae, gentium et civilis in aliquot titulos divisa [...], Köln 1539

Ossenbühl, Fritz: „Öffentliches Recht und Privatrecht in der Leistungsverwaltung“, in: Deutsches Verwaltungsblatt 1974, S. 541

ders.: „Rechtsverordnung“, in: Handbuch des Staatsrechts, hrsg. von Josef Isensee und Paul Kirchhof, Band III, § 64, Heidelberg 1988

Packard, Vance O.: The Naked Society, New York 1964

Parker, Reginald: „The Execution of Administrative Acts“, in: The University of Chicago Law Review, 24. Band (1957), S. 292

ders.: Das öffentliche Recht der Vereinigten Staaten von Amerika, Wien 1963

Peter, Hans: Actio und Writ: eine vergleichende Darstellung römischer und englischer Rechtsbehelfe, Tübingen 1957

ders.: Römisches Recht und Englisches Recht, Wiesbaden 1969

Petersen, Lorenz: „Zwischen Mythos und Misere: Die amerikanische Umweltbehörde EPA“, in: Kritische Justiz 1993, S. 351

Piazolo, Michael: Das Recht auf Abtreibung als Teilaspekt des Right of Privacy, Frankfurt am Main 1992

Pietzcker, Jost: „Zuständigkeitsordnung und Kollisionsrecht im Bundesstaat“, in: Handbuch des Staatsrechts, hrsg. von Josef Isensee und Paul Kirchhof, Band IV, § 99, Heidelberg 1990

Pound, Roscoe: Administrative Law: Its Growth and Procedure and Significance, Pittsburgh/PA 1942

Powell, Thomas Reed: „Administrative Exercise of the Police Power“, in: Harvard Law Journal, 24. Band (1911), S. 268ff., 333ff., 441ff.

Practising Law Institute: „Judicial Review of Administrative Enforcement Action", in: Commercial Law and Practice Course Handbook Series, PLI Order No. A4-4355 (595 PLI/ Comm.), S. 53

dass.: „Law Enforcement: Administrative Investigations Guide/Manual", in: Litigation and Administrative Practice Course Handbook Series, PLI Order No. H4-5179 (490 PLI/Lit. 511), S. 511

dass.: „The Water Quality Act of 1987: Expansion of the Government's Criminal, Civil and Administrative Enforcement Authority", in: Litigation and Administrative Practice Course Handbook Series, PLI Order No. C4-4178 (344 PLI/Lit.), S. 95

Prosser, William: „Privacy: A Legal Analysis", in: Columbia Law Review, 48. Band (1960), S. 383

ders.: „Das Recht auf die Privatsphäre in Amerika" (Übersetzung), in: Rabels Zeitschrift, Zeitschrift für ausländisches und internationales Privatrecht, 21. Jahrgang 1956, S. 401

Prosser, William / Keeton, W. Page: The Law of Torts, 5. Auflage, St. Paul/MN 1984

Pufendorf, Samuel: De iure naturae et gentium libri octo (1672), 2. Auflage, Frankfurt am Main 1797

Pünder, Hermann: Exekutive Normsetzung in den Vereinigten Staaten von Amerika und der Bundesrepublik Deutschland: eine rechtsvergleichende Untersuchung des amerikanischen rulemaking und des deutschen Verordnungserlasses mit Blick auf die in beiden Ländern bestehende Notwendigkeit, sachgerechte und demokratisch legitimierte Normen in einem kostengünstigen und rechtsstaatlichen Grundsätzen entsprechenden Normsetzungsverfahren zu erlassen, Berlin 1995

Radbruch, Gustav: Der Geist des englischen Rechts, Göttingen 1956

Rade, Claus-Dieter: Klassische Staatsphilosophen der Neuzeit (Hobbes-Locke-Montesquieu-Rousseau) im Spiegel moderner Grundrechtstheorien, Bonn (Diss.) 1983

Randelzhofer, Albrecht: „Staatsgewalt und Souveränität", in: Handbuch des Staatsrechts, hrsg. von Josef Isensee und Paul Kirchhof, Band I, § 15, Heidelberg 1987

Reimann, Mathias: Historische Schule und Common Law – Die deutsche Rechtswissenschaft des 19. Jahrhunderts im amerikanischen Rechtsdenken, Berlin 1993

Reinkingk, Theodor: Tractatus de regimine saeculari et ecclesiastico, Gießen 1619

Rengeling, Hans-W.: „Gesetzgebungszuständigkeit", in: Handbuch des Staatsrechts, hrsg. von Josef Isensee und Paul Kirchhof, Band IV, § 100, Heidelberg 1990

ders.: Rechtsgrundsätze beim Verwaltungsvollzug des Europäischen Gemeinschaftsrechts, Kölner Schriften zum Europarecht, 27. Bd., Köln-Berlin-Bonn-München 1977

Richards, David A. J.: „The Jurisprudence of Privacy as a Constitutional Right", in: Privacy: A Vanishing Value, hrsg. von William C. Bier, S. 135, New York 1980

Riedel, Eibe H.: Kontrolle der Verwaltung im englischen Rechtssystem: eine Darstellung der gerichtlichen und außergerichtlichen Kontrolle der Verwaltung, zugleich ein Erklärungsversuch für das Fehlen eines umfassenden Systems des öffentlichen Rechts in England, Berlin 1976

Riegert, Robert A.: Das amerikanische Administrative Law, Berlin 1967

Roellecke, Gerd: „Aufgabe und Stellung des Bundesverfassungsgerichts im Verfassungsgefüge", Handbuch des Staatsrechts, hrsg. von Josef Isensee und Paul Kirchhof, Bd. II, § 53, Heidelberg 1987

ders.: „Aufgabe und Stellung des Bundesverfassungsgerichts in der Gerichtsbarkeit", in: Handbuch des Staatsrechts, hrsg. von Josef Isensee und Paul Kirchhof, Bd. II, § 54, Heidelberg 1987

Rohlf, Dietwalt: Der grundrechtliche Schutz der Privatsphäre, Berlin 1980

Rose-Ackerman, Susan: „American Administrative Law under Siege: Is Germany a Model", in: Harvard Law Journal, 107. Band (1994), S. 1279

dies.: Umweltrecht und -politik in den Vereinigten Staaten und der Bundesrepublik Deutschland, Baden-Baden 1995

Rosenberg, Jerry M.: The Death of Privacy, New York 1969

Rosenberg, Leo: Lehrbuch des deutschen Zivilprozeßrechts, 9. Auflage, München-Berlin 1961

Rubenfeld, Jed: „The Right of Privacy", in: Harvard Law Review, 102. Band (1989), S. 737

Rüfner, Wolfgang: Verwaltungsrechtsschutz in Preußen von 1749 bis 1842, Bonn 1962

Russo, Steven: „States, Citizens and the Clean Water Act: State Administrative Enforcement and the Diligent Prosecution Defense", in: New York University Environmental Law Journal, 4. Band (1995), S. 211

von Savigny, Friedrich Carl: System des heutigen Römischen Rechts, Berlin 1840-1849

Schack, Haimo: Einführung in das US-amerikanische Zivilprozeßrecht, München 1988

Schlephorst, Hubert: Amerikanisches Verwaltungsrecht im Spannungsfeld zwischen zunehmender staatlicher Betätigung und bürgerlichen Freiheitsrechten: zugleich ein Beitrag zur Lehre von der Gewaltenteilung und des procedural due process, Münster (Diss.) 1963

Schlesinger, Arthur M.: The Age of Roosevelt, Band II: The Coming of the New Deal, London-Melbourne-Toronto 1960

Schlesinger, Rudolf B.: Comparative Law, Cases – Text – Materials, 4. Auflage, Mineola/NY 1988

Schlosser, Hans: Grundzüge der Neueren Privatrechtsgeschichte, 7. Auflage, Heidelberg 1993

Schlözer, August L.: Allgemeines Statsrecht und Statsverfassungslere, Göttingen 1793

Schmalz, Dieter: Allgemeines Verwaltungsrecht, 2. Auflage, Baden-Baden 1994

Schmidt, Detlef: Die Unterscheidung von privatem und öffentlichem Recht, Baden-Baden 1985

Schmidt, Matthias N.: Die Klagebefugnis im US-amerikanischen Verwaltungsprozeß – insbesondere im Umweltrecht: die Voraussetzungen des Standing to Sue und die Zielrichtung des gerichtlichen Rechtsschutzes gegen die Exekutive in den Vereinigten Staaten von Amerika; Frankfurt am Main 1998

Schmidt, Reiner: Einführung in das Umweltrecht, 4. Auflage, München 1995

Schmidt-Aßmann, Eberhard: „Der Rechtsstaat", in: Handbuch des Staatsrechts, hrsg. von Josef Isensee und Paul Kirchhof, Band I, § 24, Heidelberg 1987

Schmidt-Bleibtreu, Bruno / Klein, Franz: Kommentar zum Grundgesetz für die Bundesrepublik Deutschland, 9. Auflage, Neuwied-Kriftel 1999

Schmitt Glaeser, Walter: „Schutz der Privatsphäre", in: Handbuch des Staatsrechts, hrsg. von Josef Isensee und Paul Kirchhof, Band VI, § 129, Heidelberg 1989

Schmitthenner, Friedrich: Grundlinien des allgemeinen oder idealen Staatsrechtes, Gießen 1845

Schmitt Kammler, Arnulf: „Die Sofortbefugnisse im Polizei- und Ordnungsrecht", in: Nordrhein-Westfälische Verwaltungsbltter 1989, S. 389

Schnapp, Friedrich E.: „Rechtsverhältnisse in der Leistungsverwaltung", in: Die öffentliche Verwaltung 1986, S. 811

Schröder, Hans-Christoph: Die Revolution Englands im 17. Jahrhundert, Frankfurt am Main, 1986

Schromek, Klaus-Dieter: Die Mitwirkungspflichten der am Verwaltungsverfahren Beteiligten – eine Grenze des Untersuchungsgrundsatzes, Frankfurt a.M. 1989

Schunck, Friedrich Christoph Karl: Staatsrecht des Königreichs Baiern, Erlangen 1824

Schurtmann, William / Walter, Otto L.: Der amerikanische Zivilprozeß, Frankfurt am Main 1978

Schwacke, Peter / Stolz, Eberhard / Schmidt, Guido: Staatsrecht mit Allgemeiner Staatslehre und Verfassungsgeschichte, 3. Auflage, Köln 1993

Schwartz, Bernard: „Adjudication and the Administrative Procedure Act", in: Tulsa Law Journal, 32. Band (1996/1997), S 203

ders.: A Commentary on the Constitution of the United States, Part 1: The Powers of Government, Volume 1: Federal and State Powers, New York 1963

ders.: „A Decade of Administrative Law: 1987-1996", in: Tulsa Law Journal, 32. Band (1996/1997), S. 493

ders.: French Administrative Law and the Common-Law World, New York 1954

ders.: An Introduction to American Administrative Law, London-New York 1958

Schwerdfeger, Gunther: Öffentliches Recht in der Fallbearbeitung, 10. Auflage, München 1997

Schwinge, Erich: „Richter und Strafverteidiger in den USA", in: Deutsche Richterzeitung 1976, S. 300

Securities and Exchange Commission: How the SEC Protects Investors and Maintains Market Integrity, www.sec.gov/asec/wwwsec.htm, Stand: 9.8.1999

Sieder, Frank / Zeitler, Herbert / Dahme, Heinz: Wasserhaushaltsgesetz – Abwasserabgabengesetz, Band 1, 19. Ergänzungslieferung, München 1997

Siuts, Hinrich: Bann und Acht und ihre Grundlagen im Totenglauben, Berlin 1959

de Smith, Stanley A. / Brazier, Rodney: Constitutional and Administrative Law, 7. Auflage London 1994

Spies, Axel: „Der U.S. Supreme Court im Rechtssystem der Vereinigten Staaten von Amerika", in: Juristische Arbeitsblätter 1987, S. 124

Sproll, Hans-Dieter: Allgemeines Verwaltungsrecht I, München 1997

Stanley, Lynne. E.: „SEC v. Wheeling-Pittsbury Corp. – Informant Bad Faith Defense to Enforcement of an Administrative Subpoena", in: Journal of Corporation Law, 7. Band (1981), S. 121

Stein, Ekkehart: Staatsrecht, 16. Auflage, Tübingen 1998

von Stein, Lorenz: Geschichte der sozialen Bewegung in Frankreich, Band I: Der Begriff der Gesellschaft und die soziale Geschichte der Französischen Revolution bis zum Jahre 1830, Nachdruck Darmstadt 1959

Steinberger, Helmut: Konzeption und Grenzen freiheitlicher Demokratie: dargestellt am Beispiel des Verfassungsrechtsdenkens in den Vereinigten Staaten von Amerika und des amerikanischen Antisubversionsrechts, Berlin-Heidelberg-New York 1974

Stelkens, Paul / Bonk, Heinz Joachim / Sachs, Michael: Verwaltungsverfahrensgesetz, Kommentar, 5. Auflage, München 1998

Stelzenmüller, Constanze: Direkte Demokratie in den Vereinigten Staaten von Amerika, Baden-Baden 1994

Stern, Klaus: Das Staatsrecht der Bundesrepublik Deutschland, Band II, München 1980

Stier-Somlo, Fritz: „Verwaltungszwang", in: Handwörterbuch der Rechtswissenschaft, hrsg. von Fritz Stier-Somlo und Alexander Elster, Berlin-Leipzig 1929, S. 630

Stintzing, Roderich / Landsberg, Ernst: Geschichte der deutschen Rechtswissenschaft, Erste und Zweite Abteilung, München-Leipzig 1880

Stirnberg, Joseph: Die judiziellen Funktionen von Verwaltungsbehörden in den USA, Marburg (Diss.) 1957

Stoedter, Rolf: Öffentlich-rechtliche Entschädigung, Hamburg 1933

Stolleis, Michael: Geschichte des öffentlichen Rechts in Deutschland, Erster Band: Reichspublizistik und Polizeywissenschaft 1600-1800, München 1988, Zweiter Band: Staatsrechtslehre und Verwaltungswissenschaft 1800-1914, München 1992

ders.: „Öffentliches Recht und Privatrecht im Prozeß der Entstehung des modernen Staates", in: Öffentliches Recht und Privatrecht als wechselseitige Auffangordnungen, hrsg. von Wolfgang Hoffmann-Riem u. Eberhard Schmidt Aßmann, Baden-Baden 1996, S. 41

Stone, Bradford: Uniform Commercial Code in a Nutshell, 4. Auflage, St. Paul/MN 1995

Storm, Peter-Christoph: „Umweltbundesamt", in: Handwörterbuch des Umweltrechts, hrsg. von Otto Kimminich, Heinrich Freiherr von Lersner, Peter-Christoph Storm, 2. Band (Nachbarrecht – Zweitanmeldung) Berlin 1994, Sp. 2126

Strauss, Peter L.: „The Place of Agencies in Government: Separation of Powers and the Fourth Branch", in: The Columbia Law Review, 84. Band (1984), S. 573

Stürner, Rolf: „Schutz des Gerichtsverfahrens vor öffentlicher Einflußnahme", in: Juristenzeitung 1978, S. 161

Sullivan, Thomas F. P.: Environmental Law Handbook,13. Auflage, Rockeville/MD 1995

Sunstein, Cass R.: „The Myth of the Unitary Executive", in: Washington College of Law, The American University Adminstrative Law Journal, 7. Bd. (1993), S. 299

Svarez, Carl Gottlieb: Vorträge über Recht und Staat, Köln-Opladen 1960

Thaman, Stephen: „Landesbericht USA", in: Umweltstrafrecht in England, Kanada und den USA, hrsg. von Albin Eser und Günter Heine, Freiburg 1994

Thieme, Werner: Entscheidungen in der öffentlichen Verwaltung, Köln-Berlin-Bonn-München 1981

de Tocqueville, Alexis: Die Demokratie in Amerika: eine Auswahl; übersetzt, eingeleitet und erläutert von Friedrich August Freiherr von der Hydte), Regensburg 1955

Tönnies, Ferdinand: Thomas Hobbes: Leben und Lehre, Neudruck der 3. Auflage von 1925, Stuttgart-Bad Cannstadt 1971

Triepel, Heinrich: „Die Kompetenzen des Bundesstaates und die geschriebene Verfassung", in: Festgabe Paul Laband, 2. Band, Tübingen 1908

U.S. Department of Justice: Organizational Chart, www.usdoj.gov/dojorg.htm, Stand: 27.8.1999

dies.: Strategic Plan 1997-2002, www.usdoj.gov/jmd/mps/plan.htm, Stand: 14.10.1997

U.S. Environmental Protection Agency: Access EPA, EPA-Dokument EPA/220-B95-004, hrsg. vom Office of Information Resources Management, Washington 1996 (zitiert: EPA, Access EPA) *dies.:* Clean Water Act – Compliance and Enforcement Guidance Manual, hrsg. vom Office of Water und vom Office of Enforcement and Compliance Monitoring, Washington 1985, Update 1990 (zitiert: EPA, Guidance Manual)

dies.: Clean Water Act Compliance/Enforcement Policy Compendium, hrsg. vom Office of Water und vom Office of Enforcement and Compliance Monitoring, Washington 1990 (zitiert: EPA, Compendium)

dies.: Clean Water Act Penalty Policy for Civil Settlement Negotiations (Feb. 11, 1986; revised March 1, 1995) Washington 1995 (zitiert: EPA, Penalty Policy)

dies.: Environmental Enforcement, EPA-Dokument EPA/300-F-93-001, hrsg. vom Office of Enforcement, Washington 1992 (zitiert: EPA, Environmental Enforcement)

dies.: The Guardian: EPA's Formative Years 1970-1973, EPA-Dokument EPA 202-K-93-002, EPA History Program Publication, Washington 1993 (zitiert: EPA, Formative Years)

dies.: How EPA Works: A Guide to EPA Organization and Functions, hrsg. vom Office of Administration und vom Office of Management and Organization Division, Washington 1992 (zitiert: EPA, Organization Guide)

dies.: Memorandum: Guidance Documents and Delegations for Implementation of Administrative Penalty Authorities Contained in 1987 Clean Water Act Amendments – No. 1: Relationship of §309(a) Compliance orders to §309(g) Administrative Penalty Proceedings, hrsg. vom Assistant Administrator for Water und vom Assistant Administrator for Enforcement and Compliance Monitoring, Washington, August 28, 1987 (zitiert: EPA, Memorandum 8/28/1987)

dies.: Memorandum: Guidance on Use and Enforcement of CERCLA Information Requests and Administrative Subpoenas, hrsg. vom Office of Enforcement and Compliance Monitoring, Washington, August 25, 1988 (zitiert: EPA, Information Requests)

dies.: Memorandum: Reference Document, Guidance and Procedures for Administrative Orders Issued under Section 309 of the Clean Water Act, hrsg. Office of Water Enforcement and Permits, Washington, September 29, 1986 (zitiert: EPA, Memorandum 9/29/1986)

dies.: Preserving our Future today: Guide to the United States Environmental Protection Agency, EPA-Dokument 21K-1012, October 1991 (zitiert: EPA, Guide to EPA)

dies.: RCRA Inspection Manual, EPA-Dokument EPA/520-R-94-007, hrsg. vom Office of Solid Waste and Emergency Response, Washington 1993 (zitiert: EPA, RCRA Inspection Manual)

dies.: Strategic Plan, EPA-Dokument EPA/190-R-97-002, Washington 1997 (zitiert: EPA, Strategic Plan)

Wahl, Rainer: „Die Entwicklung des deutschen Verfassungsstaates bis 1866“, in: Handbuch des Staatsrechts, hrsg. von Josef Isensee und Paul Kirchhof, Bd. I, § 1, Heidelberg 1987

Warren, Samuel / Brandeis, Louis: The Right to Privacy. The Implicit Made Explicit, in: Harvard Law Review, 4. Band (1890), S. 193

Wassermann, Rhonda: „The Subpona Power: Pennoyer's Last Vestige“, in: Minnesota Law Review, 74. Band (1989), S. 37

Wengen, Leopold: „Abriß des Römisches Zivilprozeßrechts“, in: Jörs/Kunkel, Römisches Privatrecht, 3. Auflage, Berlin-Göttingen-Heidelberg 1949

White, James J. / Summers, Robert: Uniform Commercial Code, 4. Auflage, St. Paul/MN 1995

Wieacker, Franz: Privatrechtsgeschichte der Neuzeit, 2. Auflage, Göttingen 1967

Wiesner, Reinhard: Administrative Tribunals in Großbritannien: ein Beitrag zur Kontrolle der Verwaltung in England, Berlin 1974

Willoughby, Westel W.: The Constitutional Law of the United States, Vol. I-III., 2. Auflage, New York 1929

Willoweit, Dietmar: Deutsche Verfassungsgeschichte, 3. Auflage, München 1997

ders.: „Gesetzgebung und Recht im Übergang vom Spätmittelalter zum frühneuzeitlichen Obrigkeitsstaat“, in: Zum römischen und neuzeitlichen Gesetzesbegriff, hrsg. von Okko Behrends und Christoph Link, 1. Symposion der Kommission „Die Funktion des Gesetzes in Geschichte und Gegenwart“ vom 26. und 27. April 1985, Göttingen 1987, S. 123

ders.: „Obrigkeit“, in: Handwörterbuch zur Deutschen Rechtsgeschichte, hrsg. von Adalbert Erler und Ekkehard Kaufmann unter philologischer Mitarbeit von Ruth Schmidt-Wiegand, Band 3, Berlin 1984, S. 1171

Winterstetter, Alfred: Der Verwaltungsakt als Vollstreckungstitel, München (Diss.) 1967

Wolf, Erik: Große Rechtsdenker der deutschen Geistesgeschichte, 4. Auflage, Tübingen 1963

Wolff, Christian: Institutiones juris naturalis et gentium, Nachdruck der Hallenser/Magdeburger Ausgabe von 1750, hrsg. und bearbeitet von Marcel Thomann, Hildesheim 1969

Wolff, Hans J.: Organschaft und juristische Person, Band 1: Juristische Person und Staatsperson: Kritik, Theorie und Konstruktion, Aalen 1968

ders.: „Der Unterschied zwischen öffentlichem und privaten Recht“, in: Archiv des öffentlichen Rechts, 76. Band (1950), S. 205

Wolff, Hans J. / Bachof, Otto / Stober, Rolf: Verwaltungsrecht, Band 1, 10. Auflage, München 1994

Wollf, Heinrich Amadeus: Selbstbelastung und Verfahrenstrennung: das Verbot des Zwangs zur aktiven Mitwirkung am eigenen Strafverfahren und seine Ausstrahlungswirkung auf die gesetzlichen Mitwirkungspflichten des Verwaltungsrechts, Berlin 1987

Wright, Charles A.: The Law of Federal Courts, 4. Auflage, St. Paul/MN 1983

Zachariae, Karl Salomo: Vierzig Bücher vom Staate, Erster Theil: Vorschule der Staatswissenschaft, Zweites Buch: Von dem Rechtsgrunde der Staatsgewalt, Heidelberg 1839

von Zeiller, Franz: Das natürliche Privatrecht, Wien 1802

Zelermayer, William: Invasion of Privacy, Syracuse 1959

Zippelius, Reinhold: „Aktuelles und Überholtes in Bodin's Souveränitätslehre", in: Bayrische Verwaltungsblätter 1977, S. 588

ders.: Allgemeine Staatslehre, 9. Auflage, München 1985

Zuleeg, Manfred: „Die Anwendungsbereiche des öffentlichen Rechts und des Privatrechts", in: Verwaltungsarchiv, 73. Band (1982), S. 384

ders.: Fälle zum Allgemeinen Verwaltungsrecht, 2. Auflage, München 1991

Zwirner, Henning: Politische Treupflicht des Beamten, Nachdruck der Dissertation von 1956, Baden-Baden 1987

Verzeichnis der zitierten Gerichtsentscheidungen

A. Amerikanische Gerichte

Abel v. U.S., 362 U.S. 217 (1960)
Adams v. Smith, 58 Ill. 417 (1871)
Adams v. New York, 192 U.S. 585 (1904)
Aetna Life Insurance Co. v. Haworth, 300 U.S. 227 (1937)
A.L.A. Schechter Poultry Corp. v. United States, 295 U.S. 495 (1935)
Alexander v. United States, 138 U.S. 353 (1891)
American INS v. 356 Bales of Cotton, 26 U.S. 511 (1828)
American Ins. Co. v. Canter, 1 Pet. 511 (1828)
Anderson v. Dunn, 19 U.S. 204 (1821)
Arnett v. Kennedy, 416 U.S. 134 (1974)
Atkins v. Parker, 472 U.S. 115 (1985)
Atlas Roofing Co. v. Occupational Safety and Health Review Comm'n, 430 U.S. 442 (1977)

Barry v. Barchi, 443 U.S. 55 (1979)
Bi-Metallic Investment Co. v. State Board of Equalization, 239 U.S. 441 (1916)
Blatchford v. Native Village of Noatak, 501 U.S. 775 (1991)
Blau v. United States, 340 U.S. 332 (1951)
Bloom v. Illinois, 391 U.S. 194 (1968)
Blue Legs v. United States Bureau of Indian Affairs, 867 F.2d 1094 (8th Cir. 1989)
Board of Curators v. Horowitz, 435 U.S. 78 (1978)
Boddie v. Connecticut, 401 U.S. 371 (1971)
Bowers v. Hardwick, 478 U.S. 186 (1986)
Bowsher v. Synar, 478 U.S. 714 (1986)
Boyd v. United States, 116 U.S. 616 (1886)
Breard v. Alexandria, 341 U.S. 622 (1951)
Brock v. Roadway Express, Inc., 481 U.S. 252 (1987)
Buckley v. Valeo, 424 U.S. 1 (1976)
Buttfield v. Stranahan, 192 U.S. 470 (1904)

Caldwell v. Gurley Refining Co., 533 F.Supp. 252 (1982)
California v. Acevedo, 500 U.S. 565 (1991)
California Bankers Association v. Shultz, 416 U.S. 21 (1974)
Camara v. Municipal Court, 387 U.S. 523 (1967)
Carey v. Population Servs. Int'l, 431 U.S. 678 (1977)
Carter v. Carter Coal Co., 298 U.S. 238 (1936)
CFTC v. Schor, 478 U.S. 833 (1986)
Cheff v. Schnackenberg, 384 U.S. 373 (1966)
Chevron U.S.A. Inc. v. NRDC, 467 U.S. 837 (1984)
Chicago & S. Air Lines v. Waterman S.S. Corp., 333 U.S. 103 (1948)
Cleveland Board of Education v. Loudermill, 470 U.S. 532 (1985)
Colonnade Catering Corp. v. United States, 397 U.S. 72 (1970)
Connor v. Johnson, 402 U.S. 690 (1971)
Couch v. United States, 409 U.S. 322 (1973)

Crowell v. Benson, 285 U.S. 22 (1932)
Cudahy Packing Co. v. Holland, 315 U.S. 357 (1942)

Daniels v. Williams, 474 U.S. 327 (1986)
Davidson v. City of New Orleans, 96 U.S. 97 (1878)
Davis v. United States, 328 U.S. 582 (1946)
Detroit Edison v. NLRB, 440 U.S. 301 (1979)
Doe v. Bolton, 410 U.S. 179 (1973)
Donovan v. Dewey, 452 U.S. 594 (1981)
Donovan v. Sarasota Concrete Co., 693 F.2d 1061 (11th Cir. 1980)

Edwards v. United States, 286 U.S. 482 (1932)
Eisenstadt v. Baird, 405 U.S. 438 (1972)
Endicott Johnson Corp. v. Perkins, 317 U.S. 501 (1943)
Ewing v. Mytinger & Casselberry, Inc., 339 U.S. 594 (1950)
Ex parte Grossman, 267 U.S. 87 (1925)
Ex parte Robinson, 86 U.S. 505 (1874)
Ex parte Wall, 107 U.S. 265 (1883)

Far East Conference v. FMC, 337 F.2d 146 (D.C. Cir. 1964), *cert. den.*, 379 U.S. 991 (1965)
FDIC v. Mallen, 486 U.S. 230 (1988)
Ferguson v. Skrupa, 372 U.S. 726 (1963)
Field v. Clark, 143 U.S. 649 (1892)
FMC v. Caragher, 364 F.2d 709 (2nd Cir. 1966)
FMC v. DeSmedt, 366 F.2d 464 (2nd Cir. 1966), *cert. den.*, 385 U.S. 974 (1966)
FMC v. New York Terminal Conference, 373 F.2d 424 (2nd Cir. 1967)
Frank v. Maryland, 359 U.S. 360 (1959)
Freytag v. Commissioner, 501 U.S. 868 (1991)
Friedmann v. Rogers, 440 U.S. 1 (1979)
FTC v. American Tobacco Co., 264 U.S. 298 (1924)
FTC v. Anderson, 442 F. Supp. 1118 (D.C. Cir. 1979)
FTC v. Anderson, 631 F.2d 741 (D.C. Cir. 1979)
FTC v. Texaco, Inc., 555 F.2d 862 (D.C.Cir. 1977)
FTC v. Texaco, Inc., 431 U.S. 974 (1977)

Gagnon v. Scarpelli, 411 U.S. 778 (1973)
Gibson v. Berryhill, 411 U.S. 564 (1973)
Goldberg v. Kelly, 397 U.S. 254 (1970)
Goldman v. United States, 316 U.S. 129 (1942)
Gompers v. Bucks Stove & Range Co., 221 U.S. 418 (1911)
Gordon v. United States, 69 U.S. 561 (1865)
Goss v. Lopez, 419 U.S. 565 (1975)
Granfinanciera, S.A. v. Nordberg, 492 U.S. 33 (1989)
Griswold v. Connecticut, 381 U.S. 479 (1965)

Hale v. Henkel, 201 U.S. 43 (1906)
Harriman v. ICC, 211 U.S. 407 (1908)
Harris v. United States, 331 U.S. 145 (1947)
Hayburn's Case, 2 U.S. 409 (1792)
Hermann v. CAB, 237 F.2d 359 (9th Cir. 1956)

Hermann v. CAB, 353 U.S. 322 (1957)
Humphrey's Executor v. United States, 295 U.S. 602 (1935)
Hurtado v. California, 110 U.S. 516 (1884)

ICC v. Brimson, 154 U.S. 447 (1894)
Illinois v. Rodriguez, 497 U.S. 177 (1990)
Ingraham v. Wright, 430 U.S. 651 (1977)
In re FTC Line of Business Report Litigation, 595 F.2d 685 (D.C.Cir. 1978), *cert. den.*, 431 U.S. 974 (1977)
In re Lazarus, 276 F.Supp. 450 (C.D.Cal. 1967)
In re Sanborn, 148 U.S. 222 (1893)
INS v. Chadha, 462 U.S. 919 (1983)

Joint Anti-Fascist Refugee Comm. v. McGrath, 341 U.S. 123 (1951)
J.W. Hampton, Jr & Co. v. United States, 276 U.S. 394 (1928)

Kastigar v. United States, 406 U.S. 441 (1972)
Katz v. United States, 389 U.S. 347 (1967)

Lanza v. New York, 370 U.S. 139 (1962)
Lochner v. New York, 198 U.S. 45 (1905)
Londoner v. Denver, 210 U.S. 373 (1908)
Loving v. United States, No. 94-1966 (1996)
Loving v. Virginia, 388 U.S. 1 (1967)

Mapp v. Ohio, 367 U.S. 643 (1961)
Marbury v. Madison, 5 U.S. 137 (1803)
Marshall v. Barlow's, Inc., 436 U.S. 307 (1978)
Marshall v. Jerrico, Inc., 446 U.S. 238 (1980)
Martin v. Hunter's Lessee, 14 U.S. 304 (1816)
Maryland v. Buie, 494 U.S. 325 (1990)
Mathews v. Eldridge, 424 U.S. 319 (1976)
Mathews v. Weber, 423 U.S. 261 (1976)
McAllister v. Detroit Free Press Co., 76 Mich. 338; 43 N.W. 431 (1889)
McCulloch v. Maryland, 17 U.S. 316 (1819)
McDonald v. United States, 335 U.S. 451 (1948)
McGrath v. Kritensen, 340 U.S. 162 (1950)
Memphis Light, Gas & Water Div. v. Craft, 436 U.S. 1 (1978)
Meyer v. Nebraska, 262 U.S. 390 (1923)
Michigan v. Tyler, 436 U.S. 499 (1978)
Mistretta v. United States, 488 U.S. 361 (1989)
Mitchell v. W. T. Grant Co., 416 U.S. 600 (1974)
Monroe v. Pape, 365 U.S. 167 (1961)
Moore v. City of East Cleveland, 431 U.S. 494 (1977)
Moore v. New York Elevated R.R. Co., 130 N.Y. 523; 29 N.E. 997 (1892)
Morgan v. United States, 298 U.S. 468 (1936) [*Morgan I*]
Morgan v. United States, 304 U.S. 1 (1938) [*Morgan II*]
Morrison v. Olson, 487 U.S. 654 (1988)
Morrissey v. Brewer, 408 U.S. 471 (1972)
Mullane v. Central Hanover Bank Trust Co., 339 U.S. 306 (1950)

Munn v. Illinois, 94 U.S. 113 (1877)
Murray's Lessee v. Hoboken Land & Improvement Co., 59 U.S. 272 (1855)
Myers v. United States, 272 U.S. 52 (1926)

NAACP v. Alabama, 357 U.S. 449 (1958)
NAACP v. Button, 371 U.S. 415 (1963)
National Farmers Union Ins. Cos. v. Crow Tribe of Indians, 471 U.S. 845 (1985)
Nebbia v. New York, 291 U.S. 502 (1934)
New Jersey v. T.L.O., 469 U.S. 325 (1985)
Ng Fung Ho v. White, 259 U.S. 276 (1922)
Nixon v. Administrator of General Services, 433 U.S. 425 (1977)
NLRB v. Denver Building and Construction Council, 341 U.S. 675 (1951)
NLRB v. Hearst Publications, Inc., 322 U.S. 111 (1944)
NLRB v. John S. Barnes Corp., 178 F.2d 156 (7th Cir. 1949)
Northern Pipeline Construction Co. v. Marathon Pipe Line Co., 458 U.S. 50 (1982)
Northern States Power Co. v. Prairie Island Mdewakanton Sioux Indian Community, 991 F.2d 458 (8th Cir. 1993)
North American Cold Storage Co. v. Chicago, 211 U.S. 306 (1908)

O'Bannon v. Town Court Nursing Center, 447 U.S. 773 (1980)
Oklahoma Press Publishing Co. v. Walling, 327 U.S. 186 (1946)
Olmstead v. United States, 277 U.S. 438 (1928)

Pacific Westbound Conference v. United States, 332 F.2d 49 (9th Cir. 1964)
Panama Refining Co. v. Ryan, 293 U.S. 388 (1935)
Parham v. J.R., 442 U.S. 584 (1979).
Parrat v. Taylor, 451 U.S. 527 (1981)
Pavesich v. New England Life Ins. Co., 122 Ga. 190; 50 S.E. 68 (1905)
Pension Benefit Guaranty Corp. v. LTV Corp., 496 U.S. 633 (1990)
Pierce v. Society of Sisters, 268 U.S. 510 (1925)
Poe v. Ullman, 367 U.S. 497 (1961)
Procter & Gamble Co. v. United States, 225 U.S. 282 (1912)
Public Clearing House v. Coyne, 194 U.S. 497 (1904)
Public Service Company v. EPA, 509 F.Supp. 720 (1981)
Public Utilities Comm'n v. Pollak, 343 U.S. 451 (1952)

Rhodes v. Sperry & Hutchinson Co., 193 N.Y. 223; 85 N.E. 1097 (1908)
Rhodes v. Sperry & Hutchinson Co., 220 U.S. 502 (1911)
Riverbend Farms, Inc. v. Madigan, 958 F.2d 1479 (9th Cir. 1992)
Roberson v. Rochester Folding Box Co., 171 N.Y. 538; 64 N.E. 442 (1902)
Rochester Tel. Corp. v. United States, 307 U.S. 125 (1939)
Roe v. Wade, 410 U.S. 113 (1973)

See v. City of Seattle, 387 U.S. 541 (1967)
Scott v. Sandford, 60 U.S. 393 (1857)
S & E Contractors, Inc. v. United States, 406 U.S. 1 (1972)
Shapiro v. United States, 335 U.S. 1 (1948)
Sharpe v. Stephenson, 34 N.C. (12 Ired.) 348 (1851)
Sierra Club v. Train, 557 F.2d 485 (1977)
Silverman v. United States, 365 U.S. 505 (1961)

Skinner v. Mid-America Pipeline Co., 490 U.S. 212 (1989)
Skinner v. Oklahoma, 316 U.S. 535 (1942)
Sniadach v. Family Finance Corp., 395 U.S. 337 (1969)
South Carolina Wildlife Federation v. Alexander, 457 F.Supp. 118 (1978)
Solesbee v. Balkcom, 339 U.S. 9 (1950)
Stivers v. Pierce, 71 F.3d 732, 741 (9th Cir. 1995)
Switchmen's Union v. National Mediation Board, 320 U.S. 297 (1943)

Tennessee Cable Television Ass'n v. Tennessee Pub. Serv. Comm'n, 844 S.W.2d 151 (Tenn. Ct. App. 1992)
The Brig Aurora, 11 U.S. 382 (1812)
Thomas v. Union Carbide Agr. Products Co., 473 U.S. 568 (1985)
Trupiano v. United States, 334 U.S. 699 (1948)
Touby v. United States, 500 U.S. 160 (1991)
Tumey v. Ohio, 273 U.S. 510 (1927)

UAW v. NLRB, 459 F.2d 1329 (D.C. Cir. 1972)
United States v. Biswell, 406 U.S. 311 (1972)
United States v. Butler, 297 U.S. 1 (1936)
United States v. Doe, 465 U.S. 605 (1984)
United States v. Ferreira, 13 U.S. 40 (1852)
United States v. Gaudin, No. 94-514 (1995)
United States v. Germaine, 99 U.S. 508 (1879)
United States v. Grimaud, 220 U.S. 506 (1911)
United States v. Miller, 425 U.S. 435 (1976)
United States v. Morton Salt Co., 338 U.S. 632 (1950)
United States v. Nixon, 418 U.S. 683 (1974)
United States v. Raddatz, 447 U.S. 667 (1982)
United States v. Sturm, Ruger & Co., Inc., 84 F.3d 1 (1st Cir. 1996)
United States v. Thriftimart, Inc., 400 U.S. 926 (1970)
United States v. United Mine Workers, 330 U.S. 258 (1947)
United States v. Verdugo-Urquidez, 494 U.S. 259 (1990)
United States v. White, 322 U.S. 694 (1944)
United States v. Yakima Tribal Court, 806 F.2d 853 (9th Cir. 1986)

Ventura v. Shalala, 55 F.3d 900 (3d Cir. 1995)
Vermont Yankee Nuclear Power Corp. v. NRDC, 435 U.S. 519 (1978)
Vitek v. Jones, 445 U.S. 489 (1980)

Wabash Ry. v. Illinois, 118 U.S. 557 (1886)
Walker v. City of Birmingham, 388 U.S. 307 (1967)
Walters v. National Association of Radiation Survivors, 473 U.S. 305 (1985)
Ward v. Village of Monroeville, 409 U.S. 57 (1972)
Warden v. Hayden, 387 U.S. 294 (1967)
Washington Department of Ecology v. U.S. EPA, 752 F.2d 1465 (9th Cir. 1985)
Watson v. Williams, 36 Miss. 331 (1858)
West Coast Hotel Co. v. Parrish, 300 U.S. 379 (1937)
Whalen v. Roe, 429 U.S. 589 (1977)
Wiener v. United States, 357 U.S. 349 (1958)

Williamson v. Lee Optical of Oklahoma, 348 U.S. 487 (1955)
Wilson v. United States, 221 U.S. 361 (1911)
Wolff v. McDonnell, 418 U.S. 539 (1974)
Wong Wing v. U.S., 163 U.S. 228 (1896)
Wright v. United States, 302 U.S. 583 (1938)
Wyman v. James, 400 U.S. 309 (1971)

Yakus v. United States, 321 U.S. 414 (1944)
Yellow Freight System, Inc. v. Martin, 954 F.2d 353 (6th Cir. 1992)
Youngstown Sheet Tube Co. v. Sawyer, 343 U.S. 579 (1952)

Zablocki v. Redhail, 434 U.S. 374 (1978)

B. Englische Gerichte

Abernethy v. Hutchinson, 47 Eng. Rep. 1313 (1825)
Calvin v. Smith, 7 Co. Rep. 1 (1608)
Entick v. Carrington, 95 Eng. Rep. 807 (1765)
Pollard v. Photographic Co., 40 Ch. D. 345 (1888)
Prince Albert v. Strange, 64 Eng. Rep. 293 (V.C. 1848), *aff'd*, 41 Eng. Rep. 1171 (Ch. 1849)
Semayne's Case, 77 Eng. Rep. 194 (K.B. 1604)

C. Deutsche Gerichte

BVerfGE 2, 266
BVerfGE 3, 288
BVerfGE 3, 407
BVerfGE 5, 85
BVerfGE 6, 309
BVerfGE 8, 143
BVerfGE 26, 246
BVerfGE 29, 198
BVerfGE 35, 35
BVerfGE 36,1
BVerfGE 42, 234
BVerfGE 55, 226
BVerfGE 56, 1
BVerfGE 57, 170
BVerfGE 60, 329
BVerfGE 87, 399

BVerwGE 29, 159
BVerwGE 56, 172
BVerwGE 84, 247

BGHZ 66, 229
BGHZ 67, 81
BGHZ 97, 312
BGH, Urteil v. 5.2.1970, VII ZR 65/68 – NJW 1970, 811

BSG, Urteil v. 13.6.1989, 2 RU 32/88 – NJW 1990, 342)

BayOBLG, Urteil v. 6.12.1962, RReg. 4 St 348/62 – GewArch. 1963, 29
BadWürttVGH, Urteil v. 17.12.1985, 5 S 2726/85 – ZfW-Sh 1985 Nr. 99
Oberverwaltungsgericht Berlin, Beschluß v. 8.10.1991, OVG 2 S 6.91 – DVBl. 1992, 280
OVG Münster, Urteil v. 14.5.1986, 20 A 194/84 190 – ZfW 1987, 190

VG Gelsenkirchen, Urteil v. 29.8.1984, 2 A 2542/83 – ZfW 1987, 55

Anhang

Anhang A: The Constitution of the United States of America

Preamble

We the People of the United States, in Order to form a more perfect Union, establish Justice, insure domestic Tranquillity, provide for the common defence, promote the general Welfare, and secure the Blessings of Liberty to ourselves and our Posterity, do ordain and establish this Constitution for the United States of America.

Article I

Section 1. All legislative Powers herein granted shall be vested in a Congress of the United States, which shall consist of a Senate and House of Representatives.

Section 2. (1) The House of Representatives shall be composed of Members chosen every second Year by the People of the several States, and the Electors in each State shall have the Qualifications requisite for Electors of the most numerous Branch of the State Legislature.

(2) No Person shall be a Representative who shall not have attained to the age of twenty five Years, and been seven Years a Citizen of the United States, and who shall not, when elected, be an Inhabitant of that State in which he shall be chosen.

(3) Representatives and direct Taxes shall be apportioned among the several States which may be included within this Union, according to their respective Numbers, which shall be determined by adding to the whole Number of free Persons, including those bound to Service for a Term of Years, and excluding Indians not taxed, three fifths of all other Persons. The actual Enumeration shall be made within three Years after the first Meeting of the Congress of the United States, and within every subsequent Term of ten Years, in such Manner as they shall by Law direct. The Number of Representatives shall not exceed one for every thirty Thousand, but each State shall have at Least one Representative; and until such enumeration shall be made, the State of New Hampshire shall be entitled to chuse three, Massachusetts eight, Rhode-Island and Providence Plantations one, Connecticut five, New-York six, New Jersey four, Pennsylvania eight, Delaware one, Maryland six, Virginia ten, North Carolina five, South Carolina five, and Georgia three.

(4) When vacancies happen in the Representation from any State, the Executive Authority thereof shall issue Writs of Election to fill such Vacancies.

(5) The House of Representatives shall chuse their Speaker and other Officers; and shall have the sole Power of Impeachment.

Section 3. (1) The Senate of the United States shall be composed of two Senators from each State, chosen by the Legislature thereof, for six Years; and each Senator shall have one Vote.

(2) Immediately after they shall be assembled in Consequence of the first Election, they shall be divided as equally as may be into three Classes. The Seats of the Senators of the first Class

shall be vacated at the Expiration of the second Year, of the second Class at the Expiration of the fourth Year, and of the third Class at the Expiration of the sixth Year, so that one third may be chosen every second Year; and if Vacancies happen by Resignation, or otherwise, during the Recess of the Legislature of any State, the Executive thereof may make temporary Appointments until the next Meeting of the Legislature, which shall then fill such Vacancies.

(3) No Person shall be a Senator who shall not have attained to the Age of thirty Years, and been nine Years a Citizen of the United States, and who shall not, when elected, be an Inhabitant of that State for which he shall be chosen.

(4) The Vice President of the United States shall be President of the Senate but shall have no Vote, unless they be equally divided.

(5) The Senate shall chuse their other Officers, and also a President pro tempore, in the Absence of the Vice President, or when he shall exercise the Office of President of the United States.

(6) The Senate shall have the sole Power to try all Impeachments. When sitting for that Purpose, they shall be on Oath or Affirmation. When the President of the United States is tried the Chief Justice shall preside: And no Person shall be convicted without the Concurrence of two thirds of the Members present.

(7) Judgment in Cases of Impeachment shall not extend further than to removal from Office, and disqualification to hold and enjoy any Office of honor, Trust or Profit under the United States: but the Party convicted shall nevertheless be liable and subject to Indictment, Trial, Judgment and Punishment, according to Law.

Section 4. (1) The Times, Places and Manner of holding Elections for Senators and Representatives, shall be prescribed in each State by the Legislature thereof; but the Congress may at any time by Law make or alter such Regulations, except as to the Places of chusing Senators.

(2) The Congress shall assemble at least once in every Year, and such Meeting shall be on the first Monday in December, unless they shall by Law appoint a different Day.

Section 5. (1) Each House shall be the Judge of the Elections, Returns and Qualifications of its own Members, and a Majority of each shall constitute a Quorum to do Business; but a smaller Number may adjourn from day to day, and may be authorized to compel the Attendance of absent Members, in such Manner, and under such Penalties as each House may provide.

(2) Each House may determine the Rules of its Proceedings, punish its Members for disorderly Behaviour, and, with the Concurrence of two thirds, expel a Member.

(3) Each House shall keep a Journal of its Proceedings, and from time to time publish the same, excepting such Parts as may in their Judgment require Secrecy; and the Yeas and Nays of the Members of either House on any question shall, at the Desire of one fifth of those Present, be entered on the Journal.

(4) Neither House, during the Session of Congress, shall, without the Consent of the other, adjourn for more than three days, nor to any other Place than that in which the two Houses shall be sitting.

Section 6. (1) The Senators and Representatives shall receive a Compensation for their Services, to be ascertained by Law, and paid out of the Treasury of the United States. They shall in all Cases, except Treason, Felony and Breach of the Peace, be privileged from Arrest during their Attendance at the Session of their respective Houses, and in going to and returning from the same; and for any Speech or Debate in either House, they shall not be questioned in any other Place.

(2) No Senator or Representative shall, during the Time for which he was elected, be appointed to any civil Office under the Authority of the United States, which shall have been created, or the Emoluments whereof shall have been encreased during such time; and no Person holding any Office under the United States, shall be a Member of either House during his Continuance in Office.

Section 7. (1) All Bills for raising Revenue shall originate in the House of Representatives; but the Senate may propose or concur with amendments as on other Bills.

(2) Every Bill which shall have passed the House of Representatives and the Senate, shall, before it become a law, be presented to the President of the United States: If he approve he shall sign it, but if not he shall return it, with his Objections to that House in which it shall have originated, who shall enter the Objections at large on their Journal, and proceed to reconsider it. If after such Reconsideration two thirds of that House shall agree to pass the Bill, it shall be sent, together with the Objections, to the other House, by which it shall likewise be reconsidered, and if approved by two thirds of that House, it shall become a Law. But in all such Cases the Votes of both Houses shall be determined by Yeas and Nays, and the Names of the Persons voting for and against the Bill shall be entered on the Journal of each House respectively. If any Bill shall not be returned by the President within ten Days (Sundays excepted) after it shall have been presented to him, the Same shall be a Law, in like Manner as if he had signed it, unless the Congress by their Adjournment prevent its Return, in which Case it shall not be a Law.

(3) Every Order, Resolution, or Vote to which the Concurrence of the Senate and House of Representatives may be necessary (except on a question of Adjournment) shall be presented to the President of the United States; and before the Same shall take Effect, shall be approved by him, or being disapproved by him, shall be repassed by two thirds of the Senate and House of Representatives, according to the Rules and Limitations prescribed in the Case of a Bill.

Section 8. (1) The Congress shall have Power To lay and collect Taxes, Duties, Imposts and Excises, to pay the Debts and provide for the common Defence and general Welfare of the United States; but all Duties, Imposts and Excises shall be uniform throughout the United States;

(2) To borrow Money on the credit of the United States;

(3) To regulate Commerce with foreign Nations, and among the several States, and with the Indian Tribes;

(4) To establish an uniform Rule of Naturalization, and uniform Laws on the subject of Bankruptcies throughout the United States;

(5) To coin Money, regulate the Value thereof, and of foreign Coin, and fix the Standard of Weights and Measures;

(6) To provide for the Punishment of counterfeiting the Securities and current Coin of the United States;

(7) To establish Post Offices and post Roads;

(8) To promote the Progress of Science and useful Arts, by securing for limited Times to Authors and Inventors the exclusive Right to their respective Writings and Discoveries;

(9) To constitute Tribunals inferior to the supreme Court;

(10) To define and punish Piracies and Felonies committed on the high Seas, and Offences against the Law of Nations;

(11) To declare War, grant Letters of Marque and Reprisal, and make Rules concerning Captures on Land and Water;

(12) To raise and support Armies, but no Appropriation of Money to that Use shall be for a longer Term than two Years;

(13) To provide and maintain a Navy;

(14) To make Rules for the Government and Regulation of the land and naval Forces;

(15) To provide for calling forth the Militia to execute the Laws of the Union, suppress Insurrections and repeal Invasions;

(16) To provide for organizing, arming, and disciplining, the Militia, and for governing such Part of them as may be employed in the Service of the United States, reserving to the States respectively, the Appointment of the Officers, and the Authority of training the Militia according to the discipline prescribed by Congress;

(17) To exercise exclusive Legislation in all Cases whatsoever, over such District (not exceeding ten Miles square) as may, by Cession of Particular States, and the Acceptance of Congress, become the Seat of the Government of the United States, and to exercise like Authority over all Places purchased by the Consent of the Legislature of the State in which the Same shall be, for the Erection of Forts, Magazines, Arsenals, dock-Yards and other needful Buildings;--And

(18) To make all Laws which shall be necessary and proper for carrying into Execution the foregoing Powers and all other Powers vested by this Constitution in the Government of the United States, or in any Department or Officer thereof.

Section 9. (1) The Migration or Importation of such Persons as any of the States now existing shall think proper to admit, shall not be prohibited by the Congress prior to the Year one thousand eight hundred and eight, but a Tax or duty may be imposed on such Importation, not exceeding ten dollars for each Person.

(2) The Privilege of the Writ of Habeas Corpus shall not be suspended, unless when in Cases or Rebellion or Invasion the public Safety may require it.

(3) No Bill of Attainder or ex post facto Law shall be passed.

(4) No Capitation, or other direct, Tax shall be laid, unless in Proportion to the Census of Enumeration herein before directed to be taken.

(5) No Tax or Duty shall be laid on Articles exported from any State.

(6) No Preference shall be given by any Regulation of Commerce or Revenue to the Ports of one State over those of another: nor shall Vessels bound to, or from, one State, be obliged to enter, clear or pay Duties in another.

(7) No Money shall be drawn from the Treasury, but in Consequence of Appropriations made by Law; and a regular Statement and Account of the Receipts and Expenditures of all public Money shall be published from time to time.

(8) No Title of Nobility shall be granted by the United States: And no Person holding any Office of Profit or Trust under them, shall, without the Consent of the Congress, accept of any present, Emolument, Office, or Title, of any kind whatever, from any King, Prince or foreign State.

Section 10. (1) No State shall enter into any Treaty, Alliance, or Confederation; grant Letters of Marque and Reprisal; coin Money; emit Bills of Credit; make any Thing but gold and silver Coin a Tender in Payment of Debts; pass any Bill of Attainder, ex post facto Law, or Law impairing the Obligation of Contracts, or grant any Title of Nobility.

(2) No State shall, without the Consent of the Congress, lay any Imposts or Duties on Imports or Exports, except what may be absolutely necessary for executing it's inspection Laws: and the net Produce of all Duties and Imposts, laid by any State on Imports or Exports, shall be for the Use of the Treasury of the United States; and all such Laws shall be subject to the Revision and Controul of the Congress.

(3) No State shall, without the Consent of Congress, lay any Duty of Tonnage, keep Troops, or Ships of War in time of Peace, enter into any Agreement or Compact with another State, or with a foreign Power, or engage in War, unless actually invaded, or in such imminent Danger as will not admit of delay.

Article II

Section 1. (1) The executive Power shall be vested in a President of the United States of America. He shall hold his Office during the Term of four Years, and, together with the Vice President, chosen for the same Term, be elected, as follows:

(2) Each State shall appoint, in such Manner as the Legislature thereof may direct, a Number of Electors, equal to the whole Number of Senators and Representatives to which the State may be entitled in the Congress: but no Senator or Representative, or Person holding an Office of Trust or Profit under the United States, shall be appointed an Elector.

(3) The Electors shall meet in their respective States, and vote by Ballot for two Persons, of whom one at least shall not be an Inhabitant of the same State with themselves. And they shall make a List of all the Persons voted for, and of the Number of Votes for each; which List they shall sign and certify, and transmit sealed to the Seat of the Government of the United States, directed to the President of the Senate. The President of the Senate shall, in the Presence of the Senate and House of Representatives, open all the Certificates, and the Votes shall then be counted. The Person having the greatest Number of Votes shall be the President, if such Number be a Majority of the whole Number of Electors appointed; and if there be more than one who have such Majority, and have an equal Number of Votes, then the House of Representatives shall immediately chuse by Ballot one of them for President; and if no Person have a

Majority, then from the five highest on the List the said House shall in like Manner chuse the President. But in chusing the President, the Votes shall be taken by States, the Representatives from each State having one Vote; a quorum for this Purpose shall consist of a Member or Members from two thirds of the States, and a Majority of all the States shall be necessary to a Choice. In every Case, after the Choice of the President, the Person having the greatest Number of Votes of the Electors shall be the Vice President. But if there should remain two or more who have equal Votes, the Senate shall chuse from them by Ballot the Vice President.

(5) The Congress may determine the Time of chusing the Electors, and the Day on which they shall give their Votes; which Day shall be the same throughout the United States.

(6) No Person except a natural born Citizen, or a Citizen of the United States, at the time of the Adoption of this Constitution, shall be eligible to the Office of President; neither shall any person be eligible to that Office who shall not have attained to the Age of thirty five Years, and been fourteen Years a Resident within the United States.

(7) In Case of the Removal of the President from Office, or of his Death, Resignation, or Inability to discharge the Powers and Duties of the said Office, the Same shall devolve on the Vice President, and the Congress may by Law provide for the Case of Removal, Death, Resignation or Inability, both of the President and Vice President, declaring what Officer shall then act as President, and such Officer shall act accordingly, until the Disability be removed, or a President shall be elected.

(8) The President shall, at stated Times, receive for his Services, a Compensation, which shall neither be encreased nor diminished during the Period for which he shall have been elected, and he shall not receive within that Period any other Emolument from the United States, or any of them.

(9) Before he enter on the Execution of his Office, he shall take the following Oath or Affirmation:--"I do solemnly swear (or affirm) that I will faithfully execute the Office of President of the United States, and will to the best of my Ability, preserve, protect and defend the Constitution of the United States."

Section 2. (1) The President shall be Commander in Chief of the Army and Navy of the United States, and of the Militia of the several States, when called into the actual Service of the United States; he may require the Opinion, in writing, of the principal Officer in each of the executive Departments, upon any Subject relating to the Duties of their respective Offices, and he shall have Power to Grant Reprieves and Pardons for Offences against the United States, except in Cases of Impeachment.

(2) He shall have Power, by and with the Advice and Consent of the Senate, to make Treaties, provided two thirds of the Senators present concur; and he shall nominate, and by and with the Advice and Consent of the Senate, shall appoint Ambassadors, other public Ministers and Consuls, Judges of the supreme Court, and all other Officers of the United States, whose Appointments are not herein otherwise provided for, and which shall be established by Law: but the Congress may by Law vest the Appointment of such inferior Officers, as they think proper, in the President alone, in the Courts of Law, or in the Heads of Departments.

(3) The President shall have Power to fill up all Vacancies that may happen during the Recess of the Senate, by granting Commissions which shall expire at the End of their next Session.

Section 3. He shall from time to time give to the Congress Information on the State of the Union, and recommend to their Consideration such Measures as he shall judge necessary and expedient; he may, on extraordinary Occasions, convene both Houses, or either of them, and in Case of Disagreement between them, with Respect to the Time of Adjournment, he may adjourn them to such Time as he shall think proper; he shall receive Ambassadors and other public Ministers; he shall take Care that the Laws be faithfully executed, and shall Commission all the Officers of the United States.

Section 4. The President, Vice President and all Civil Officers of the United States, shall be removed from Office on Impeachment for and Conviction of, Treason, Bribery, or other high Crimes and Misdemeanors.

Article III

Section 1. The judicial Power of the United States, shall be vested in one supreme Court, and in such inferior Courts as the Congress may from time to time ordain and establish. The Judges, both of the supreme and inferior Courts, shall hold their Offices during good Behaviour, and shall, at stated Times, receive for their Services, a Compensation, which shall not be diminished during their Continuance in Office.

Section 2. (1) The judicial Power shall extend to all Cases, in Law and Equity, arising under this Constitution, the Laws of the United States, and Treaties made, or which shall be made, under their Authority;--to all Cases affecting Ambassadors, other public ministers and Consuls; --to all Cases of admiralty and maritime Jurisdiction; --to Controversies to which the United States shall be a Party; --to Controversies between two or more States; --between a State and Citizens of another State; --between Citizens of different States; --between Citizens of the same State claiming Lands under Grants of different States, and between a State, or the Citizens thereof, and foreign States, Citizens or Subjects.

(2) In all Cases affecting Ambassadors, other public Ministers and Consuls, and those in which a State shall be Party, the supreme Court shall have original Jurisdiction. In all the other Cases before mentioned, the supreme Court shall have appellate Jurisdiction, both as to Law and Fact, with such Exceptions, and under such Regulations as the Congress shall make.

(3) The Trial of all Crimes, except in Cases of Impeachment, shall be by Jury; and such Trial shall be held in the State where the said Crimes shall have been committed; but when not committed within any State, the Trial shall be at such Place or Places as the Congress may by Law have directed.

Section 3. (1) Treason against the United States, shall consist only in levying War against them, or in adhering to their Enemies, giving them Aid and Comfort. No Person shall be convicted of Treason unless on the Testimony of two Witnesses to the same overt Act, or on Confession in open Court.

(2) The Congress shall have Power to declare the Punishment of Treason, but no Attainder of Treason shall work Corruption of Blood, or Forfeiture except during the Life of the Person attainted.

Article IV

Section 1. Full Faith and Credit shall be given in each State to the public Acts, Records, and judicial Proceedings of every other State. And the Congress may by general Laws prescribe the Manner in which such Acts, Records and Proceedings shall be proved, and the Effect thereof.

Section 2. (1) The Citizens of each State shall be entitled to all Privileges and Immunities of Citizens in the several States.

(2) A Person charged in any State with Treason, Felony, or other Crime, who shall flee from Justice, and be found in another State, shall on Demand of the executive Authority of the State from which he fled, be delivered up, to be removed to the State having Jurisdiction of the Crime.

(3) No Person held to Service or Labour in one State, under the Laws thereof, escaping into another, shall, in Consequence of any Law or Regulation therein, be discharged from such Service or Labour, but shall be delivered up on Claim of the Party to whom such Service or Labour may be due.

Section 3. (1) New States may be admitted by the Congress into this Union; but no new State shall be formed or erected within the Jurisdiction of any other State; nor any State be formed by the Junction of two or more States, or Parts of States, without the Consent of the Legislatures of the States concerned as well as of the Congress.

(2) The Congress shall have Power to dispose of and make all needful Rules and Regulations respecting the Territory or other Property belonging to the United States; and nothing in this Constitution shall be so construed as to Prejudice any Claims of the United States, or of any particular State.

Section 4. The United States shall guarantee to every State in this Union a Republican Form of Government, and shall protect each of them against Invasion; and on Application of the Legislature, or of the Executive (when the Legislature cannot be convened) against domestic Violence.

Article V

The Congress, whenever two thirds of both Houses shall deem it necessary, shall propose Amendments to this Constitution, or, on the Application of the Legislatures of two thirds of the several States, shall call a Convention for proposing Amendments, which, in either Case, shall be valid to all Intents and Purposes, as Part of this Constitution, when ratified by the Legislatures of three fourths of the several States, or by Conventions in three fourths thereof, as the one or the other Mode of Ratification may be proposed by the Congress; Provided that no Amendment which may be made prior to the Year One thousand eight hundred and eight shall in any Manner affect the first and fourth Clauses in the Ninth Section of the first Article; and that no State, without its Consent, shall be deprived of its equal Suffrage in the Senate.

Article VI

(1) All Debts contracted and Engagements entered into, before the Adoption of this Constitution, shall be as valid against the United States under this Constitution, as under the Confederation.

(2) This Constitution, and the Laws of the United States which shall be made in Pursuance thereof; and all Treaties made, or which shall be made, under the Authority of the United States, shall be the supreme Law of the Land; and the Judges in every State shall be bound thereby, any Thing in the Constitution or Laws of any state to the Contrary notwithstanding.

(3) The Senators and Representatives before mentioned, and the Members of the several State Legislatures, and all executive and judicial Officers, both of the United States and of the several States, shall be bound by Oath or Affirmation, to support this Constitution; but no religious Test shall ever be required as a Qualification to any Office or public Trust under the United States.

Article VII

The Ratification of the Conventions of nine States, shall be sufficient for the Establishment of this Constitution between the States so ratifying the same.

Done in Convention by the Unanimous Consent of the States present the Seventeenth Day of September in the Year of our Lord one thousand seven hundred and Eighty seven and of the Independence of the United States of America the Twelfth. In witness whereof We have hereunto subscribed our Names, [...].

Amendments to the Constitution of the United States of America

Articles in addition to, and amendment of, the Constitution of the United States of America, proposed by Congress, and ratified by the several states, pursuant to the Fifth Article of the original Constitution.

Amendment 1 [1791]

Congress shall make no law respecting an establishment of religion, or prohibiting the free exercise thereof; or abridging the freedom of speech, or of the press; or the right of the people peaceably to assemble, and to petition the Government for a redress of grievances.

Amendment 2 [1791]

A well regulated Militia, being necessary to the security of a free State, the right of the people to keep and bear Arms, shall not be infringed.

Amendment 3 [1791]

No Soldier shall, in time of peace be quartered in any house, without the consent of the Owner, nor in time of war, but in a manner to be prescribed by law.

Amendment 4 [1791]

The right of the people to be secure in their persons, houses, papers, and effects, against unreasonable searches and seizures, shall not be violated, and no Warrants shall issue, but upon probable cause, supported by Oath or affirmation, and particularly describing the place to be searched, and the persons or things to be seized.

Amendment 5 [1791]

No person shall be held to answer for a capital, or otherwise infamous crime, unless on a presentment or indictment of a Grand Jury, except in cases arising in the land or naval forces, or in the Militia, when in actual service in time of War or public danger; nor shall any person be subject for the same offence to be twice put in jeopardy of life or limb; nor shall be compelled in any criminal case to be a witness against himself, nor be deprived of life, liberty, or property, without due process of law; nor shall private property be taken for public use, without just compensation.

Amendment 6 [1791]

In all criminal prosecutions, the accused shall enjoy the right to a speedy and public trial, by an impartial jury of the State and district wherein the crime shall have been committed, which district shall have been previously ascertained by law, and to be informed of the nature and cause of the accusation; to be confronted with the witnesses against him; to have compulsory process for obtaining witnesses in his favor, and to have the Assistance of Counsel for his defence.

Amendment 7 [1791]

In Suits at common law, where the value in controversy shall exceed twenty dollars, the right of trial by jury shall be preserved, and no fact tried by a jury, shall be otherwise re-examined in any Court of the United States, than according to the rules of the common law.

Amendment 8 [1791]

Excessive bail shall not be required, nor excessive fines imposed, nor cruel and unusual punishments inflicted.

Amendment 9 [1791]

The enumeration in the Constitution, of certain rights, shall not be construed to deny or disparage others retained by the people.

Amendment 10 [1791]

The powers not delegated to the United States by the Constitution, nor prohibited by it to the States, are reserved to the States respectively, or to the people.

Amendment 11 [1798]

The Judicial power of the United States shall not be construed to extend to any suit in law or equity, commenced or prosecuted against one on the United States by Citizens of another State, or by Citizens or Subjects of any Foreign State.

Amendment 12 [1804]

The Electors shall meet in their respective states and vote by ballot for President and Vice-President, one of whom, at least, shall not be an inhabitant of the same state with themselves; they shall name in their ballots the person voted for as President, and in distinct ballots the person voted for as Vice- President, and they shall make distinct lists of all persons voted for as President, and of all persons voted for as Vice-President, and of the number of votes for each, which lists they shall sign and certify, and transmit sealed to the seat of the government of the United States, directed to the President of the Senate;--The President of the Senate shall, in the presence of the Senate and House of Representatives, open all the certificates and the votes shall then be counted;--The person having the greatest Number of votes for President, shall be the President, if such number be a majority of the whole number of Electors appointed; and if no person have such majority, then from the persons having the highest numbers not exceeding three on the list of those voted for as President, the House of Representatives shall choose immediately, by ballot, the President. But in choosing the President, the votes shall be taken by states, the representation from each state having one vote; a quorum for this purpose shall consist of a member or members from two-thirds of the states, and a majority of all the states shall be necessary to a choice. And if the House of Representatives shall not choose a President whenever the right of choice shall devolve upon them, before the fourth day of March next following, then the Vice- President shall act as President, as in the case of the death or other constitutional disability of the President--The person having the greatest number of votes as Vice-President, shall be the Vice-President, if such number be a majority of the whole number of Electors appointed, and if no person have a majority, then from the two highest numbers on the list, the Senate shall choose the Vice-President; a quorum for the purpose shall consist of two-thirds of the whole number of Senators, and a majority of the whole number shall be necessary to a choice. But no person constitutionally ineligible to the office of President shall be eligible to that of Vice-President of the United States.

Amendment 13 [1865]

Section 1. Neither slavery nor involuntary servitude, except as a punishment for crime whereof the party shall have been duly convicted, shall exist within the United States, or any place subject to their jurisdiction.

Section 2. Congress shall have power to enforce this article by appropriate legislation.

Amendment 14[1868]

Section 1. All persons born or naturalized in the United States and subject to the jurisdiction thereof, are citizens of the United States and of the State wherein they reside. No State shall make or enforce any law which shall abridge the privileges or immunities of citizens of the United States; nor shall any State deprive any person of life, liberty, or property, without due process of law; nor deny to any person within its jurisdiction the equal protection of the laws.

Section 2. Representatives shall be apportioned among the several States according to their respective numbers, counting the whole number of persons in each State, excluding Indians not taxed. But when the right to vote at any election for the choice of electors for President and Vice President of the United States, Representatives in Congress, the Executive and Judicial officers of a State, or the members of the Legislature thereof, is denied to any of the male inhabitants of such State, being twenty-one years of age, and citizens of the United States, or in any way abridged, except for participation in rebellion, or other crime, the basis of representation therein shall be reduced in the proportion which the number of such male citizens shall bear to the whole number of male citizens twenty-one years of age in such State.

Section 3. No person shall be a Senator or Representative in Congress, or elector of President and Vice President, or hold any office, civil or military, under the United States, or under any State, who, having previously taken an oath, as a member of Congress, or as an officer of the United States, or as a member of any State legislature, or as an executive or judicial officer of any State, to support the Constitution of the United States, shall have engaged in insurrection or rebellion against the same, or given aid or comfort to the enemies thereof. But Congress may by a vote of two-thirds of each House, remove such disability.

Section 4. The validity of the public debt of the United States, authorized by law, including debts incurred for payment of pensions and bounties for services in suppressing insurrection or rebellion, shall not be questioned. But neither the United States nor any State shall assume or pay any debt or obligation incurred in aid of insurrection or rebellion against the United States, or any claim for the loss or emancipation of any slave; but all such debts, obligations and claims shall be held illegal and void.

Section 5. The Congress shall have power to enforce, by appropriate legislation, the provisions of this article.

Amendment 15 [1870]

Section 1. The right of citizens of the United States to vote shall not be denied or abridged by the United States or by any State on account of race, color, or previous condition of servitude.

Section 2. The Congress shall have power to enforce this article by appropriate legislation.

Amendment 16 [1913]

The Congress shall have power to lay and collect taxes on incomes, from whatever source derived, without apportionment among the several States, and without regard to any census or enumeration.

Amendment 17 [1913]

(1) The Senate of the United States shall be composed of two Senators from each State, elected by the people thereof, for six years; and each Senator shall have one vote. The electors in each State shall have the qualifications requisite for electors of the most numerous branch of the State legislatures.

(2) When vacancies happen in the representation of any State in the Senate, the executive authority of such State shall issue writs of election to fill such vacancies: Provided, That the legislature of any State may empower the executive thereof to make temporary appointments until the people fill the vacancies by election as the legislature may direct.

(3) This amendment shall not be so construed as to affect the election or term of any Senator chosen before it becomes valid as part of the Constitution.

Amendment 18 [1919]

Section 1. After one year from the ratification of this article the manufacture, sale, or transportation of intoxicating liquors within, the importation thereof into, or the exportation thereof from the United States and all territory subject to the jurisdiction thereof for beverage purposes is hereby prohibited.

Section 2. The Congress and the several States shall have concurrent power to enforce this article by appropriate legislation.

Section 3. This article shall be inoperative unless it shall have been ratified as an amendment to the Constitution by the legislatures of the several States, as provided in the Constitution, within seven years from the date of the submission hereof to the States by the Congress.

Amendment 19 [1920]

(1) The right of citizens of the United States to vote shall not be denied or abridged by the United States or by any State on account of sex.

(2) Congress shall have power to enforce this article by appropriate legislation.

Amendment 20 [1933]

Section 1. The terms of the President and Vice President shall end at noon on the 20th day of January, and the terms of Senators and Representatives at noon on the 3d day of January, of the years in which such terms would have ended if this article had not been ratified; and the terms of their successors shall then begin.

Section 2. The Congress shall assemble at least once in every year, and such meeting shall begin at noon on the 3d day of January, unless they shall by law appoint a different day.

Section 3. If, at the time fixed for the beginning of the term of the President, the President elect shall have died, the Vice President elect shall become President. If a President shall not have been chosen before the time fixed for the beginning of his term, or if the President elect shall have failed to qualify, then the Vice President elect shall act as President until a President shall have qualified; and the Congress may by law provide for the case wherein neither a President elect nor a Vice

President elect shall have qualified, declaring who shall then act as President, or the manner in which one who is to act shall be selected, and such person shall act accordingly until a President or Vice President shall have qualified.

Section 4. The Congress may by law provide for the case of the death of any of the persons from whom the House of Representatives may choose a President whenever the right of choice shall have devolved upon them, and for the case of the death of any of the persons from whom the Senate may choose a Vice President whenever the right of choice shall have devolved upon them.

Section 5. Sections 1 and 2 shall take effect on the 15th day of October following the ratification of this article.

Section 6. This article shall be inoperative unless it shall have been ratified as an amendment to the Constitution by the legislatures of three-fourths of the several States within seven years from the date of its submission.

Amendment 21 [1933]

Section 1. The eighteenth article of amendment to the Constitution of the United States is hereby repealed.

Section 2. The transportation or importation into any State, Territory, or possession of the United States for delivery or use therein of intoxicating liquors, in violation of the laws thereof, is hereby prohibited.

Section 3. This article shall be inoperative unless it shall have been ratified as an amendment to the Constitution by conventions in the several States, as provided in the Constitution, within seven years from the date of the submission hereof to the States by the Congress.

Amendment 22 [1951]

Section 1. No person shall be elected to the office of the President more than twice, and no person who has held the office of President, or acted as President, for more than two years of a term to which some other person was elected President shall be elected to the office of the President more than once. But this Article shall not apply to any person holding the office of President, when this Article was proposed by the Congress, and shall not prevent any person who may be holding the office of President, or acting as President, during the term within which this Article becomes operative from holding the office of President or acting as President during the remainder of such term.

Section 2. This article shall be inoperative unless it shall have been ratified as an amendment to the Constitution by the legislatures of three-fourths of the several States within seven years from the date of its submission to the States by the Congress.

Amendment 23 [1961]

Section 1. The District constituting the seat of Government of the United States shall appoint in such manner as the Congress may direct: A number of electors of President and Vice President equal to the whole number of Senators and Representatives in Congress to which the District would be entitled if it were a State, but in no event more than the least populous State; they shall be in addition to those appointed by the States, but they shall be considered, for the purposes of the election of President and Vice President, to be electors appointed by a State; and they shall meet in the District and perform such duties as provided by the twelfth article of amendment.

Section 2. The Congress shall have power to enforce this article by appropriate legislation.

Amendment 24 [1964]

Section 1. The right of citizens of the United States to vote in any primary or other election for President or Vice President, for electors for President or Vice President, or for Senator or Representative in Congress, shall not be denied or abridged by the United States or any State by reason of failure to pay any poll tax or other tax.

Section 2. The Congress shall have power to enforce this article by appropriate legislation.

Amendment 25 [1967]

Section 1. In case of the removal of the President from office or of his death or resignation, the Vice President shall become President.

Section 2. Whenever there is a vacancy in the office of the Vice President, the President shall nominate a Vice President who shall take office upon confirmation by a majority vote of both Houses of Congress.

Section 3. Whenever the President transmits to the President pro tempore of the Senate and the Speaker of the House of Representatives has written declaration that he is unable to discharge the powers and duties of his office, and until he transmits to them a written declaration to the contrary, such powers and duties shall be discharged by the Vice President as Acting President.

Section 4. Whenever the Vice President and a majority of either the principal officers of the executive departments or of such other body as Congress may by law provide, transmit to the President pro tempore of the Senate and the Speaker of the House of Representatives their written

declaration that the President is unable to discharge the powers and duties of his office, the Vice President shall immediately assume the powers and duties of the office as Acting President.

Thereafter, when the President transmits to the President pro tempore of the Senate and the Speaker of the House of Representatives has written declaration that no inability exists, he shall resume the powers and duties of his office unless the Vice President and a majority of either the principal officers of the executive department or of such other body as Congress may by law provide, transmit within four days to the President pro tempore of the Senate and the Speaker of the House of Representatives their written declaration that the President is unable to discharge the powers and duties of his office. Thereupon Congress shall decide the issue, assembling within forty-eight hours for that purpose if not in session. If the Congress, within twenty-one days after receipt of the latter written declaration, or, if Congress is not in session, within twenty-one days after Congress is required to assemble, determines by two-thirds vote of both Houses that the President is unable to discharge the powers and duties of his office, the Vice President shall continue to discharge the same as Acting President; otherwise, the President shall resume the powers and duties of his office.

Amendment 26 [1971]

Section 1. The right of citizens of the United States, who are eighteen years of age or older, to vote shall not be denied or abridged by the United States or by any State on account of age.

Section 2. The Congress shall have power to enforce this article by appropriate legislation.

Amendment 27 [1992]

No law varying the compensation for the services of the Senators and Representatives shall take effect, until an election of Representatives shall have intervened.

Anhang B: Administrative Procedure Act (Auszug)

TITLE 5 - GOVERNMENT ORGANIZATION AND EMPLOYEES (5 U.S.C.)

PART I - THE AGENCIES GENERALLY

CHAPTER 5 - ADMINISTRATIVE PROCEDURE

SUBCHAPTER II - ADMINISTRATIVE PROCEDURE

Section 551. Definitions

For the purpose of this subchapter -

(1) „agency" means each authority of the Government of the United States, whether or not it is within or subject to review by another agency, but does not include -

(A) the Congress;

(B) the courts of the United States;

(C) the governments of the territories or possessions of the United States;

(D) the government of the District of Columbia; or except as to the requirements of section 552 of this title -

(E) agencies composed of representatives of the parties or of representatives of organizations of the parties to the disputes determined by them;

(F) courts martial and military commissions;

(G) military authority exercised in the field in time of war or in occupied territory; or

(H) functions conferred by sections 1738, 1739, 1743, and 1744 of title 12; chapter 2 of title 41; subchapter II of chapter 471 of title 49; or sections 1884, 1891-1902, and former section 1641(b)(2), of title 50, appendix;

(2) "person" includes an individual, partnership, corporation, association, or public or private organization other than an agency;

(3) "party" includes a person or agency named or admitted as a party, or properly seeking and entitled as of right to be admitted as a party, in an agency proceeding, and a person or agency admitted by an agency as a party for limited purposes;

(4) "rule" means the whole or a part of an agency statement of general or particular applicability and future effect designed to implement, interpret, or prescribe law or policy or describing the organization, procedure, or practice requirements of an agency and includes the approval or prescription for the future of rates, wages, corporate or financial structures or reorganizations thereof, prices, facilities, appliances, services or allowances therefor or of valuations, costs, or accounting, or practices bearing on any of the foregoing;

(5) "rule making" means agency process for formulating, amending, or repealing a rule;

(6) "order" means the whole or a part of a final disposition, whether affirmative, negative, injunctive, or declaratory in form, of an agency in a matter other than rule making but including licensing;

(7) "adjudication" means agency process for the formulation of an order;

(8) "license" includes the whole or a part of an agency permit, certificate, approval, registration, charter, membership, statutory exemption or other form of permission;

(9) 'licensing" includes agency process respecting the grant, renewal, denial, revocation, suspension, annulment, withdrawal, limitation, amendment, modification, or conditioning of a license;

(10) "sanction" includes the whole or a part of an agency -

(A) prohibition, requirement, limitation, or other condition affecting the freedom of a person;

(B) withholding of relief;

(C) imposition of penalty or fine;

(D) destruction, taking, seizure, or withholding of property;

(E) assessment of damages, reimbursement, restitution, compensation, costs, charges, or fees;

(F) requirement, revocation, or suspension of a license; or

(G) taking other compulsory or restrictive action;

(11) "relief" includes the whole or a part of an agency -

(A) grant of money, assistance, license, authority, exemption, exception, privilege, or remedy;

(B) recognition of a claim, right, immunity, privilege, exemption, or exception; or

(C) taking of other action on the application or petition of, and beneficial to, a person;

(12) "agency proceeding" means an agency process as defined by paragraphs (5), (7) and (9) of this section;

(13) "agency action" includes the whole or a part of an agency rule, order, license, sanction, relief, or the equivalent or denial thereof, or failure to act; and

(14) "ex parte communication" means an oral or written communication not on the public record with respect to which reasonable prior notice to all parties is not given, but it shall not include requests for status reports on any matter or proceeding covered by this subchapter.

Section 552. Public information; agency rules, opinions, orders, records, and proceedings („Freedom of Information Act“) [...]

Section 552a. Records maintained on individuals („Privacy Act“) [...]

Section 552b. Open meetings („Government in the Sunshine Act“) [...]

Section 553. Rule making [...]

Section 554. Adjudications

(a) This section applies, according to the provisions thereof, in every case of adjudication required by statute to be determined on the record after opportunity for an agency hearing, except to the extent that there is involved -

(1) a matter subject to a subsequent trial of the law and the facts de novo in a court;

(2) the selection or tenure of an employee, except a administrative law judge appointed under section 3105 of this title;

(3) proceedings in which decisions rest solely on inspections, tests, or elections;

(4) the conduct of military or foreign affairs functions;

(5) cases in which an agency is acting as an agent for a court; or

(6) the certification of worker representatives.

(b) Persons entitled to notice of an agency hearing shall be timely informed of -

(1) the time, place, and nature of the hearing;

(2) the legal authority and jurisdiction under which the hearing is to be held; and

(3) the matters of fact and law asserted.

When private persons are the moving parties, other parties to the proceeding shall give prompt notice of issues controverted in fact or law; and in other instances agencies may by rule require responsive pleading. In fixing the time and place for hearings, due regard shall be had for the convenience and necessity of the parties or their representatives.

(c) The agency shall give all interested parties opportunity for -

(1) the submission and consideration of facts, arguments, offers of settlement, or proposals of adjustment when time, the nature of the proceeding, and the public interest permit; and

(2) to the extent that the parties are unable so to determine a controversy by consent, hearing and decision on notice and in accordance with sections 556 and 557 of this title.

(d) The employee who presides at the reception of evidence pursuant to section 556 of this title shall make the recommended decision or initial decision required by section 557 of this title, unless he becomes unavailable to the agency. Except to the extent required for the disposition of ex parte matters as authorized by law, such an employee may not -

(1) consult a person or party on a fact in issue, unless on notice and opportunity for all parties to participate; or

(2) be responsible to or subject to the supervision or direction of an employee or agent engaged in the performance of investigative or prosecuting functions for an agency. An employee or agent engaged in the performance of investigative or prosecuting functions for an agency in a case may not, in that or a factually related case, participate or advise in the decision, recommended decision, or agency review pursuant to section 557 of this title, except as witness or counsel in public proceedings. This subsection does not apply -

(A) in determining applications for initial licenses;

(B) to proceedings involving the validity or application of rates, facilities, or practices of public utilities or carriers; or

(C) to the agency or a member or members of the body comprising the agency.

(e) The agency, with like effect as in the case of other orders, and in its sound discretion, may issue a declaratory order to terminate a controversy or remove uncertainty.

Section 555. Ancillary matters

(a) This section applies, according to the provisions thereof, except as otherwise provided by this subchapter.

(b) A person compelled to appear in person before an agency or representative thereof is entitled to be accompanied, represented, and advised by counsel or, if permitted by the agency, by other qualified representative. A party is entitled to appear in person or by or with counsel or other duly qualified representative in an agency proceeding. So far as the the orderly conduct of public business permits, an interested person may appear before an an agency or its responsible employees for the presentation, adjustment, or determination of an issue, request, or controversy in a proceeding, whether interlocutory, summary, or otherwise, or in connection with an agency function. With due regard for the convenience and necessity of the parties or their representatives and within a reasonable time, each agency shall proceed to conclude a matter presented to it. This subsection does not grant or deny a person who is not a lawyer the right to appear for or represent others before an agency or in an agency proceeding.

(c) Process, requirement of a report, inspection, or other investigative act or demand may not be issued, made, or enforced except as authorized by law. A person compelled to submit data or evidence is entitled to retain or, on payment of lawfully prescribed costs, procure a copy or transcript thereof, except that in a nonpublic investigatory proceeding the witness may for good cause be limited to inspection of the official transcript of his testimony.

(d) Agency subpoenas authorized by law shall be issued to a party on request and, when required by rules of procedure, on a statement or showing of general relevance and reasonable scope of the evidence sought. On contest, the court shall sustain the subpoena or similar process or demand to the extent that it is found to be in accordance with law. In a proceeding for enforcement, the court shall issue an order requiring the appearance of the the witness or the production of the evidence or data within a reasonable time under penalty of punishment for contempt in case of contumacious failure to comply.

(e) Prompt notice shall be given of the denial in whole or in part of a written application, petition, or other request of an interested person made in connection with any agency proceeding. Except in affirming a prior denial or when the denial is self-explanatory, the notice shall be accompanied by a brief statement of the grounds for denial.

Section 556. Hearings; presiding employees; powers and duties; burden of proof; evidence; record as basis of decision

(a) This section applies, according to the provisions thereof, to hearings required by section 553 or 554 of this title to be conducted in accordance with this section.

(b) There shall preside at the taking of evidence -

(1) the agency;

(2) one or more members of the body which comprises the agency; or

(3) one or more administrative law judges appointed under section 3105 of this title.

This subchapter does not supersede the conduct of specified classes of proceedings, in whole or in part, by or before boards or other employees specially provided for by or designated under statute. The functions of presiding employees and of employees participating in decisions in accordance with section 557 of this title shall be conducted in an impartial manner. A presiding or participating employee may at any time disqualify himself. On the filing in good faith of a timely and sufficient affidavit of personal bias or other disqualification of a presiding or participating employee, the agency shall determine the matter as a part of the record and decision in the case.

(c) Subject to published rules of the agency and within its powers, employees presiding at hearings may -

(1) administer oaths and affirmations;

(2) issue subpoenas authorized by law;

(3) rule on offers of proof and receive relevant evidence;

(4) take depositions or have depositions taken when the ends of justice would be served;

(5) regulate the course of the hearing;

(6) hold conferences for the settlement or simplification of the issues by consent of the parties or by the use of alternative means of dispute resolution as provided in subchapter IV of this chapter;

(7) inform the parties as to the availability of one or more alternative means of dispute resolution, and encourage use of such methods;

(8) require the attendance at any conference held pursuant to paragraph (6) of at least one representative of each party who has authority to negotiate concerning resolution of issues in controversy;

(9) dispose of procedural requests or similar matters;

(10) make or recommend decisions in accordance with section 557 of this title; and

(11) take other action authorized by agency rule consistent with this subchapter.

(d) Except as otherwise provided by statute, the proponent of a rule or order has the burden of proof. Any oral or documentary evidence may be received, but the agency as a matter of policy shall provide for the exclusion of irrelevant, immaterial, or unduly repetitious evidence. A sanction may not be imposed or rule or order issued except on consideration of the whole record or those parts thereof cited by a party and supported by and in accordance with the reliable, probative, and substantial evidence. The agency may, to the extent consistent with the interests of justice and the policy of the underlying statutes administered by the agency, consider a violation of section 557(d) of this title sufficient grounds for a decision adverse to a party who has knowingly committed such violation or knowingly caused such violation to occur. A party is entitled to present his case or defense by oral or documentary evidence, to submit rebuttal evidence, and to conduct such cross-examination as may be required for a full and true disclosure of the facts. In rule making or determining claims for money or benefits or applications for initial licenses an agency may, when a party will not be prejudiced thereby, adopt procedures for the submission of all or part of the evidence in written form.

(e) The transcript of testimony and exhibits, together with all papers and requests filed in the proceeding, constitutes the exclusive record for decision in accordance with section 557 of this title and, on payment of lawfully prescribed costs, shall be made available to the parties. When an agency decision rests on official notice of a material fact not appearing in the evidence in the record, a party is entitled, on timely request, to an opportunity to show the contrary.

Section 557. Initial decisions; conclusiveness; review by agency; submissions by parties; contents of decisions; record

(a) This section applies, according to the provisions thereof, when a hearing is required to be conducted in accordance with section 556 of this title.

(b) When the agency did not preside at the reception of the evidence, the presiding employee or, in cases not subject to section 554(d) of this title, an employee qualified to preside at hearings pursuant to section 556 of this title, shall initially decide the case unless the agency requires, either in specific cases or by general rule, the entire record to be certified to it for decision. When the presiding employee makes an initial decision, that decision then becomes the decision of the agency without further proceedings unless there is an appeal to, or review on motion of, the agency within time provided by rule. On appeal from or review of the initial decision, the agency has all the powers which it would have in making the initial decision except as it may limit the issues on notice or by rule. When the agency makes the decision without having presided at the reception of the evidence, the presiding employee or an employee qualified to preside at hearings pursuant to section 556 of this title shall first recommend a decision, except that in rule making or determining applications for initial licenses -

(1) instead thereof the agency may issue a tentative decision or one of its responsible employees may recommend a decision; or

(2) this procedure may be omitted in a case in which the agency finds on the record that due and timely execution of its functions imperatively and unavoidably so requires.

(c) Before a recommended, initial, or tentative decision, or a decision on agency review of the decision of subordinate employees, the parties are entitled to a reasonable opportunity to submit for the consideration of the employees participating in the decisions -

(1) proposed findings and conclusions; or

(2) exceptions to the decisions or recommended decisions of subordinate employees or to tentative agency decisions; and

(3) supporting reasons for the exceptions or proposed findings or conclusions. The record shall show the ruling on each finding, conclusion, or exception presented. All decisions, including initial, recommended, and tentative decisions, are a part of the record and shall include a statement of -

(A) findings and conclusions, and the reasons or basis therefor, on all the material issues of fact, law, or discretion presented on the record; and

(B) the appropriate rule, order, sanction, relief, or denial thereof.

(d)(1) In any agency proceeding which is subject to subsection (a) of this section, except to the extent required for the disposition of ex parte matters as authorized by law -

(A) no interested person outside the agency shall make or knowingly cause to be made to any member of the body comprising the agency, administrative law judge, or other employee who is or may reasonably be expected to be involved in the decisional process of the proceeding, an ex parte communication relevant to the merits of the proceeding;

(B) no member of the body comprising the agency, administrative law judge, or other employee who is or may reasonably be expected to be involved in the decisional process of the proceeding, shall make or knowingly cause to be made to any interested person outside the agency an ex parte communication relevant to the merits of the proceeding;

(C) a member of the body comprising the agency, administrative law judge, or other employee who is or may reasonably be expected to be involved in the decisional process of such proceeding who receives, or who makes or knowingly causes to be made, a communication prohibited by this subsection shall place on the public record of the proceeding:

(i) all such written communications;

(ii) memoranda stating the substance of all such oral communications; and

(iii) all written responses, and memoranda stating the substance of all oral responses, to the materials described in clauses (i) and (ii) of this subparagraph;

(D) upon receipt of a communication knowingly made or knowingly caused to be made by a party in violation of this subsection, the agency, administrative law judge, or other employee presiding at the hearing may, to the extent consistent with the interests of justice and the policy of the underlying statutes, require the party to show cause why his claim or interest in the proceeding should not be dismissed, denied, disregarded, or otherwise adversely affected on account of such violation; and

(E) the prohibitions of this subsection shall apply beginning at such time as the agency may designate, but in no case shall they begin to apply later than the time at which a proceeding is noticed for hearing unless the person responsible for the communication has knowledge that it will be noticed, in which case the prohibitions shall apply beginning at the time of his acquisition of such such knowledge.

(2) This subsection does not constitute authority to withhold information from Congress.

Section 558. Imposition of sanctions; determination of applications for licenses; suspension, revocation, and expiration of licenses

(a) This section applies, according to the provisions thereof, to the exercise of a power or authority.

(b) A sanction may not be imposed or a substantive rule or order issued except within jurisdiction delegated to the agency and as authorized by law.

(c) When application is made for a license required by law, the agency, with due regard for the rights and privileges of all the interested parties or adversely affected persons and within a reasonable time, shall set and complete proceedings required to be conducted in accordance with sections 556 and 557 of this title or other proceedings required by law and shall make its decision. Except in cases of willfulness or those in which public health, interest, or safety requires otherwise, the withdrawal, suspension, revocation, or annulment of a license is lawful only if, before the institution of agency proceedings therefor, the licensee has been given -

(1) notice by the agency in writing of the facts or conduct which may warrant the action; and

(2) opportunity to demonstrate or achieve compliance with all lawful requirements.

When the licensee has made timely and sufficient application for a renewal or a new license in accordance with agency rules, a license with reference to an activity of a continuing nature does not expire until the application has been finally determined by the agency.

Section 559. Effect on other laws; effect of subsequent statute

This subchapter, chapter 7, and sections 1305, 3105, 3344, 4301(2)(E), 5372, and 7521 of this title, and the provisions of section 5335(a)(B) of this title that relate to administrative law judges, do not limit or repeal additional requirements imposed by statute or otherwise recognized by law. Except as otherwise required by law, requirements or privileges relating to evidence or procedure apply equally to agencies and persons. Each agency is granted the authority necessary to comply with the requirements of this subchapter through the issuance of rules or otherwise. Subsequent statute may not be held to supersede or modify this subchapter, chapter 7, sections 1305, 3105, 3344, 4301(2)(E), 5372, or 7521 of this title, or the provisions of section 5335(a)(B) of this title that relate to administrative law judges, except to the extent that it does so expressly.

Anhang C: Clean Water Act (Auszug)

Die Vorschriften des *Clean Water Act* im *United States Codes*

CWA	U.S.C.	CWA	U.S.C.	CWA	U.S.C.
101	1251	307	1317	404	1344
301	1311	308	1318	405	1345
302	1312	309	1319	502	1362
303	1313	318	1328	505	1365
306	1316	402	1342		

TITLE 33 - NAVIGATION AND NAVIGABLE WATERS (33 U.S.C.)

CHAPTER 26 - WATER POLLUTION PREVENTION AND CONTROL

SUBCHAPTER III - STANDARDS AND ENFORCEMENT

Section 1311. Effluent limitations

(a) Illegality of pollutant discharges except in compliance with law

Except as in compliance with this section and sections 1312, 1316, 1317, 1328, 1342, and 1344 of this title, the discharge of any pollutant by any person shall be unlawful.

(b) - (p) [...]

Section 1312 - Section 1317 [...]

Section 1318. Records and reports; inspections

(a) Maintenance; monitoring equipment; entry; access to information

Whenever required to carry out the objective of this chapter, including but not limited to (1) developing or assisting in the development of any effluent limitation, or other limitation, prohibition, or effluent standard, pretreatment standard, or standard of performance under this chapter; (2) determining whether any person is in violation of any such effluent limitation, or other limitation, prohibition or effluent standard, pretreatment standard, or standard of performance; (3) any requirement established under this section; or (4) carrying out sections 1315, 1321, 1342, 1344 (relating to State permit programs), 1345, and 1364 of this title -

(A) the Administrator shall require the owner or operator of any point source to (i) establish and maintain such records, (ii) make such reports, (iii) install, use, and maintain such monitoring equipment or methods (including where appropriate, biological monitoring methods), (iv) sample such effluents (in accordance with such methods, at such locations, at such intervals, and in such manner as the Administrator shall prescribe), and (v) provide such other information as he may reasonably require; and

(B) the Administrator or his authorized representative (including an authorized contractor acting as a representative of the Administrator), upon presentation of his credentials -

(i) shall have a right of entry to, upon, or through any premises in which an effluent source is located or in which any records required to be maintained under clause (A) of this subsection are located, and

(ii) may at reasonable times have access to and copy any records, inspect any monitoring equipment or method required under clause (A), and sample any effluents which the owner or operator of such source is required to sample under such clause.

(b) Availability to public; trade secrets exception; penalty for disclosure of confidential information

Any records, reports, or information obtained under this section (1) shall, in the case of effluent data, be related to any applicable effluent limitations, toxic, pretreatment, or new source performance standards, and (2) shall be available to the public, except that upon a showing satisfactory to the Administrator by any person that records, reports, or information, or particular part thereof (other than effluent data), to which the Administrator has access under this section, if made public would divulge methods or processes entitled to protection as trade secrets of such person, the Administrator shall consider such record, report, or information, or particular portion thereof confidential in accordance with the purposes of section 1905 of title 18. Any authorized representative of the Administrator (including an authorized contractor acting as a representative of the Administrator) who knowingly or willfully publishes, divulges, discloses, or makes known in any manner or to any extent not authorized by law any information which is required to be considered confidential under this subsection shall be fined not more than $1,000 or imprisoned not more than 1 year, or both. Nothing in this subsection shall prohibit the Administrator or an authorized representative of the Administrator (including any authorized contractor acting as a representative of the Administrator) from disclosing records, reports, or information to other officers, employees, or authorized representatives of the United States concerned with carrying out this chapter or when relevant in any proceeding under this chapter.

(c) Application of State law

Each State may develop and submit to the Administrator procedures under State law for inspection, monitoring, and entry with respect to point sources located in such State. If the Administrator finds that the procedures and the law of any State relating to inspection, monitoring, and entry are applicable to at least the same extent as those required by this section, such State is authorized to apply and enforce its procedures for inspection, monitoring, and entry with respect to point sources located in such State (except with respect to point sources owned or operated by the United States)

(d) Access by Congress

Notwithstanding any limitation contained in this section or any other provision of law, all information reported to or otherwise obtained by the Administrator (or any representative of the Administrator) under this chapter shall be made available, upon written request of any duly authorized committee of Congress, to such committee.

Section 1319. Enforcement

(a) State enforcement; compliance orders

(1) Whenever, on the basis of any information available to him, the Administrator finds that any person is in violation of any condition or limitation which implements section 1311, 1312, 1316, 1317, 1318, 1328, or 1345 of this title in a permit issued by a State under an approved permit program under section 1342 or 1344 of this title he shall proceed under his authority in paragraph (3) of this subsection or he shall notify the person in alleged violation and such State of such finding. If beyond the thirtieth day after the Administrator's notification the State has not commenced appropriate enforcement action, the Administrator shall issue an order requiring such person to comply with such condition or limitation or shall bring a civil action in accordance with subsection (b) of this section.

(2) Whenever, on the basis of information available to him, the Administrator finds that violations of permit conditions or limitations as set forth in paragraph (1) of this subsection are so widespread that such violations appear to result from a failure of the State to enforce such permit conditions or limitations effectively, he shall so notify the State. If the Administrator finds such failure extends beyond the thirtieth day after such notice, he shall give public notice of such finding. During the period beginning with such public notice and ending when such State satisfies the Administrator that it will enforce such conditions and limitations (hereafter referred to in this section as the period of "federally assumed enforcement"), except where an extension has been granted under paragraph (5)(B) of this subsection, the Administrator shall enforce any permit condition or limitation with respect to any person -

(A) by issuing an order to comply with such condition or limitation, or

(B) by bringing a civil action under subsection (b) of this section.

(3) Whenever on the basis of any information available to him the Administrator finds that any person is in violation of section 1311, 1312, 1316, 1317, 1318, 1328, or 1345 of this title, or is in violation of any permit condition or limitation implementing any of such sections in a permit issued under section 1342 of this title by him or by a State or in a permit issued under section 1344 of this title by a State, he shall issue an order requiring such person to comply with such section or requirement, or he shall bring a civil action in accordance with subsection (b) of this section.

(4) A copy of any order issued under this subsection shall be sent immediately by the Administrator to the State in which the violation occurs and other affected States. In any case in which an order under this subsection (or notice to a violator under paragraph (1) of this subsection) is issued to a corporation, a copy of such order (or notice) shall be served on any appropriate corporate officers. An order issued under this subsection relating to a violation of section 1318 of this title shall not take effect until the person to whom it is issued has had an opportunity to confer with the Administrator concerning the alleged violation.

(5)(A) Any order issued under this subsection shall be by personal service, shall state with reasonable specificity the nature of the violation, and shall specify a time for compliance not to exceed thirty days in the case of a violation of an interim compliance schedule or operation and maintenance requirement and not to exceed a time the Administrator determines to be reasonable in the case of a violation of a final deadline, taking into account the seriousness of the violation and any good faith efforts to comply with applicable requirements.

(B) The Administrator may, if he determines (i) that any person who is a violator of, or any person who is otherwise not in compliance with, the time requirements under this chapter or in any permit issued under this chapter, has acted in good faith, and has made a commitment (in the form of contracts or other securities) of necessary resources to achieve compliance by the earliest possible date after July 1, 1977, but not later than April 1, 1979; (ii) that any extension under this provision will not result in the imposition of any additional controls on any other point or nonpoint source; (iii) that an application for a permit under section 1342 of this title was filed for such person prior to December 31, 1974; and (iv) that the facilities necessary for compliance with such requirements are under construction, grant an extension of the date referred to in section 1311(b)(1)(A) of this title to a date which will achieve compliance at the earliest time possible but not later than April 1, 1979.

(6) Whenever, on the basis of information available to him, the Administrator finds (A) that any person is in violation of section 1311(b)(1)(A) or (C) of this title, (B) that such person cannot meet the requirements for a time extension under section 1311(i)(2) of this title, and (C) that the most expeditious and appropriate means of compliance with this chapter by such person is to discharge into a publicly owned treatment works, then, upon request of such person, the Administrator may issue an order requiring such person to comply with this chapter at the earliest date practicable, but not later than July 1, 1983, by discharging into a publicly owned treatment works if such works concur with such order. Such order shall include a schedule of compliance.

(b) Civil actions

The Administrator is authorized to commence a civil action for appropriate relief, including a permanent or temporary injunction, for any violation for which he is authorized to issue a compliance order under subsection (a) of this section. Any action under this subsection may be brought in the district court of the United States for the district in which the defendant is located or resides or is doing business, and such court shall have jurisdiction to restrain such violation and to require compliance. Notice of the commencement of such action shall be given immediately to the appropriate State.

(c) Criminal penalties

(1) Negligent violations

Any person who -

(A) negligently violates section 1311, 1312, 1316, 1317, 1318, 1321(b)(3), 1328, or 1345 of this title, or any permit condition or limitation implementing any of such sections in a permit issued under section 1342 of this title by the Administrator or by a State, or any requirement imposed in a pretreatment program approved under section 1342(a)(3) or 1342(b)(8) of this title or in a permit issued under section 1344 of this title by the Secretary of the Army or by a State; or

(B) negligently introduces into a sewer system or into a publicly owned treatment works any pollutant or hazardous substance which such person knew or reasonably should have known could cause personal injury or property damage or, other than in compliance with all applicable Federal, State, or local requirements or permits, which causes such treatment works to violate any effluent limitation or condition in any permit issued to the treatment works under section 1342 of this title by the Administrator or a State; shall be punished by a fine of not less than $2,500 nor more than $25,000 per day of violation, or by imprisonment for not more than 1 year, or by both. If a conviction of a person is for a violation committed after a first conviction of such person under this paragraph, punishment shall be by a fine of not more than $ 50,000 per day of violation, or by imprisonment of not more than 2 years, or by both.

(2) Knowing violations

Any person who -

(A) knowingly violates section 1311, 1312, 1316, 1317, 1318, 1321(b)(3), 1328, or 1345 of this title, or any permit condition or limitation implementing any of such sections in a permit issued under section 1342 of this title by the Administrator or by a State, or any requirement imposed in a pretreatment program approved under section 1342(a)(3) or 1342(b)(8) of this title or in a permit issued under section 1344 of this title by the Secretary of the Army or by a State; or

(B) knowingly introduces into a sewer system or into a publicly owned treatment works any pollutant or hazardous substance which such person knew or reasonably should have known could cause personal injury or property damage or, other than in compliance with all applicable Federal, State, or local requirements or permits, which causes such treatment works to violate any effluent limitation or condition in a permit issued to the treatment works under section 1342 of this title by the Administrator or a State; shall be punished by a fine of not less than $5,000 nor more than $50,000 per day of violation, or by imprisonment for not more than 3 years, or by both. If a conviction of a person is for a violation committed after a first conviction of such person under this paragraph, punishment shall be by a fine of not more than $100,000 per day of violation, or by imprisonment of not more than 6 years, or by both.

(3) Knowing endangerment

(A) General rule

Any person who knowingly violates section 1311, 1312, 1313, 1316, 1317, 1318, 1321(b)(3), 1328, or 1345 of this title, or any permit condition or limitation implementing any of such sections in a permit issued under section 1342 of this title by the Administrator or by a State, or in a permit issued under section 1344 of this title by the Secretary of the Army or by a State, and who knows at that time that he thereby places another person in imminent danger of death or serious bodily injury, shall, upon conviction, be subject to a fine of not more than $250,000 or imprisonment of not more than 15 years, or both. A person which is an organization shall, upon conviction of violating this subparagraph, be subject to a fine of not more than $1,000,000. If a conviction of a person is for a violation committed after a first conviction of such person under this paragraph, the maximum punishment shall be doubled with respect to both fine and imprisonment.

(B) Additional provisions [...]

(4) False statements

Any person who knowingly makes any false material statement, representation, or certification in any application, record, report, plan, or other document filed or required to be maintained under this chapter or who knowingly falsifies, tampers with, or renders inaccurate any monitoring device or method required to be maintained under this chapter, shall upon conviction, be punished by a fine of not more than $10,000, or by imprisonment for not more than 2 years, or by both. If a conviction of a person is for a violation committed after a first conviction of such person under this paragraph, punishment shall be by a fine of not more than $20,000 per day of violation, or by imprisonment of not more than 4 years, or by both.

(5) - (7) [...]

(d) Civil penalties; factors considered in determining amount

Any person who violates section 1311, 1312, 1316, 1317, 1318, 1328, or 1345 of this title, or any permit condition or limitation implementing any of such sections in a permit issued under section 1342 of this title by the Administrator, or by a State, or in a permit issued under section 1344 of this title by a State, or any requirement imposed in a pretreatment program approved under section 1342(a)(3) or 1342(b)(8) of this title, and any person who violates any order issued by the Administrator under subsection (a) of this section, shall be subject to a civil penalty not to exceed $25,000 per day for each violation. In determining the amount of a civil penalty the court shall consider the seriousness of the violation or violations, the economic benefit (if any) resulting from the violation, any history of such violations, any good-faith efforts to comply with the applicable requirements, the economic impact of the penalty on the violator, and such other matters as justice may require. For purposes of this subsection, a single operational upset which leads to simultaneous violations of more than one pollutant parameter shall be treated as a single violation.

(e) State liability for judgments and expenses [...]

(f) Wrongful introduction of pollutant into treatment works [...]

(g) Administrative penalties

(1) Violations

Whenever on the basis of any information available -

(A) the Administrator finds that any person has violated section 1311, 1312, 1316, 1317, 1318, 1328, or 1345 of this title, or has violated any permit condition or limitation implementing any of such sections in a permit issued under section 1342 of this title by the Administrator or by a State, or in a permit issued under section 1344 of this title by a State, or

(B) the Secretary of the Army (hereinafter in this subsection referred to as the "Secretary") finds that any person has violated any permit condition or limitation in a permit issued under section 1344 of this title by the Secretary, the Administrator or Secretary, as the case may be, may, after consultation with the State in which the violation occurs, assess a class I civil penalty or a class II civil penalty under this subsection.

(2) Classes of penalties

(A) Class I

The amount of a class I civil penalty under paragraph (1) may not exceed $10,000 per violation, except that the maximum amount of any class I civil penalty under this subparagraph shall not exceed $25,000. Before issuing an order assessing a civil penalty under this subparagraph, the Administrator or the Secretary, as the case may be, shall give to the person to be assessed such penalty written notice of the Administrator's or Secretary's proposal to issue such order and the opportunity to request, within 30 days of the date the notice is received by such person, a hearing on the proposed order. Such hearing shall not be subject to section 554 or 556 of title 5, but shall provide a reasonable opportunity to be heard and to present evidence.

(B) Class II

The amount of a class II civil penalty under paragraph (1) may not exceed $10,000 per day for each day during which the violation continues; except that the maximum amount of any class II civil penalty under this subparagraph shall not exceed $125,000. Except as otherwise provided in this subsection, a class II civil penalty shall be assessed and collected in the same manner, and subject to the same provisions, as in the case of civil penalties assessed and collected after notice and opportunity for a hearing on the record in accordance with section 554 of title 5. The Administrator and the Secretary may issue rules for discovery procedures for hearings under this subparagraph.

(3) Determining amount

In determining the amount of any penalty assessed under this subsection, the Administrator or the Secretary, as the case may be, shall take into account the nature, circumstances, extent and gravity of the violation, or violations, and, with respect to the violator, ability to pay, any prior history of such violations, the degree of culpability, economic benefit or savings (if any) resulting from the violation, and such other matters as justice may require. For purposes of this subsection, a single operational upset which leads to simultaneous violations of more than one pollutant parameter shall be treated as a single violation.

(4) Rights of interested persons

(A) Public notice

Before issuing an order assessing a civil penalty under this subsection the Administrator or Secretary, as the case may be, shall provide public notice of and reasonable opportunity to comment on the proposed issuance of such order.

(B) Presentation of evidence

Any person who comments on a proposed assessment of a penalty under this subsection shall be given notice of any hearing held under this subsection and of the order assessing such penalty. In any hearing held under this subsection, such person shall have a reasonable opportunity to be heard and to present evidence.

(C) Rights of interested persons to a hearing

If no hearing is held under paragraph (2) before issuance of an order assessing a penalty under this subsection, any person who commented on the proposed assessment may petition, within 30 days after the issuance of such order, the Administrator or Secretary, as the case may be, to set aside such order and to provide a hearing on the penalty. If the evidence presented by the petitioner in support of the petition is material and was not considered in the issuance of the order, the Administrator or Secretary shall immediately set aside such order and provide a hearing in accordance with paragraph (2)(A) in the case of a class I civil penalty and paragraph (2)(B) in the case of a class II civil penalty. If the Administrator or Secretary denies a hearing under this subparagraph, the Administrator or Secretary shall provide to the petitioner, and publish in the Federal Register, notice of and the reasons for such denial.

(5) Finality of order

An order issued under this subsection shall become final 30 days after its issuance unless a petition for judicial review is filed under paragraph (8) or a hearing is requested under paragraph (4)(C). If such a hearing is denied, such order shall become final 30 days after such denial.

(6) Effect of order

(A) Limitation on actions under other sections

Action taken by the Administrator or the Secretary, as the case may be, under this subsection shall not affect or limit the Administrator's or Secretary's authority to enforce any provision of this chapter; except that any violation -

(i) with respect to which the Administrator or the Secretary has commenced and is diligently prosecuting an action under this subsection,

(ii) with respect to which a State has commenced and is diligently prosecuting an action under a State law comparable to this subsection, or

(iii) for which the Administrator, the Secretary, or the State has issued a final order not subject to further judicial review and the violator has paid a penalty assessed under this subsection, or such comparable State law, as the case may be, shall not be the subject of a civil penalty action under subsection (d) of this section or section 1321(b) of this title or section 1365 of this title.

(B) Applicability of limitation with respect to citizen suits

The limitations contained in subparagraph (A) on civil penalty actions under section 1365 of this title shall not apply with respect to any violation for which -

(i) a civil action under section 1365(a)(1) of this title has been filed prior to commencement of an action under this subsection, or

(ii) notice of an alleged violation of section 1365(a)(1) of this title has been given in accordance with section 1365(b)(1)(A) of this title prior to commencement of an action under this subsection and an action under section 1365(a)(1) of this title with respect to such alleged violation is filed before the 120th day after the date on which such notice is given.

(7) Effect of action on compliance

No action by the Administrator or the Secretary under this subsection shall affect any person's obligation to comply with any section of this chapter or with the terms and conditions of any permit issued pursuant to section 1342 or 1344 of this title.

(8) Judicial review

Any person against whom a civil penalty is assessed under this subsection or who commented on the proposed assessment of such penalty in accordance with paragraph (4) may obtain review of such assessment -

(A) in the case of assessment of a class I civil penalty, in the United States District Court for the District of Columbia or in the district in which the violation is alleged to have occurred, or

(B) in the case of assessment of a class II civil penalty, in United States Court of Appeals for the District of Columbia Circuit or for any other circuit in which such person resides or transacts business,

by filing a notice of appeal in such court within the 30-day period beginning on the date the civil penalty order is issued and by simultaneously sending a copy of such notice by certified mail to the Administrator or the Secretary, as the case may be, and the Attorney General. The Administrator or the Secretary shall promptly file in such court a certified copy of the record on which the order was issued. Such court shall not set aside or remand such order unless there is not substantial evidence in the record, taken as a whole, to support the finding of a violation or unless the Administrator's or Secretary's assessment of the penalty constitutes an abuse of discretion and shall not impose additional civil penalties for the same violation unless the Administrator's or Secretary's assessment of the penalty constitutes an abuse of discretion.

(9) Collection

If any person fails to pay an assessment of a civil penalty -

(A) after the order making the assessment has become final, or

(B) after a court in an action brought under paragraph (8) has entered a final judgment in favor of the Administrator or the Secretary, as the case may be, the Administrator or the Secretary shall request the Attorney General to bring a civil action in an appropriate district court to recover the amount assessed (plus interest at currently prevailing rates from the date of the final order or the date of the final judgment, as the case may be). In such an action, the validity, amount, and appropriateness of such penalty shall not be subject to review. Any person who fails to pay on a timely basis the amount of an assessment of a civil penalty as described in the first sentence of this paragraph shall be required to pay, in addition to such amount and interest, attorneys fees and costs for collection proceedings and a quarterly nonpayment penalty for each quarter during which such failure to pay persists. Such nonpayment penalty shall be in an amount equal to 20 percent of the aggregate amount of such person's penalties and nonpayment penalties which are unpaid as of the beginning of such quarter.

(10) Subpoenas

The Administrator or Secretary, as the case may be, may issue subpoenas for the attendance and testimony of witnesses and the production of relevant papers, books, or documents in connection with hearings under this subsection. In case of contumacy or refusal to obey a subpoena issued pursuant to this paragraph and served upon any person, the district court of the United States for any district in which such person is found, resides, or transacts business, upon application by the United States and after notice to such person, shall have jurisdiction to issue an order requiring such person to appear and give testimony before the administrative law judge or to appear and produce documents before the administrative law judge, or both, and any failure to obey such order of the court may be punished by such court as a contempt thereof.

(11) Protection of existing procedures

Nothing in this subsection shall change the procedures existing on the day before February 4, 1987, under other subsections of this section for issuance and enforcement of orders by the Administrator.

Section 1320 - Section 1340 [...]

SUBCHAPTER IV - PERMITS AND LICENSES

Section 1341. [...]

Section 1342. National pollutant discharge elimination system

(a) Permits for discharge of pollutants

(1) Except as provided in sections 1328 and 1344 of this title, the Administrator may, after opportunity for public hearing issue a permit for the discharge of any pollutant, or combination of pollutants, notwithstanding section 1311(a) of this title, upon condition that such discharge will meet either (A) all applicable requirements under sections 1311, 1312, 1316, 1317, 1318, and 1343 of this title, or (B) prior to the taking of necessary implementing actions relating to all such requirements, such conditions as the Administrator determines are necessary to carry out the provisions of this chapter.

(2) - (5) [...]

(b) State permit programs

At any time after the promulgation of the guidelines required by subsection (i)(2) of section 1314 of this title, the Governor of each State desiring to administer its own permit program for discharges into navigable waters within its jurisdiction may submit to the Administrator a full and complete description of the program it proposes to establish and administer under State law or under an interstate compact. In addition, such State shall submit a statement from the attorney general (or the attorney for those State water pollution control agencies which have independent legal counsel), or from the chief legal officer in the case of an interstate agency, that the laws of such State, or the interstate compact, as the case may be, provide adequate authority to carry out the described program. The Administrator shall approve each submitted program unless he determines that adequate authority does not exist: [...]

Section 1343 [...]

Section 1344. Permits for dredged or fill material

(a) Discharge into navigable waters at specified disposal sites

The Secretary may issue permits, after notice and opportunity for public hearings for the discharge of dredged or fill material into the navigable waters at specified disposal sites. Not later than the fifteenth day after the date an applicant submits all the information required to complete an application for a permit under this subsection, the Secretary shall publish the notice required by this subsection.

(b) - (i) [...]

Section 1345. Disposal or use of sewage sludge

(a) Permit

Notwithstanding any other provision of this chapter or of any other law, in any case where the disposal of sewage sludge resulting from the operation of a treatment works as defined in section 1292 of this title (including the removal of in-place sewage sludge from one location and its deposit at another location) would result in any pollutant from such sewage sludge entering the navigable waters, such disposal is prohibited except in accordance with a permit issued by the Administrator under section 1342 of this title.

(b) - (g) [...]

Section 1346 - Section 1360 [...]

<u>SUBCHAPTER V - GENERAL PROVISIONS</u>

Section 1361 [...]

Sec. 1362. Definitions

Except as otherwise specifically provided, when used in this chapter:

(1) - (10) [...]

(11) The term "effluent limitation" means any restriction established by a State or the Administrator on quantities, rates, and concentrations of chemical, physical, biological, and other constituents which are discharged from point sources into navigable waters, the waters of the contiguous zone, or the ocean, including schedules of compliance.

(12), (13) [...]

(14) The term "point source" means any discernible, confined and discrete conveyance, including but not limited to any pipe, ditch, channel, tunnel, conduit, well, discrete fissure, container, rolling stock, concentrated animal feeding operation, or vessel or other floating craft, from which pollutants are or may be discharged. This term does not include agricultural stormwater discharges and return flows from irrigated agriculture.

Sections 1363, 1364 [...]

Section 1365. Citizen suits

(a) Authorization; jurisdiction

Except as provided in subsection (b) of this section and section 1319(g)(6) of this title, any citizen may commence a civil action on his own behalf -

(1) against any person (including (i) the United States, and (ii) any other governmental instrumentality or agency to the extent permitted by the eleventh amendment to the Constitution) who is alleged to be in violation of

(A) an effluent standard or limitation under this chapter or

(B) an order issued by the Administrator or a State with respect to such a standard or limitation, or

(2) against the Administrator where there is alleged a failure of the Administrator to perform any act or duty under this chapter which is not discretionary with the Administrator. The district courts shall have jurisdiction, without regard to the amount in controversy or the citizenship of the parties, to enforce such an effluent standard or limitation, or such an order, or to order the Administrator to perform such act or duty, as the case may be, and to apply any appropriate civil penalties under section 1319(d) of this title.

(b) - (h) [...]

Section 1366 et seq. [...]

Anhang D: Synopse der verglichenen Vorschriften

Clean Water Act	Wasserhaushaltsgesetz/Verw.verf.gesetz
Sec. 1318 Records, reports; inspections	**§ 21 WHG Überwachung**
Whenever required to carry out the objective of this chapter, [...] (A) the Administrator shall require the owner or operator of any point source to (i) establish and maintain such records, (ii) make such reports, (iii) install, use, and maintain such monitoring equipment or methods (including where appropriate, biological monitoring methods), (iv) sample such effluents (in accordance with such methods, at such locations, at such intervals, and in such manner as the Administrator shall prescribe), and (v) provide such other information as he may reasonably require; and (B) the Administrator [...] (i) shall have a right of entry to, upon, or through any premises in which an effluent source is located or in which any records required to be maintained under clause (A) of this subsection are located, and (ii) may at reasonable times have access to and copy any records, inspect any monitoring equipment or method required under clause (A), and sample any effluents which the owner or operator of such source is required to sample under such clause.	(1) Wer ein Gewässer benutzt oder einen Antrag auf Erteilung einer Erlaubnis oder Bewilligung gestellt hat, ist verpflichtet, eine behördliche Überwachung der Anlagen, Einrichtungen und Vorgänge zu dulden, die für die Gewässerbenutzung von Bedeutung sind. Er hat dazu, [...] 1. das Betreten von Betriebsgrundstücken und -räumen während der Betriebszeit, 2. das Betreten von Wohnräumen sowie von Betriebsgrundstücken und -räumen außerhalb der Betriebszeit, sofern [SuO] 3. das Betreten von Grundstücken und Anlagen, die nicht zum unmittelbar angrenzenden befriedeten Besitztum von Räumen nach den Nummern 1 und 2 gehören, jederzeit zu gestatten; [...]. Er hat ferner zu dem gleichen Zweck Anlagen und Einrichtungen zugänglich zu machen, Auskünfte zu erteilen, Arbeitskräfte, Unterlagen und Werkzeuge zur Verfügung zu stellen und technische Ermittlungen und Prüfungen zu ermöglichen. [...] (2) - (4) [...]

Sec. 1319(g)(10) Subpoenas	§ 65 VwVfG Mitwirkung von Zeugen und Sachverständigen
The Administrator or Secretary [...] may issue subpoenas for the attendance and testimony of witnesses and the production of relevant papers, books, or documents in connection with hearings under this subsection. In case of contumacy or refusal to obey a subpoena [...], the district court [...] shall have jurisdiction to issue an order requiring such person to appear and give testimony before the administrative law judge or to appear and produce documents before the administrative law judge, or both, and any failure to obey such order of the court may be punished by such court as a contempt thereof.	(1) Im förmlichen Verwaltungsverfahren sind Zeugen zur Aussage und Sachverständige zur Erstattung von Gutachten verpflichtet. [...] (2) Verweigern Zeugen oder Sachverständige [...] die Aussage oder die Erstattung des Gutachtens, so kann die Behörde das für den Wohnsitz oder den Aufenthaltsort des Zeugen oder des Sachverständigen zuständige Verwaltungsgericht um die Vernehmung ersuchen. [...]

Anhang E: Überblick über die Handlungsalternativen der *EPA*

Eingriffsalternative	Vorschrift	Voraussetzungen	Weiteres Vorgehen
Sec. 308-Letter	*308(a)*	wenn zur Ausführung des Gesetzes erforderlich	
Notice of Violation (NOV)	*309(a)(1)*	Verletzung von *301, 302, 306, 307, 308, 318, 405*	nach 30 Tagen *309(a)(3)* oder *309(b)*
Compliance Order	*309(a)(3)*	wie bei *NOV* (ausdrücklich auf *309(a)(1)* verwiesen)	wahlweise auch *309(b)*
Administr. Order Ass. Penalties	*309(g)*	wie bei *NOV*	Klage beim *district court*, falls Betroffener säumig, vgl. *309(g)(9)*
Injunction	*309(b)*	wie bei *NOV*	
Civil Penalty	*309(d)*	wie bei *NOV* oder bei Nichtbeachtung einer *Compliance order*	
Negligent Violation	*309(c)(1)*	wie bei *NOV* und *311(b)(3)* und *negligence*	
Knowing Violation	*309(c)(2)*	wie bei *NOV* und *311(b)(3)* und *knowing*	
Knowing Endangerment	*309(c)(3)*	wie bei *NOV* und *303, 311(b)(3)* und *knowing/danger*	
False Statement	*309(c)(4)*	falsche Dokumentation	

Guido Hobert

Datenschutz und Datensicherheit im Internet

Interdependenz und Korrelation von rechtlichen Grundlagen und technischen Möglichkeiten
2., durchgesehene Auflage

Frankfurt/M., Berlin, Bern, Bruxelles, New York, Oxford, Wien, 2000. 302 S.
Europäische Hochschulschriften: Reihe 2, Rechtswissenschaft. Bd. 2501
ISBN 3-631-36130-0 · br. DM 98.–*

Unsere Zeit ist geprägt durch den alles beherrschenden Einfluß der digitalen Medien. Kommunikationsforscher sprechen vom Beginn einer neuen technischen Ära: dem Zeitalter der totalen Informations- und Kommunikationsgesellschaft. Diese wird jedoch in Zukunft nicht nur höchste Anforderungen an die multimedialen Technologien stellen, sondern auch neue Fragen im Bereich der Gesetzgebung und Rechtsprechung aufwerfen. In den Mittelpunkt des Interesses rücken in diesem Zusammenhang Schutz und Sicherheit der Datenübertragung. Die Arbeit beschäftigt sich mit dem Spannungsverhältnis von technischer Entwicklung (Datensicherheit) und normativen rechtlichen Vorgaben (Datenschutz). Ziel der Arbeit ist eine Gesamtdarstellung der aktuellen Problematik des Datenschutzes und der Datensicherheit im Internet. Eine Bewertung des vorhandenen Datenschutzes und der bestehenden Datensicherheit sowie ein Ausblick auf deren künftige Entwicklung bilden den Abschluß des Buches.

Aus dem Inhalt: Entstehung, Funktionsweise und Dienste des Internets · Daten und Risiken der Internet-Kommunikation · Technische und rechtliche Möglichkeiten der Gefahrenabwehr · Kryptographie, Digitale Signaturen, Electronic Commerce, Home Banking · Gesamtsituation und Bewertung von Datenschutz und Datensicherheit im Internet

Frankfurt/M · Berlin · Bern · Bruxelles · New York · Oxford · Wien
Auslieferung: Verlag Peter Lang AG
Jupiterstr. 15, CH-3000 Bern 15
Telefax (004131) 9402131

*inklusive Mehrwertsteuer
Preisänderungen vorbehalten

Homepage http://www.peterlang.de